ROMMEL

DU MÊME AUTEUR

Livre-Mémorial des déportés de France arrêtés par mesure de répression et dans certains cas par mesure de persécution, 1940-1945, **FMD, Tirésias, 2004.**

La Grande Guerre au Moyen-Orient, 1914-1918, **Espace Publication (Liban), 2009.**

Le Dictionnaire du Débarquement, **Ouest-France, ouvrage collectif (dir. Claude Quétel), 2011.**

Afrikakorps. L'armée de Rommel, **Tallandier, 2013.**

Invasion ! Le Débarquement vécu par les Allemands, **Tallandier, 2014.**

Les Divisions du Débarquement, **Ouest-France, 2014.**

Les opérations aéroportées du Débarquement, **Ouest-France, 2014.**

Patton. La chevauchée héroïque, **Tallandier, 2016.**

L'armée de Hitler, **Ouest-France, 2017.**

À Sadim, Dawem et Cybèle,
mes trois amours.

BENOÎT RONDEAU

ROMMEL
LE RENARD DU DÉSERT

PERRIN

MAÎTRES DE GUERRE
une collection dirigée par
FRANÇOIS KERSAUDY

dans la même collection :
HITLER, François Kersaudy
PATTON, Yannis Kadari
STALINE, François Kersaudy
VON MANSTEIN, Pierre Servent
MACARTHUR, François Kersaudy
MONTGOMERY, Antoine Capet
LECLERC, Jean-Christophe Notin
CHURCHILL, François Kersaudy

© Perrin, un département d'Édi8, 2018
ISBN : 978-2-262-06987-2
Dépôt légal : août 2018

SOMMAIRE

1. LA GENÈSE D'UN GRAND GÉNÉRAL 8
2. BRILLANT OFFICIER DU KAISER 14
3. LA ROUTINE DES CASERNES 42
4. UN IIIe REICH PROVIDENTIEL POUR UN AMBITIEUX 50
5. À LA DROITE DU FÜHRER 58
6. *BLITZKRIEG* À LA TÊTE DE LA « DIVISION FANTÔME » 66
7. LA NAISSANCE D'UN MYTHE 124
8. L'INVINCIBLE RENARD DU DÉSERT 162
9. TOBROUK : AU ZÉNITH DE LA GLOIRE 198
10. LE MIRAGE ÉGYPTIEN 222
11. EL-ALAMEIN : LA NÉMÉSIS 252
12. LE CHEF-D'ŒUVRE DE LA RETRAITE 280
13. ÉPILOGUE TUNISIEN 304
14. QUEL RÔLE POUR L'IDOLE ? 328
15. LE MAÎTRE D'ŒUVRE DE L'*ATLANTIKWALL* 338
16. LE JOUR LE PLUS LONG 394
17. LA NORMANDIE : ULTIME COMBAT 408
18. LA FIN TRAGIQUE D'UN FAVORI 452

1
LA GENÈSE D'UN GRAND GÉNÉRAL

1. LA GENÈSE D'UN GRAND GÉNÉRAL

Un rejeton de la petite bourgeoisie souabe

Heidenheim, petite ville souabe du royaume du Wurtemberg, le 15 novembre 1891. Helena Rommel, la fille de Karl von Luz, président du gouvernement du Wurtemberg, met au monde un petit garçon, auquel on donne les prénoms de Johannes Erwin Eugen. L'heureux père d'une fratrie qui comptera cinq enfants porte le même nom que ce fils, qui marquera la postérité en qualité de commandant de l'*Afrika Korps*. C'est un enseignant en mathématiques, avec lequel Helena a convolé cinq années plus tôt ; le cadre dans lequel grandit le nouvel enfant est donc celui de la petite bourgeoisie du sud-ouest du tout jeune Empire allemand.

La jeunesse du petit Erwin semble se dérouler sans heurts. Ces premières années, vécues dans le cadre bucolique d'Heidenheim, sont suivies d'un déménagement à Aalen, qui n'a apparemment pas été du goût du jeune garçon. Ce dernier, respectueux de l'autorité, est tout le contraire d'un garnement turbulent, mais il ne brille pas sur les bancs de l'école, au grand dam de son père, devenu entre-temps directeur du *Realgymnasium* de la ville. Celui-ci en est quitte pour une peur bleue le jour où le cheval du petit Erwin, effrayé par le bruit strident d'un sifflet à vapeur, s'emballe alors que le garçon reste un pied coincé à l'étrier. Cinq marks sont alors offerts à l'enfant, pour prix de son silence auprès de sa mère… C'est en revanche à son père que Rommel essaie de dissimuler une autre mésaventure : lorsque sa classe fait l'école buissonnière pour se rendre à la foire plutôt que de suivre l'enseignement religieux, il est au nombre des enfants punis, qui redoutent les deux heures de cachot qui les attendent. Les garnements parviennent à les convertir en deux heures de retenue, ce qui est bien moins effrayant ; mieux, ils soudoient le concierge en lui donnant chacun 50 pfennig, ce qui a pour conséquence de réduire la punition à un quart d'heure, de sorte que les parents ne s'aperçoivent de rien.

Si la scolarité l'ennuie, et bien que de constitution fragile, il se mue rapidement en un sportif accompli. Il ne bénéficie ni d'une éducation raffinée ni d'une culture littéraire et artistique.

Au contraire, adolescent, il découvre les joies du ski, du tennis et de l'aviron.

Comme beaucoup de jeunes, Erwin se passionne pour les technologies les plus récentes. Il grandit avec les débuts de l'automobile, mais aussi comme témoin de l'accomplissement du plus vieux rêve de l'humanité : voler. L'aviation n'en est qu'à ses premiers balbutiements lorsqu'il effectue en 1905 son premier vol à bord d'un planeur bâti par ses soins, en compagnie de son copain August Keitel. Vol à voile et machines volantes de toutes sortes, dont les impressionnants zeppelins, constituent la passion première de l'adolescent. C'est décidé : il se consacrera à l'aéronautique ! Las, son père ne l'entend aucunement ainsi. En ces temps où la jeunesse ne maîtrise pas son destin, Rommel père pense que l'armée offrira de belles perspectives à son fils. La passion pour les avions reste pourtant vivace chez celui-ci qui, devenu général, survolera à plus d'une reprise le champ de bataille à bord d'un avion de liaison Fieseler Storch.

Soldat du Kaiser

Rien ne semble prédisposer le Souabe à une carrière militaire – brillante qui plus est. Contrairement à George Patton, élevé dans le culte de ses aïeux qui se sont illustrés pendant la guerre de Sécession, Erwin Rommel est issu d'une famille d'enseignants, sans aucune tradition militaire. Lui-même n'a jamais senti l'appel du destin, pas plus qu'il n'eut la vocation de la carrière des armes dès son plus jeune âge.

Son père le destine pourtant à devenir officier de carrière. Le prestige et le poids politique de l'armée de terre sont considérables dans l'Allemagne wilhelmienne, et cela a sans aucun doute déterminé ce choix paternel. Les nobles sont trop peu nombreux pour être en mesure de pourvoir à tous les grades. Ainsi, si les hobereaux prussiens portent le sabre de père en fils et si les postes les plus prestigieux leur sont réservés, un officier méritant d'extraction roturière peut espérer faire carrière et atteindre un grade élevé. Le parcours professionnel que Rommel père envisage pour le jeune Erwin est par ailleurs celui d'un soldat du terrain, nullement celui d'un officier d'état-major – sésame pourtant indispensable à qui entend assumer les plus hautes fonctions.

L'absence de relations dans les milieux militaires oblige le père à payer de sa personne, et il rédige lui-même les lettres de recommandation pour son fils. Par chance, le royaume de Wurtemberg a obtenu le privilège de nommer la plupart de ses officiers. Certes, la procédure n'a rien de démocratique et permet d'écarter toute candidature jugée non acceptable sur les plans social, religieux ou politique. Les premiers refus essuyés, faute notamment de postes vacants, cèdent la place à l'espoir lorsque le *Grenadier-Regiment 124 Koenig Wilhelm I* (« roi Guillaume Ier ») du Wurtemberg[1], sis à Weingarten, près de Karlsruhe, répond favorablement à la missive de Rommel.

Le 19 juillet 1910, à dix-huit ans et demi[2], Erwin Rommel rejoint cette unité en qualité d'aspirant. Ce sont ses premiers pas au sein de l'armée allemande. Il est donc incorporé dans l'armée du Wurtemberg, et non dans l'armée prussienne, la composante principale de l'armée allemande. Un détail qui a son importance, car il ne cessera toute sa vie de dénigrer la caste des officiers prussiens[3].

Une carrière des armes qui n'est pas une tradition familiale.

1. Ce régiment est aussi l'*Infanterie-Regiment 6* du royaume de Wurtemberg.

2. Après avoir dû subir une intervention chirurgicale, en raison d'une hernie inguinale.

3. Cadet, il n'hésite pas à les singer, en dehors de leur présence, en portant le monocle – pratique pourtant interdite aux aspirants.

Le jeune homme se distingue d'emblée par sa résistance à l'effort ; son endurance restera une de ses qualités pendant toute sa carrière. Comme tout aspirant officier, il suit l'instruction de la troupe, dans le cadre d'une discipline de fer dont il semble s'accommoder. Il fait donc siennes les ambitions de son père : embrasser la carrière des armes lui convient parfaitement. Cette recrue de qualité accède au rang de caporal en octobre 1910, avant d'être promue sergent en décembre de la même année.

En mars 1911, il intègre l'école de guerre royale des élèves officiers de Dantzig, passage obligé pour un cadet qui se destine à une carrière dans l'armée. La formation des cadres recrutés par des régiments ayant chacun leurs traditions se doit en effet d'être uniformisée. L'examen de sortie est franchi avec succès en novembre 1911, avec des notes légèrement au-dessus de la moyenne. Si son supérieur l'estime compétent et pétri du sens du devoir, Rommel est jugé trop sérieux par ses camarades : il ne fume pas, boit très peu et consacre beaucoup de temps à l'étude. Il n'est pas un ascète pour autant.

L'amour de sa vie

Pour Rommel, le séjour à Dantzig ne s'est pas révélé déterminant uniquement sur le plan professionnel. En avril 1911, il rencontre l'amour de sa vie, à l'occasion d'un bal auquel assistent les jeunes filles de bonne famille de la ville. Le jeune homme tombe éperdument amoureux de Lucie Maria Mollin, dix-sept ans à peine. D'ascendance italienne et polonaise, cette jeune fille est née en Prusse le 6 juin 1894. L'attirance est réciproque, mais elle hésite quelque peu à s'engager. La mère de Lucie marque également quelques réticences : le prétendant est un Wurtembourgeois, de petite bourgeoisie et, de plus, c'est un protestant. Les Mollin sont catholiques et une union interconfessionnelle n'est pas courante à l'époque. Pis, comment pourra-t-il subvenir aux besoins d'une famille avec sa seule paie d'officier ? Les jeunes amoureux n'en entament pas moins une correspondance, qui durera toute leur vie commune.

1. LA GENÈSE D'UN GRAND GÉNÉRAL

C'est donc en qualité de *Leutnant* (sous-lieutenant) que Rommel retrouve sa caserne de Weingarten en janvier 1912. L'éloignement aidant, le jeune homme n'hésite pourtant pas à entretenir une relation avec une autre jeune fille, Walburga Stemmer, une vendeuse de fruits et légumes – au grand dam de Rommel père, qui lui enjoint de mettre fin à cette aventure. Le jeune homme refuse d'obéir aux injonctions paternelles. En décembre 1913, la jeune fille met au monde une petite Gertrud[1], avec laquelle son père gardera toujours contact, en pourvoyant à son éducation.

Rommel, désormais père d'un enfant naturel, n'écoute d'abord que son honneur d'officier et envisage sérieusement de quitter l'armée pour épouser Walburga. Il ne franchira pas le pas, dissuadé par ses camarades qui le somment de ne pas céder à ce qui pourrait être considéré comme un acte de désertion, alors que le ciel de l'Europe s'obscurcit d'année en année, avec la perspective de plus en plus probable d'une guerre prochaine. En refusant le scandale public d'une mésalliance avec la fille d'une couturière, tout en acceptant de pourvoir aux besoins de l'enfant, Rommel conserve le soutien de sa caste, celle des officiers.

En mars 1914, comme tout officier d'infanterie, il est détaché auprès d'un régiment d'artillerie, en l'occurrence le *Feldartillerie-Regiment 49* (49ᵉ régiment d'artillerie de campagne), qui tient garnison à Ulm. Il s'agit pour le *Leutnant* de maîtriser la technique de cette arme de soutien. Tout en découvrant les joies de l'équitation, il s'emploie à maîtriser la coopération tactique entre fantassins et artilleurs. Zélé et appliqué, cet officier est jugé très prometteur. Attirant l'estime de ses camarades, il est aussi apprécié de ses hommes, les officiers de l'armée allemande entretenant une sorte de relation paternaliste avec les simples soldats, qui sont tous des appelés[2].

---

1. Le père de Rommel, décédé trois jours plus tôt des suites d'une opération, ne sut jamais que Walburga était enceinte. Ce n'est qu'au décès de Gertrud, en 2000, que l'identité de son père fut rendue publique.

2. Une plaisanterie a cours dans les casernes allemandes de l'époque. Un officier s'adresse à ses hommes : « Qui est le père de votre compagnie ? » « L'*Hauptmann* (capitaine), *Herr General*. » « Et qui est la mère de la compagnie ? » « Le *Feldwebel* (sergent-chef), *Herr General*. » « Et que voulez-vous devenir au sein de l'armée ? » « Un orphelin, *Herr General* ! »

BRILLANT OFFICIER DU KAISER

2

2. BRILLANT OFFICIER DU KAISER

Le départ la fleur au fusil

Le récit que Rommel nous donne de son départ à la guerre dans son ouvrage de 1937, *L'Infanterie attaque*, prend la tonalité de l'image d'Épinal des combattants montant au front « la fleur au fusil ». Pourtant, dans l'Empire allemand comme ailleurs, l'enthousiasme cède le plus souvent le pas à une tension vive et à de l'inquiétude. Le 31 juillet 1914, « la menace de guerre est suspendue au-dessus de la nation allemande. Partout des visages sérieux inquiets ! Des rumeurs qui courent étonnamment vite remplissent l'air. Dès l'aube, les panneaux d'affichage public sont entourés[1] ». Rommel obtient l'interruption de son détachement temporaire auprès du *Feldartillerie-Regiment 49*, et il est donc autorisé à se présenter à son régiment, l'IR 124. En effet, « comme la situation semble des plus sérieuses, je brûle d'envie de rejoindre mon régiment, celui de Guillaume Ier ». Partout, à l'en croire, ce ne sont que manifestations de joie et ardeur non dissimulée pour partir au combat. Les *Landser* ne cessent d'entonner des chansons et chaque halte apporte son lot de friandises : fruits, chocolat, petits pains…

L'armée allemande à peine entrée en guerre, les opérations débutent sans délai. Le Luxembourg puis la Belgique sont rapidement traversés. L'unité de Rommel appartient à la *27. ID*, du *XIII. Württembergische Korps*, qui fait partie de la *5. Armee* du Kronprinz[2]. Cette dernière, dont la région de Verdun représente l'un des objectifs, constitue le pivot du plan Schlieffen[3]. Ce faisant, elle se heurte de plein fouet aux armées françaises avançant en soutien de l'offensive de Joffre, le généralissime français, qui entend reconquérir les territoires perdus d'Alsace-Lorraine dès le début du conflit.

Les premières déconvenues, pour le moins inattendues, ne tardent guère, puisque Rommel souffre de maux d'estomac. Pas question pour autant de se faire porter malade, alors que l'heure du combat approche : « Je ne veux pas

1. Erwin Rommel, *L'Infanterie attaque*, Nancy, Le Polémarque, 2012, p. 17, traduit par Marc Allorant.

2. Le prince héritier du trône impérial allemand.

3. Ce plan, mis au point à la fin du XIXe siècle, puis amendé, prévoit de neutraliser l'armée française dans une courte campagne, en frappant en force par la Belgique et le Luxembourg, afin d'encercler les armées françaises.

Rommel est d'emblée un officier prometteur.

passer pour un tire-au-flanc. » Le 21 août, la frontière française est franchie à son tour, près de Longwy. À Cosnes, Rommel fait immédiatement montre d'initiative en réquisitionnant des bicyclettes pour les estafettes – emprunt dûment assorti de bons de réquisition remis au secrétaire de mairie : l'armée allemande, qui va se distinguer par sa dureté durant les longues années d'occupation, entend cependant se comporter selon les règles, alors que des atrocités sont déjà commises. C'est un jeune officier épuisé qui essaie de s'acquitter au mieux de sa tâche, pour accomplir les ordres de reconnaissance des lignes ennemies qu'il reçoit de l'*Oberst* (colonel) Hass ; un rythme soutenu qui aura bientôt raison de ses forces.

Baptême du feu

C'est à proximité du village de Bleid que, le 22 août, Rommel connaît son baptême du feu, dans un brouillard à couper au couteau. « Quelques balles sifflent au-dessus de nos têtes, rapportera-t-il ; quel bruit particulier ! » Le sous-lieutenant mène ses hommes à la charge jusqu'à un corps de ferme, où il surprend des Français, peut-être une vingtaine, qui ne semblent aucunement prendre la mesure des événements : ils sont debout, au milieu de la route, à bavarder tout en sirotant un café. Rommel n'a que trois hommes autour de lui, mais il a l'avantage de la surprise. Il passe donc immédiatement à l'action avec témérité : une manière de procéder qui sera sa marque.

Plusieurs Français s'écroulent, mais les autres ripostent. Abrité le long d'une pile de bois, Rommel prend soin de bien viser et abat un de

2. BRILLANT OFFICIER DU KAISER

ses adversaires, qui s'écroule sur les marches d'un escalier. Il est soudain pris de témérité et ordonne de foncer à travers la rue, mais les Français, trop nombreux, font feu de toute part et repoussent les intrus. Il revient à l'assaut avec l'intégralité de sa section et, par la manœuvre, même si son rôle reste somme toute secondaire, contraint les Français à abandonner Bleid devenu la proie des flammes. Les combats se poursuivent. Rommel, souffrant toujours de l'estomac[1], est épuisé ; il tombe, inconscient. Les Allemands, très supérieurs en nombre, restent maîtres du terrain, mais les pertes sont lourdes.

La mort, Rommel la frôle à plusieurs reprises. Il est sérieusement mis en danger au cours d'un accrochage dans le bois de Doulcon. Le combat en zone forestière, où la visibilité est médiocre, est redouté des soldats. Des coups de feu, probablement fratricides, retentissent depuis l'arrière : les tirs hachent les troncs des arbres et les feuilles tombent au-dessus de lui. Une balle traverse sa pelle, alors qu'il s'emploie à creuser un abri. Le danger est bien réel. Un homme est touché à ses côtés, mortellement blessé : une mésaventure qui se répétera à de nombreuses reprises à l'avenir. Il agit pourtant lui-même à l'occasion comme un trompe-la-mort. En Argonne, lors d'une attaque menée au bois de Defuy, il caracole en tête sur son cheval : combien d'officiers imprudents tombent des deux côtés en 1914 pour de telles bravades insensées ?

Le 7 septembre, c'est dans ce bois arraché de haute lutte que Rommel se met en position avec la compagnie dont il assume temporairement la direction. Les coupes claires opérées par l'artillerie française la veille ont convaincu tout le monde des bienfaits des retranchements. Plus tard, Rommel verra même ses hommes user de leurs gamelles pour améliorer sommairement leurs positions. La guerre des tranchées pointe déjà à l'horizon. Comme à son habitude, Rommel met lui-même la main à l'ouvrage, et tout le monde creuse.

La guerre n'est vieille que d'un mois et le régiment ne se bat que depuis quelques jours, alors que les *Landser* se restaurent et découvrent avec une impatiente avidité le courrier de leurs proches ; ces missives

---

1. Le 10 septembre, soit un mois plus tard, souffrant toujours de troubles gastriques, il va jusqu'à renoncer à se restaurer.

tant attendues « semblent venir d'un autre monde, pourtant nous n'avons pas été absents pendant des années, mais seulement quelques semaines riches en événements ».

La *5. Armee* a échoué dans sa manœuvre de contournement de Verdun et, plus à l'ouest, l'aile marchante de l'armée du Kaiser est battue sur la Marne, contraignant l'ensemble de l'armée allemande au recul. Le plan Schlieffen et l'espoir d'une guerre courte contre la France avant d'être en mesure d'écraser la Russie s'évanouissent.

Le 12 septembre, l'heure de la retraite a également sonné pour Rommel. Simple officier subalterne devenu adjudant de son bataillon, soit en quelque sorte le factotum de son commandant, il n'est pas en mesure de saisir la campagne dans sa globalité. Il n'apprécie donc pas la gravité des conséquences stratégiques du repli.

La marche est pénible pour ces soldats harassés et couverts de boue ; Rommel tombe lui-même de cheval à plusieurs reprises. Pis, il s'endort comme une souche au PC de son bataillon : « Ni les cris ni les secousses de mon commandant de bataillon ne parviennent à me réveiller pour que je fasse un compte rendu. » Convoqué le lendemain pour s'expliquer, il prétend n'en garder aucun souvenir... Lorsque l'unité atteint Sommerance le 18 septembre, il savoure des bonheurs simples : se laver, se raser, changer de sous-vêtements.

Il révèle ses talents au cours d'un combat mené près de Montblainville, de nouveau dans un bois, celui de Bouzon. Observant le terrain avec minutie, il préconise d'user de la protection d'un talweg pour se rapprocher de l'ennemi et le prendre en enfilade. Ce qui est remarquable, c'est qu'il a le don d'imposer ses vues à son supérieur, en l'occurrence le *Major* Salzmann. Les effets de l'attaque seront « dévastateurs », selon le mot de Rommel : « La panique s'empare des défenseurs de l'abattis et des réserves. Ceux qui ne tombent pas sous les balles, la baïonnette ou la crosse des fusiliers s'enfuient à toutes jambes vers l'ouest. Nous vengeons ainsi sauvagement nos blessés perfidement assassinés cet après-midi. » Rommel, en effet, a été plus tôt le témoin d'une scène qui l'a révulsé : au mépris des règles de la guerre, des soldats français, accompagnés

2. BRILLANT OFFICIER DU KAISER

d'infirmiers, ont froidement assassiné des blessés allemands, alors que les *Landser*, persuadés que les Français venaient prodiguer des soins à leurs camarades, avaient suspendu leurs tirs…

La première blessure

Le talent, il en fait montre à de nombreuses reprises ; quant au courage, il en a à revendre. Fin septembre, alors que ses hommes sont plaqués au sol dans un bois près de Varennes, il monte en première ligne. « Je prends le fusil et les munitions d'un blessé et prends le commandement d'environ deux groupes. » La progression est ardue : où est l'ennemi ? Où sont les troupes amies ? Soudain, il se trouve face à face avec trois adversaires. Il épaule, vise et tire… mais le coup ne part pas ! La culasse est vide. Impossible de se mettre à l'abri. N'envisageant aucunement la reddition, il n'a d'autre choix que de charger baïonnette au canon. Une décision bien téméraire, qui a failli mettre prématurément un terme à sa carrière. Touché à la cuisse gauche, il plaque sa main droite sur la plaie tout en roulant pour se mettre à l'abri. Sauvé par ses hommes qui lui prodiguent les premiers soins, il est évacué dans une grange, où le médecin Schnitzer panse sa plaie avant de le transférer dans un hôpital de campagne.

C'est ce genre de blessure qu'attendent tous les *Lansder* : l'*Heimatschuss*, la blessure pas trop grave qui permet un retour au pays. Cette période est donc aussi celle des retrouvailles avec Lucie, qui est restée son amour et avec laquelle il n'a jamais rompu le contact, alors même qu'il vivait une liaison avec Walburga Stemmer. Les deux jeunes gens décident de se fiancer. C'est pendant cette convalescence qu'il reçoit la première décoration de sa carrière de soldat : la croix de fer – *Eiserne Kreuz* – de 2e classe. Fier comme Artaban, il savoure aussi le fait d'être le premier lieutenant de son régiment à être distingué de la sorte.

Rommel sort de l'hôpital peu avant Noël. Sa blessure le gêne encore pour marcher. Pas question pour lui de servir au sein d'un bataillon de remplacement : il retourne donc au front sans tarder. Il arrive à point nommé : la 9e compagnie de son régiment est momentanément privée de commandant. Âgé d'à peine vingt-trois ans, il accède donc à un nouveau niveau de responsabilité : « Il n'y a pas de fonction plus belle. » Comme toujours, son coup d'œil révèle aux hommes qu'ils sont sous les ordres d'un supérieur expérimenté, qualifié pour les commander. La nappe phréatique interdisant de creuser les tranchées sur plus d'un mètre de profondeur, les abris en rondins dépassent le niveau du sol, ce qui les désigne aisément comme cibles à l'artillerie adverse. Rommel trouve la parade : en cas d'alerte d'artillerie, les hommes quittent prestement les abris et se dispersent dans les tranchées, jugées plus sûres.

Le chef se doit d'être exigeant et d'avoir le « souci des hommes qui lui sont confiés ». Inaugurant une pratique qui sera constamment la sienne, même lorsqu'il aura atteint le grade de général, l'officier, qui doit s'en tenir à des ordres clairs, doit partager « leurs conditions de vie difficiles ». Cette attitude doit permettre de gagner leur confiance et, donc, de se faire obéir. De fait, Rommel occupe un abri sommaire, très froid, avec un chef de section : un lit tout simple, fait de « bâtons de hêtre maintenus par du fil de fer et de la corde ». L'eau suinte des murs et il faut écoper sans cesse. Plus tard, il logera dans un abri n'offrant pas plus d'une place et n'aura de cesse de récriminer contre les mouches, alors même qu'il se terre à quatre mètres de profondeur ; et l'enseigne Möricke de frapper à la pioche le mur de la tranchée et de laisser apparaître le bras décomposé d'un cadavre de soldat français…

Le jeune homme a toujours du courage à revendre, comme lorsqu'il fait charger ses hommes au son du clairon, baïonnette au canon, le 29 janvier 1915. Le bataillon voisin a lancé une attaque et l'adjudant de cette unité lui demande si sa 9e compagnie, pourtant rattachée à un autre bataillon, pourrait participer à la mêlée. Rommel accepte immédiatement. « C'est à ce moment-là que la responsabilité de la vie et de la mort de ses hommes pèse le plus sur les épaules du chef. » Des bonds successifs par demi-section lui permettent d'atteindre une dépression. Devant tant d'allant, s'il faut l'en croire, les Français quittent leurs positions. Un moment de légèreté dans le chaos de la guerre, lorsqu'un

2. BRILLANT OFFICIER DU KAISER

L'avancée des forces allemandes semble irrésistible.

Landser découvre dans un abri des objets « qu'indubitablement une personne de sexe féminin a abandonnés en fuyant à la hâte »…

Rommel décide d'exploiter le succès et de continuer en avant. Il est déterminé. Devant un chef de section timoré, il n'hésite pas à proférer des menaces, pistolet au poing, si ses ordres ne sont pas exécutés. Au final, son énergie lui permet de s'emparer d'une position avantageuse.

Presque encerclé, menant des combats acharnés, Rommel vient à manquer de munitions. Envisager la reddition ? « Jamais ! Il ne reste plus qu'à donner l'assaut à l'ennemi de l'ouest, qui menace le plus la compagnie, et à décrocher immédiatement après. Cela peut, cela doit nous sauver ! » La manœuvre réussit. En dépit du repli, ce fait d'armes – soutien opportun d'un autre bataillon, attaque réussie et repli de la compagnie sans encombre, et ce pour des pertes insignifiantes – ne passe pas inaperçu et Rommel est décoré de la croix de fer de 1re classe. Il obtient aussi, cette même année

1915, la médaille d'or du mérite militaire wurtembourgeois, annulée quelques mois plus tard par l'octroi de la plus prestigieuse croix de chevalier de l'ordre du Mérite militaire wurtembourgeois. Le commandement de la 9ᵉ compagnie échoit pourtant à un autre lieutenant, plus ancien que lui. Il refuse une mutation dans une autre unité, pour demeurer « avec les hommes que j'ai eu l'honneur de commander jusqu'ici ».

Ses hommes l'admirent. Theodor Werner, qui commandait une de ses sections, rapportera que son entrain communicatif se répandait peu à peu au sein de toute l'unité, d'abord de façon imperceptible, jusqu'à ce que tous soient inspirés par « son initiative, son courage et ses éblouissantes actions de bravoure[1] ». Rommel mène par l'exemple. Comme tous les officiers subalternes de l'époque, il risque sa vie. « Il ne semblait tout simplement pas connaître la peur, écrit Theodor Werner. Ses hommes l'idolâtraient et avaient une confiance inébranlable en lui. »

En septembre 1915, après des combats au cours desquels il fait toujours montre d'habileté, il démontre une nouvelle fois ses talents lorsqu'il faut assurer le ravitaillement de ses positions à travers un espace exposé. Il faut donc creuser un boyau de communication, à quelques dizaines de mètres des Français ! L'astucieux lieutenant, qui rampe lui-même avec les terrassiers, ordonne d'abord d'ériger un mur de sacs de sable de 40 centimètres de hauteur, puis fait intervenir des soldats pourvus d'un bouclier d'acier ; ces abris de fortune leur permettent donc de creuser le boyau qui est achevé à l'aube du 9 septembre, après une nuit de labeur. La guerre des tranchées qui s'installe ne correspond pourtant pas à son tempérament, mais le destin va lui sourire en octobre 1917.

Gebirgsjäger d'élite

Le service au sein de l'IR 124 arrive à son terme. Nommé *Oberleutnant* (lieutenant), Rommel est muté au sein d'une formation nouvelle de chasseurs alpins[2], le *Württembergische Gebirgsbataillon*, bataillon de montagne du Wurtemberg, plus conçu dans la perspective du combat dans les contreforts montagneux que pour l'affrontement en très haute altitude. Mise

---

1. Peter Caddick-Adams, *Monty and Rommel : Parallel Lives*, New York, Overlook Books, 2013.

2. Les *Gebirgsjäger*.

2. BRILLANT OFFICIER DU KAISER

sur pied à Münsingen, l'unité de 2 800 hommes, soit l'effectif d'un régiment, est commandée par le *Major* Sproesser. Les recrues viennent d'unités fort diverses, de sorte que « la diversité des uniformes[1] colore nos formations, mais notre esprit est uniformément bon dès le premier jour ». Rommel a certes fait preuve d'élan et d'initiative, mais beaucoup d'officiers se sont également distingués de la sorte, sans pour autant être pressentis pour rejoindre cette unité d'élite. Sa sélection pour l'intégrer réside dans la répétition systématique de ses qualités de leader.

L'entraînement, qui doit faire de ces hommes des soldats rompus au combat en montagne, est dur. Le bataillon doit en effet être capable d'effectuer les missions les plus ardues, le plus souvent en se subdivisant en unités de petite taille[2]. En décembre, les exercices gagnent en intensité sur les pentes de l'Arlberg. L'ambiance est néanmoins résolument différente de celle du front : les soirées à l'hospice Saint-Christophe sont gaies, agrémentées de musique et de chants. Bien que plutôt ascète, le Souabe apprécie la nourriture autrichienne, de même que les cigarettes et le vin ; un traitement de faveur mérité, selon lui. Ces soirées sont aussi pour le jeune lieutenant l'occasion de nouer plus facilement connaissance avec ses hommes, et cela resserre les liens.

Fin 1915, c'est le retour au front. Il espérait l'Italie, ce seront les Vosges. « Dans la nuit du jour de l'an, sous une pluie battante et dans un vent mugissant, la 2e compagnie relève une compagnie territoriale bavaroise dans le secteur sud de la Hilsenfirst[3]. » Rommel combat presque une année dans les Vosges, sur un front statique, peu propice à la manœuvre.

Il s'expose, comme à l'accoutumée. Lorsque son unité reçoit l'ordre de mener des patrouilles pour ramener des prisonniers, il effectue la reconnaissance en personne : économe en vies humaines, il entend préparer sa mission avec sérieux. Mission périlleuse dans les sous-bois : la moindre brindille qui craque sous un pas met les sens des sentinelles en éveil, au risque de provoquer un déluge de feu. La mission en

1. L'uniforme des *Gebirgsjäger* est perçu plus tard. Rommel le juge « très seyant ».

2. À l'image de ce que sont les unités de commandos depuis la Seconde Guerre mondiale. Un concept alors nouveau durant la Grande Guerre, prélude à ce que seront les *Stosstruppen*, les troupes d'assaut de 1917-1918.

3. Erwin Rommel, *L'Infanterie attaque, op. cit.*, p. 138.

elle-même a tout de l'opération commando : il faut se faufiler vers les lignes, éviter les barbelés et surtout échapper aux patrouilles ou aux sentinelles françaises. En effet, « un cri ou un coup de fusil donnerait l'alerte à tous les occupants de la position ». Rommel, parti en avant avec deux soldats alors que le reste du groupe d'assaut reste coincé dans des barbelés, est sur le point d'être découvert par des soldats ennemis en patrouille. « Leurs pas sont réguliers et ils conversent doucement. Des secondes anxieuses s'écoulent lentement. La patrouille arrive à notre niveau et poursuit son chemin sans s'arrêter. Nous soufflons de soulagement quand le bruit des pas s'éloigne vers le bas. » L'alerte a été chaude. La mission est un succès et onze prisonniers sont ramenés vers les lignes allemandes. En octobre 1916, l'unité de Rommel est mutée vers l'Est…

Une nouvelle forme de guerre sur le front roumain

En 1916, alors que les terribles batailles de la Somme et de Verdun ensanglantent le front de l'Ouest, un nouveau théâtre d'opérations s'ouvre pour l'armée allemande à l'Est, alors même que les Autrichiens sont en difficulté face aux Russes : la Roumanie a rejoint les rangs de l'Entente le 27 août 1916. Les puissances centrales doivent circonvenir rapidement la menace ; la *9. Armee* du général von Falkenhayn, le vaincu de Verdun, anciennement commandant en chef de l'armée allemande, est envoyée sur ce nouveau front, et les premiers combats sont à l'avantage des Allemands et de leurs alliés, avant que la progression soit stoppée dans les Carpathes.

La nouvelle offensive est déclenchée le 8 novembre. C'est à marche forcée que le bataillon de Rommel atteint Petroșani, après avoir traversé l'Europe en train. Sans animaux de trait, les paquetages sont lourds, y compris pour les officiers. La montée en direction de la cote 1794 sera des plus pénibles. La pluie tombe à seaux et les *Gebirgsjäger* sont trempés jusqu'aux os. Le bivouac en pleine montagne est éprouvant ; il faut se blottir dans le froid mordant, enveloppé dans une couverture ou une

2. BRILLANT OFFICIER DU KAISER

toile de tente. Lorsque le sommet enneigé est atteint après l'aube, les hommes sont gelés. Non sans mal, sur ordre du *Hauptmann* (capitaine) Gössler, qui commande l'autre unité parvenue au sommet, Rommel, loin d'être indifférent aux souffrances de ses hommes, obtiendra la relève des deux compagnies, après une nouvelle nuit éprouvante.

Le premier véritable affrontement survient le 11 novembre, lorsque les chasseurs alpins s'emparent du mont Leşului (1 191 mètres) à l'issue d'une attaque frontale très peu coûteuse pour la compagnie de Rommel, qui ne déplore qu'un blessé léger. Le terrain a été admirablement utilisé pour dissimuler les mouvements, et le soutien des mitrailleuses pendant l'assaut a été décisif.

En ce mois de novembre 1916, alors que la campagne poursuit son cours, Rommel demande et obtient une permission, qui arrive bien à propos alors que lui-même est épuisé et que les conditions de combat sont bien éprouvantes. À vingt-cinq ans, il épouse Lucie Maria Mollin à Dantzig. Lucie est, nul ne peut en douter, très éprise d'Erwin Rommel. Elle accepte d'être excommuniée de la religion catholique pour convoler selon le rite protestant. Elle doit aussi admettre que son époux a une fille illégitime. Lucie n'est pas enceinte, *a contrario* de bien des épouses de guerre, mais cet hiver 1916-1917 est rigoureux dans une Allemagne qui souffre

Lucie Maria Mollin : l'amour d'une vie.

de bien des restrictions alimentaires, ce qui affecte la constitution physique des civils.

Bucarest tombe le 7 décembre, et la majeure partie de la Roumanie est envahie. Rommel, de retour sur le front, opère toujours selon le même schéma tactique : il cherche à envelopper le flanc adverse à chaque combat. En janvier 1917, lors de l'avance vers Găgești, il prend de nouveau un risque inconsidéré en tentant de convaincre des Roumains de se rendre : ces derniers, surgissant du brouillard, le mettent en joue et tirent ! Rommel prend la fuite en compagnie du docteur Lenz, tandis qu'un infirmier fait le coup de feu pour les couvrir. Sauvé par le brouillard, Rommel retrouve une de ses patrouilles. Reprenant l'avance, il s'approche de Găgești, où il ne se sent en sécurité que pour la durée de la nuit : isolé à 6 kilomètres des lignes allemandes, il lui faut se rendre maître d'une hauteur.

Le lendemain, nouvelle prise de risque, lorsqu'il chevauche en direction d'Odobești, en compagnie du seul sergent Pfäffle, afin de rétablir la liaison avec les unités voisines. « Je laisse Sultan [son cheval] prendre un bon galop et me soucie bien plus de mon cheval que du paysage. » Soudain, une patrouille roumaine surgit dans Găgești où il vient de pénétrer. Trop tard ! Il faut poursuivre au même rythme et tenter un coup de bluff : il les salue et leur fait comprendre qu'ils doivent se constituer prisonniers. Les soldats ennemis s'exécutent, tandis que Rommel leur indique la direction à suivre et que lui-même s'éloigne au galop. L'offensive à laquelle participent les chasseurs alpins wurtembourgeois, non sans difficultés, se révèle être un succès complet. L'unité d'élite est de nouveau transférée.

Exploits dans les Carpathes

Après un retour en réserve d'armée dans les Vosges, Rommel remonte au front dans le secteur Stossweiher-Mönchberg-Reichsackerkopf. Remarqué par son supérieur, le *Major* Sproesser, il est chargé à Winzenheim de maintenir l'unité opérationnelle en assurant l'instruction tactique et l'entraînement – une tâche qui lui convient parfaitement et flatte son ego.

2. BRILLANT OFFICIER DU KAISER

Les troupes alpines se couvrent de gloire.

Le bataillon, désormais aguerri, est de retour en Roumanie en août 1917. Alors que l'armée russe, le principal allié des Roumains, vacille, l'armée du Kaiser veut mettre ce pays à genoux le plus rapidement possible. Le 9 août, Rommel repart à l'assaut ; il a reçu l'ordre de gravir le versant sud de l'Ungureanu, jusqu'à la hauteur d'un régiment bavarois, puis d'attaquer l'ennemi. Outre la rapidité d'exécution qui le caractérise tout au long de la campagne, Rommel met un point d'honneur à s'assurer de bonnes liaisons avec l'arrière, ce qui suppose avant tout, avec la technologie de l'époque, de poser une ligne téléphonique – une initiative à mettre aussi au crédit de son supérieur, le *Major* Spoesser, qui entend coordonner ses troupes et commander avec le plus d'efficacité possible.

Il fait toujours montre d'initiative ; une patrouille menée par le *Feldwebel* (adjudant) Pfeiffer surprend un ennemi très supérieur en nombre sans tirer un coup de feu. Rommel, prévenu, informe immédiatement son supérieur par téléphone et lui suggère en conséquence que son unité profite de l'opportunité pour attaquer le versant sud en soutien de l'attaque frontale, ce qui permettra de contourner le flanc adverse et de surprendre les Roumains sur leurs arrières.

L'ascension n'est pas aisée ; la pente est raide, la chaleur estivale étouffante, mais les *Gebirgsjäger*, chargés comme des muletiers, progressent dans les sous-bois sans se faire détecter : ordre est donné à l'avant-garde de ne pas engager l'ennemi si celui-ci n'ouvre pas le feu. Lorsque Rommel est en position de charger l'ennemi, celui-ci reflue de position en position sous les coups des grenades et de tirs incessants : les Allemands imposent un tempo soutenu. Les difficultés apparaissent lorsqu'il faut se risquer en terrain dégagé, d'autant que les chasseurs alpins ne disposent d'aucune mitrailleuse en couverture. Mettant à profit les aspérités du terrain, les Allemands parviennent à se rapprocher de la crête et, alors que l'obscurité est tombée sur le champ de bataille, les hommes de Rommel se déploient en hérisson sur l'objectif. Soucieux de garder le contact, l'*Oberleutnant* envoie une estafette auprès de Sproesser, tout en ordonnant la pose d'une nouvelle ligne téléphonique, puisqu'il apparaît que celle mise en place avec labeur pendant l'ascension est coupée. Bel exploit ; lorsque Sproesser rejoint la position le lendemain, il exprime toute sa satisfaction à Rommel.

Ce dernier sera contraint de faire lui-même le coup de feu pour repousser une contre-attaque roumaine au cours de la poursuite des combats en direction du mont Coşna. Ce n'est pas là son rôle. Lorsqu'il est renforcé par des mitrailleuses, il commente dans son livre : « Je peux à nouveau me consacrer à ma tâche : commander. » Il est une nouvelle fois blessé, à l'avant-bras gauche, mais refuse d'abandonner la direction de ses troupes, bien que l'idée ait fait son chemin dans son esprit, car il est conscient que sa blessure l'affaiblit. Son sens du devoir prend le dessus : « La situation délicate du détachement me convainc cependant temporairement de ne pas quitter mon poste. »

Sproesser ne manque pas de percevoir en Rommel un subordonné exceptionnel. Son coup d'œil est sûr, il sait juger de la situation et décider

2. BRILLANT OFFICIER DU KAISER

du moment et du lieu opportuns pour surprendre l'ennemi, le contourner et le vaincre. Aussi est-ce sans surprise qu'il lui demande de garder son poste pour une journée encore et de concevoir un plan d'attaque pour l'assaut devant être mené contre le mont Coşna. L'*Oberleutnant* commande alors six compagnies, dont deux de mitrailleuses[1]. La proposition de Rommel, sans surprise, privilégie la manœuvre et la prise de flanc et, surtout, montre un souci de l'itinéraire d'approche et de la nécessité de bénéficier d'un champ de tir dégagé pour l'appui d'artillerie et des mitrailleuses. Le poids des responsabilités pèse sur le jeune officier : « Je parviens à peine à dormir au cours du reste de la nuit. La blessure me fait mal, les événements des derniers jours ont mis mes nerfs à vif et la nouvelle mission m'envahit l'esprit. »

Pourtant, rien ne se déroule comme escompté ; des postes de guet roumains, non détectés par les patrouilles de reconnaissance, occupent la crête arborée que Rommel souhaitait emprunter pour surprendre l'ennemi. L'attaque ne peut plus bénéficier de la surprise, ce qui obère ses chances de succès. L'officier ne manque pas de ressources et trouve une parade en obliquant vers le nord, puis l'est, en direction d'une zone boisée. Il réussit l'exploit de faire passer en silence quatre compagnies entre deux avant-postes ennemis, tout en posant une ligne téléphonique. Celle-ci, probablement sectionnée, ne fonctionne pas lorsque Rommel, en position pour attaquer, souhaite solliciter un appui d'artillerie. Les combats sont disputés, mais le mont Coşna est enlevé. La journée est cependant trop avancée pour poursuivre l'avantage. Succès temporaire, car le secteur sera le cadre d'affrontements acharnés. L'unité de Rommel est même un temps isolée, puis doit se replier après que le Souabe a mené un admirable combat défensif. Il ose même abandonner son poste en plein cœur de la bataille. Très confiant en lui-même et en sa position privilégiée au sein du bataillon, il n'a pas hésité à transmettre le commandement de son détachement à un subordonné, le temps de réclamer des renforts et du ravitaillement.

Son esprit reste vif et alerte. Il ordonne à deux dessinateurs de produire des cartes du

---

1. L'un des chefs de section chez les mitrailleurs n'est autre que Hermann Aldinger, qui sera son aide de camp en France en 1944.

secteur au 1/5 000ᵉ à partir d'une esquisse réalisée par ses soins. Quadrillée et dupliquée, la carte ainsi obtenue est d'une grande simplicité d'utilisation et présente un intérêt tactique évident[1].

Pendant ces journées difficiles d'août 1916, Rommel est tout à sa tâche et s'oublie : « J'ai les pieds enflés de n'avoir pas pu enlever mes bottes depuis cinq jours. Je n'ai pas non plus eu le temps de faire renouveler le pansement de mon bras gauche, ni de changer ma veste placée sur mes épaules et mon pantalon tachés de sang. Je me sens au bord de la rupture, mais l'importance de mes responsabilités m'interdit de penser à partir maintenant à l'hôpital. » Il n'a eu de cesse d'inspecter ses positions, de s'enquérir des blessés et des munitions, tout en trouvant le temps de préparer ses rapports pour Sproesser. Fiévreux, il lui faudra pourtant se résoudre à rejoindre le QG et se faire examiner par un docteur. Il bénéficie ensuite d'une permission, qu'il passe sur les bords de la Baltique auprès de son épouse.

Rommel n'a fait que parfaire ses tactiques de combat en Roumanie. Son talent est reconnu par ses pairs. Il va bientôt pouvoir l'exercer de façon encore plus brillante…

Glorieux faits d'armes en Italie

Fin 1917, Rommel et ses hommes découvrent un nouveau théâtre d'opérations : l'Italie. Les Autrichiens sont empêtrés depuis deux ans sur le terrible front de l'Isonzo ; l'Autriche-Hongrie, par ailleurs engagée face aux Russes, est au bord de la rupture et sollicite l'aide du Reich. Le Grand État-Major allemand, qui ne peut permettre un effondrement de son allié, y répond favorablement et dépêche sur le front italien sept divisions. Associées à six divisions autrichiennes, elles constituent la *14. Armee*, déployée dans le secteur Caporetto-Tolmino et confiée à un général allemand, Otto von Below.

Le bataillon de chasseurs alpins du Wurtemberg[2], désormais équipé de mitrailleuses légères Maxim 08/15, intègre l'*Alpenkorps*, le fameux corps des Alpes bavarois, qui a

---

1. Il suffit par exemple de dire : « Tir d'arrêt demandé tombe dans les carrés 74 et 75. »

2. Réduit à la moitié de ses effectifs initiaux, soit 1 500 hommes.

2. BRILLANT OFFICIER DU KAISER

L'*Alpenkorps* : le fer de lance à Caporetto.

aussi participé aux combats en Roumanie. Le rôle de l'*Alpenkorps* dans la nouvelle offensive[1] est de s'emparer de positions importantes au sud de l'Isonzo, en particulier du mont Na Gradu (la cote 1114), du mont Kuk et du mont Matajur (1 642 mètres d'altitude).

Le bataillon de montagne du Wurtemberg reçoit pour tâche de couvrir le flanc du régiment d'infanterie de la Garde[2], qu'il faudra suivre jusqu'au Matajur, après avoir neutralisé des batteries ennemies. Pour stimuler l'ardeur de ses soldats, et peut-être susciter une certaine émulation, le général von Below fait savoir que le Kaiser a promis une médaille « Pour le Mérite » pour la conquête du mont Na Gradu et une autre pour celle du mont Matajur. Une opportunité exceptionnelle pour de jeunes officiers subalternes, tant cette décoration, prestigieuse entre toutes, est octroyée avec parcimonie.

1. Passée à la postérité sous le nom de bataille de Caporetto.

2. Le régiment bavarois de la Garde, ou *Leib-Regiment*, l'élite de la Bavière.

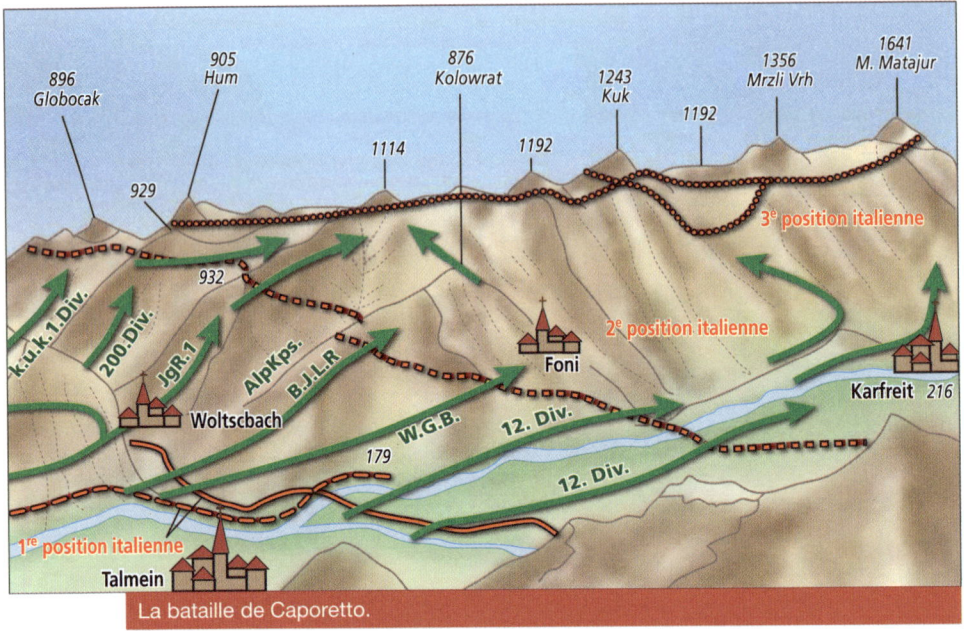
La bataille de Caporetto.

C'est sous la pluie, et après un tir de barrage en règle, que la *14. Armee* passe à l'attaque. Comme en Roumanie, Rommel progresse dans une zone forestière. Même si ses hommes, disciplinés et entraînés, se déploient sans bruit, il reste 60 mètres de sous-bois à parcourir pour l'assaut. Il remarque alors un sentier dissimulé par lequel il envoie une poignée d'hommes, qui doivent donner l'illusion d'être des soldats italiens de retour des premières lignes. Le stratagème réussit. La progression se poursuit de crête en sommet, sous des trombes d'eau. Loin de s'être cantonné à un rôle de soutien qu'il refuse, Rommel positionne donc ses hommes en pointe de l'attaque.

Faisant preuve d'un certain aplomb, il refuse de se mettre sous les ordres du 3ᵉ bataillon de la Garde. S'adressant au *Major Greif* von Bothmer, chef de corps de ce bataillon, il objecte qu'il a jusqu'ici reçu ses ordres du *Major* Sproesser et que ce dernier lui « semble être plus ancien

2. BRILLANT OFFICIER DU KAISER

en grade que le commandant du régiment de la Garde ». Résultat : Rommel se voit interdire de mener toute action avec son unité. La prise de la cote 1114 – et par voie de conséquence la récompense corollaire de la croix Pour le Mérite – échoient donc à un Bavarois, le *Leutnant* Ferdinand Schörner. Il reste toutefois une médaille à pourvoir : celle qui reviendra au conquérant du mont Matajur.

Le plus ardu, mais aussi le plus spectaculaire, est à suivre. L'attaque surprise sur la crête du Kolovrat est un succès complet. Avance silencieuse et à défilement d'observation sont les maîtres mots de la méthode Rommel ; à plusieurs reprises, des positions italiennes sont enlevées sans qu'un coup de feu retentisse. « Le *Leutnant* Streicher me rend compte qu'il a surpris les servants des pièces d'artillerie pendant leur toilette. » L'énergique officier parvient aussi à sauvegarder de la destruction sa 2e compagnie, isolée en avant. Comme à l'accoutumée, prise de flanc et attaque sur les arrières constituent sa recette.

Le mont Kuk tombe à son tour. Dans la vallée, Rommel place ses hommes en embuscade sur la route Luico-Savogna, et maints Italiens tombent dans la souricière, de même que leurs vivres : chocolat, jambon et pain blanc, qui sont des délices pour les estomacs des chasseurs alpins affamés. La capture d'une longue colonne de bersaglieri, après une courte mais intense fusillade, constitue le point d'orgue du traquenard : 2 000 hommes et leurs 50 officiers sont faits prisonniers.

La prise du mont Cragonza, de haute lutte, sur une pente raide, s'accompagne, près de Jevšček, d'une autre moisson de captifs : 1 600 hommes et 37 officiers, décontenancés par l'apparition de soldats allemands là où on ne les attendait pas. Indubitablement, la hardiesse et le dynamisme de Rommel ont payé ; il a largement contribué à faciliter la progression de l'intégralité de l'*Alpenkorps* et, partant, justifié une nouvelle fois la confiance que lui accorde Sproesser.

L'exploit du Matajur

L'attaque du mont Matajur participe de la légende de Rommel. Les hommes sont épuisés, mais il n'est pas possible de leur accorder une

ROMMEL

Les *Gebirgsjäger* font des prisonniers par milliers.

2. BRILLANT OFFICIER DU KAISER

pause tant méritée : il faut aller de l'avant, l'officier a en vue la médaille qu'il convoite. Comme toujours au cours de sa carrière, il a également l'esprit offensif : il ne faut pas laisser à l'ennemi la possibilité de se reprendre, mais conserver l'initiative, en l'occurrence empêcher les Italiens de se rétablir sur le Matajur, dernier sommet de la chaîne du Kolovrat. En continuant sur son objectif, il ne se montre aucunement plus indifférent au sort de ses hommes que tout autre officier de sa génération. Bien plus, il met un point d'honneur à manœuvrer de manière à emporter la décision au moindre coût. Il remporte des succès en subissant des pertes le plus souvent modérées : les soldats, en particulier ceux d'une unité d'élite, ne regimbent pas à suivre un tel chef. Ce faisant, Rommel ne fait que se conformer aux instructions de Sproesser, qui a subtilement tiré des enseignements des combats menés face aux Roumains : le *Major* recommande notamment de ne pas se laisser distraire par les flancs et de maintenir la pression, car poursuivre sans marquer une pause sauve des vies.

L'escalade est éprouvante et plus d'un homme dévisse ou se brise une cheville. Rommel repousse cependant les Italiens toujours plus loin en adoptant les recettes qu'il préconise : « Le *Feldwebel* Hügel est un maître dans l'art de fixer frontalement un ennemi plus nombreux et mieux armé et de l'attaquer en même temps de flanc et sur ses arrières avec des groupes d'assaut[1]. » Progressant vers le mont Mrzli, Rommel, en peine de dénicher la moindre estafette, entreprend de partir lui-même à la recherche des compagnies retardées. Ce faisant, il manque de se faire abattre par un parti de bersaglieri qui le prend par surprise ; mais il se sauve de ce mauvais pas d'un bond dans les broussailles, suivi d'une course en direction de la cote 1192.

Les quelques jours qui se succèdent sont marqués par d'âpres combats qui lui coûtent nombre de ses officiers, mais aussi par des redditions importantes de soldats italiens, alors qu'il risquait lui-même d'être pris à revers. Rommel dépeint des soldats italiens complètement démotivés et qui crient leur joie au moment de leur capture : la guerre est finie... Pis, « un officier italien, qui hésite à se rendre, se fait

---

1. Erwin Rommel, *L'Infanterie attaque*, op. cit., p. 354.

abattre par ses propres hommes ». Mille cinq cents soldats ennemis sont faits prisonniers. Rommel constate très vite que plusieurs officiers italiens enragent quand ils réalisent la faiblesse du détachement de Rommel ; mais il est trop tard et leurs tentatives pour se ressaisir sont vaines.

Alors qu'il se prépare à reprendre l'avance, il reçoit l'ordre de faire demi-tour. Il n'en a cure, estimant que, selon toute vraisemblance, ses supérieurs n'ont pas une connaissance aussi exacte que lui de la situation. Fidèle au concept de l'*Auftragstaktik*, il décide de poursuivre de l'avant avec la centaine de *Gebirgsjäger* et les six mitrailleuses qui l'entourent[1] : « Chaque montagnard du Wurtemberg vaut vingt Italiens. » De fait, une nouvelle moisson de prisonniers survient après que les tirs d'une de ses mitrailleuses frappent l'avant d'une colonne qui tente de s'enfuir d'une éminence. Les Allemands s'approchent en agitant des mouchoirs blancs. Les Italiens ont compris : 35 officiers et 1 200 hommes rendent les armes. De nouveau, les officiers prisonniers sont en rage quand ils comprennent leur bévue : ils ont déposé les armes alors qu'ils se battaient à un contre dix !

L'arrivée au sommet du Matajur le 26 octobre est à l'avenant. L'ennemi, décontenancé par ces soldats allemands qui surgissent depuis le versant situé sur leurs arrières, se rend sans opposer la moindre résistance. Rommel est emporté par une vague de lyrisme, comme s'il venait de vaincre l'Annapurna : « Nous admirons tout autour de nous la majesté des montagnes baignées par un soleil éclatant. Nos vues sont profondes. »

La conquête du sommet fut plus compliquée que ne le prétendra plus tard Rommel, qui voulait à tout prix obtenir la fameuse médaille Pour le Mérite, mais elle fut très peu coûteuse en vies humaines[2]. Las, il en est pour ses frais, car le haut commandement allemand attribue la prise du mont Matajur à l'*Oberleutnant* Schnieber, un Silésien qui obtient en effet la précieuse récompense. Soutenu par Sproesser, Rommel proteste immédiatement en haut lieu. En vain. N'admettant

---

1. Les autres sont restés sur la cote 1096, selon les ordres.

2. Six tués et vingt blessés au combat.

2. BRILLANT OFFICIER DU KAISER

jamais ce qu'il considère comme une injustice, il demandera après guerre à l'historien officiel de l'armée allemande de rectifier les faits en sa faveur...

De retour dans la vallée, Rommel procède à un rituel qui traverse les âges : il invite les officiers supérieurs ennemis à partager son repas. Même en temps de guerre, les officiers se considèrent parfois comme les membres d'une même caste, quelle que soit leur nationalité... L'Allemand perçoit le désarroi de ses hôtes : « Je les comprends parfaitement et ne tarde pas à sortir de table. » La pitié pour l'ennemi, il la ressent de nouveau lorsqu'un prisonnier italien lourdement chargé est emporté par le courant d'un torrent. Rommel galope jusqu'à lui et le sauve de la noyade.

Un dernier exploit à Longarone

Rommel s'illustre par un nouveau fait d'armes sur le front italien. Sproesser, ignorant les instructions données par les Autrichiens d'attendre le gros des troupes, lance ses hommes par des sentiers de haute montagne en direction de Longarone, sise dans la vallée de la Piave. La petite ville constitue l'objectif du bataillon de chasseurs alpins du Wurtemberg, qui a reçu l'ordre de s'en emparer impérativement. En pointe de l'avance, Rommel n'est entouré que d'une dizaine de soldats montés sur des bicyclettes, après avoir franchi une gorge aux parois rocheuses verticales. Rejoint par une partie de son détachement, il éprouve quelques difficultés à franchir les eaux glacées de la Piave, avant que la traversée d'un groupe de prisonniers lui indique comment procéder : se tenir par les mains et progresser en oblique.

À la nuit tombée, incapable de forcer le passage au niveau du barrage de retenue avec sa seule patrouille de reconnaissance, Rommel se replie auprès d'un groupe de maisons avec une cinquantaine d'hommes. Il doit faire face à une contre-attaque frontale, dont la masse submerge la poignée d'Allemands qui l'entoure. « Au dernier moment, j'échappe à la capture en sautant par-dessus le parapet, et fais la course avec les Italiens le long de la route. » Rommel parvient à Faé avant les Italiens et peut organiser les défenses à la hâte. La nuit favorise l'infiltration et les contournements de flanc : il fait donc allumer des feux pour illuminer le secteur. Les combats sont disputés. On en vient à manquer de munitions. Une seule solution : se réarmer avec les stocks d'armes et de munitions saisis plus tôt sur les Italiens. Repoussé, l'ennemi se replie sur Longarone, vers laquelle Rommel reprend sa progression.

Démoralisé par son échec, le commandant italien capitule lorsque Sproesser lui fait savoir qu'il est cerné. Rommel est transporté de joie. Il entre en vainqueur dans Longarone, mais reste prudent : des milliers de soldats italiens sont dans les rues. Plus de 10 000 prisonniers seront comptabilisés selon Rommel, avec un butin en armes lourdes et en matériel à l'avenant. Une division entière a déposé les armes. Pour obtenir cet exploit, outre les pertes subies par un bataillon autrichien, il n'a consenti que 28 victimes, dont 6 tués et 1 disparu. C'est enfin le moment d'un repos bien mérité, en jouissant enfin d'un minimum de confort. Tel un général des temps anciens, Rommel est acclamé par ses hommes : « Dans la soirée, les montagnards ne laissent à personne d'autre le soin d'organiser une procession avec des torches en l'honneur de leur chef. »

Rommel mène ensuite des opérations dans la zone du mont Grappa. Le 17 décembre, les Wurtembourgeois lancent un dernier assaut – un échec – sur le mont Salarol, puis l'hiver reprend ses droits sur le front italien.

Le 18 décembre, deux colis parviennent au bataillon : le Kaiser, rapporte Rommel, lui a accordé la médaille Pour le Mérite, ainsi qu'à Sproesser ; une récompense pleinement méritée à ses yeux. Si la citation à l'ordre de l'armée précise que sa décoration lui est attribuée pour l'ensemble de ses initiatives, il estimera toujours de son côté que cette médaille couronne le succès remporté au seul mont Matajur. Jamais modeste, il éprouvera toujours un malin plaisir à faire des envieux. « Tu ne peux pas imaginer à quel point les officiers sont jaloux de ma "Pour le Mérite", écrit-il à Hans Seitz, un camarade d'école. Il n'y a absolument aucun esprit de camaraderie. » Ce chasseur de gloire accumule les décorations

2. BRILLANT OFFICIER DU KAISER

Rommel arborant la médaille « Pour le Mérite ».

allemandes et autrichiennes. Il est ainsi fait chevalier du *Friedrichs-Orden*, prestigieuse décoration wurtembourgeoise.

Rommel a donc connu son heure de gloire pendant la bataille de Caporetto, désastre militaire considérable de l'armée italienne, qui doit en partie son salut à l'épuisement de l'armée autrichienne par ailleurs desservie par une logistique insuffisante, plus adaptée à une longue guerre de position.

Une fin de guerre loin du front

Début janvier 1918, promu au grade de *Hauptmann*, il est muté en qualité d'aide de camp et d'officier au sein d'un état-major, celui du *LXIV. Korps*, à Colmar, où on l'imagine sans mal mettre en avant sa médaille Pour le Mérite. De fait, il semble devoir assommer ses collègues de ses récits guerriers dans lesquels, sans nul doute, il s'octroie le rôle prééminent. Officier d'action, il va s'y morfondre alors que les dernières offensives, qui se veulent décisives, sont lancées en France. Il occupe les postes d'officier d'ordonnance, puis de troisième officier d'état-major du bureau opérations. Il parvient à obtenir des responsabilités dans des unités, mais plus jamais sur le front. Il est ainsi affecté à une batterie d'artillerie de la division *Landwehr*[1] bavaroise, puis à un bataillon d'infanterie de réserve.

Conséquences à long terme de l'expérience de la Grande Guerre

La brillante campagne de Rommel en Italie a durablement marqué son opinion sur le soldat italien. Il reste persuadé de l'incompétence des officiers transalpins – une donnée qui n'a rien d'anodin, puisqu'il devra combattre à leurs côtés, et sous leurs ordres, en Afrique du Nord à partir de 1941.

Le fait qu'il ait manqué la terrible guerre des tranchées est tout aussi déterminant. Il ne sera pas de ces officiers marqués par l'impasse de la guerre de position et des boucheries qui ont été

---

1. Troupes de deuxième ligne, que l'on peut assimiler aux territoriaux français.

2. BRILLANT OFFICIER DU KAISER

son lot. Il a au contraire mené des opérations mobiles, bref une guerre de mouvement, faite de contournements et de prises à revers. Au sein de l'*Alpenkorps*, il a agi comme ses camarades des *Stosstruppen*, les fameuses troupes d'assaut, qui ont percé les lignes alliées en France en 1918. Sa conduite de la *Blitzkrieg*, au début de la Seconde Guerre mondiale, ne sera qu'une nouvelle mise en pratique de sa façon de combattre, mais avec des outils nouveaux, à commencer par le panzer. Chez Rommel, rapidité, initiative et attaque priment. Maître de l'infiltration, il sait exploiter les failles de l'adversaire. Célérité et effet de surprise peuvent aisément contrebalancer un rapport de force défavorable. Percer les défenses ennemies n'a en général jamais présenté de difficultés insurmontables. Sa réussite au combat l'a sans doute parfois porté à trop d'optimisme, voire à se croire placé sous la protection de la Providence, ce qui a pu le mener à prendre des risques inutiles. Peu modeste, il aimera dire : « Lorsque j'étais jeune homme, je savais déjà comment diriger une armée. »

Tout aussi significatif, Rommel n'a pas vécu l'humiliation de la défaite sur le terrain en 1918. Son ressentiment est donc moins fort que chez d'autres ; rien qui le prédispose à canaliser une violence en s'engageant dans les *Freikorps*[1] ou en adhérant à un parti extrémiste. Comme pour Patton, la guerre est pour lui un terrain de jeu, une expérience exaltante et sans égale.

---

1. Les corps francs, constitués de soldats allemands démobilisés, affrontent les révolutionnaires communistes en 1919-1920, alors que la révolution bolchevique bat son plein en Russie.

3
LA ROUTINE DES CASERNES

3. LA ROUTINE DES CASERNES

11 novembre 1918 : l'Empire allemand accepte la défaite. Accepte ? Pour Rommel, comme pour de nombreux officiers, l'armée du Kaiser, qui a mis à genoux le géant russe et a si brillamment combattu sur tous les fronts, reste invaincue sur le champ de bataille. Elle subit l'humiliation d'un armistice en raison de politiciens démocrates qui l'ont trahie. Tous ces sacrifices et ces faits d'armes en vain ! La légende du « coup de poignard dans le dos » fait florès, et le *Hauptmann* Rommel y souscrit. Le jeune officier attend l'heure de la revanche, perspective qu'il estime parfaitement légitime ; bien plus : il s'agit d'un devoir. Il n'oublie ainsi nullement ses compatriotes tombés au champ d'honneur : « Les survivants et les futures générations nous enjoignent de ne pas faire moins que ces hommes quand viendra le temps de faire des sacrifices pour l'Allemagne. »

Les contraintes imposées à l'armée allemande par le traité de Versailles, signé sept mois plus tard, en juin 1919, sont drastiques. La paix dictée – le « diktat » – est durement ressentie par tous les Allemands, plus particulièrement chez les militaires de carrière. La nouvelle armée, la Reichswehr, n'est plus qu'un pâle et misérable reflet de la grandeur de celle qui fut considérée comme la meilleure du monde[1].

Le jeune officier subalterne fait siennes les préventions de la caste des officiers envers les fauteurs de paix : révolutionnaires communistes, qu'il faut réduire par la force en 1919, ainsi que pacifistes et démocrates de tout poil, indistinctement rassemblés et rejetés dans le même opprobre. C'est une Allemagne en proie au chaos et à la guerre civile, et dans laquelle l'armée a perdu son prestige et sa superbe, qu'il lui faut traverser pour rejoindre Lucie à Dantzig.

Il expérimente en personne le degré de déliquescence dans lequel a plongé une armée naguère réputée pour sa discipline de fer. Nommé le 25 juin 1919 à la tête d'une compagnie de sécurité intérieure à Friedrichshafen, il doit composer avec d'anciens mutins de la *Kaiserliche Marine*[2] acquis aux idées révolutionnaires et aucunement enclins à obéir, dénigrant avec

---

1. Les clauses, drastiques, limitent ses effectifs à 100 000 hommes, avec interdiction de posséder de l'artillerie lourde, des tanks et des avions. Les restrictions touchant la marine sont à l'avenant.

2. La marine impériale allemande.

Le général von Seeckt.

mépris sa médaille Pour le Mérite, qui n'est pour eux rien d'autre qu'un « morceau de fer-blanc ». Il saura toutefois imposer son autorité. Au printemps suivant, il mate d'autres rebelles en Rhénanie-Westphalie.

La carrière de Rommel se poursuit donc dans un nouvel écrin, celui de la république de Weimar[1]. De politique, il n'est pas question au sein de la Reichswehr, selon les vœux de son commandant, le *Generaloberst* Hans von Seeckt. Des officiers apolitiques ? Légalistes serait plus juste. Pas question pour ces hommes de cultiver des penchants révolutionnaires, ou de prêter main-forte à des tentatives de putsch, comme celui de Kapp ou celui de Ludendorff. Pour autant, cette armée qui se veut apolitique n'admet pas que cette république représente le régime légitime que mérite l'Allemagne.

Avec ses excellents états de service, qui plus est décoré des médailles les plus prestigieuses,

---

1. Nommée ainsi d'après le lieu où fut adoptée la Constitution. La capitale reste Berlin.

3. LA ROUTINE DES CASERNES

et bien que n'étant pas breveté de l'École supérieure de guerre de Berlin, Rommel a le privilège insigne de compter parmi les 4 000 officiers retenus pour la nouvelle armée allemande. Autre argument qui a joué en sa faveur, l'homme est jugé sérieux et respectueux de la discipline, y compris en temps de paix. Nul doute que le fait d'avoir été sélectionné au sein de cette élite restreinte ait atténué une rancœur qui ne peut être que plus marquée chez ceux qui, humiliés par Versailles, perdent de surcroît la perspective de poursuivre une carrière militaire, ce qui les pousse d'autant plus facilement à embrasser les thèses les plus extrémistes.

Le jeune ambitieux voit toutefois rester close la porte de l'École supérieure de guerre. Il ne pourra donc intégrer l'État-Major général – *Generalstab* –, en théorie désormais dissous et interdit, mais poursuivant son activité, dissimulé sous le vocable de *Truppenamt*, soit « l'office des troupes ». Son expérience de cadet puis d'officier l'a déjà amené à mépriser la caste prussienne, et plus particulièrement les officiers d'état-major. Ce sentiment ne fait que s'exacerber. Selon lui, ces hommes, par trop conservateurs, se sont révélés incapables de mener le combat jusqu'à la victoire, et ils sont tout aussi impuissants à régénérer l'armée à la lumière des expériences de la Grande Guerre.

Si on ne lui permet pas d'accéder à l'état-major, ce roturier est en revanche considéré comme un excellent meneur d'hommes. C'est à ce titre que, le 1er janvier 1921, il prend la tête d'une compagnie de l'*Infanterie-Regiment 13* à Stuttgart. La polyvalence est inscrite dans les aptitudes du soldat allemand. Rommel s'évertue de lui-même à parfaire sa maîtrise du métier des armes. Il continue ainsi de se passionner pour la mécanique, engouement qui est le sien depuis l'adolescence. Faute de pouvoir développer ses connaissances en artillerie, du fait des restrictions imposées par Versailles, il s'applique à apprendre le maniement des mitrailleuses lourdes. Les années s'écoulent au sein de la caserne[1]. L'espoir de

> 1. Sur le plan personnel, Lucie donne naissance en 1928 à un petit Manfred, unique enfant d'un couple qui subvient par ailleurs aux besoins de celle qui est présentée comme étant la nièce de Rommel : Gertrud, en fait sa fille naturelle, alors élevée par sa grand-mère à Weingarten.

promotions rapides est inexistant et la perspective d'une carrière fulgurante bien chimérique.

Officier talentueux et d'un abord modeste, Rommel fait l'unanimité auprès de ses supérieurs, de ses collègues[1], mais aussi de ses hommes. On reconnaît ses aptitudes à l'instruction : en 1929, il est chargé de former les élèves officiers de l'école d'infanterie de Dresde, où il retrouve Ferdinand Schörner, qu'il méprise depuis le temps de leur rivalité en Italie en 1917. Excellent pédagogue, bien au fait de son sujet, ses cours, dynamiques, avec croquis à l'appui, sont très populaires. « C'est toujours un grand plaisir d'y assister », écrit en 1931 le *Generalleutnant* List, qui estime que cet instructeur donne matière à réflexion à son auditoire. Rommel est dans son élément. Kurt Hesse, qui est son collègue, rapporte qu'on ne peut le comprendre si on oublie son exploit du mont Matajur : « Il est toujours resté au fond le lieutenant de cette époque-là, qui prend des décisions instantanées et qui agit sous l'impulsion du moment[2]. » Il fait sien un des adages de l'armée allemande : « La sueur épargne le sang », ce qui suppose des cadres excellemment formés.

Une armée ne justifie son existence que si elle a une raison d'être. Rommel, qui accède enfin au grade de *Major* en avril 1932, attend le renouveau d'une armée qui n'est alors guère plus qu'une force de police. Ainsi, des années plus tôt, en 1925, lorsque Hindenburg, l'ancien généralissime des armées du Kaiser, accède à la présidence de la République, Rommel y voit un signe « du renouveau de la puissance allemande ». L'officier, imbu de l'esprit de revanche, ce qui n'est pas neutre sur le plan politique, n'a rien d'un démocrate et ne semble pas avoir davantage approfondi sa réflexion sur les raisons de la défaite : « Notre armée va ainsi retrouver la place primordiale qui doit être la sienne. Durant quatre ans, nous n'avons remporté que des succès face aux Alliés. L'armistice de 1918 n'est pas la conséquence d'une défection des militaires, mais des politiciens[3]. » Une analyse qui n'est pas différente de celle d'un ancien caporal

---

1. Parmi ceux avec lesquels il sympathise, un certain Friedrich Paulus, le futur vaincu de Stalingrad.

1. Cité par Benoît Lemay, *Erwin Rommel*, Paris, Perrin, 2009, p. 40.

3. *Ibid.*, p. 31

3. LA ROUTINE DES CASERNES

Rommel est muté à la tête d'une unité de skieurs.

autrichien ayant combattu au sein de l'armée bavaroise au cours de la Grande Guerre…

L'heure des changements

Pour Erwin Rommel, comme pour tous les officiers allemands, l'accession au pouvoir d'Adolf Hitler, le 30 janvier 1933, est le signe d'un changement radical. Loin d'être politiquement dépassionné, Rommel salue le nouveau chancelier, dont il n'a probablement pas lu l'ouvrage *Mein Kampf* : c'est « un grand jour pour l'Allemagne », déclare-t-il. Il y voit la main de Dieu et reconnaît que « l'armée ne peut que se réjouir de cette nouvelle ». Le programme de l'ancien artiste raté, devenu chef de

Première rencontre entre Hitler et Rommel.

gouvernement, ne semble pas le heurter, pas plus que les mesures antidémocratiques rapidement décidées par le nouveau maître de l'Allemagne.

Pour le roturier Rommel, l'important réside ailleurs : l'accroissement des effectifs de l'armée offre des perspectives de carrière soudain nettement plus attrayantes. En octobre 1933, âgé de quarante-deux ans, il retrouve un poste de commandement en unité et, puisqu'il a avancé en grade, il se voit confier le commandement d'un bataillon. Il est muté à Goslar, dans le Harz, à la tête d'une unité de *Jäger* (chasseurs), des

3. LA ROUTINE DES CASERNES

skieurs émérites capables en outre de combattre en relief accidenté. Toujours aussi charismatique, c'est un officier en pleine possession de ses moyens physiques qui prend en charge l'unité. Il imprime rapidement sa marque, au point que son supérieur finit par admettre que « son bataillon de Jäger est en fait le "bataillon de Rommel" ».

Goslar ne signifie pas seulement pour lui le retour aux activités martiales de plein air, dans un magnifique décor naturel. La ville de Basse-Saxe est aussi le cadre de sa rencontre avec l'homme qui va changer sa destinée : Adolf Hitler. C'est au cours d'une cérémonie militaire, organisée dans la ville le 30 septembre 1934, que les chemins des deux hommes se croisent. Rommel insiste pour que ses *Jäger* assurent la garde d'honneur, sans la présence de SS, qui doivent les précéder. Une attitude susceptible de froisser les hauts dignitaires du régime et qui n'est pas celle d'un officier qui serait seulement obnubilé par sa carrière. Mis en présence d'Heinrich Himmler, le chef de la SS, et de Joseph Goebbels, le ministre de la Propagande – autre personnage auquel sa carrière et sa renommée seront redevables – Rommel obtient gain de cause. Sa force de caractère ne passe pas inaperçue. Il n'échange que quelques paroles avec celui qu'on appelle désormais le Führer, mais son destin est en marche.

4

UN IIIe REICH PROVIDENTIEL POUR UN AMBITIEUX

4. UN IIIᵉ REICH PROVIDENTIEL POUR UN AMBITIEUX

Un admirateur inconditionnel du Führer

Comme Rommel l'avait pressenti, l'arrivée au pouvoir des nazis signifie une accélération de sa carrière. Dénonçant le traité de Versailles et rejetant ses articles ayant trait aux forces armées, Hitler annonce le 15 mars 1935 la remilitarisation du Reich et la mise sur pied d'une nouvelle armée appelée à passer à la postérité : la Wehrmacht.

Entre l'officier de la petite bourgeoisie, héros de la Grande Guerre, et le caporal devenu chancelier, la séduction est immédiate et réciproque. Rommel, enthousiasmé par la tournure que prennent les événements, accède au rang d'*Oberstleutnant* (lieutenant-colonel) en octobre de la même année. Remarqué par le nouveau régime, il accède au poste prestigieux d'instructeur principal de l'École de guerre de Potsdam, qui vient d'être rétablie par le Führer. Plus proche de Napoléon que de Clausewitz, le grand théoricien militaire allemand, le Souabe continue ses diatribes envers la caste des officiers d'état-major, qu'il méprise toujours autant. Davantage de souplesse à leur endroit aurait pourtant été de nature à favoriser les desseins d'un officier ambitieux ; peu carriériste, il n'entretient pas plus de relations avec le gratin de la capitale allemande ou les cadres du NSDAP[1].

L'homme providentiel pour sa carrière n'est autre que le nouveau chancelier – un homme dont le projet de redressement du Reich et de son armée ne peut que recevoir un écho favorable chez un militaire de la trempe de Rommel. Si ce dernier n'adhère pas au NSDAP[2], pas plus qu'il ne se risque au moindre propos antisémite, les profondeurs de son âme restent difficiles à appréhender. Comme les autres officiers, il suivra des cours d'endoctrinement politique, les déclarations du Führer ne laissant par ailleurs aucune place à l'ambiguïté quant à sa haine des Juifs. Comme d'autres, il signe ses lettres d'un vibrant « Heil Hitler ! », ce qui n'est aucunement prescrit. S'il rejette une partie de l'entourage du Führer et se montre

---

[1]. Au contraire d'un Patton, qui maintient des liens étroits avec la haute société de Boston et de Washington, à laquelle il appartient lui-même.

[2]. *Nationalsozialistische Deutsche Arbeiterpartei* ou Parti national-socialiste des travailleurs allemands, le parti nazi.

ROMMEL

L'arrivée au pouvoir des nazis offre des perspectives nouvelles à la Wehrmacht.

réticent à l'égard de la SA[1], bien qu'il condamne le fait que le Führer soit allé jusqu'à l'assassinat de ses dirigeants[2], cela ne saurait constituer une exception, y compris chez les officiers les plus convaincus sur le plan idéologique.

Rommel ne considérera jamais Hitler et Goebbels comme infréquentables, bien au contraire, sans qu'il faille y voir un simple calcul pour sa propre carrière. Le fait qu'il n'ait pas adhéré au NSDAP, à partir du moment où toute perspective d'alternance politique est devenue impossible[3], montre *a priori* que son attachement au Führer est bien réel, sans nécessité d'artifices. De fait, il n'aura nul besoin d'intriguer pour se faire remarquer et devenir un favori.

Certes, il vitupère la méthode des bandes nazies, qui écument les rues depuis des années : mais il ne faut y voir, comme chez tout militaire, qu'attachement à l'ordre et à la discipline. La brutalité des méthodes des nazis dès leur arrivée au pouvoir, leur virulence antisémite et leur mise à bas des institutions démocratiques : rien qui ne fasse l'objet de critiques de la part du futur commandant de l'*Afrika Korps*, à tout le moins

1. Les Sections d'assaut (*Sturmabteilung*), la milice du parti nazi.

2. Le 30 juin 1934, lors de la fameuse Nuits des longs couteaux, Ernst Röhm, le chef de la SA, qui espérait remplacer la Reichswehr par sa milice, est assassiné avec les principaux cadres de la SA.

3. Un choix qui aurait été celui de l'évidence pour un individu entretenant des relations dans la seule perspective de l'avancement.

4. UN IIIᵉ REICH PROVIDENTIEL POUR UN AMBITIEUX

dans ce qui nous est parvenu de lui pour cette époque. Pis, parlant d'officiers suisses avec lesquels il fut mis en relation, il explique le plus simplement du monde que « certains parmi eux ont également parlé de notre question juive avec une remarquable compréhension[1] ».

Au contraire, l'homme ne tarit pas d'éloges à l'endroit du nouveau maître de l'Allemagne. Comme les sujets des rois d'antan, ou les moujiks considérant la misère de leur sort, le roi ou le tsar est naturellement bon et infaillible : les erreurs ne peuvent émaner que de son entourage. Rommel adopte un schéma de pensée similaire vis-à-vis du maître du Reich : « Le Führer est malheureusement entouré d'une bande de crapules. »

Lorsque Hitler assume conjointement les fonctions de chancelier et de chef d'État à la suite du décès du président Hindenburg, le 2 août 1934, le général von Blomberg, ministre de la Guerre, puis commandant en chef de l'armée, prend une initiative lourde de conséquences et politiquement significative et en exigeant de tous les membres des forces armées un serment de loyauté au dictateur, serment qui les liera jusqu'à l'anéantissement final de 1945. Le serment est en effet dénué d'ambiguïté : « Je jure devant Dieu d'obéir en toutes choses à Adolf Hitler, Führer du Reich et du peuple allemand, commandant suprême des forces armées, et je m'engage sur mon honneur de soldat à respecter ce serment quoi qu'il advienne, même au péril de ma vie. » Comme tous ses pairs, Rommel ne trouve rien à y redire.

Des postes de confiance pour un officier modèle

L'homme s'empresse d'exécuter les ordres avec zèle, particulièrement s'ils émanent du Führer en personne. En 1936, Rommel a en effet le privilège d'assurer la sécurité du chancelier au cours du traditionnel rassemblement du parti à Nuremberg. Lorsque Hitler entreprend une escapade en voiture, il ordonne que le cortège n'excède pas une demi-douzaine de véhicules. Constatant que la consigne a été appliquée de façon énergique par l'*Oberstleutnant* Rommel, le

---

[1]. Benoît Lemay, *Erwin Rommel*, *op. cit.*, p. 51.

ROMMEL

Rommel nommé à la tête de l'escorte du Führer.

Führer convoque ce dernier le soir même pour l'en remercier. Le dictateur saura s'en souvenir lorsqu'il lui faudra de nouveau faire appel à un officier pour prendre en charge son escorte.

Le 25 février 1937, Rommel reçoit une nouvelle preuve de l'intérêt que lui porte le régime. Il est en effet nommé officier de liaison spécial du ministère de la Guerre auprès de Baldur von Schirach, le jeune patron de la *Hitlerjugend*, la Jeunesse hitlérienne. La perspective de mettre la jeunesse sous la coupe de la Wehrmacht et de la préparer au service des armes reçoit toute son approbation. Mais le courant ne passe pas entre les deux hommes. Schirach a le double travers pour Rommel d'être un aristocrate prussien et d'être un ponte du parti, dans lequel seul Goebbels semble trouver grâce à ses yeux. La coopération fait long feu. Sur le long terme, cela signifie que seul le parti aura la mainmise sur les adolescents avant de les confier à l'armée.

4. UN IIIᵉ REICH PROVIDENTIEL POUR UN AMBITIEUX

1937 est également l'année de la promotion de Rommel au rang d'*Oberst* (colonel), mais surtout celle de la publication de son recueil de souvenirs de la Grande Guerre, en fait un manuel de tactiques d'infanterie tirant des enseignements de son expérience de quatre années au front. *Infanterie greift an* (*L'Infanterie attaque*) attire l'attention d'un autre vétéran : Hitler en personne. Le caporal devenu chancelier aime les soldats comme Rommel : courageux, ayant le sens de l'initiative et… un homme d'origine roturière partageant son aversion pour la caste des officiers d'état-major prussiens.

Avec 500 000 exemplaires vendus, notamment pendant les années de guerre, l'ouvrage est un succès de librairie qui vaut à son auteur, outre une rente de nature à le mettre à l'abri du besoin, une notoriété certaine au sein de la Wehrmacht. L'intéressé prétend qu'il lui fut malaisé de gagner de l'argent sur les récits de la mort d'autres soldats, mais il n'a pourtant jamais reversé une partie de ses droits d'auteur à l'amicale des anciens de son unité… Il ne perd pas non plus de vue son intérêt pécuniaire quand il exige l'achat du livre par chacun de ses étudiants, étant entendu que son expérience personnelle du front et ses exploits constituent la substantifique moelle de ses cours donnés à Potsdam.

En septembre 1938, un nouvel honneur insigne lui est accordé lors de l'annexion des Sudètes, puisqu'il assure le commandement du bataillon de la garde personnelle d'Hitler – le *Führer-Begleit-Bataillon* formé du prestigieux régiment *Grossdeutschland*. Propulsé au plus près des instances dirigeantes du pays, Rommel commence sérieusement à se faire un nom au sein des cercles gouvernementaux. Le Souabe savoure ce qu'il considère comme des moments historiques de premier ordre. Sa foi envers un homme qu'il n'est pas loin de considérer comme investi d'une mission divine ne cesse de s'affirmer, sans qu'il laisse jamais poindre un soupçon de critique d'ordre politique. Dans ces conditions, feindre une neutralité est une manière d'accepter la situation avec tout ce que cela suppose ; ne pas s'insurger contre les persécutions menées à l'encontre des Juifs, même pas dans l'intimité du cadre familial, c'est tacitement les accepter…

ROMMEL

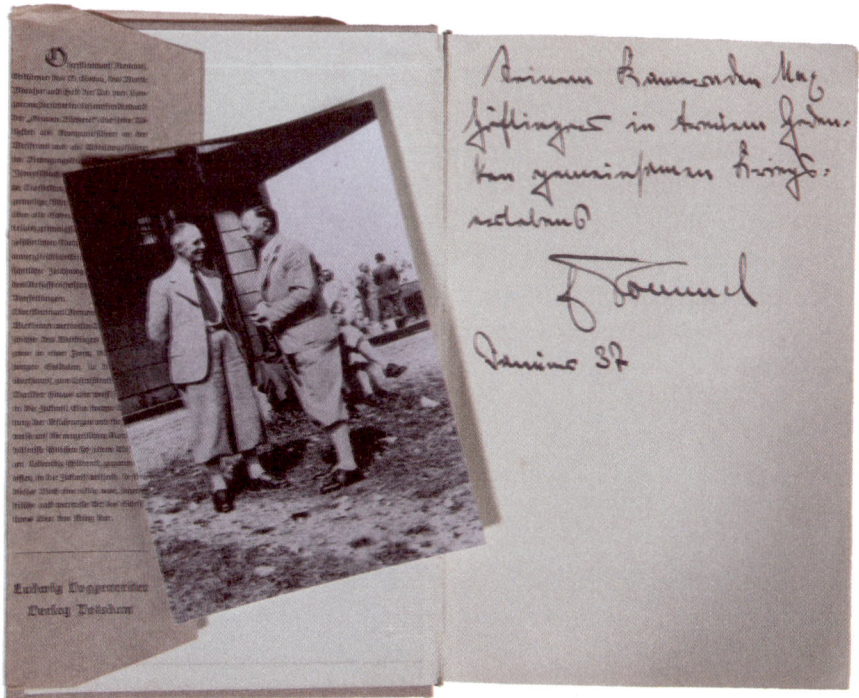

Rommel est l'auteur de *L'Infanterie attaque.*

En novembre 1938, nouvelle preuve de la confiance qu'on lui accorde, Rommel reste instructeur, mais il quitte son poste de Potsdam pour celui de commandant de l'École de guerre de Wiener Neustadt[1], en Autriche désormais allemande. Il entend faire de cette école le fleuron des écoles d'officiers, ce dont ne doute probablement pas Hitler, qui voit en lui un colonel rompu à une forme de l'art de la guerre qu'il souhaite répandre au sein de la Wehrmacht : une guerre moderne, basée sur le mouvement et la rapidité, menée par un commandement flexible et sachant faire montre d'initiative. Rommel n'aura pourtant pas le loisir de concrétiser son ambition.

1. Dans un cadre montagneux, qui ne peut que ravir l'ancien chasseur alpin qui sommeille en lui, Rommel se prend d'intérêt pour une passion qui ne le quittera plus : la photographie.

4. UN IIIᵉ REICH PROVIDENTIEL POUR UN AMBITIEUX

Cet éloignement de la capitale le fait-il oublier du Führer ? Nullement, car il est appelé à reprendre sa tâche de chef de la garde personnelle du dictateur lorsque ce dernier lance ses nouveaux coups de force : l'annexion de la Bohême-Moravie, puis le rattachement de Memel. S'il faut en croire Rommel, c'est lui-même qui aurait suggéré au chancelier d'effectuer l'entrée dans Prague en personne, sous la protection de l'armée. Une décision à même de l'incruster définitivement dans la mémoire du dictateur. L'ambitieux colonel reste sous le charme d'Hitler, dont il apprécie à la fois l'ascétisme et le courage. Sa manière de procéder est simple : agir comme le souhaiterait le Führer.

À LA DROITE DU FÜHRER

5

5. À LA DROITE DU FÜHRER

La Pologne : un courtisan dans l'entourage du conquérant

Les nuages de la guerre s'amoncellent sur l'Europe en cet été 1939. Rommel, considérant comme légitime l'affrontement qui se prépare en Pologne, pense comme beaucoup que l'opération sera rondement menée : une affaire de deux semaines tout au plus[1]. Surtout, il n'envisage nullement qu'une conflagration d'envergure puisse résulter de cet antagonisme germano-polonais, qui ne tire son origine que de clauses iniques du diktat de Versailles. Point de mire de l'ire du Führer : le fameux corridor de Dantzig, ville alors dite « libre », à laquelle le Souabe reste sentimentalement attaché, puisque lieu de naissance de son idylle avec Lucie.

De nouveau le responsable de la sécurité d'Hitler.

1. « Dans quatorze jours, tout sera fini », se risque-t-il à pronostiquer à Heinz Linge, un officier d'ordonnance d'Hitler.

ROMMEL

Le courtisan partage l'intimité du Führer.

C'est un Rommel persuadé qu'il n'observera ce conflit que de loin qui a la surprise d'être nommé au quartier général du Führer. Hitler, chef de guerre, ne saurait confier son escorte à un simple *Oberst* : le 22 août 1939, Rommel est donc élevé au grade de *Generalmajor*. Son avancement ne se distinguait guère jusque-là par une quelconque rapidité. Sa carrière bénéficie désormais de la faveur d'Hitler. « On m'a dit que je dois remercier uniquement le Führer pour ma dernière promotion, confie-t-il à sa femme. Tu ne peux imaginer le grand plaisir que cela me procure. La reconnaissance qu'il témoigne pour mon travail est le plus haut degré d'honneur que je pourrais souhaiter obtenir. »

Il ne cache pas sa fierté à son épouse : « J'ai quitté la chancellerie du Reich en qualité de général tout neuf, portant un uniforme de général

5. À LA DROITE DU FÜHRER

flambant neuf. » Général : un rêve de jeune officier… Trois jours plus tard, il se présente au GQG du Führer. Le 26 août, sur ordre exprès d'Hitler, les 400 hommes de l'unité de protection du *Generalmajor* Rommel prennent position à proximité de la frontière germano-polonaise, dans le village de Bad Polzin.

C'est dans un grand état d'excitation qu'il participe de loin à la grande aventure, sa fascination et son admiration pour Hitler ne cessant de prendre de l'importance : « Le Führer sait ce qui est bon pour nous ! » déclare-t-il à sa femme. Il savoure le privilège de déjeuner à la table de celui qu'il considère comme un grand homme. « N'est-il pas merveilleux que nous ayons un tel homme ? » Linge rapporte qu'« Hitler lui permettait de prendre part aux analyses de la situation […]. J'avais l'impression que Rommel buvait avec avidité les paroles du Führer. »

L'accès au cercle intime d'Hitler est source d'une grande joie qu'il ne peut dissimuler dans sa correspondance. « Je suis très souvent avec le Führer, même lors des discussions les plus privées. Qu'il se confie à moi compte énormément pour moi, beaucoup plus que d'avoir été promu au rang de *General*[1]. » Parmi les intimes d'Hitler, l'*Oberstleutnant* Rudolf Schmundt, son principal officier d'ordonnance, devient un ami précieux pour Rommel, quoiqu'il prenne un temps ombrage de la trop grande faveur accordée à ce dernier. Rommel n'aura de cesse d'attirer des jalousies…

Le 1er septembre, c'est la guerre. Deux jours plus tard, l'embrasement devient général : avec l'entrée en lice de la France et de la Grande-Bretagne, la Seconde Guerre mondiale devient une réalité. L'ancien combattant de l'*Alpenkorps* ne fait pas que goûter la satisfaction d'escorter des semaines durant le dictateur, qui n'a de cesse de se rendre sur la ligne de front[2] ; il observe également avec attention la guerre de mouvement qui s'offre à ses yeux. Ce qu'on appellera plus tard la « Blitzkrieg » se fonde notamment sur la rapidité, les attaques en profondeur et le tandem Luftwaffe-panzer. « L'importance d'une parfaite coopération entre l'aviation et les blindés est désormais évidente »,

---

1. Benoît Lemay, *Erwin Rommel*, *op. cit.*, p. 58.

2. C'est la seule et unique campagne au cours de laquelle Hitler agira de la sorte.

Rommel mesure-t-il le caractère impitoyable de la guerre d'Hitler ?

observe-t-il, intéressé. Il ajoute qu'il « faut pousser à fond l'exploitation de la percée des troupes motorisées, sans tenir compte des îlots ennemis de résistance que l'infanterie a pour charge de réduire. Les chars doivent être utilisés en masse et non en ordre dispersé ». Nonobstant l'emploi des panzers et des avions, on comprend combien une telle forme de guerre est conforme à ce que préconise Rommel – pour l'avoir lui-même mise en pratique pendant la Première Guerre mondiale.

En revanche, il ne semble pas s'intéresser aux exactions dont sont victimes les populations civiles, à commencer par les Juifs, exactions auxquelles la Wehrmacht n'est pas étrangère. Confondant de naïveté, il

5. À LA DROITE DU FÜHRER

mettra la disparition d'un oncle de son épouse, un prêtre catholique polonais, sur le compte « des aléas de la guerre ou des rigueurs de l'hiver[1] ». Pour le nouveau courtisan du Führer, seul compte le prestige retrouvé de l'Allemagne et de son armée. Il en est lui-même le reflet. Obtenant le privilège de s'asseoir près d'Hitler à sa table, il ne peut s'empêcher d'y voir la marque du changement survenu depuis l'époque de la défunte république de Weimar : « Les soldats ont à nouveau de l'importance. »

Il aurait tort de penser que les cadres du parti n'en sont pas moins des puissants avec lesquels il faut compter. La campagne de Pologne est aussi le cadre d'un incident qui va lui valoir l'animosité durable de Martin Bormann, l'influent secrétaire d'Hitler – un des plus hauts dignitaires du régime, dont l'importance ne cessera de croître au fil des ans. Le Souabe humilie ce dernier en empêchant sa voiture de se placer derrière celle du Führer au cours d'une de ses tournées d'inspection. Pis, il ajoute des paroles acerbes au camouflet : « Je suis le commandant du quartier général du Führer. Ce n'est pas une excursion d'école maternelle. Vous allez faire ce que je vous dis ! » Propos qui auraient été suivis d'injures de la part de Bormann, voire de Rommel lui-même.

On ne sait quelle fut la teneur de la version rapportée à Hitler par Schmundt ou d'autres témoins. Toujours est-il qu'Hitler ne peut que constater le zèle de Rommel. Ce dernier, s'il ne subit aucune sanction ni réprimande, s'est fait un ennemi durable et puissant en la personne de Bormann. Il conserve cependant plus que jamais la confiance du dictateur. Le 5 octobre, il retrouve son protecteur lors de la parade de la victoire à Varsovie. Debout près de la tribune du Führer, l'ambitieux Rommel est aux premières loges d'un triomphe remporté dans une guerre qu'il ne remet nullement en cause. On reste consterné par la naïveté du général allemand lorsque celui-ci, parlant des habitants de la capitale polonaise, ose écrire qu'ils « ont poussé un soupir de soulagement quand nous sommes arrivés et les avons secourus ».

[1]. Il s'enquiert pourtant de son sort auprès d'Himmler, le chef de la SS, preuve qu'il est parfaitement au courant des exactions qui ont cours et qu'il sait qui est chargé en priorité de les mettre en œuvre…

Commandant d'une division de panzers

Hitler a eu sa victoire sur la Pologne. Un nouveau pan jugé inique du traité de Versailles est balayé. Il espère maintenant composer avec les démocraties occidentales, puisqu'il fait des ouvertures de paix à la France et au Royaume-Uni – espoir auquel se rattache aussi Rommel : « Je suis très heureux de t'apprendre, écrit-il à son épouse, que le discours d'Hitler est sérieusement pris en considération à Paris et à Londres. » Sa foi et sa fidélité pour le dictateur se révèlent plus fortes que jamais : il est consterné à l'annonce de l'attentat perpétré contre lui à Munich (« L'idée que l'attentat à la bombe ait pu réussir m'est tout simplement insupportable »), tandis qu'il trouve les généraux du haut commandement un peu trop tièdes envers le Führer (« Il s'en trouve rarement un qui agisse avec une conviction pleine et entière »).

Rommel se languit d'un commandement au feu, d'un rôle de combattant. C'est un homme d'action et de terrain. Ses supérieurs en ont toujours été convaincus. Aussi n'est-ce sans doute pas sans surprise pour le chef du personnel de l'armée d'apprendre qu'il souhaite assumer le commandement d'une division. Fort logiquement, avec ses antécédents de la Grande Guerre, on estime que la direction d'un *Gebirgsjäger-Division*, une division de chasseurs alpins, lui irait comme un gant.

Mais l'ambitieux général espère obtenir une des précieuses divisions de panzers. Il a observé la *Blitzkrieg* à l'œuvre, faite de rapidité, de manœuvre en profondeur et d'exploitation : rien qu'il n'ait mis en application au cours du conflit précédent. Il a sans doute également compris qu'il s'agit là de l'élite et qu'il faut combattre à la tête d'une telle unité pour se faire un nom et se distinguer du lot. Assurément, il a saisi que cette nouvelle guerre, faite de mouvement et d'attaques brusques, ne ressemble pas à la guerre des tranchées, et qu'en tout état de cause, les chasseurs alpins ne sont pas les mieux à même de la mettre en œuvre et de constituer le fer de lance de la Wehrmacht. Mais pour l'armée, il est hors de question de confier une division blindée à un fantassin, forcément considéré comme béotien en la matière.

5. À LA DROITE DU FÜHRER

Le haut commandement va pourtant devoir se plier aux exigences du *General* Rommel. Ce dernier, qui cultive par ailleurs les meilleures relations avec les adjudants du Führer (Schmundt, mais aussi Nicolaus von Below, de la Luftwaffe), obtient en effet un soutien de poids en la personne d'Hitler lui-même : on ne peut aller contre la volonté du Führer, et le courtisan obtient l'objet de ses désirs. Le dictateur, qui a lu avec intérêt *Infanterie greift an*, est de ce point de vue nettement plus perspicace que les responsables de l'OKW et de l'OKH : il a clairement discerné en Rommel le type même du général doté d'une pensée moderne sur la façon de mener une bataille. Une faveur qui ne peut à nouveau que susciter des jalousies.

6

BLITZKRIEG À LA TÊTE DE LA « DIVISION FANTÔME »

6. BLITZKRIEG À LA TÊTE DE LA « DIVISION FANTÔME »

La prise de commandement

En février 1940, Erwin Rommel assume le commandement de la *7. Panzer-Division*. Une prise de fonctions qui est donc rapprochée de l'entrée en lice prévue pour le printemps. Le nouveau général surprend dès la prise de contact en effectuant le salut nazi, accompagné d'un vibrant « Heil Hitler ! » Il sait d'emblée faire preuve de force de caractère, en n'hésitant pas à se séparer d'un chef de bataillon qui ne lui convient pas – une décision qui a valeur d'exemple[1]. Ses subordonnés sont sceptiques vis-à-vis de leur nouveau général, qui n'est avant tout qu'un homme choisi pour des raisons politiques. Sa proximité avec le Führer attire des membres du NSDAP à ses côtés, ce qui ne le heurte aucunement, bien au contraire : Karl Hanke est secrétaire d'État au ministère de la Propagande, tandis que Karl Holz n'est rien de moins que l'éditeur du très antisémite *Der Stürmer* – situation idéale pour assurer la couverture de ses futurs exploits. Mieux, il déclare n'avoir aucun souci à se faire : une manière de montrer qu'aucune de ses déclarations ne pourra être en porte-à-faux avec l'idéologie nazie. C'est donc

Le favori d'Hitler obtient une *Panzer-Division*.

[1] « La nouvelle de ce licenciement rapide fera bientôt le tour et certains se botteront le derrière », écrit-il à son épouse.

La *Panzer-Division* : un formidable outil de guerre.

l'homme du Führer : au cours de la campagne, il n'hésitera pas à solliciter Schmundt pour que ce dernier intercède directement auprès d'Hitler afin d'obtenir un second régiment blindé… Conscient de la place qu'il peut laisser dans l'histoire, il prend soin de partir à la guerre avec son Leica pour immortaliser ses exploits, et saura rassembler une documentation suffisante pour produire une relation bien plus aboutie de ses exploits guerriers que ne l'a été *Infanterie greift an*.

La manière avec laquelle Rommel entend procéder au cours de la campagne n'est pas si différente des tactiques qu'il a appliquées pendant la Grande Guerre, que ce soit en France en 1914 ou en Italie en 1917.

6. *BLITZKRIEG* À LA TÊTE DE LA « DIVISION FANTÔME »

C'est donc sans surprise qu'il fait distribuer des exemplaires de son ouvrage à ses subordonnés. L'art de la guerre mécanisée, fait d'audace et de rapidité, en cherchant à s'enfoncer en profondeur dans le dispositif adverse, menaçant les flancs de l'ennemi sans le souci des siens, lui correspond admirablement. Sa manière de commander, de l'avant, dynamique et assez agressive, ne change pas d'une guerre à l'autre. Sa réflexion dans l'art du commandement rejoint donc les théories de la guerre mécanisée, sans qu'il ait en aucune façon participé à leur élaboration. Désireux de parfaire sa connaissance des blindés, il met un point d'honneur à étudier les théoriciens de cette arme nouvelle.

La 7. *Panzer* est une *leichte-Division* reconvertie. Il ne dispose donc que d'un seul régiment blindé, au lieu de deux, mais à trois bataillons, au lieu de deux. Deux régiments de fantassins, un bataillon de reconnaissance, un bataillon de motocyclistes, de l'artillerie de campagne et antichar, des sapeurs ainsi que des unités de *Flak* et de soutien complètent l'unité. Rommel dispose donc d'un formidable outil de combat, remarquablement équilibré. En février 1940, la division aligne 180 panzers, puis 225[1] à la veille de l'offensive à l'Ouest.

Levé dès 6 heures, après un jogging matinal, Rommel supervise les exercices, puis, le soir, distribue les consignes et ses instructions à ses subordonnés. Bourreau de travail, il s'occupe ensuite de tâches administratives jusque tard dans la nuit. En mai, l'unité, dûment entraînée en dépit des fausses alertes, de la météo et des contraintes du relief montagneux de l'Eifel, est fin prête.

À 13 h 45, le 9 mai, la 7. *Panzer-Division* réceptionne le mot de code « Suzanne », qui annonce que la division doit prendre ses positions en vue de l'offensive imminente. Confirmation à réception en soirée du message « Dantzig ». C'est l'annonce que l'offensive à l'Ouest sera lancée le lendemain matin. La nouvelle tant attendue surprend Rommel sur le champ de manœuvre, ce qui occasionnera des retards pour l'entrée en lice du régiment de panzers. Il lui faut donc regrouper ses effectifs et donner les ordres de marche.

---

1. 8 PzBef 38 (t), 34 PZ I, 68 PZ II, 24 PZ IV, 91 PZ 38 (t). Un unique PzBef III servira aussi au sein de l'unité.

ROMMEL

Premier général à atteindre la Meuse ?

Le premier jour de guerre de la division, confrontée à une opposition erratique, s'effectue sans difficulté majeure. La progression sur la DG7[1] atteint 15 kilomètres. Les troupes de Rommel connaissent toutefois quelques difficultés en raison de chevauchements d'itinéraires avec d'autres unités allemandes, mais la faiblesse de la résistance des chasseurs ardennais belges[2] s'explique par le fait qu'ils ne remplissent qu'une mission retardatrice, sans conséquence majeure : si les obstacles paraissent nombreux, « la plupart des barricades, écrit Rommel, étaient laissées sans défense par les troupes belges ». Il est donc aisé de les détruire ou de les contourner, mais cela occasionne des délais et la division est en retard sur l'horaire. Ces retards sont aggravés par des initiatives inutiles, comme celle de ses pontonniers qui mettent en place un pont de 16 tonnes pour faciliter le franchissement d'un ruisseau guéable d'à peine 40 centimètres de profondeur… Par ailleurs, l'absence de réelle coordination entre les armées belge et française dessert les Alliés, aisément refoulés par Rommel.

Rommel raconte le premier affrontement avec les Français : « Nous ouvrîmes le feu tout de suite, ce qui les amena à se retirer à la hâte. J'ai constaté fréquemment que, dans ces contacts, le succès appartient au premier qui met l'ennemi sous son feu. » On voit poindre ici une des clés de la méthode Rommel : réagir avec célérité et prendre immédiatement l'ascendant sur l'adversaire. À la guerre, la psychologie joue un rôle primordial : soumis à un tir adverse, un soldat se sent sous la menace et il peut donc tarder à réagir. On ouvre donc systématiquement le feu, même dans l'ignorance du dispositif ennemi.

Rommel préconise ainsi que les motocyclistes – encore nombreux au sein des unités de reconnaissance en ce printemps 1940[3] – restent en permanence sur le qui-vive, prêts à ouvrir le feu. Cette méthode vaut aussi pour les adversaires les plus dangereux : « Même un tir de

---

1. *Durchgangstrasse* ou voie express : tel est le nom attribué par Rommel à la route assignée à sa division.

2. Les premiers coups de feu sont échangés à Chabrehez, où Rommel est retardé de plusieurs heures.

3. Trop légèrement armés et pas forcément dotés d'un bon matériel tout-terrain, les *Kradschützen-Bataillone* ne vont plus constituer des éléments de reconnaissance.

6. BLITZKRIEG À LA TÊTE DE LA « DIVISION FANTÔME »

Les motocyclistes : l'avant-garde de la *Blitzkrieg*.

mitrailleuses et de canons antichars de 20 mm, fait au hasard dans un bois où les canons antichars ennemis sont en position, est si efficace que, dans la plupart des cas, l'adversaire est complètement hors d'état de riposter ou qu'il abandonne le terrain. » *A contrario*, Guderian, l'un des pères de la *Panzerwaffe*, n'est pas favorable à ce que les panzers ouvrent le feu en marche sur des cibles non déterminées.

Le 11 mai, Rommel écrit à son épouse : « Aujourd'hui, j'ai pour la première fois un moment pour respirer et une minute pour écrire. Tout est merveilleux jusqu'à présent. J'ai pris de l'avance sur mes voisins. Je suis complètement enroué à force de donner des ordres et de crier. J'ai tout juste eu trois heures de sommeil, et un repas de temps en temps. À part cela, en pleine forme. » Être général : des responsabilités à plein temps. Rommel ne se ménage pas, mais il possède la constitution physique nécessaire. On sent également poindre l'officier avide de gloire qui veut se distinguer : « J'ai pris de l'avance sur mes voisins. » Le haut commandement français sait alors peu de chose sur le déploiement allemand dans les Ardennes ; son aviation de reconnaissance a été en grande partie anéantie. Si la pression ennemie est plus forte que prévue dans ce secteur, on estime que l'effort principal de la Wehrmacht est dirigé sur les plaines belges, ainsi qu'il en a toujours été.

La percée de Rommel.

Le 12, après une avance de 115 kilomètres, la Meuse est atteinte entre Houx et Dinant, mais le fleuve n'est pas franchi, puisque tous les ponts ont été détruits après que les Allemands ont bataillé dur pendant des heures pour s'emparer de Dinant. Alors que le haut commandement

6. *BLITZKRIEG* À LA TÊTE DE LA « DIVISION FANTÔME »

souhaite une irruption simultanée sur le fleuve de toutes ses troupes de choc, Rommel est le premier chef de *Panzer-Division* à atteindre la Meuse, résultat remarquable, mais obtenu avant tout parce que les Ardennes ne sont pas défendues et parce que la cavalerie française s'est montrée incapable de fournir des renseignements fiables et de déterminer la nature de l'adversaire auquel elle est confrontée. À lire Rommel, l'honneur d'avoir franchi le premier la Meuse semble lui échoir. Il n'en est rien. Dans la nuit du 12 au 13, des motocyclistes de la *5. Panzer*, qui avait pourtant une plus grande distance à parcourir depuis l'Allemagne, sont parvenus à traverser sur l'écluse nº 5 de Houx[1], en profitant de l'île inoccupée par les Français. Jaloux, Rommel n'en fait mention nulle part. Certes, ces motocyclistes appartiennent à l'avant-garde de la *5. Panzer*, le *Vorausabteilung* Werner, rattaché temporairement à la division de Rommel, car trop en avant des autres unités de sa division. La tête de pont établie par le corps de Hoth est cependant encore bien ténue.

Franchir une coupure humide sous le feu d'un ennemi retranché représente incontestablement l'une des formes d'assaut les plus périlleuses qui soient en temps de guerre. C'est ce défi que la *7. Panzer* doit relever à Dinant les 12 et 13 mai 1940. Fort heureusement, les Français viennent eux-mêmes à peine de rejoindre ces nouvelles positions. Il faudra aussi franchir le canal de La Bassée, la Somme et la Seine.

Le 13 mai, Rommel est au cœur de la bataille à Dinant, où le 6ᵉ régiment de fusiliers est en difficulté. Le fracas des explosions et de la mitraille résonne. Des carcasses de panzers encombrent la chaussée, témoins de la virulence des combats. L'artillerie est déjà en position, mais les fantassins ne sont pas encore déployés en nombre. Rommel veut observer de lui-même la situation au niveau du fleuve. Suivre la route l'exposerait aux tirs adverses. Il est donc contraint de poursuivre à pied, en compagnie du *Hauptmann* Schraepler. La traversée de la Meuse est particulièrement périlleuse pour les *Landser*, car les soldats français, bien retranchés, tiennent toute la ligne sous leur feu meurtrier. Le spectacle que découvre Rommel semble dramatique : « La situation, quand j'arrivai, n'avait donc rien

---

1. L'écluse ne figurait pas dans les plans de destruction, afin d'éviter la formation de gués en amont...

de plaisant. Nos bateaux étaient détruits les uns après les autres par le feu flanquant des Français et la traversée ne s'effectuait plus. » En professionnel, il peste contre l'absence de fumigènes. Il pare immédiatement à la situation et imagine un expédient sitôt mis en pratique : incendier quelques bâtisses le long de la berge. Allongé en compagnie des chefs de brigade de fusiliers et du bataillon du génie, il essuie lui-même les tirs des Français embusqués sur l'autre rive. L'horreur de la guerre ne lui échappe pas. Il est confronté à une image poignante, celle d'un soldat grièvement blessé qui se cramponne à son embarcation à la dérive. « Le malheureux était près de se noyer, mais nous ne pûmes rien faire pour lui : le tir ennemi était trop nourri. » Comme d'autres soldats, Rommel connaît l'épreuve du combattant démuni devant la détresse d'un blessé de son camp.

Il apprend que le 7e bataillon de motocyclistes, qui a tiré profit de l'écluse saisie par la *5. Panzer*, s'est emparé de Grange, près de Houx. Il monte à bord d'un Panzer IV pour redescendre vers le sud en compagnie de Schraepler, qui est blessé par les tirs prenant à partie cette cible si attirante. Rommel comprend vite que le 7e régiment est également à la peine à Leffe, près de Dinant : la traversée semble être au point mort. S'il veut remplir sa mission, il lui faut du soutien. L'artillerie française est en effet très active. Pis, la Luftwaffe concentre au même moment ses moyens au-dessus de Sedan, en appui de Guderian. Il se rend donc à son PC, où il rencontre le général Kluge, le chef de la *4. Armee*, et Hoth, son supérieur direct au niveau du corps. Ayant examiné la situation avec le *Major* Heidkämper, il décide de soutenir l'assaut avec des Panzer III et IV, ses blindés les plus puissants, qui seront déployés près des berges. Mais les munitions vont bientôt manquer. Arrivé au barrage de Leffe, de nouveau sans son camion de transmissions, il découvre la passerelle pour piétons qui a été mise à profit pour franchir le fleuve. Les combattants qui sont retranchés autour de lui semblent découragés. Sur l'autre rive, les soldats allemands sont déployés sur une étroite

6. BLITZKRIEG À LA TÊTE DE LA « DIVISION FANTÔME »

Des portières pour faire traverser l'équipement lourd.

tête de pont, près de laquelle cahotent les restes des nombreux bateaux qui ont été endommagés.

Lorsque les renforts arrivent enfin, il ordonne de frapper là où est supposé être retranché l'ennemi, peu importe d'en avoir la certitude ou non. Pendant ce temps, on prépare le passage sur le principal ouvrage d'art, détruit par les Belges. C'est le *Leutnant* Hanke – un nazi bon teint qui deviendra *Gauleiter* de Silésie – qui s'active.

On monte également un ferry à partir de pontons du génie. Rommel reste un officier de terrain dans l'âme, mais c'est aussi en raison de la gravité de la situation qu'il décide de prendre la situation en main. « Je pris alors personnellement le commandement du 2e bataillon du 7e fusiliers et dirigeai les opérations pendant quelque temps. » Il ne s'agit aucunement pour lui de se borner à donner des ordres et de rester à l'abri pour en observer l'exécution : « Accompagné de l'*Oberleutnant* Most, je passai la Meuse dans un des premiers bateaux. » Sur l'autre rive,

Rommel à son QG.

il progresse le long d'un ravin jusqu'à la compagnie Enkefort, au moment précis où l'alerte aux chars est donnée. L'unité est privée de Pak ? Que faire ? Fidèle à ses préceptes, il ordonne « d'ouvrir le feu le plus tôt possible avec les armes portatives, sur quoi nous vîmes les chars se retirer dans une dépression à un millier de mètres au nord-ouest de Leffe ». Depuis son arrivée à Dinant, on constate donc combien a été décisive son intervention auprès de ses troupes ébranlées par un premier assaut meurtrier. Mais, en qualité de commandant de la division, n'aurait-il pas pu prévoir l'acheminement d'obus fumigènes en première ligne en prévision de l'assaut fluvial ?

6. BLITZKRIEG À LA TÊTE DE LA « DIVISION FANTÔME »

Le *General* retraverse la Meuse et retourne dans un autre secteur, où la traversée a également repris. La tête de pont semble désormais davantage défendue : « L'*Oberst* Mickl, commandant le *Panzerjäger-Abteilung*, me déclara qu'il avait déjà vingt-huit de ses Pak sur la rive ouest. » Le génie s'active là aussi à mettre en place des pontons. Rommel intervient à nouveau : il exige que les portières soient de 16 tonnes, car il importe de faire franchir au plus vite le fleuve aux panzers, qui sont les seuls aptes à sécuriser une tête de pont encore bien ténue. Hoth a alloué à Rommel tous les moyens de franchissement du corps, ce qui provoque l'ire de Hartlieb-Walsporn, le *Kommandeur* de la *5. Panzer*, l'autre division blindée du corps dont la *Panzer-Brigade* n'a pas encore atteint la Meuse. La décision de Hoth pèse d'un grand poids dans le succès de Rommel.

Une fois n'est pas coutume, le futur héros de l'*Afrika Korps* prend la tête du mouvement : « Dès que le premier ponton fut prêt, je fis traverser mon camion de transmissions à huit roues. » Une nouvelle prise de risque : les obus tombent drus tout autour… Parvenu une nouvelle fois sur la rive gauche de la Meuse, Rommel découvre également une situation préoccupante. Les *Landser* sont sous pression. Il repasse donc le fleuve pour accélérer le transbordement nocturne des précieux panzers. En dépit de l'énergie qu'il déploie, on ne dénombre à l'aube que quinze blindés gris à croix noires sur la rive gauche, et encore ne s'agit-il que de petits PZ I ou II, avant qu'une portière de 16 tonnes, capable d'embarquer des engins plus lourds et plus puissants, ne soit mise en place[1]…

Le 13, la tête de pont est bien assurée, mais la 18ᵉ DI s'est révélée coriace et a infligé des pertes. Au sud, les panzers de la Wehrmacht ont également franchi la Meuse à Monthermé (Reinhardt) et à Sedan (Guderian). Mais Rommel y est parvenu plus rapidement, sur un terrain difficile et sans soutien aérien.

Rommel, qui ne cesse de circuler d'une unité à l'autre en ces journées décisives, n'a pas seulement galvanisé ses troupes par sa présence, il a montré son professionnalisme en prenant les décisions qui s'imposent. S'il reste en contact

---

1. Un panzer moyen a tenté le passage trop tôt et a sombré dans le fleuve, noyant tout son équipage.

radio, l'emploi de la TSF est trop lent, aussi donne-t-il ses ordres directement. Sa maîtrise de la tactique et sa connaissance des possibilités inhérentes aux différentes armes, que ce soient les panzers ou le génie, sont incontestables. Ce jour-là, à Dinant, Rommel le fantassin prouve qu'il est apte à commander une division blindée. Il aurait aussi donné de sa personne pour assister les pionniers dans leur travail, mais rien n'est assuré ; la légende commence.

Deux cent quatre-vingt-deux hommes ont été perdus, mais la tête de pont reste précaire et manque singulièrement de profondeur : les Français seront-ils plus rapides ? Après un 13 mai mouvementé, la journée du 14 s'annonce d'emblée tout aussi riche en événements. Rommel apprend que le régiment de l'*Oberst* von Bismarck est encerclé à Onhaye, où il avait été envoyé sur ordre exprès de Hoth. Il faut donc foncer à la rescousse sans tarder. Les panzers s'ébranlent donc, mais l'alerte se révèle fausse... Les Français se montrent pugnaces. Sur le front de la 5ᵉ DIM, une contre-attaque de la 4ᵉ DLC reprend Haut-le-Wastia et capture quarante-six soldats appartenant à la division de Rommel. Mais entre-temps, la 18ᵉ DI, perdant toute cohésion, s'est effondrée.

Rommel accorde quelques blindés à Bismarck pour le soutenir en cas de nécessité. Il ordonne à Rothenburg de rassembler les autres dans un bois et de se préparer à intervenir. Il importe d'étendre la tête de pont en profondeur et d'exploiter les premiers succès au plus vite. Le premier objectif est la ville de Onhaye.

Rommel, qui aime décidément chevaucher dans les chars, monte à bord d'un Panzer III. Il parvient à l'angle du bois qu'il a assigné à Rothenburg. « Soudain, nous subîmes un feu nourri d'artillerie lourde et de canons antichars qui venaient de l'ouest. Les obus tombaient tout autour de nous et mon véhicule reçut deux coups successifs, le premier sur le bord et le second sur le périscope. » Le panzer fonce pour se placer à couvert dans des fourrés, mais il cale sur une pente : situation dangereuse ! Rommel est légèrement touché : « J'avais été touché à la joue gauche par un petit éclat de l'obus qui était tombé sur le périscope. »

6. *BLITZKRIEG* À LA TÊTE DE LA « DIVISION FANTÔME »

Les panzers assurent le succès de Rommel.

ROMMEL

Une blessure bénigne, mais qui saigne abondamment. Le premier réflexe de Rommel n'est pas de fuir l'engin si exposé, mais de combattre. Las, il ne parvient pas à pointer la pièce de 37 mm sur l'ennemi. Il faut donc évacuer la position. Le repli est facilité par la fumée qui s'échappe de l'engin de Rothenburg, lui aussi touché. Rommel blâme ses subordonnés pour avoir négligé d'arroser au préalable le bois de tirs de mitrailleuses et de canons. Pourtant prompt à court-circuiter ses officiers le cas échéant, il n'a pas non plus donné d'ordres en ce sens, alors même qu'il se trouvait à bord de l'un des premiers blindés de la colonne. Pis, sa propension à engager les panzers en première vague se fait au détriment

Rommel a obtenu la rupture du front adverse.

6. BLITZKRIEG À LA TÊTE DE LA « DIVISION FANTÔME »

de la nécessité qu'il y a en de telles circonstances d'utiliser l'unité de reconnaissance, dont la mission de découverte constitue un des rôles majeurs.

La rupture obtenue par la *7. Panzer-Division* a des conséquences considérables. Rommel sème la confusion dans l'esprit de Corap, le commandant de la 9e armée française[1]. Plus au sud, le succès remporté par Guderian à Sedan a un impact similaire auprès du général Huntziger, le chef de la 2e armée française. Les deux généraux français prennent tous les deux la même décision malheureuse : abandonner la ligne de la Meuse et se replier. Ce faisant, ils contribuent à agrandir la brèche, qui atteint déjà 90 kilomètres de large le 15 mai. Plutôt que de conjurer la menace, le repli ne fait qu'accentuer le désordre dans lequel se trouvent les unités françaises. Face à Rommel, les ordres de Corap handicapent sérieusement la 1re DCR (qui reçoit ordres et contrordres), en provoquant des difficultés de ravitaillement en essence, ainsi que la 4e DINA, deux unités qui ont reçu l'ordre de contre-attaquer le *XV. Panzerkorps* de Hoth de façon concentrique. Devant l'effondrement de certaines parties du front, il s'agit maintenant avant tout pour les Français de mener un combat défensif, afin de faciliter le repli. De nombreuses divisions françaises convergent pour contrer la menace entre Dinant et Sedan, mais sans réelle coordination ni concentration de forces. Bref, toutes les conditions sont réunies pour que Rommel poursuive avec succès son exploitation.

« Blitzkrieg ! »

Toute l'énergie de Rommel, acquis aux conceptions de la guerre de mouvement, tend vers un but unique : remporter la victoire. Aussi, lorsqu'il s'approche de la frontière française le 15 mai, il enfreint les instructions de Hoth qui lui interdisent de franchir la ligne de défense prolongeant la ligne Maginot. Il entend au contraire lancer ses panzers en avant. Objectif : Cerfontaine. Pour téméraires que soient les décisions que Rommel va prendre durant les jours qui suivent, ce dernier pense pouvoir compter

---

[1]. Le 16 mai, il permute son commandement avec celui de la 7e armée du général Giraud.

sur son flanc droit avec l'appui de la Luftwaffe et celui des divisions voisines, à commencer par la *5. Panzer*.

Rommel a compris depuis le début de la *Westfeldzug* que le codage qu'impliquent les liaisons radio occasionne une perte de temps qui peut se révéler cruciale. Qu'à cela ne tienne ! Il commandera directement de l'avant ! Il sera donc avec l'avant-garde, « afin de pouvoir diriger l'attaque de l'avant et faire intervenir l'artillerie et l'aviation en piqué au moment décisif ». Soucieux d'exposer ses talents à la postérité, il ne manque pas de montrer son inventivité dans tous les domaines militaires : il met ainsi au point un système[1] qui, selon ses écrits, semble enchanter (rien de moins !) le chef de l'artillerie, et ce pour simplifier les échanges radio qui peuvent ainsi être passés en clair. On devine à nouveau la volonté de gagner du temps. Il convient d'un « axe de poussée » reporté sur les cartes : « Si je voulais faire tirer sur Philippeville, je n'avais qu'à envoyer par radio : "Feu nourri d'artillerie immédiatement autour du onze". »

Accrochés par les puissants B1-bis français du 8e BCC, les panzers rompent rapidement le combat. Ils contournent l'obstacle. Ce sera la *5. Panzer* de von Hartlieb-Walsporn qui supportera le gros de l'engagement face à la 1re DCR. L'avancée va bon train, puisque les seuls ralentissements sont le fait de cratères sur les routes ou, au pire, d'escarmouches. Rommel dépasse rapidement Philippeville. Le souci de la rapidité est constant. Il agit donc bien selon l'esprit de ce qui sera baptisé la « guerre éclair ». Un groupe d'une quinzaine de blindés français est bousculé sans coup férir : « Comme il était impossible de les faire garder là, nous emmenâmes dans notre colonne ceux qui étaient intacts, avec leurs conducteurs français ! » Il caracole ainsi dans son véhicule blindé à 65 km/h, tout en devisant de la situation avec ses subordonnés, qui reçoivent ensuite ses instructions. Sa progression sème le chaos : les batteries d'artillerie de la 1re DCR sont détruites à Solre-le-Château et la 5e DIM est anéantie[2].

L'effondrement moral et la stupeur de l'adversaire sont flagrants. Des unités françaises ne

---

[1]. Il le nomme la *Stosslinie*, ou littéralement la « ligne de choc ».

[2]. Yann Galibois, *La 7. Panzer-Division*, Aix-en-Provence, Caraktère, 2013, p. 11.

6. BLITZKRIEG À LA TÊTE DE LA « DIVISION FANTÔME »

Les B1-bis sont incapables d'enrayer la percée.

cessent de tomber dans la souricière, « incapables de résistance et se [contentant] de pousser leurs machines dans le fossé ». Rommel traverse Cerfontaine avec ses chars, mais son infanterie s'est mise en route avec retard, d'autant que de nombreux nids de mitrailleuses ont dû être réduits : les Français ont donc entre-temps eu le loisir de s'infiltrer entre les panzers et les *Füsiliere*.

Le 16 mai, Hoth lui intime l'ordre de rester à son QG, où il reçoit de nouvelles instructions : percer ce qu'il croit être la ligne Maginot après Sivry, dernière bourgade belge avant la frontière, et atteindre les hauteurs près d'Avesnes. Ces ordres ne sont pas confirmés et Rommel n'en attendra pas la confirmation. Alors qu'Hitler et Rundstedt s'inquiètent que les divisions de panzers distancent les divisions d'infanterie, et ordonnent donc de ralentir les chefs des *Panzer-Divisionen*, Kluge survient alors, apparemment à l'improviste. Il fait part à Rommel de son mécontentement de ne pas le savoir déjà en route. Le Souabe ne se fait

Les panzers contournent les obstacles à travers champs.

pas prier. Sivry est atteinte sans difficulté. Cette journée sera celle d'une chevauchée mémorable, réalisée sans désobéir explicitement aux ordres, mais, puisque les autres *Panzer-Divisionen* sont bridées par les consignes reçues, il va être le seul à maintenir la pression sur l'ennemi[1].

Rommel perce les défenses frontalières à Clairfayts. Fidèle au précepte de la guerre de mouvement, il n'a cure du danger potentiel que revêt la 1re division cuirassée de réserve. « L'essentiel était que l'artillerie masquât de son feu les deux flancs de l'attaque, écrit-il, car nous avions devancé quelque peu les divisions voisines. » Comme Guderian à Sedan, il compte sur l'appui des Stuka pour briser le moral et les défenses des Français. Quant à la progression, pour s'assurer du tempo, il ordonne, comme en 1914-1917, de contourner les môles de résistance, en l'occurrence ici les villes et villages situés sur l'axe de progression.

---

1. Claus Telp, dans Ian Beckett (éd.), *Rommel. A Reappraisal*, Barnsley, Pen & Sword, 2013, p. 37.

6. *BLITZKRIEG* À LA TÊTE DE LA « DIVISION FANTÔME »

Si Rommel ne se heurte qu'au prolongement de la ligne Maginot[1], avant même que les défenses en soient renforcées, la lutte n'en est pas moins âpre, bien que les défenseurs soient pris par surprise : les Allemands ? Déjà ? Devant les fortifications, les tirs fusent de toutes parts depuis des bunkers protégés par un fossé antichar et des hérissons d'acier. Les deux premiers chars allemands sont incendiés. Le premier assaut est repoussé, notamment en raison des fossés antichars. Deux blockhaus vont même s'adjuger deux panzers chacun. Ce sont les sapeurs de l'unité de génie d'assaut qui mènent l'attaque, avec des charges explosives et des lance-flammes. L'obstacle est enfin en partie neutralisé. La nuit tombée, le 17 mai, Rommel n'entend pas rester sur le succès qu'il vient de remporter : il décide d'exploiter en profondeur ; ce faisant, il prend l'une des décisions les plus capitales, mais aussi les plus hardies, de sa carrière.

Alors même que la doctrine allemande ne prévoit aucunement une avance nocturne de blindés au cœur du territoire ennemi : « Je donnai alors des ordres en vue d'une pénétration immédiate de la zone fortifiée et d'une progression aussi poussée que possible en direction d'Avesnes. » La division en est informée par radio et aucune minute n'est perdue : « Nous n'avions plus qu'à monter dans le char de commandement et à partir. »

En ces journées épiques, Rommel déploie souvent sa division comme suit : les panzers sont en tête, suivis par l'unité de reconnaissance, soit l'inverse des dispositions habituelles, ce qui lui permet de disposer d'emblée d'une grande puissance de feu. Des mines sont détectées : on se déploie à travers champ, au détriment de la vitesse. « Nous nous trouvâmes bientôt dans des vergers parmi de hautes clôtures, raconte Rommel, ce qui retarda notre avance. »

Les panzers, flanqués de fantassins, progressent sans difficulté majeure sous la pleine lune. Partout, le même spectacle se répète : des civils réveillés en sursaut par l'arrivée des Allemands, des soldats français[1] surpris dans leur sommeil, véhicules parqués le long des

---

1. Quatre tourelles, six postes de soutien en rondins et quatre casemates pour un front de 4 kilomètres.

ROMMEL

routes et des rues aux côtés des charrettes des populations de l'exode. « Je n'avais encore jamais vu une scène comme celle se déroulant le long de la route suivie par Rommel au cours de son avance », rapporte l'*Oberst* Hesse, accompagné d'un groupe de correspondants de guerre. Partout, poursuit-il, « surgissaient sans cesse des Français, les mains en l'air, une angoisse terrible inscrite sur le visage[2] ». Des centaines de véhicules sont saisis ou détruits sur une dizaine de kilomètres… La propagande va s'intéresser de plus en plus à ce général brillant et téméraire. On va forger un néologisme en son honneur : *Rommeln*, « faire un Rommel », soit foncer en profondeur sur les arrières de l'ennemi.

Rommel est téméraire, mais il sait qu'il importe de garder le contact avec le reste de sa division, encore dans le secteur frontalier où les combats se sont éternisés : « À intervalles répétés, je jetais un coup d'œil rapide sur la carte à l'aide d'une lampe camouflée et j'adressais un radio au QG de la division pour donner notre position. » Euphorique, il l'est d'autant plus qu'il croit avoir enfoncé la célèbre ligne Maginot et que rien ne semble pouvoir s'opposer à sa progression : « Ce n'était pas un beau rêve, c'était la réalité. » Soudain, des éclairs dans la nuit. Des antichars ? Rommel ordonne alors de foncer à travers l'obstacle en faisant feu dans toutes les directions, avec toutes les armes de bord. Son audace le porte sur une hauteur au-delà d'Avesnes, à 30 kilomètres derrière les lignes ennemies. « Il fallut construire sans tarder un enclos pour les prisonniers. »

Il apparaît alors que la plus grande partie de la division est encore en marche. Les Français ont isolé son avant-garde. « Cela ne me causait encore aucun souci. » Pure bravade *a posteriori* ? Pis, le 2e bataillon du *Panzer-Regiment 25* est engagé dans un terrible combat de rue à Avesnes, où les restes de la 1re DCR infligent près d'une centaine de pertes à Rommel. Les Hotchkiss H-39 puis – et surtout – les B1-bis se révèlent dangereux, mais les *Panzerschütze* de Rommel et leurs camarades des autres armes parviennent à contrecarrer la menace. En contournant Avesnes, les Allemands ont

---

1. Ce sont des colonnes appartenant aux 5e et 9e DIM, 4e DLC, 18e DI et 1re DCR.

2. Cité par Benoît Lemay, *Erwin Rommel, op. cit.*

6. BLITZKRIEG À LA TÊTE DE LA « DIVISION FANTÔME »

Le raid de Rommel est audacieux.

cherché à surprendre les défenseurs en débouchant depuis l'ouest, donc sur les arrières, mais ce n'est qu'à l'aube que le contact est rétabli avec l'avant-garde.

Ce raid audacieux a été spectaculaire. Rommel tente d'établir le contact avec Hoth, en vain[1]. Conscient que l'adversaire est en plein désarroi et qu'il faut l'empêcher de se ressaisir, Rommel ne veut pas s'arrêter avant d'avoir franchi la Sambre. Il prend donc sur lui de poursuivre l'avance ; il est par ailleurs persuadé que le reste de la division suit son avant-garde, constituée des motocyclistes et d'un bataillon de panzers. En fait, ses messages « s'étaient tout simplement égarés dans l'air ». Il ne s'est en effet pas inquiété qu'ils soient réceptionnés ou non par son état-major…

Il lui faut également se montrer économe en munitions, faute d'avoir pu se ravitailler la nuit. Le spectacle surréaliste de la veille reprend : la

1. Ce 17 mai, les divisions blindées et motorisées allemandes ont toutes été regroupées sous l'autorité de la *4. Armee* du général von Kluge. Hoth commande désormais un *Panzergruppe*, à l'instar de von Kleist.

Une poussée qui est un chef-d'œuvre de la Blitzkrieg.

plupart des troupes françaises, prises par surprise, déposent les armes sans combat. « Il n'y eut pas de résistance. Les chars ennemis que nous rencontrions étaient mis hors de combat à mesure que nous avancions vers l'ouest sans nous arrêter. »

La Sambre est franchie à Landrecies. Après le prolongement de la ligne Maginot, une nouvelle ligne d'arrêt envisagée par l'état-major français est donc dépassée et rendue caduque par la fougue et l'audace de Rommel. Des soldats français sont surpris et capturés dans la caserne Clarke, qui deviendra la caserne Rommel pendant l'Occupation[1].

La chevauchée se poursuit en direction du Cateau. Dans un village, lorsqu'une femme découvre qu'il est allemand, elle ne peut réprimer son effroi : « Oh ! Les barbares[2] ! » Rommel surprend les factionnaires assurant la garde d'un dépôt de munitions établi dans un bois : « Avec

---

1. Yann Galibois, *La 7. Panzer-Division*, op. cit., p. 19.

2. Desmond Young, *Rommel*, Paris, Fayard, 1962, p. 77.

6. *BLITZKRIEG* À LA TÊTE DE LA « DIVISION FANTÔME »

le soleil, rapporte-t-il, les sentinelles ne purent nous reconnaître qu'au dernier moment. »

Les barbares ? L'armée allemande fait peur, image héritée de la propagande de la Grande Guerre aidant. Ce 17 mai, Rommel se montre coupable d'un forfait en ordonnant d'abattre un officier français rendu furieux par la défaite et qui refuse d'obtempérer lorsque Rothenburg lui intime l'ordre, à plusieurs reprises, de monter à bord de son char. « Ses yeux trahissaient la haine et la fureur impotente. Il donnait l'impression d'être un type véritablement fanatique. » Le *Kommandeur* de la 7. *Panzer* n'a pas voulu courir le risque que ce lieutenant-colonel français rallie ses hommes.

Si la Wehrmacht est relativement bien dotée en équipement radio, Rommel s'est enfoncé trop en avant : les communications sont rompues. Ses supérieurs, pas plus que son état-major, ne peuvent le localiser. Contrevenant à la doctrine militaire allemande, il n'est plus en mesure de commander l'intégralité de sa division... L'inquiétude perce au sein du haut commandement. C'est à ce moment que la division reçoit le surnom qui lui restera : *Gespenter Division*, la « division fantôme[1] ». Inquiétude justifiée : Rommel a indubitablement pris de sérieux risques. Lorsqu'il fait enfin halte, il a couvert 80 kilomètres en vingt-quatre heures, et ses éléments les plus en arrière sont encore à 50 kilomètres. Il parvient enfin à établir le contact avec le QG divisionnaire. Logiquement, en l'absence de nouvelles instructions, son Ia[2], le *Major* Heidkämper, a ordonné aux troupes de stopper leur avance à Sivry.

Il est alors 6 h 15. L'avant-garde avec Rommel s'établit en hérisson ; il faut aussi s'occuper des nombreux prisonniers qui ont été rassemblés. Le Souabe comprend alors qu'il est isolé du gros de la division. Pis, il a nettement distancé les autres unités allemandes. Il prend alors une décision insensée : il tente de refaire en personne le trajet en sens inverse à la recherche de ses hommes. Une première tentative échoue sous des tirs antichars. Il réitère l'essai avec un panzer et son camion de transmissions. Il ne rencontre

---

1. Certains récits affirment que le surnom a été attribué par les Alliés.

2. L'officier en charge du bureau opérations au sein d'un état-major de la Wehrmacht.

en chemin que des équipages d'engins tombés en panne plus tôt dans la journée. Ceux-ci le mettent en garde : les Français sont à Landrecies. Avec hardiesse et témérité, les deux engins filent à toute vitesse à travers la localité, ignorant les suppliques des blessés allemands qui reconnaissent leurs compatriotes ; un crève-cœur pour Rommel : « Hélas ! Je ne pus rien faire pour eux ; ce dont je m'occupais primait tout. »

Les ennuis ne sont pas finis pour autant : le panzer tombe en panne. À Maroilles, pas d'Allemands en vue. Heureusement, les soldats français qui sillonnent les rues sont visiblement encore sous le choc. Devant s'arrêter pour faire le plein d'essence, Rommel est avisé que le village suivant est réoccupé par les Français. Mais le général est bientôt rassuré à la vue d'une compagnie de fusiliers. Enfin ! Cette extraordinaire journée n'est pas terminée. Il joue à nouveau de chance lorsque, avec son seul véhicule, il croise, par le plus grand des hasards, un convoi français de quarante camions de la 9e DIM, venant de Belgique. Sa force de persuasion est telle qu'il parvient à le capturer dans son intégralité… On reste interdit devant le peu de réaction des unités françaises confrontées à Rommel en ces journées dramatiques. De retour à Avesnes, le contact est enfin rétabli avec le gros de la *7. Panzer-Division*.

Le Souabe se trouve à la pointe de la percée allemande, loin devant les autres unités des *Panzergruppen*. Au sud, Reinhardt et Guderian ont eux aussi progressé. Après son équipée nocturne, le butin se monte déjà à plusieurs milliers de prisonniers. Exploit remarquable au regard des pertes : à peine quatre-vingt-quatorze tués et blessés… Trois mille cinq cents prisonniers sont rassemblés, une centaine de chars français ont été pris, sans compter les canons et les camions… Mais comparativement à la victoire remportée au mont Matajur en 1917, le ratio entre les moyens à sa disposition et le résultat est moins impressionnant. Les unités françaises, qui devaient s'établir sur la ligne de la Sambre, ont été anéanties en cours de déploiement, et Rommel a empêché le transfert vers le sud d'unités françaises redéployées dans le vain espoir de contre-attaquer le *Panzergruppe* Kleist, qui débouche au même moment des têtes de pont de Monthermé et de Sedan.

6. *BLITZKRIEG* À LA TÊTE DE LA « DIVISION FANTÔME »

Rommel doit ses exploits à des hommes comme l'*Oberst* Rothenburg.

Près de Clairfayts, un détachement de la 4e DLC fait partie de ces unités surprises par l'avancée de la *7. Panzer-Division* qui leur barre le chemin. Le lieutenant Hervé de Blignière charge alors pour tenter de forcer le passage – un massacre inutile. L'officier français blessé est amené devant un officier supérieur allemand. Rommel – c'est de lui qu'il s'agit – déclare à son interlocuteur : « Vous êtes sportifs dans la cavalerie française[1] ! »

Rommel est récompensé pour cet exploit : il obtient la *Ritterkreuz*, la croix de chevalier de la croix de fer[2]. Une décoration hautement méritée : par son audace et son allant, Rommel fait partie de ces généraux qui ont déterminé l'issue finale de la campagne de France. Le

1. Hugues Wenkin, *Rommel, en pointe du Blitzkrieg de l'Ardenne à la Manche*, Neufchateau, Weyrich, 2016, p. 34

2. Le 26 mai, l'*Oberleutnant* Hanke lui remet en grande cérémonie la décoration au nom du Führer. Il est le premier divisionnaire à être récipiendaire de la prestigieuse médaille au cours de la campagne.

général souabe a cependant eu beaucoup de chance, car il est indéniable qu'il a pris un risque inconsidéré en s'enfonçant en territoire ennemi, tout en ignorant absolument tout du dispositif de son adversaire. Une précieuse division de panzers a joué et gagné, mais il eût pu en être tout autrement…

Rommel goûte enfin un repos bien mérité. Peu après minuit, il est avisé que l'avance reprend : direction Cambrai. Il assiste avec intérêt à un combat de chars à l'est de Pommereuil : « Nous restâmes pendant quelque temps occupés à assister à la bataille. » Cet affrontement met en exergue les défauts de ses blindés : « Nos canons semblaient sans aucune efficacité contre le fort blindage des chars français. » Mais la *Panzerwaffe* a d'autres atouts, sa tactique n'étant pas des moindres. Cambrai tombe sans difficulté. La résistance devient toutefois plus marquée. L'avance marque le pas : il faut attendre l'arrivée des divisions d'infanterie, qui peinent à suivre le tempo imposé par les sept *Panzer-Divisionen* de Rundstedt, mais la résistance française explique aussi la moindre rapidité de la progression. Le 18, une patrouille de la 9e DIM du général Didelet a saisi les plans de Rommel pour la journée ; les Allemands sont attendus de pied ferme et les antichars français se montrent redoutables. La valeureuse division française se sacrifie, stoppant des éléments de la division de Rommel pour quarante-huit heures.

La bataille d'Arras : coup d'arrêt aux lourdes conséquences

Le 19, lorsque Cambrai est prise, Hoth est inquiet de l'état de fatigue du personnel de la *7. Panzer* : Rommel le rassure sur ce point, d'autant qu'une attaque nocturne ne causera que des pertes légères. L'infanterie peine toutefois à suivre le rythme. La progression doit être limitée, car les flancs de la percée doivent être renforcés au préalable. Pour les hommes de Rommel, ce sont quelques heures de repos bien méritées. La division, qui bataille encore contre la 9e DIM, reste donc immobilisée pendant une vingtaine d'heures.

6. BLITZKRIEG À LA TÊTE DE LA « DIVISION FANTÔME »

Rommel mène de l'avant, ce qui sera décisif à Arras.

Le 20 mai, le succès du *Sichelschnitt* (le « coup de faucille ») est consommé : la *2. Panzer* est à Abbeville. Sur sa droite, la flanc-garde est assurée par les *6.*, *8.* (qui attaque en direction de Calais et Boulogne), *7.* et *5. Panzer-Divisionen*. L'élite des armées alliées est isolée au nord, tandis que de nombreuses divisions françaises sont anéanties ou décimées. Le lendemain sera décisif ; la Wehrmacht doit transformer cet incroyable succès en victoire totale.

Les Alliés pensent à l'opportunité d'une attaque puissante, coordonnée, depuis le sud et le nord. Las, Weygand, le nouveau généralissime, est en inspection sur le nouveau front dont il a la charge. Pis, les Britanniques, qui pourraient frapper en force, ne vont engager que des effectifs faibles et sans réelle coordination avec les Français. À Arras, pour soutenir la garnison, lord Gort[1] a mis sur pied la *Frankforce* du général Franklyn, avec ordre d'établir le contact avec les Français. Gort pense déjà à évacuer depuis Dunkerque, et ses

> 1. Le commandant de la BEF, la British Expeditionary Force, soit trois corps d'armée.

Les Britanniques surprennent Rommel mais sont anéantis.

unités éprouvent les pires difficultés à se dégager de l'étreinte des Allemands en Belgique. Les Britanniques partent à l'assaut le 21 mai. La 3e DLM affronte également Rommel près d'Acq, et c'est cette unité qui lui fait subir ses pertes les plus importantes en blindés. Mais l'impossible coordination entre les forces alliées est aussi due au saillant créé par l'avance de Rommel.

Le choc n'en est pas moins rude. Pour la première fois depuis le 10 mai, la « division fantôme » est confrontée à une crise sérieuse. Les premières lignes allemandes de la 7. *Panzer* et de la *SS-Totenkopf* sont submergées. Certes, Rommel pensait que ses flancs seraient assurés par les divisions voisines, mais ses troupes sont surprises en ordre de marche, alors même que les panzers sont loin en avant, ayant distancé l'infanterie comme à l'accoutumée, et que le *Kommandeur* de la 7. *Panzer* a pris le risque d'opérer un mouvement tournant, offrant ainsi le flanc à l'adversaire. À Wailly, c'est la confusion dans les rangs allemands. Rommel

6. BLITZKRIEG À LA TÊTE DE LA « DIVISION FANTÔME »

peste : ses recommandations n'ont pas été appliquées. Ses troupes « auraient dû s'engager avec toutes leurs armes disponibles pour repousser l'assaut de l'adversaire ». Rommel saisit le danger qu'encourt son unité : des pièces ont été abandonnées, d'autres sont détruites…

Mais les blindés britanniques manquent de soutien : infanterie, artillerie et aviation font défaut. La journée appartient aux pièces d'artillerie allemandes et à la *Flak*, en particulier les puissantes pièces de 88 mm[1], ainsi qu'aux Stuka. En compagnie de l'*Oberleutnant* Most, le commandant de la *7. Panzer-Division* court d'un canon à l'autre et leur fait ouvrir le feu à la cadence maximale. Il indique lui-même les cibles à viser. Faisant effectuer un demi-tour à son unité qui s'est portée en avant, Rothenburg entre lui aussi dans la danse et frappe l'adversaire de flanc avec ses panzers, se heurtant à la 3e DLM, puis à l'infanterie britannique. La défaite franco-britannique est consommée.

Le *General* Rommel a une nouvelle fois été présent au moment décisif. Donnant de sa personne, sans doute marqué par les événements et probablement soucieux de donner de l'ampleur au succès qu'il vient de remporter, il rédige un rapport quelque peu dramatique, faisant mention de centaines (!) de tanks et de l'inefficacité des Pak 36/37. Il a beau jeu de souligner que les SS ont dû se replier : un vent de panique a également parcouru certaines de ses unités. Ses pertes se montent à près de 400 hommes[2] et à une vingtaine de chars[3]. Une perte le touche plus particulièrement, celle de Most, tombé tout près de lui, près d'une pièce de *Flak*[4]. En revanche, il avait de bonnes raisons de penser que son flanc serait assuré par la *5. Panzer* et la *2. ID* (motorisée).

Rommel saura tirer des enseignements de cet engagement malheureux. Le désastre des Britanniques lui montre ainsi que les chars sont très vulnérables lorsqu'ils s'attaquent à une position d'artillerie. Dans une bataille de chars, il

---

1. Rommel n'est ni le premier ni le seul à les employer de la sorte : la *5. Panzer* en fait de même et la pièce a déjà tenu un rôle antichar en Espagne, la possibilité d'effectuer des tirs sur objectifs terrestres ayant été prévue dès son développement.

2. 89 tués, 116 blessés et 173 disparus.

3. Les Alliés ont perdu environ 80 chars.

4. Rommel ne semble pas choqué outre mesure, puisqu'il écrit, ne semblant aucunement affecté : « Le *Major* Schraepler est déjà revenu : son successeur a été tué à un mètre de moi. »

La contre-attaque du BEF a de lourdes conséquences.

faut donc contraindre l'adversaire à lancer ses tanks sur les positions antichars. Ce n'est qu'après que les panzers doivent intervenir.

Si Rommel parvient à s'extirper des difficultés dans lesquelles l'ont placé sa témérité ainsi que la contre-attaque britannique, montrant une nouvelle fois ses talents de général de division, cette bataille est lourde de conséquences. Les généraux allemands accordent beaucoup trop d'importance à cette contre-attaque, de faible envergure comparée à la puissance des moyens engagés dans le *Sichelschnitt*. Hitler et le haut commandement allemand ont peine à admettre que leur plan ait si bien et si rapidement fonctionné : et si l'adversaire parvenait à rétablir la situation, comme il l'a fait sur la Marne vingt ans plus tôt ? Rundstedt reconnaît craindre que les divisions de panzers ne soient isolées avant l'arrivée des divisions d'infanterie. Le Führer, pas plus que Rundstedt ou Kleist, n'a perçu à quel point les armées alliées sont démoralisées et dans l'incapacité de monter une contre-attaque d'envergure efficace. Lorsque

6. BLITZKRIEG À LA TÊTE DE LA « DIVISION FANTÔME »

les chiffres grossièrement exagérés par Rommel sont démentis, il est trop tard pour que cela ait le moindre effet sur l'esprit tourmenté d'Hitler. Guderian est ralenti par ses supérieurs dès le 21. La *7. Panzer*, nullement bouleversée par la contre-attaque d'Arras, poursuit son avance au-delà de la Scarpe.

Le *Haltbefehl*, l'ordre d'arrêt, tombe comme un couperet le 24 mai. Il est amendé le 26. Trop tard[1]. Rommel ne perd pas pour autant son optimisme : « Ne vous en faites pas, écrit-il à son épouse le 23 mai, comme je vois les choses, la guerre en France pourrait être terminée dans une quinzaine. »

Lille : un rôle majeur dans l'isolement de la place

La *7. Panzer* se réorganise pendant cet arrêt forcé. Si Rommel ne participe pas à la réduction de la poche de Dunkerque, sa division, renforcée[2], est une des nombreuses unités chargées d'anéantir la garnison de Lille qui, par la lutte énergique qu'elle va mener, contribuera largement au succès de l'opération *Dynamo*, l'évacuation par la mer des forces encerclées.

La division a pourtant maille à partir avec l'adversaire, constitué essentiellement de Britanniques. L'*Aufklärungs-Abteilung 37* échoue à traverser le canal de La Bassée. C'est le 7e régiment de fusiliers qui réussit l'exploit de franchir l'obstacle, et ce pour des pertes minimes. Rommel ne peut demeurer trop longtemps à son QG ; c'est contre sa nature. Comme sur la Meuse, il est en première ligne pour donner les directives qui s'imposent et ordonne au génie d'édifier un pont de 16 tonnes, afin, une fois de plus, d'assurer au plus tôt le passage des panzers.

Il y a urgence : une partie des fantassins allemands ont été repoussés sur la rive sud. La tête de pont est-elle menacée dans son intégralité ? Rommel s'attribue de nouveau le beau rôle :

---

1. Ce sursis inespéré va permettre le succès de l'opération *Dynamo* : 338 682 soldats alliés sont évacués depuis Dunkerque.

2. Par des unités du génie et d'artillerie, mais surtout par la *5. Panzer-Brigade* de la *5. Panzer-Division*.

Le passage d'un Panzer 38 (t) assure le succès sur le canal de La Bassée.

il fait franchir le canal à un canon automoteur ainsi qu'à un Panzer 38 (t), qui réussit *in extremis* à négocier le chemin périlleux consistant en une suite de pontons que Rommel a ordonné de ne pas positionner en ligne droite, en raison des destructions et des épaves qui obstruent la voie d'eau. Avec l'appui d'un Panzer IV depuis l'autre rive, le char allemand

6. *BLITZKRIEG* À LA TÊTE DE LA « DIVISION FANTÔME »

renverse la situation. Puis, lorsque le pont est consolidé, un flux de renforts peut traverser ; la tête de pont est enfin assurée.

Le 27 mai, Rommel écrit à sa femme : « Tout va bien pour la lessive, etc., Guenther [son ordonnance] en prend bon soin. J'ai pris quantité de photos. » Il montre à l'occasion de l'attaque sur Lille qu'il sait adapter sa méthode de commandement aux circonstances. L'expérience des jours précédents le montre également attentif à la logistique. Il sait où doit se trouver sa place : il commande de l'arrière pour coordonner plus efficacement ses unités. Il décline donc l'offre de Rothenburg qui lui propose de l'accompagner pour l'attaque sur la cité.

Il a en effet désormais la *5. Panzer-Brigade* du général Harde sous son commandement[1]. Ce dernier éprouve quelques difficultés à faire franchir le canal à ses blindés. De façon caractéristique, Rommel n'en a cure et ne lui accorde aucun délai : il se mettra en marche avec les panzers qui auront atteint la rive nord. Rommel aura aussi une altercation avec l'*Oberst* Streich, de la *5. Panzer*, un officier qu'il retrouvera sur son chemin dans les sables libyens. Rommel éprouve des difficultés à transmettre des ordres à Harde : faute de disposer de suffisamment de véhicules tout-terrain, sa *Gefechtsstaffel* ne peut progresser de nuit à travers champ, sans compter les risques de tirs fratricides. Par ailleurs, Rommel semble échaudé par l'expérience du Cateau dix jours plus tôt…

Il manque pourtant de se faire tuer par des obus allemands le lendemain, lorsque des pièces lourdes de 150 mm arrosent copieusement son QG par méprise… Impossible de tirer des fusées vertes de signalisation. Une seule issue : la radio. Il fonce vers le camion radio lorsqu'un obus tombe près de la porte de l'engin, fauchant plusieurs hommes, dont le Major Erdman qui précédait Rommel de quelques mètres. Par miracle, ce dernier est indemne.

Rommel est toujours soucieux de se distinguer, d'être le premier. Aussi ne manque-t-il pas d'écrire le 29 mai que « nous sommes encore arrivés les premiers devant les sorties ouest de la ville ». Le fait est indiscutable : en s'emparant de Lomme et en établissement le contact avec des éléments du *Heeresgruppe B* du

---

1. Rommel précise en outre que « la radio était devenue presque inutilisable ».

ROMMEL

général von Bock, dont la capitulation belge a facilité l'avance[1], Rommel parachève l'encerclement. En coupant les lignes de communication vers l'ouest, l'action de la *7. Panzer* contribue à la défaite finale des éléments de la 1re armée française isolés dans Lille. Le 28 mai, les panzers de Rommel, peu à l'aise dans les rues, sont repoussés par le 25e RA, ce qui permet au 150e RI de s'esquiver avec le reste de la 12e DIM, qui arrivera toutefois trop tard sur la plage de Dunkerque. Les autres divisions ne peuvent rien contre la « division fantôme » et restent enfermées dans la nasse[2].

C'est pendant ces journées qu'une cérémonie est organisée en son honneur pour la remise de sa *Ritterkreuz*, des mains de l'*Oberleutnant* Hanke, son aide de camp. Le Führer en personne rencontre son général favori le 2 juin, lors d'une conférence à Charleville-Mézières. « Sa visite fut merveilleuse », écrit Rommel. Ce dernier ne masque pas sa satisfaction quand il écrit qu'il a eu le privilège d'accompagner Hitler, précisant « j'étais le seul commandant de division à le faire ». Le dictateur déclare à son général : « Rommel, nous nous sommes beaucoup inquiétés à votre sujet pendant l'attaque », affirmant par ailleurs avoir connu une nuit blanche à cause de son raid sur Landrecies. Naïf et admiratif, Rommel ne cache donc pas sa satisfaction d'être un proche d'Hitler, qu'il trouve radieux.

Quant à la *7. Panzer*, qui n'a pas démérité, elle a grandement besoin de repos et met à profit la pause pour se réorganiser et recompléter ses effectifs (elle ne compte plus que 84 panzers opérationnels et 1 500 hommes sont tombés). « Mes Thuringiens ont perdu une bonne part de leur équipement en route et sous les attaques de chars ennemis, note-t-il pendant la phase finale de la bataille, et il faut réparer cela le plus tôt possible. En attendant, nous nous en tirons avec des canons français. » Déjà la pratique de la récupération du matériel adverse – une méthode qui deviendra la norme un peu plus tard…

---

1. Les forces belges ont lutté jusqu'à la limite de leurs possibilités afin de faciliter les mouvements de repli des Franco-Britanniques.

2. Avant même la reddition de la place, Rommel se serait aventuré bien imprudemment dans la ville, puis aurait fait promptement demi-tour.

6. *BLITZKRIEG* À LA TÊTE DE LA « DIVISION FANTÔME »

Hitler accorde la *Ritterkreuz* à son général favori.

La Somme

Le 5 juin, la Wehrmacht lance le *Fall Rot*, le plan rouge, qui doit aboutir à la conclusion finale de la guerre avec la France. Hitler comprend la solennité de l'instant : « J'ordonne que l'on sonne les cloches pendant trois jours dans toute l'Allemagne. Que leur carillon se mêle aux prières avec lesquelles le peuple allemand accompagne ses fils, car dès ce matin, les divisions allemandes et nos escadres d'avions ont commencé la deuxième phase de la lutte qu'ils livrent pour la liberté et l'avenir de notre peuple. »

Le premier objectif est de briser la résistance de la ligne dite « Weygand », qui s'appuie sur la Somme et l'Aisne, pour ensuite rejoindre la ligne Maginot. Les Français alignent soixante-six divisions[1].

1. Nombre d'entre elles ont des effectifs incomplets. Ce chiffre inclut par ailleurs les unités légères et celles qui sont en cours de redéploiement depuis l'Afrique du Nord.

ROMMEL

Dans la zone assignée à la *7. Panzer*, les éléments éparpillés qui font face à Rommel, dont le 53ᵉ régiment mixte sénégalais, ne sont pas de taille à l'affronter.

La *7. Panzer*[1] lance son attaque le 5 juin, entre Longpré et Hangest. Deux ponts de chemin de fer intacts font l'intérêt de ce secteur. Erreur monumentale des Français, qui ont omis de les faire sauter : pour parer à toute tentative de destruction, les deux ouvrages d'art sont tenus en permanence sous le feu des mitrailleuses et de l'artillerie allemandes.

Preuve de l'importance qu'il accorde au bombardement préliminaire pour le succès de l'opération, c'est depuis le poste de commandement de l'artillerie divisionnaire que Rommel assiste à l'assaut. Ce « fut un spectacle extraordinaire à contempler ». La riposte lui semble modérée. Il se rend ensuite en première ligne, auprès du 6ᵉ régiment de fusiliers. Bonne nouvelle : les ponts sont toujours intacts et ils ont été saisis par ses hommes ; les pionniers s'affairent déjà à les rendre praticables aux engins motorisés : il faut déboulonner les rails et ôter les traverses. N'écoutant que son courage et prompt à donner l'exemple, Rommel est le premier à franchir le fleuve en véhicule, suivi par des pièces d'artillerie et de *Flak*. Cette prise de risques l'amène à frôler de nouveau la mort. L'incident survient dans un champ de céréales, dans lequel il se rend à pied, jumelles au poing, accompagné seulement d'un lieutenant et d'un caporal. Soudain, un soldat français qui était

Le franchissement de la Somme n'est qu'une formalité.

---

1. Rommel a reçu 23 chars de remplacement et en aligne 219.

6. *BLITZKRIEG* À LA TÊTE DE LA « DIVISION FANTÔME »

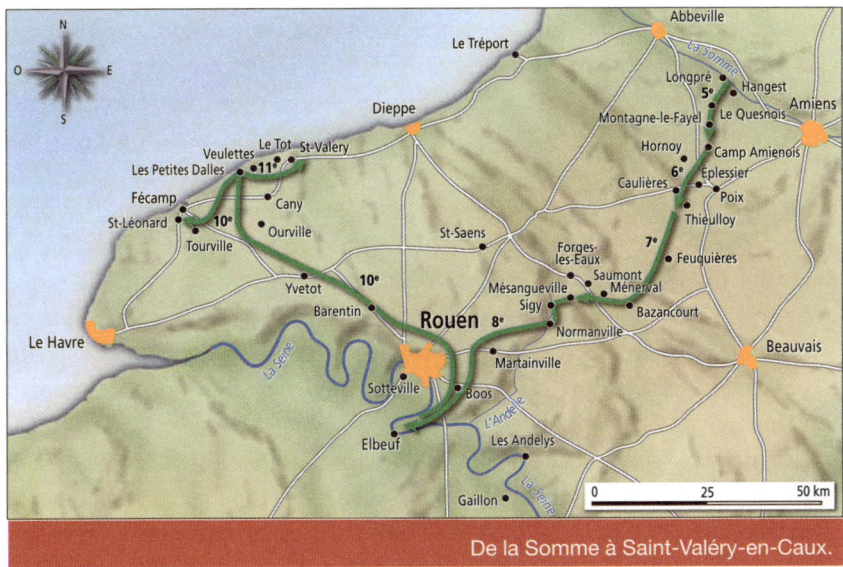

De la Somme à Saint-Valéry-en-Caux.

dissimulé dans les blés se redresse, pour disparaître aussitôt. Il aurait tout aussi bien pu faire usage d'une arme… Rommel essuie plus tard des tirs de mitrailleuses.

Les clichés nous montrent l'entassement incroyable des troupes de Rommel dans un vallon ; de fait, les dépressions où les véhicules se rassemblent commencent à être congestionnées. À Hangest, les panzers sont à la peine et les combats requièrent des renforts. Les pertes restent globalement très légères sur l'ensemble du front, sauf exception : ainsi, plusieurs pièces de *Flak* de 88 mm d'une même batterie sont détruites par l'artillerie française. Par ailleurs, les tirs intermittents de celle-ci ont un effet sur le moral. La tête de pont assurée, il faut maintenant étendre le périmètre et percer en profondeur. L'assaut hors de la tête de pont est lancé à 16 heures.

Rommel reconnaît l'adresse des défenseurs du Quesnoy. À la tête de ses troupes, il met encore sa vie en péril : « De temps à autre, écrit-il, le tir ennemi sonnait contre nos blindages et nous forçait à baisser la tête. »

En soirée, il envoie un message rassurant à ses supérieurs : « Tout est calme devant nous ; l'ennemi est en pièces. » La rupture de la 5ᵉ DIC, faute de pouvoir défendre en profondeur, constitue une brèche dans laquelle s'engouffre la « division fantôme ». Le 6 juin, selon les propres mots de Rommel, la 7. *Panzer-Division*, déployée sur 2 kilomètres de front et 20 kilomètres de profondeur, avance comme à l'exercice. La progression s'effectue à travers champ, faisant fi de toute forme de relief et des voies de communication. Un déploiement et une tactique d'attaque qui contrecarrent la stratégie française de défense en « hérisson » autour des villages et forêts. « Les véhicules se comportèrent bien, observe un Rommel satisfait, même ceux qui n'étaient pas destinés au parcours tous terrains. »

La *Blitzkrieg* requiert un matériel adapté, qui semble bien être celui dont dispose la Wehrmacht. En face, si l'armée française a des chars, la situation est tout autre. Le groupement blindé Langle de Cary, soit 85 chars, sans appui digne de ce nom, tente de prendre Rommel – qui dispose de 218 panzers bien soutenus – par le flanc, mais la disproportion des moyens ne laisse pas de doute sur l'issue du combat. De fait, Rommel ne subira pas les lourdes pertes qui frapperont d'autres divisions de panzers pendant la première phase du *Fall Rot*. La contre-attaque française lancée le 6 juin est un échec complet, et 73 blindés restent sur le terrain. C'est le début de l'effondrement de l'armée française, et l'intervention de la « division fantôme » s'est de nouveau révélée décisive.

La traversée de la Seine

Le 7 juin, la division fait un bond de 50 kilomètres, bousculant sur son chemin la 17ᵉ DI légère. Ses résultats lui valent les éloges de Hoth. Rommel poursuit sur sa lancée, toujours selon la même méthode : « éviter les villages [dont la plupart sont barricadés] et toutes les routes principales ». Certes, il y a encore quelques hésitations au sein de la Wehrmacht, pourtant réputée comme étant la meilleure armée de son temps : quelques retards surviennent ainsi au début, « causés par des

Si l'aviation alliée avait été aussi puissante en 1940 qu'en 1944…

Un panzer obstrue le passage.

Le matériel est adapté à la *Blitzkrieg*.

erreurs de route et des corrections trop lentes ». Comme en mai, les panzers sont en tête, suivis des blindés de reconnaissance. Plus rien ne s'oppose sérieusement à la progression. Les combats sont rares et brefs. Quant à la ligne de l'Andelle, elle n'a été que hâtivement constituée. Le 8 juin, un crime de guerre survient à Quesnoy-sur-Airaines : une cinquantaine de tirailleurs sénégalais sont froidement assassinés, loin de l'image de la « guerre sans haine » à laquelle le nom de Rommel est rattaché. Mais si cette localité est en dehors du secteur de la « division fantôme », des soldats noirs auraient été abattus à Hangest par des soldats de Rommel. Ce dernier n'a vraisemblablement aucune responsabilité dans ce crime infamant.

Ce jour-là, l'Ia de Hoth accepte la proposition de Rommel d'opérer une feinte sur Rouen, pour en fait obliquer au sud-ouest et franchir la Seine à Elbeuf. Les premiers pas de Rommel en Normandie s'effectuent sans difficulté, les avions alliés étant facilement repoussés par une *Flak*

6. BLITZKRIEG À LA TÊTE DE LA « DIVISION FANTÔME »

nombreuse. Le chef de la « division fantôme » est de nouveau en pointe de l'action, puisqu'il prend en charge personnellement le bataillon de tête. Rommel s'adapte à la situation : désormais, et ce jusqu'à Cherbourg, ce sont les troupes de reconnaissance, rapides, qui mènent l'avance.

Comme à l'accoutumée, le pragmatisme et le professionnalisme des soldats allemands font merveille. Ainsi, lorsqu'un Panzer II cale lors du franchissement de l'Andelle, on pare au plus pressé en aménageant un passage sur un gué au moyen des débris d'un pont de chemin de fer détruit et des troncs de saules pleureurs. Efforts inutiles, puisqu'un détachement de reconnaissance, commandé par un certain *Oberleutnant* Sauvant, est entre-temps parvenu à s'emparer d'un pont intact à Normanville.

Conformément au plan, Rommel s'empare d'un carrefour à 8 kilomètres de Rouen, avant d'obliquer vers le sud-ouest. La nuit est alors tombée sur le champ de bataille. Les riverains, réveillés par le tintamarre des chenilles et des moteurs, prennent les hommes de Rommel pour des Britanniques et les acclament... À minuit, ils sont près de Sotteville-lès-Rouen. L'occasion d'une nouvelle marque d'autosatisfaction pour Rommel : « Nous étions les premières troupes allemandes à atteindre la Seine. »

Rommel est de nouveau coupé de tout moyen de communication avec son PC, mais aussi avec les autres colonnes. Il lance pourtant en avant des groupes de combat en direction d'Elbeuf. Les motocyclistes et les Panzer III de l'avant-garde sont en effet chargés de mener une sorte de mission commando : saisir intacts les deux ponts qui enjambent la Seine à Elbeuf. N'y tenant plus, il doit se résoudre à se rendre lui-même sur place pour connaître la situation. Ses hommes sont près de l'objectif depuis une heure. Rommel est consterné et il presse le mouvement. En vain : sitôt les troupes à proximité des ponts, ceux-ci s'abîment dans le fleuve dans un fracas d'explosions.

Échec pour Rommel. Alors que la prise de Rouen échoit à la 5. *Panzer-Division*, il peut espérer de nouveaux trophées : foncer sur Le Havre, afin d'y empêcher le réembarquement des Britanniques. Le

Des Noirs auraient été assassinés par des soldats de Rommel.

Un panzer de Rommel aux Petites-Dalles.

6. *BLITZKRIEG* À LA TÊTE DE LA « DIVISION FANTÔME »

10 juin, à 7 h 30, c'est un civil français, prétendant venir de la grande ville portuaire, qui lui fournit des informations : il n'y a pas de mines sur les routes et il n'y a pas lieu de se soucier d'une contre-attaque en provenance de ce secteur. L'avance vers la côte reprend, à vitesse maximale, obliquant en direction du nord cette fois-ci. Il s'agit de prendre de vitesse les forces franco-britanniques qui tenteraient de rejoindre Le Havre par la côte. Si Fécamp est débordé pour éviter une attaque frontale, la *Arkforce* parvient à atteindre Le Havre, d'où elle sera rapatriée en Angleterre. La 7. *Panzer* débouche sur la Manche aux Petites-Dalles.

Il y a du Xénophon chez Rommel : « La vue de la mer, bordée de falaises de chaque côté, nous enthousiasma, et aussi l'idée d'avoir atteint le littoral français. Nous mîmes pied à terre et descendîmes la plage de galets vers le bord de l'eau jusqu'à ce que les vagues vinssent se briser sur nos bottes. Plusieurs estafettes en longs manteaux imperméables marchèrent ainsi jusqu'à ce que leurs genoux fussent mouillés ; il me fallut les rappeler. Derrière nous, l'*Oberst* Rothenburg, survenant dans sa voiture de commandement, franchit le talus de la grève et roula jusqu'à l'eau. » Rommel saisit l'instant qu'il considère comme historique : devant les photographes de la propagande, le général favori du Führer prend la pose, juché sur le panzer de Rothenburg.

Saint-Valéry-en-Caux : le plus grand triomphe de la *Westfeldzug* pour Rommel

La route du Havre est donc coupée pour toute l'aile gauche des troupes déployées en Normandie, à savoir le 9ᵉ corps d'armée du général Ihler, qui prend sous son commandement toutes les unités du secteur. Les forces alliées sont à la recherche d'une issue à travers les mailles d'un filet qui les enveloppe et se resserre d'heure en heure. « Nous n'avions jamais imaginé que la guerre à l'Ouest se passerait ainsi », écrit Rommel à son épouse. Son prochain objectif est Fécamp, qu'il va investir, obtenant de nouveau des renseignements auprès d'un civil. Le *Kommandeur* de la 7. *Panzer* veut surprendre l'ennemi en effectuant un large détour de nuit, interdisant d'ouvrir le feu pour ne pas alerter l'adversaire. Celui-ci ne demeure pas inactif et Rommel doit de nouveau payer de sa personne quand le panzer en tête de colonne est immobilisé. Les projectiles fusent au-dessus de sa tête. « Situation dénuée d'agrément », souligne-t-il avec un euphémisme qui confine à l'humour. Comme les autres chars allemands ne réagissent pas, il bondit sur un panzer dont il sermonne vertement le commandant. Sur ordre de Rommel, le char ouvre le feu et le canon ennemi cesse ses tirs. Par favoritisme calculé, Rommel a confié un commandement à Hanke, le bras droit de Goebbels, et cela s'est soldé par un échec et des pertes inutiles en vies humaines… Rommel osera le recommander pour la *Ritterkreuz*, par calcul politique, mais, vindicatif, il se ravise dès qu'il apprend que l'intéressé a osé s'affirmer de rang supérieur au sien en sa qualité de secrétaire d'État du ministère de la Propagande.

La *7. Panzer* poursuit sa progression en Normandie.

6. *BLITZKRIEG* À LA TÊTE DE LA « DIVISION FANTÔME »

Dieppe, inutilisable pour réembarquer, est abandonnée sans combat. L'évacuation des forces d'Ihler devra donc s'effectuer à Saint-Valéry-en-Caux. La poursuite de l'avance de Rommel le long de la côte reste semée d'embûches, notamment à Tot où il faut en arriver au corps à corps avec les Britanniques. L'étau se resserre. Lorsque la 7. *Panzer* arrive en vue de Saint-Valéry, les pièces d'artillerie allemande sont rapidement déployées et, prenant le port sous leur feu, elles empêchent tout réembarquement, semant la destruction. De lourdes volutes noires, panachées de plus légers enroulements de fumées blanches, témoignent des coups au but des artilleurs. Rommel aime observer de lui-même les opérations. Il est donc aux premières loges.

Un événement cocasse survient au cœur des combats. Un officier britannique fait le mort un certain temps, avant de se résigner à se rendre, ce que le *Major* Schraepler ne manque pas de lui reprocher. « Dans ma situation, répond le Britannique dans un allemand impeccable, auriez-vous agi autrement ? »

Rommel veut en finir. Comme il a l'habitude de procéder et ainsi qu'il le fera par la suite, il tente de hâter les événements en sollicitant la reddition de l'ennemi. Proposition repoussée : il faudra se battre. Les Allemands attaquent en force, mais les Britanniques ne manquent pas de mordant. Rommel ordonne de poursuivre les tirs de harcèlement pendant la nuit, pour interdire tout repli. Lorsque point l'aube, c'est un Rommel rassuré qui constate qu'il n'y a pas lieu de craindre le moindre risque d'évacuation.

L'artillerie divisionnaire prétend avoir envoyé par le fond un croiseur… ce qui aurait constitué un exploit inouï et unique ! En fait, un 88 ouvre le feu sur un navire de transport prêt à appareiller, ce qui attire les répliques du patrouilleur *Cérons*, qui sera drossé à la côte par des tirs d'artillerie lourde (des 100 mm) ; deux interventions à mettre au crédit de Rommel, toujours prêt à donner directement des instructions aux combattants au contact de l'ennemi.

Pour le général Ihler, il n'y a dès lors d'autre issue que d'envisager la reddition, si amère que soit la décision. C'est vêtu de façon fort simple qu'il se rend devant Rommel, alors qu'un officier allemand aurait enfilé son plus bel uniforme, arborant ses décorations. L'Allemand souligne aussi combien le Français maîtrise mal la langue de Goethe. Mais le rapide dialogue donne à Rommel une information d'importance qui va flatter son ego : Ihler n'est pas un simple divisionnaire, il a en charge un corps d'armée. Rommel apprend ainsi qu'il a encerclé cinq divisions ennemies. Douze généraux sont capturés. Quarante-six mille soldats alliés rendent les armes, dont 20 000 sont faits prisonniers par les hommes de Rommel. Un incontestable fait d'armes, certes, mais qui est à attribuer au *Panzergruppe* Hoth, et pas uniquement à Rommel.

L'un des généraux prisonniers retient son attention : « C'était pour nous une joie particulière de trouver parmi ces prisonniers le général Fortune, commandant la 51e division britannique. » Aux yeux d'un Allemand, se saisir d'un officier britannique et de sa division semble donc bien plus important que la capture d'une division française. Il faut souligner que les combats les plus durs menés par Rommel, d'Arras à Fécamp en passant par La Bassée, l'ont été face aux Britanniques. Ces Britanniques semblent comme toujours garder leur sens de l'humour en toutes circonstances. Et Rommel observe leur attitude, qui doit également être très différente de celle des Français. Il est ainsi surpris du sang-froid arboré par ces Britanniques qui plaisantent et rient. D'un geste chevaleresque, Rommel les invite à manger. Mais ils refusent : il leur reste assez de vivres. L'Allemand sait que son exploit sera célébré en Allemagne : « Tout cela a été filmé et passera certainement aux actualités », prévient-il sa femme.

L'intervention personnelle de Rommel s'est révélée décisive à plusieurs reprises. N'ayant somme toute obtenu le commandement de l'unité que peu de temps avant la campagne, son état-major n'a pas forcément immédiatement intégré sa manière de commander. Rommel a su entraîner et inspirer les hommes du rang et les officiers subalternes, mais cela est moins vrai en ce qui concerne certains cadres de la division. Ainsi, le 13 juin, son principal subordonné, le *Major* Heidkämper, lui soumet un mémorandum dans lequel il déplore que le contact ait été

6. *BLITZKRIEG* À LA TÊTE DE LA « DIVISION FANTÔME »

La *7. Panzer* entre dans Saint-Valéry-en-Caux.

rompu entre l'état-major et le général, concluant sur le fait que le général de division se doit de rester plus en arrière. Rommel a su se montrer pragmatique, et cela a marché. En revanche, l'initiative de Heidkämper, qui a rapporté que la division a été mise en danger, a le don de l'irriter : « Je me débarrasserai de lui dès que je pourrai », écrit-il. De fait, à l'instar de Montgomery et contrairement à Patton, Rommel n'hésite pas à démettre de ses fonctions un subordonné qui n'a pas l'heur de lui plaire. Mais Hoth ne le soutiendra aucunement dans cette voie, et l'efficace chef du bureau opérations de la *7. Panzer* demeure donc à son poste.

Cherbourg, l'ultime chevauchée de la campagne

Rommel traverse la Seine au sud de Rouen, à la suite de divisions d'infanterie. Le 16 juin, Rommel entame donc une nouvelle chevauchée en direction de l'ouest, qui doit le mener jusqu'à Cherbourg, pendant

Rommel aux côtés du général Fortune.

que sa division sœur, la *5. Panzer*, s'oriente sur Rennes et Brest. La mission est similaire à la précédente : il s'agit de s'emparer d'un port pour empêcher le rembarquement de troupes britanniques. Les reconnaissances aériennes semblent en effet confirmer que des éléments de la BEF évacuent *via* Cherbourg. Pendant ce temps, à l'autre extrémité du front de la bataille de France, les panzers de Guderian sont parvenus sur la frontière suisse : le désastre est consommé.

C'est de nouveau une ruée vers l'avant, en deux colonnes évoluant sur des itinéraires différents. La résistance est sporadique et la « division fantôme » n'est ralentie que par quelques barrages. Rommel est de nouveau en tête de la progression, prêt à réagir avec promptitude au moindre obstacle. Ainsi, quand on l'avise que des chars ennemis seraient à Boucé, il bifurque vers le nord, car il n'a que des automitrailleuses pour toute escorte. Comme au début de la campagne à l'Ouest, il rencontre des groupes de soldats français qui sont instantanément faits prisonniers – un officier étant même embarqué à bord de son véhicule de commandement en qualité d'interprète !

6. *BLITZKRIEG* À LA TÊTE DE LA « DIVISION FANTÔME »

Pourquoi ces troupes françaises sont-elles donc si peu désireuses de se battre ? Alors que le *Hauptmann* von Luck, qui commande le 37e bataillon de reconnaissance, est en pourparlers avec un capitaine français, Rommel survient, désireux de connaître l'origine du contretemps. Il rapporte la scène dans ses carnets : « Le capitaine français déclara que le maréchal Pétain avait fait une proposition d'armistice à l'Allemagne et qu'il avait prescrit aux troupes françaises de déposer les armes. Je lui fis dire par notre interprète que nous n'avions rien entendu au sujet de cet armistice et que mes ordres étaient d'aller de l'avant. J'ajoutai que nous ne tirerions pas sur une troupe française qui se rendrait et qui déposerait ses armes. » Et Rommel de reprendre la progression en longeant la colonne. Le fameux discours de Pétain du 17 juin 1940, que le chef de la *7. Panzer* semble ignorer, provoque bien des incertitudes : voilà donc une situation qui ne peut que faire l'affaire des Allemands. Ceux-ci saisissent l'aubaine et agitent des mouchoirs blancs en déclarant que la guerre est finie.

En fin d'après-midi du 17 juin, Rommel est à une vingtaine de kilomètres d'Argentan. Il faut remplir les réservoirs. Dans les faubourgs de Flers, les témoins de la scène assistent à un événement surréaliste : un civil qui courait vers Rommel, revolver à la main, est maîtrisé par des soldats français ! L'Allemand a alors la naïveté de penser qu'il va s'emparer de Cherbourg sans coup férir. Sa poussée vers le Cotentin coupe en deux la 1re DIM. Les moyens dont disposent les Français devant Cherbourg sont d'autant plus limités que toutes les unités sont envoyées vers l'ouest, avec le vain espoir de constituer un « réduit breton ».

La vraie guerre se rappelle pourtant à lui. Non, tous les soldats français n'ont pas renoncé au combat. Ils ont reçu l'ordre de tenir « sans esprit de recul ». Des barrages sont érigés sur la route de Cherbourg, de part et d'autre du Merderet, et les défenses rapprochées du grand port constituent un obstacle qui peut se révéler ardu. Peu après minuit, trois blindés de l'avant-garde de l'unité de reconnaissance sont détruits coup sur coup au nord-ouest de La Haye-du-Puits. La division de Rommel a certes établi un record, puisque 240 kilomètres ont été parcourus depuis le matin, mais il faut à nouveau se battre. Rommel, qui n'entend pas sacrifier ses hommes en vain, patiente jusqu'au petit matin, faute de disposer d'artillerie et de panzers. Il passe la nuit à La Haye-du-Puits, où un groupe d'officiers britanniques tombe dans une souricière : ils étaient de retour de la plage, après un bain de mer...

À l'aube, Rommel se rend dans le secteur de Saint-Sauveur-de-Pierrepont, où ce qu'il découvre le consterne et dénote un certain manque de professionnalisme au sein d'une Wehrmacht pourtant réputée pour son excellence : si les soldats des deux camps portent le fusil à l'épaule, canon vers le sol, les Français sont dans leurs retranchements tandis que les Allemands restent dangereusement exposés en terrain découvert. Le général s'empresse d'ordonner à ses officiers de remédier promptement à cette situation. L'attaque n'aura pas lieu : les Français finissent par évacuer leurs positions, au nez et à la barbe des Allemands qui n'ont pas décelé leur mouvement de décrochage.

L'avance se poursuit, trop lente pour un Rommel désormais habitué à une progression rapide. Si les abattis ne représentent qu'une gêne temporaire, vite surmontée par les pionniers, à Martinvast, un nouveau barrage, défendu par l'enseigne de vaisseau Lévy, constitue un obstacle nettement plus coriace. Comme toujours, Rommel intervient dans des combats de niveau tactique les plus basiques : « J'ordonnai au mitrailleur de ma voiture blindée de tirer tout de suite dans la direction générale de l'ennemi et au chef de peloton le plus près de moi d'emmener immédiatement ses hommes à l'attaque du barrage. » On s'éloigne quelque peu de l'*Auftragstaktik*. Pourtant, paradoxalement, ce même jour, ce général toujours en pointe de l'action admet que sa place est à l'arrière, afin de rameuter les autres unités de sa division. Sur le flanc droit, entre Carentan et Sainte-Mère-Église, la brigade Senger se fait quelque peu malmener par les tirs du cuirassé *Courbet*, mais l'avance se poursuit également sur cet itinéraire.

La 7. *Panzer* s'attaque à Cherbourg vers 16 heures le 18 juin, non sans subir le matraquage de l'artillerie française. Heureusement pour les Allemands, cette activité intense n'est pas coordonnée avec des attaques d'infanterie. Rommel, qui a visiblement sous-estimé la létalité de

La progression à l'ouest de la Seine s'apparente à une promenade militaire.

l'artillerie portuaire, sait que la zone vitale est le port : il ordonne donc à ses canons, y compris ceux de la *Flak*, d'ouvrir le feu sur les docks. Puis il se hâte d'attaquer, alors que son artillerie lourde n'est pas encore arrivée. Il lance ses panzers et ses fantassins sur Querqueville, rejetant les remarques défavorables de ses subordonnés, qui découvrent un terrain particulièrement avantageux pour le défenseur : le bocage normand.

Rommel sait aussi se raviser lorsque de nouvelles cartes détaillées de la zone portuaire sont portées à sa connaissance ; lorsqu'il peut enfin observer la rade au crépuscule, il est d'emblée évident que l'exploit de Saint-Valéry-en-Caux ne se répétera pas : les bassins sont vides ; les Britanniques[1] ont réussi leur réembarquement.

Le lendemain, 19 juin, Rommel est de nouveau sur la brèche. Il donne des ordres directs : à un chef de peloton, pour un tir de concentration d'artillerie, ou encore pour déployer des pièces de 88. Dans le port, des irréductibles ne veulent toutefois pas admettre la défaite. La redoute des Couplets tombe avec cent cinquante prisonniers, après une lutte acharnée.

1. La *52nd Lowland Division* et la *Beauman Division*, cette dernière étant une unité constituée *ad hoc*.

Rommel s'empare de Cherbourg.

Rommel veut hâter la fin des combats. Il envoie donc à travers les lignes des prisonniers porteurs de tracts incitant à déposer les armes. Les premières tentatives sont repoussées, le vice-amiral Le Bigot déclarant notamment ne rien savoir du prétendu armistice (de toute façon non signé). Des plénipotentiaires se rendent finalement au PC de Rommel. Parmi eux, le député de la Manche, soucieux d'éviter à Cherbourg un bombardement en règle. Rommel reste ferme : « Je leur dis de s'en retourner et de me faire adresser par le chef d'état-major une capitulation sans conditions. » À 13 h 15, lorsqu'expire l'ultimatum, les Français n'ont pas donné de réponse.

Les Stuka interviennent donc en force, l'infanterie profitant de la confusion pour se lancer à l'assaut. C'en est trop pour les Français. La reddition est décidée, après de brefs pourparlers, notamment en présence du commandant du fort de Querqueville, qui éveille la curiosité de Rommel en raison de la longue barbe noire qu'il arbore. Le chef de la

6. *BLITZKRIEG* À LA TÊTE DE LA « DIVISION FANTÔME »

7. *Panzer* observe l'étendue de la défaite ennemie en compagnie du *Major* Heidkämpfer : des centaines de camions anglais ont été abandonnés.

La cérémonie officielle de reddition se déroule à la préfecture maritime, à 17 heures. Comme à Saint-Valéry, les services de propagande sont présents pour immortaliser la scène. Rommel s'exprime : « En qualité de commandant des troupes allemandes à Cherbourg, je prends note du fait que la forteresse a effectué sa reddition et je désire exprimer mon plaisir que celle-ci ait eu lieu sans effusion de sang pour la population civile. » Le vice-amiral Le Bigot[1] ressent l'amertume de la défaite et déclare que si cessation des combats il y a eu, c'est uniquement faute de disposer de munitions pour poursuivre la lutte… Quant au vice-amiral Abrial[2], il fait savoir à Rommel que « la reddition de la forteresse s'est faite sans son agrément ».

L'Allemand vient donc de remporter un nouveau succès, plus mitigé car les Britanniques l'ont pris de vitesse. Un autre camouflet pour Rommel : l'*Oberst* von Senger und Etterlin, dont la brigade l'a soutenu en remontant la côte est du Cotentin, l'a devancé en acceptant le premier la reddition de la garnison, avant que celle-ci ne s'effectue de façon plus formelle[3].

La progression reprend *via* Rennes et Châteaubriant. Après l'armistice, signé à Rethondes le 22 juin, la « division fantôme » est dans le secteur de La Rochelle. Le 24, elle est à Bordeaux. Les troupes de Rommel atteignent ensuite l'océan Atlantique. Commence alors le quotidien de troupes d'occupation.

Un bilan de campagne flatteur

Rommel a fait 97 648 prisonniers. Sa division aurait abattu 52 appareils ennemis et en aurait détruit ou capturé 27 autres au sol. Le butin saisi à l'ennemi se monte à 458 chars et véhicules blindés, 277 canons de campagne, 64 antichars, plus de 4 000 camions, plus de 1 500 voitures automobiles et 1 500 charrettes hippomobiles. La 7. *Panzer* a payé un prix

---

1. Commandant du 1er arrondissement maritime. Il avait pour mission d'organiser la défense du Cotentin.

2. Responsable des forces navales françaises sur le front nord, il s'est notamment illustré à Dunkerque.

3. S'il faut en croire Claus Telp, dans Ian Beckett (éd.), *Rommel. A Reappraisal, op. cit.*, p. 47.

relativement faible au regard des faits d'armes accomplis : 682 tués, 1 646 blessés, 292 disparus, ainsi que 42 panzers définitivement détruits. Certes, les pertes sont nettement plus lourdes que la moyenne au sein de la Wehrmacht, mais la « division fantôme » a infligé des pertes autrement supérieures et elle s'est toujours trouvée au cœur de combats décisifs.

La campagne de 1940 sonne l'entrée en scène tapageuse de Rommel comme chef de guerre pendant la Seconde Guerre mondiale. Les exploits de la « division fantôme » l'ont propulsé au-devant de la scène : c'est un des meilleurs généraux de la Wehrmacht. Un portrait en peinture, sur lequel il est coiffé de façon bien inhabituelle d'un calot, l'a immortalisé dans ce rôle de commandant de division blindée.

Rommel déborde d'énergie : il n'a eu de cesse de mener son unité de l'avant, de prendre des risques physiques, donnant des ordres sous le feu et allant et venant le long des colonnes sans ménager sa peine. Il est par ailleurs très imaginatif, intervient en personne pour réorganiser ses colonnes, donner des ordres et mener en personne ses troupes. Sa constitution physique est donc toujours robuste. Il reste en effet le plus souvent au cœur de l'action, multipliant les « montures » : Horch, motocyclette, panzers de divers modèles, blindé de commandement à huit roues Sdkfz 263, semi-chenillé Sdkfz 251... Il monte aussi à l'occasion à bord d'un avion d'observation Fieseler Storch, un engin qui lui a été très utile pour prendre des risques calculés.

Sa chevauchée de la Meuse à Arras, puis sa percée de la Somme à Saint-Valéry-en-Caux, et peut-être davantage encore sa fulgurante progression jusqu'à Cherbourg, ont été d'admirables démonstrations de la *Blitzkrieg*. Les qualités de l'armée allemande se reflètent dans ces succès. La flexibilité et les composantes d'une *Panzer-Division* sont à même de lui faire relever tous les défis. Il n'aurait en effet pas été en mesure de tels exploits avec une DCR ou une DLM française sous ses ordres. La mécanique bien huilée de l'unité allemande permet d'accomplir des prouesses. En cas de difficulté majeure, Rommel peut solliciter et obtenir l'appui de la Luftwaffe.

6. *BLITZKRIEG* À LA TÊTE DE LA « DIVISION FANTÔME »

Son art du commandement suppose la rapidité d'action. Là où Montgomery attendrait l'arrivée de l'artillerie lourde et s'assurerait de l'appui de l'aviation, Rommel sait saisir les opportunités. Comme durant la Grande Guerre, il sait tirer profit de l'obscurité et préconise les techniques d'infiltration, au besoin avec les panzers, le plus souvent sans réel souci de ses flancs. Son caractère agressif apparaît aussi dans le fait qu'il n'hésite jamais à réduire à l'état de décombres les bâtiments qui pourraient abriter l'ennemi ou qui lui semblent dangereux. Il a multiplié les risques calculés, qui se sont révélés payants à chaque occasion. Pour autant, sa vision ne dépasse pas le cadre du corps, dont il a suivi les directives. Le raid jusqu'au Cateau – inimaginable chez un Montgomery – est en revanche une décision prise de sa propre initiative. Si Rommel se révèle être un subordonné loyal et obéissant, entretenant de bonnes relations aussi bien avec Hoth qu'avec Kluge, son chef de corps, par ailleurs agacé par sa tendance à chercher à se couvrir de lauriers, le juge par trop impulsif.

La campagne à l'Ouest est aussi l'occasion pour Rommel d'une vaste autopromotion. Il a répondu aux espoirs mis en lui par le Führer, qui tient la preuve de la justesse de son choix, alors même que ses généraux

Rommel : un commandant hors pair au cours de la *Westfeldzug*.

Rommel a répondu aux attentes d'Hitler.

La campagne de 1940 est le cadre d'une vaste autopromotion.

6. *BLITZKRIEG* À LA TÊTE DE LA « DIVISION FANTÔME »

s'opposaient à ce que le Souabe obtienne le commandement d'une *Panzer-Division*.

Lorsque Goebbels entreprend de filmer *Victoire à l'Ouest*, il sollicite le concours de Rommel, qui s'empresse de le lui accorder. Son manuscrit, qui relate sa participation à la *Westfeldzug*, accorde la part belle à la « division fantôme ». L'ambitieux général, qui entretient une amitié calculée avec l'*Oberst* Schmundt, le fait parvenir à Hitler, l'homme envers qui il est redevable de sa position. Rommel caresse sans aucun doute l'espoir d'attirer de nouveau l'attention et d'obtenir une promotion. Hitler est ravi ; Rommel est comblé : « Que le Führer ait trouvé le temps, malgré sa charge de travail, de s'intéresser à l'histoire de ma *Panzer-Division* et de m'écrire me rend énormément fier[1] », écrit-il à son épouse. Une faveur qui ne peut qu'attiser bien des jalousies, qui auront toujours cours bien après la fin des hostilités. Lui-même n'est pas exempt de jalousie, lorsque des promotions sont accordées sans qu'il soit du nombre.

Alors qu'il entraîne ses hommes dans l'optique de la future invasion de l'Angleterre, il rassemble ses archives et commence à rédiger ses Mémoires sur la campagne – une suite de *Infanterie greift an*. Il tue également le temps en chassant en compagnie de propriétaires fonciers français anticommunistes et germanophiles. Lorsqu'il est enfin convoqué à Berlin, il ne reçoit aucune des décorations tant convoitées, mais assiste à une conférence voulue par Hitler. Ce dernier le flatte dans une lettre dont la teneur va droit au cœur du favori : « Vous pouvez être fier de ce que vous avez accompli. » Ignorant que le Führer a renoncé à envahir l'Angleterre, Rommel prépare ses hommes à des exercices amphibies à Rouen, avant de se rendre pour l'hiver à Bordeaux, où il passe les fêtes de fin d'année[2]. Le 15 février 1941, la *7. Panzer-Division* passe sous le commandement du *General der Panzertruppen* von Funck. Erwin Rommel, son prédécesseur, a entre-temps été nommé à de nouvelles responsabilités, qui vont faire de lui une légende…

---

1. Benoît Lemay, *Erwin Rommel*, *op. cit.*, p. 96.

2. Il ne rapporte que deux bouteilles de champagne à son épouse, au grand dam de celle-ci. Rommel n'entend pas profiter indûment de son rang : « Un soldat a le droit d'emporter deux bouteilles hors de France. Celles-ci sont les deux miennes. »

7

LA NAISSANCE D'UN MYTHE

7. LA NAISSANCE D'UN MYTHE

La Méditerranée : nouveau théâtre d'opérations pour Rommel

Rommel, dans l'imaginaire collectif, c'est avant tout une armée, l'*Afrika Korps*, et un théâtre d'opérations : la guerre du désert. De fait, c'est dans les sables arides de Libye et d'Égypte qu'il acquiert la renommée qui est la sienne[1].

Le partage des zones d'influence entre les puissances de l'Axe accorde la Méditerranée au Duce, Benito Mussolini. Las, les armées du dictateur fasciste multiplient les déboires : en Grèce, en Afrique orientale et surtout en Libye, en passe d'être entièrement conquise par les Britanniques[2]. De mauvais gré, le dictateur italien se voit dans l'humiliante obligation d'accepter l'aide que lui offre son partenaire germanique. Le 13 décembre 1940, Hitler décide de l'opération *Marita*, l'invasion de la Grèce, pour assurer le flanc sud de *Barbarossa* et la sauvegarde des champs pétrolifères roumains. Un mois plus tard, le 11 janvier, il ordonne l'envoi en Tripolitaine d'un *Sperrverband*, c'est-à-dire un détachement d'arrêt[3]. Le soutien accordé au partenaire italien implique également la Luftwaffe, qui se déploie en force, puisque 156 avions du *X. Fliegerkorps* sont en Sicile.

L'OKH avance un nom pour assumer le commandement du *Sperrverband* : le général von Funck ; mais l'homme commet l'impair de présenter un rapport par trop pessimiste. Le Führer entend confier ce poste à un général dynamique et versé dans la guerre de mouvement. Dans un environnement aussi contraignant que le désert, cet homme doit être capable de motiver ses troupes et de leur faire donner le maximum d'elles-mêmes. Son choix final se porte donc sur son général favori entre tous : Erwin Rommel. Une promotion qui prend l'allure d'une marque de faveur, mais qui repose sur un constat bien réel :

1. Il est intéressant de se demander s'il aurait obtenu une telle postérité en servant sur le front de l'Est, en combattant aux côtés de nombre de ses pairs sur un front immense.

2. Les Britanniques, pour moins de 2 000 pertes, ont réussi l'exploit militaire d'anéantir l'intégralité des forces italiennes, soit plus de 130 000 hommes.

3. Depuis l'été 1940, l'OKH étudie les modalités d'intervention d'un contingent limité de troupes allemandes en Afrique du Nord. Ces plans sont achevés le 14 octobre 1940.

ROMMEL

Rommel a fait ses preuves, avec brio, à la tête de la « division Fantôme ». C'est avec la réputation d'un général de panzers audacieux qu'il obtient ce commandement en Libye.

Il goûte depuis deux jours aux plaisirs d'une permission en famille – la précédente ayant été prématurément écourtée à la Noël 1940 en raison « de la situation tendue en France » – lorsqu'il est sommé de se présenter à la chancellerie du Reich, le 6 février 1941. Brauchitsch puis Keitel lui font part de la décision du Führer et lui transmettent les directives concernant son nouveau commandement.

C'est ensuite la rencontre avec Hitler. Rommel raconte à sa femme que c'est le Führer en personne qui a eu l'idée de baptiser le *Sperrverband* du nom d'*Afrika Korps*[1], un choix qui fait référence à l'*Alpenkorps* au sein duquel il a servi avec distinction pendant la Grande Guerre. Le dictateur sait trouver les mots pour flatter son courtisan. Rommel rapporte qu'« [Hitler] me confia qu'on m'avait désigné à lui comme l'homme le plus capable de s'adapter rapidement aux conditions particulières du théâtre d'opérations africain[2] ». On imagine difficilement Brauchitsch ou Halder avancer le nom de ce général, qu'ils considèrent comme un arriviste. En revanche, et Rommel l'ignore, l'OKW et l'OKH sont absorbés à ce stade par les préparatifs de l'invasion de l'Union soviétique[3].

Le temps presse. Rommel atterrit à Tripoli dès le 12 février 1941. Quels que soient ses talents de tacticien, puisque le théâtre des opérations africain se situe dans la sphère italienne, il est nécessaire qu'il soit accompagné d'un représentant du Führer : cette mission échoit à l'*Oberst* Schmundt, l'adjudant d'Hitler. Fidèle à lui-même, l'ambitieux Rommel pense déjà à sa postérité, avant même que le moindre soldat allemand ait foulé le sol libyen : il s'inquiète du fait que les Italiens puissent être crédités de ses succès futurs… Schmundt se fait l'interprète du Führer en le

---

1. Ou encore *Deutsches Afrika Korps*, abrégé en DAK. La désignation est officialisée le 19 février 1941.

2. Erwin Rommel, *La Guerre sans haine*, Paris, Nouveau Monde éditions, 2014, p. 126.

3. Hitler, pour qui la guerre à l'Est prime sur tout, se prive donc des services de ce général talentueux qu'il apprécie entre tous. Une manière de dissimuler les préparatifs de *Barbarossa* en engageant un de ses meilleurs généraux face aux Britanniques ?

Premiers pas en Afrique : Rommel découvre des alliés italiens démoralisés.

rassurant sur ce point[1]. Il se met immédiatement en rapport avec son supérieur, le général Gariboldi, le commandant en chef en Libye. La mission de l'Allemand est d'assurer la défense de la Tripolitaine, avant de passer à la contre-offensive conjointement avec l'armée italienne.

Le général Wavell, le chef du Middle East Command, a dû mettre fin aux opérations en Libye au profit de l'envoi d'un corps expéditionnaire en Grèce. Il estime pourtant les Italiens incapables de monter une offensive depuis Tripoli dans un proche avenir. C'est pourtant cette raison qui a mené à l'entrée en lice de l'*Afrika Korps*…

Le DAK entre en scène

Rommel se forge d'emblée une opinion empreinte de préjugés à l'encontre de ses alliés. Tout concourt à cet état de fait : l'attitude par trop pessimiste de la plupart des Italiens, ainsi que ses propres souvenirs de la Grande Guerre. Il

1. Ralf Reuth, *Rommel : The End of a Legend*, Londres, Haus Books, 2005, p. 48.

Rommel ordonne de bombarder Benghazi.

L'*Afrika Korps* débarque en Libye : le début d'une épopée de deux années.

7. LA NAISSANCE D'UN MYTHE

repousse sans états d'âme les suppliques d'officiers italiens, soucieux de préserver la ville de Benghazi, et ordonne à la Luftwaffe de procéder à un bombardement du port. Pour cela, il use d'un procédé qu'il réitérera lorsqu'il le jugera nécessaire : « L'*Oberst* Schmundt obtint du quartier général du Führer l'autorisation nécessaire. »

Rommel juge ses supérieurs italiens apathiques ; il entend donc prendre ses responsabilités : « J'étais bien décidé à dépasser les limites de ma mission de reconnaissance et à prendre, dès que possible, la direction des opérations sur le front. » Le général von Rintelen, l'attaché militaire allemand aux côtés du *Comando Supremo*, lui enjoint de n'en rien faire : « Je risquais, disait-il, d'y perdre mon honneur et ma réputation. » Rommel n'a aucun souci à se faire, puisque les instructions de Rome vont dans le même sens que ses aspirations.

Le *Sperrverband Libyen*[1] est d'abord constitué de la seule *5. leichte-Division* du général Streich[2], qui sera renforcée par la *15. Panzer-Division* du général Prittwitz-Gaffron. La *5. leichte-Division* est largement dotée en antichars (Pak) et en blindés, soit 165 panzers, mais manque d'artillerie et d'infanterie (deux bataillons de mitrailleurs : les *Maschinengewehr-Bataillonen 2* et *8 – MG Bn 2* et *8* – des *Oberstleutnants* Voigtsberger et Ponath). Avec les unités de soutien et de reconnaissance, l'unité est l'équivalent d'une petite division de panzers. Des formations italiennes sont mises à la disposition de Rommel : la division blindée *Ariete* et la division d'infanterie Brescia.

Le 14 février, l'*Aufklärungs-Abteilung 3* et le *Panzerjäger-Abteilung 39* sont les premières unités combattantes à débarquer sur le sol libyen. Avec l'accord de Gariboldi, Rommel ne leur laisse pas le temps de s'acclimater : sitôt débarquées, sitôt poussées de l'avant en direction de Syrte, non sans avoir paradé, donnant « une impression de résolution et de certitude dans la victoire qui rendit confiance à la population de Tripoli », écrit fièrement un Rommel qui force sans doute quelque peu le trait. « Votre nom de

---

1. Le déploiement outre-Méditerranée du corps expéditionnaire confié à Rommel reçoit pour nom de code *Sonnenblume* (« Tournesol »).

2. Un choix qui pourrait se révéler malheureux, car Streich a servi au sein de la *5. Panzer-Division*, unité avec laquelle les tensions ont été vives au cours de la *Westfeldzug*.

L'*Aufklärungs-Abteilung 3* : première unité du DAK à fouler le sol africain.

7. LA NAISSANCE D'UN MYTHE

Soldats vêtus de la tenue typique du DAK.

code est "Tiger" », annonce Rommel à Wechmar, le *Kommandeur* de *l'Aufklärungs-Abteilung 3*, « Prouvez-moi que vous en êtes digne. »

Moins de quinze jours plus tard, le rapport journalier de la Wehrmacht annonce à la population du Reich que des forces allemandes sont déployées en Libye. Rommel s'en donne à cœur joie : il a de nouveau l'occasion d'être sous les projecteurs.

Mieux : son *Afrika Korps*[1] est la seule unité de la Heer en opération... Comme pour la France, il soigne son image et, ayant déjà dans l'esprit une publication de ses souvenirs après la guerre, il multiplie les clichés avec son Leica. Hans-Joachim Schraepler, son aide de camp, s'en fait l'écho : « Il photographie énormément. » Il va jusqu'à en faire profiter certains magazines, une manière de s'impliquer davantage dans son autopromotion.

Son énergie est communicative. Schraepler l'exprime dans une lettre à sa propre épouse : « Tu peux être sûre, ma chérie, qu'il parviendra à

Rommel découvre la vie dans le désert...

concrétiser les objectifs de sa mission. Déjà, depuis son arrivée, il a pu régler et organiser beaucoup de choses. Tu peux peut-être le lire entre ces lignes. Rommel a une personnalité impressionnante et imposante[1]. » Il est très exigeant et déborde d'énergie : « Rommel n'arrête pas [...]. Il presse tout le monde et partout ! »

Rommel se voit offrir par Gariboldi une superbe caravane de commandement avec tout le confort – douche, W.-C., électricité... –, mais il doit y renoncer et accepter le matériel plus rustique de la Wehrmacht.

Il met immédiatement en œuvre ces stratagèmes et astuces qui vont forger sa légende. Il simule l'illusion du nombre en faisant défiler à plusieurs reprises ses panzers au cours d'une parade dans les rues de Tripoli. Heinz Werner Schmidt, alors à son état-major, découvre le subterfuge en reconnaissant un panzer ayant une avarie à une chenille à son deuxième passage ! Ce souci de tromper l'ennemi quant à sa force réelle en blindés est à l'origine d'un autre stratagème passé à la postérité : de faux chars en bois et en toile sont fixés sur des Volkswagen *Kübelwagen*.

---

1. Hans-Albrecht Schraepler, *Mon père, l'aide de camp du général Rommel*, Toulouse, Privat, 2007, p. 92.

7. LA NAISSANCE D'UN MYTHE

Le *Storch*, dont Rommel fait grand usage.

Comme à son habitude, il donne de sa personne en se rendant lui-même sur le front ou en reconnaissance à bord d'un avion, le pilotant lui-même à l'occasion : « J'ai été content de pouvoir rentrer à Tripoli avec l'avion de Rommel, qui revenait du front, raconte Schraepler. À l'aller comme au retour, Rommel a pris les commandes de l'avion – pas trop mauvais pilote, quoiqu'il nous ait bien secoués à plusieurs reprises. »

Premiers combats

Le premier accrochage – simple escarmouche – survient le 24 février 1941, entre unités de reconnaissance.

Le général confie à Schraepler qu'il est heureux de la mission dont on l'a chargé en Afrique. « Et il y a de quoi[1]. » Mais il tarde à Rommel de passer enfin à l'action. Son tempérament de feu est connu de tous. « Tu imagines certainement que Rommel fait tout ce qui est en son pouvoir pour achever ces préparatifs

---

1. Le 9 mars, Rommel n'est pas de bonne humeur lorsque Schraepler porte pour la première fois son uniforme tropical : voilà presque un mois que le général est arrivé en Libye et il n'a toujours pas perçu sa tenue de l'*Afrika Korps* !

ROMMEL

Rommel est pressé de passer à l'action...

7. LA NAISSANCE D'UN MYTHE

aussi tôt que possible », écrit l'aide de camp à sa femme.

Toujours pragmatique, sans doute navré à l'idée que ses hommes puissent s'absenter trop longtemps de leurs unités, il suggère que ce soient les épouses des permissionnaires qui fassent le trajet en Afrique ! « Un tel projet devrait faire face à beaucoup d'objections, note Schraepler. Après un long engagement militaire à l'étranger, on ne peut se détendre que dans son propre pays. »

Rommel n'a pas encore conscience des exigences du climat désertique sur l'organisme, ni des désagréments qu'il provoque dans le quotidien. Il en a un aperçu le 13 mars, lorsqu'il peste contre son pilote qui refuse de poursuivre son vol en raison de la tempête de sable – le ghibli – qui vient de se lever. Il poursuit le trajet en automobile, « à ce moment, écrit-il, je me rendis compte par moi-même que je n'avais aucune idée de la puissance terrifiante d'une telle tempête ». Le véhicule peine à avancer et ses occupants suffoquent, aspirant du mieux qu'ils peuvent à travers un mouchoir. Pis, un appareil, pris dans la fureur des éléments, s'écrase ce jour-là. « Dans mon for intérieur, je faisais des excuses à mon pilote. »

La guerre du désert : un combat dans un environnement hostile.

Rommel attaque !

Le 18 mars, il présente son rapport à Berlin. Il fait montre de finesse en comprenant que demeurer sur la défensive conduirait à une aggravation de la situation, alors qu'il peut surprendre l'ennemi en l'attaquant. « Je supposais, en effet, que les Britanniques continueraient à progresser tant qu'ils ne rencontreraient aucune résistance ; en revanche, j'étais persuadé que l'ennemi n'attaquerait pas s'il se voyait contraint de livrer une nouvelle bataille[1]. »

Schraepler connaît parfaitement le raisonnement et la manière d'agir de son chef : « Si les troupes anglaises continuent de se retirer, Rommel va s'avancer avec toutes les troupes mises à sa disposition, comme je l'ai souvent constaté lorsque je l'accompagnais en France[2]. » L'impulsivité du général, à tout le moins l'élan qui le caractérise, va à l'encontre de la personnalité du général von der Borne, le chef d'état-major du DAK. Une combinaison de caractères heureuse, selon Schraepler : « Il est intelligent, réfléchi, et vient parfaitement contrebalancer la personnalité de Rommel. »

Mais l'OKH n'envisage en aucune manière le déclenchement des opérations avant l'arrivée au complet de la *15. Panzer-Division*. « J'étais assez mécontent que le *Feldmarschall* von Brauchistch et le général Halder aient décidé de n'envoyer que de faibles effectifs en Afrique et d'abandonner au hasard le sort futur de ce théâtre des opérations. »

Rommel ne semble pas saisir que le Reich n'intervient pas de bon gré en Afrique, selon un schéma stratégique bien établi, mais que ce sont les circonstances – l'échec de Mussolini en Égypte – qui ont contraint la Wehrmacht à improviser une intervention. Il a en revanche la satisfaction de recevoir des mains du Führer, toujours élogieux à son endroit, les feuilles de chêne à sa croix de chevalier. C'est un Rommel fier comme Artaban qui donnera à ses officiers le compte rendu de ces journées passées à Berlin : « Tous les ministres ont assisté au déjeuner donné par Hitler en l'honneur de Rommel, rapporte Schraepler, tous faisant preuve de considération à son égard. »

---

1. Wavell, absorbé par d'autres campagnes, n'a ni l'intention ni les moyens de passer à l'offensive. Il est par ailleurs leurré par les rapports envoyés par ULTRA, le service de décryptage sis à Bletchey Park, car Rommel a ordre d'attendre le déploiement complet de la *15. Panzer-Division* avant d'entreprendre toute action offensive. Les services de renseignements ont cassé le code Enigma de la Luftwaffe. À partir du 13 mars 1941, les messages décodés sont transmis au GQG du Caire. Janusz Piekalkiewicz, *Rommel and the Secret War in North Africa. 1941-1943*, Schiffer, West Chester, 1992.

2. Hans-Albrecht Schraepler, *Mon père, l'aide de camp du général Rommel*, op. cit., p. 109 et 110.

7. LA NAISSANCE D'UN MYTHE

Un Sdkfz 251 devant le fort d'El-Agheila.

L'*Afrika Korps* exploite les premiers succès

Rommel ne peut laisser passer l'opportunité qui s'offre à lui : indépendant d'esprit, il s'engage alors sur la voie de la désobéissance, une initiative qui peut lui coûter sa carrière. Le 24 mars, le général Streich s'empare aisément d'El-Agheila. Après ce succès facile, l'*Afrika Korps* continue sur sa lancée. Le front allié n'est pas tenu en force[1]. Rommel surgit quelques instants après la prise de la localité, soit quelques piteuses masures et un fort. Du haut de la tour d'observation, il annonce : « Notre prochain objectif est là-bas... Mersa el-Brega. » Une décision qui va à l'encontre des

1. La défense de la frontière entre la Cyrénaïque et la Tripolitaine n'est assurée que par des troupes relativement inexpérimentées, placées sous le commandement du HQ Cyrenaica Command du général Neame.

instructions du général Gariboldi et de l'OKH, qui ont proscrit toute attaque avant la fin mai.

La tempête de sable qui s'abat sur le désert plusieurs jours durant contrarie cependant les projets de Rommel, mais, le 31 mars 1941, l'*Afrika Korps* et les Britanniques – ainsi qu'une compagnie du bataillon motorisé des Français libres – s'affrontent réellement pour la première fois dans le désert. La bataille de Mersa el-Brega n'est guère plus qu'une simple escarmouche, mais elle constitue le premier test de la bataille pour l'*Afrika Korps*. C'est un premier succès pour les hommes de Rommel. La place est donc tombée deux mois plus tôt qu'escompté. Feignant d'ignorer la faiblesse du système défensif britannique à la frontière de la Tripolitaine, il annonce la nouvelle à sa femme de manière bien emphatique : « Depuis le 31 mars, nous attaquons avec des succès remarquables. Nos supérieurs à Tripoli et à Rome, et peut-être même à Berlin, seront frappés de consternation. J'ai pris le risque d'avancer, en dépit des ordres

Rommel et son supérieur italien, le général Gariboldi.

7. LA NAISSANCE D'UN MYTHE

Première offensive en Afrique (mars-avril 1941).

et des instructions qui m'ont été préalablement donnés, parce qu'il y avait une belle occasion à saisir. Il n'y a pas de doute qu'ils vont finir par approuver mon initiative en disant qu'ils auraient fait à ma place exactement la même chose. Nous avons déjà atteint notre premier objectif, que nous n'étions pourtant pas censés atteindre avant la fin de mai. »

Tenu dans l'ignorance de l'imminence de l'invasion de l'Union soviétique, et même de la Grèce, il surestime encore l'importance des opérations qu'il mène ; pis, il pense que la guerre sera terminée avant Noël[1]...

Fidèle à la méthode de commandement qui fut la sienne en France en 1940, Rommel, qui a bien sûr passé la journée sur le front, décide de profiter du désarroi de l'ennemi et de lancer ses troupes en avant[2]. Décision déjà prise par Streich... sans en référer au commandant de l'*Afrika Korps*. Mais si Streich a entamé la poursuite, il reste trop circonspect, et c'est Rommel qui donne le tempo, ordonnant sans cesse de talonner l'ennemi et n'accordant aucun repos à ses troupes[3]. « Le général Streich était sceptique, écrit Rommel, étant donné l'état des véhicules, mais je refusai d'en tenir compte : on ne laisse pas passer une chance unique pour des bagatelles. »

1. Hans-Albrecht Schraepler, *Mon père, l'aide de camp du général Rommel*, op. cit., p. 112.

2. Les troupes britanniques ont reçu l'ordre d'évacuation de la Cyrénaïque : nom de code *Laxative* (sic).

3. « Rommel, c'est sa nature, a l'intuition du chasseur. Il se comporte comme les animaux sauvages : dormir le jour, se mouvoir la nuit. » Hans-Albrecht Schraepler, *Mon père, l'aide de camp du général Rommel*, op. cit., p. 118.

ROMMEL

Gariboldi enjoint à Rommel de stopper sa progression, mais l'Italien doit s'incliner, puisque Hitler avalise en personne l'initiative de son favori : « Le ton s'échauffait lorsque soudain, *deus ex machina*, un message radio arriva à mon PC : l'OKW me donnait pleine et entière liberté de manœuvre. » Les réserves de Gariboldi sont pourtant compréhensibles : le désastre de l'armée italienne en Libye n'est survenu que deux mois plus tôt…

Le 2 avril, après la prise d'Agedabia, qui inflige des pertes sensibles aux Britanniques, le général allemand poursuit sa progression selon trois axes : sur la route côtière par Benghazi, le long de la piste menant à Msus *via* Antelat, ainsi qu'en plein désert, en direction de Mechili *via* Bir Tengeder. Les mécaniques des engins de la Wehrmacht ne résistent pas aux affres de cette route du désert. Bien imprudemment, Rommel n'a pas tenu compte des avertissements du général italien Zamboni. Les pannes se multiplient et nombre d'engins sont laissés sur la route[1]. L'essence finit par manquer, et des unités entières sont paralysées. L'offensive a certes pris un aspect chaotique, et Rommel est chanceux de n'avoir pas à affronter un adversaire plus fort et surtout plus déterminé. Il a pris un risque calculé, mais, en cas d'échec, sa position vis-à-vis de l'OKH et d'Hitler serait bien délicate, d'autant plus qu'un fiasco de la Wehrmacht aurait un retentissement considérable.

Rommel ne cesse de pester contre le manque de carburant et les retards accumulés par ses unités, que les officiers immobilisent selon lui inutilement, alors que la vitesse prime sur toute autre considération. Il prend les choses en main, fait décharger les véhicules de la colonne centrale et les renvoie jusqu'au dépôt de l'*Afrika Korps*. Le ravitaillement est ainsi assuré.

Rommel savoure pourtant ses premiers succès – en quelques jours[2], la *2nd Armoured Division* est annihilée[3] – et son humeur s'en

---

1. Un rapport de la compagnie de maintenance du *Panzer-Regiment 5* est édifiant à ce propos : 83 chars sur 150 ont dû passer par ses ateliers entre le 31 mars et le 10 avril.

2. Ce 1er avril, les Britanniques doivent faire face à une nouvelle menace au Moyen-Orient : en Irak, Rachid Ali al-Gillani, connu pour ses sentiments antibritanniques, s'empare du pouvoir à la faveur d'un coup d'État. Wavell, dont les troupes combattent déjà en Libye, en Afrique orientale et en Grèce, doit donc envoyer des hommes en Irak.

3. Au soir du 8 avril, la division blindée britannique ne compte plus que trois chars.

Le DAK découvre les difficultés de la progression dans le désert.

La poussière et le sable...

ROMMEL

Les trophées de Rommel à Mechili : lunettes et camion *Mammouth*.

7. LA NAISSANCE D'UN MYTHE

ressent : « Rommel est très gentil avec tout le monde, écrit Schraepler. Il me semble heureux. » Le général n'exprime pas ses sentiments autrement à sa femme : « Nos pertes sont faibles. Impossible encore d'évaluer le butin. Je n'en dors plus de joie ! » Tout semble se dérouler pour le mieux : des pertes légères et une progression rapide. Comme en France, il confie des missions de confiance aux membres du ministère de la Propagande qui l'accompagnent, à savoir l'*Oberleutnant* Berndt, qui sera pour beaucoup dans le développement du mythe du Renard du désert.

Le 4 avril, Benghazi est reprise et, deux jours plus tard, sont faits prisonniers les principaux chefs britanniques en Libye, dont le général O'Connor, le vainqueur des Italiens quelques mois plus tôt. Mais, alors même que l'offensive est marquée du sceau de l'audace et de la rapidité, le gros de la *5. leichte-Division* tarde à atteindre Mechili qui résiste pendant deux précieuses journées, donnant l'opportunité à la *9th Australian Division* de se replier jusqu'à Tobrouk. « J'étais à la fois furieux et soucieux […]. Le Storch atterrit près de la voiture de commandement du colonel Olbrich [le chef du *Panzer-Regiment 5*]. Je lui exprimai mon mécontentement pour le détour superflu que son unité avait effectué, comme si elle ignorait les lignes de communication, et je lui intimai l'ordre de rallier au plus vite El-Mechili[1]. » En dépit de ce temps perdu, la victoire est acquise.

Le butin personnel de Rommel à Mechili entre dans sa légende : les fameuses lunettes antigaz britanniques qu'il arbore sur sa casquette de général, ainsi que les véhicules de commandement Dorchester, baptisés *Mammouth*. *Max* devient l'engin personnel de Rommel[2].

Son audace a donc payé. Novice en matière de guerre dans un environnement désertique, il n'a fait qu'appliquer les méthodes habituelles d'engagement des panzers. Incapable d'être modeste, Rommel écrit avec exagération et un sens marqué de l'autopromotion : « Jamais encore, au cours d'une guerre moderne, on n'avait lancé une offensive aussi improvisée. L'opération exigeait le maximum d'initiative de la part du

---

1. Erwin Rommel, *La Guerre sans haine*, op. cit., p. 140.

2. Max et Moritz sont des personnages de bande dessinée.

commandant et des troupes. » Et de poursuivre en critiquant *a contrario* la lenteur et le manque d'initiative de certains chefs, dans lesquels on retrouve à mots couverts Streich et Olbrich.

Pourtant, menant avec hardiesse ses troupes de l'avant, comme il l'a fait en France, il manque de peu de succomber ou de tomber entre les mains de l'ennemi à plusieurs reprises. Le 7 avril, il se retrouve sur les arrières d'une unité d'automitrailleuses ennemie, avec sa seule voiture et les deux véhicules de son escorte, pourvus d'une unique mitrailleuse. Il bluffe en fonçant à bride abattue sur l'ennemi, soulevant des nuages de poussière. « Ce coup de poker suffit à jeter le trouble chez l'adversaire, qui évacua la position en toute hâte. » Plus tard dans la même journée, son avion manque d'être criblé de balles : « Des hommes étalaient entre les véhicules des toiles formant une croix pour l'atterrissage. Nous descendions pour nous poser quand, au dernier moment, je reconnus des casques anglais ; nous fîmes immédiatement demi-tour… Plusieurs mitrailleuses ouvrirent le feu sur mon appareil ; mais, à part une balle dans l'empennage, nous sortîmes indemnes de l'aventure. » Le lendemain, ce sont des bersaglieri italiens qui tirent par mégarde sur son appareil de reconnaissance… Décidément trompe-la-mort, il échappe de nouveau à un destin fatal le même jour. Observant une colonne ennemie, Rommel ordonne à son pilote d'atterrir à côté d'une pièce de *Flak* de 88 mm, persuadé que d'autres Allemands sont dans les parages[1]. « Les roues de l'avion s'enlisèrent dans le sable et le Storch cassa du bois. Le chef de pièce m'annonça qu'il avait été attaqué la veille par des chars anglais et que son canon était endommagé. D'après lui, aucune formation germano-italienne ne se trouvait dans les environs. » La colonne ennemie se rapproche : est-ce la fin ? Le salut prend l'aspect d'un camion, dans lequel les servants s'entassent avec le général et son pilote. Sauvé *in extremis*…

Tobrouk : premier échec

Tandis que le gros de ses unités se dirige vers Tobrouk, Rommel envoie ses troupes de reconnaissance prendre position sur la frontière

---

1. Déduction étrange du général, puisqu'il aurait dû être en mesure de déterminer si d'autres troupes amies étaient dans le secteur alors qu'il était encore en altitude…

7. LA NAISSANCE D'UN MYTHE

égypto-libyenne. « Un bataillon de reconnaissance qui ne fait pas du 60 km/h ne vaut rien », déclare Rommel à Wechmar, qui s'exécute. Neuf jours avant la date à laquelle Rommel doit envoyer à l'OKH son plan de reconquête de la Cyrénaïque, il l'a presque reprise dans son intégralité. Seule résiste encore la forteresse du port de Tobrouk, dont la prise ne devrait être qu'une formalité pour l'*Afrika Korps*. Les mouvements des navires observés dans la rade le persuadent que l'ennemi évacue. Il est accoutumé à ce genre de situation : Saint-Valéry-en-Caux, Cherbourg, maintenant Tobrouk. Il importe de prendre l'ennemi de court ; l'attaque est donc envisagée avec des effectifs relativement faibles, sans reconnaissance sérieuse menée au préalable.

Les 11 et 12 avril, les premières tentatives de l'*Afrika Korps* sont repoussées sans difficulté par la garnison australienne. Streich est écarté de la responsabilité de l'assaut au profit de Prittwitz, le commandant de la *15. Panzer-Division*, tout juste arrivé d'Europe avant même sa

Rommel pense que Tobrouk est en cours d'évacuation.

La garnison australienne résiste.

division ; un véritable camouflet pour le chef de la *5. leichte*, que Rommel a pris en grippe. Les événements prenant une tournure défavorable, Rommel tance vertement Prittwitz qui, piqué au vif, remonte au front, où il est mortellement atteint. « Je l'informai que le général qu'il venait tout juste d'envoyer au front était déjà mort, rapporte Schwerin. C'était la première fois que je le voyais effondré. Il devint blême, tourna les talons et partit de nouveau en voiture sans dire un mot[1]. »

Schraepler est plus indulgent : « J'ai été impressionné par le calme de Rommel. S'il avait assumé le commandement, l'issue de la bataille aurait été tout autre. » Et de s'en prendre au manque d'agressivité des panzers et au caractère du *Kommandeur* de la *5. leichte-Division* : « Le général Streich a un cœur d'or, mais hier, une fois de plus, il a manqué de pugnacité. » Opinion réitérée quelques jours plus tard.

Pour Streich, il est impensable de lancer de nouveau les troupes à l'assaut si celui-ci n'est pas préparé avec soin. Rommel s'obstine pourtant. Une attaque plus importante est déclenchée le 14 avril, mais elle conduit à un nouvel

1. Benoît Lemay, *Erwin Rommel*, op. cit., p. 129.

7. LA NAISSANCE D'UN MYTHE

échec, beaucoup plus coûteux. Séparés des fantassins, les panzers poursuivent seuls – on est bien loin des principes de la *Blitzkrieg* –, avant de rebrousser chemin, abandonnant les mitrailleurs de l'*Oberst* Ponath à leur sort, à la grande colère de Rommel.

Ce dernier aurait eu tout à gagner à attendre que ses forces se remettent de leur folle chevauchée à travers la Cyrénaïque et à disposer d'un soutien d'artillerie plus important. Lorsque la *5. leichte-Division* arrive devant le camp retranché de Tobrouk, c'est une unité passablement désorganisée et affaiblie. Rommel, dont la tentative contre Tobrouk s'apparente à un coup de main impulsif, a donc manqué l'occasion de préserver son outil de combat. Il fait porter la responsabilité de son échec, qu'il minimise, sur ses subordonnés[1]. Il fuit ses responsabilités de commandant en chef en affirmant que l'instruction des unités n'a pas été adéquate. Le 15 avril, il écrit à son épouse n'avoir rien d'important à rapporter à propos de l'Afrique. On imagine sans peine ce que le défunt Ponath et ses hommes auraient pensé de cette affirmation…

Rommel ne s'est pourtant pas ménagé au cours de ces heures tragiques, menant de l'avant en dépit des risques encourus. Parti en inspection en direction de Bardia, sur la frontière, il manque une nouvelle fois de partager le sort funeste de ses hommes tombés à Tobrouk : son véhicule, attaqué par des chasseurs en rase-mottes, est criblé par une giclée de balles. Le chauffeur de sa voiture est tué, ainsi qu'un motocycliste. Aucune place ne procure un abri sûr : « Enfin, écrit Rommel, le conducteur de mon *Mammouth* fut blessé par une balle, qui pénétra à l'intérieur du blindé par la fente de la tourelle. Laissant Berndt auprès des deux cadavres et des véhicules endommagés, je pris moi-même le volant et rejoignis mon PC. » Schraepler ne mâche pas ses mots : « J'espère que Rommel va enfin considérer qu'il a eu encore une fois de la chance. Sa place n'est pas sur le front. » Un jugement partagé par de nombreux officiers, et qui s'accentuera avec les promotions du Souabe.

1. Streich et Olbrich sont relevés de leur commandement. Rommel aurait estimé le premier trop soucieux de la vie de ses hommes, ce dont l'intéressé tire fierté. À la défense de Rommel, un général se doit d'être entouré de subordonnés dans lesquels il a pleinement confiance.

Les panzers subissent un revers.

Les talents et les mérites du général ne sont pas dénigrés pour autant : « Seul un homme aux nerfs aussi solides est capable de maîtriser la situation. »

Les combats se poursuivent sur le périmètre du port libyen de Tobrouk. Rommel n'accorde qu'une piètre estime à ses alliés, se référant à son expérience de la Grande Guerre : « On ne peut accorder beaucoup de confiance aux troupes italiennes, écrit-il à sa femme. Elles sont extrêmement sensibles aux chars ennemis et – comme en 1917 – fort promptes à jeter l'éponge[1]. » Il trahit également son ambition, qui ne peut se satisfaire de la seule reconquête de la Cyrénaïque : « La bataille pour l'Égypte et le canal est maintenant sérieusement engagée et notre rude adversaire se défend de toutes ses forces. » Tobrouk envisagée comme la bataille du canal de Suez…

1. On le serait à moins, faute d'un armement adéquat. À ce stade de la guerre, il n'existe pas encore de bazookas ou d'équivalents, qui vont révolutionner l'art du combat antichar.

7. LA NAISSANCE D'UN MYTHE

Rommel réitère son assaut.

Nouvel assaut sanglant contre Tobrouk

Rommel manque d'hommes. Dans sa naïveté, ignorant les préparatifs de la guerre à l'Est, il croit expliquer le refus de lui envoyer davantage de renforts par la campagne des Balkans qui a débuté le 6 avril. Persuadé que la campagne de Grèce arrive à son terme, « la bataille d'Égypte est sur le point de débuter », écrit-il.

Néanmoins, le 27 avril, il accueille un envoyé de l'OKH : son ami le général Paulus. Berlin s'inquiète des initiatives de Rommel et voit poindre un risque impensable : celui qu'une force allemande soit intégralement détruite, ce qui serait inédit dans cette guerre, et bien malvenu[1].

1. Le seul précédent est le cas des chasseurs alpins d'Eduard Dietl, isolés à Narvik qu'ils durent évacuer.

ROMMEL

Le DAK manque d'hommes.

C'est pourtant dans ce contexte qu'une nouvelle attaque est lancée contre Tobrouk le 30 avril. Les pertes sont importantes et les gains modestes.

Une logistique erratique et la pugnacité des Australiens rendent la tâche assignée à l'*Afrika Korps* impossible. Paulus somme donc Rommel d'arrêter les frais[1]. De retour en Allemagne, il rédige une directive sans appel : un nouvel assaut contre Tobrouk nécessite d'en avoir reçu au préalable l'aval de Berlin. Il recommande de lever le siège et de se replier sur une nouvelle ligne au niveau d'Aïn el-Gazala. Rommel, qui rêve de devenir le conquérant de l'Égypte, ignore ce conseil. Il se résigne donc à passer sur la défensive. Pour un général aussi énergique, la transition vers une guerre de position est difficile à vivre. Son attention va pourtant être détournée par les événements qui surviennent sur la frontière.

1. En fait, 1 398 soldats de l'Axe tombent autour du système défensif de Tobrouk entre le 30 avril et le 4 mai. Près de 50 panzers sont détruits ou hors de combat.

7. LA NAISSANCE D'UN MYTHE

De nouveaux combats surgissent sur la frontière...

Nouveaux triomphes de l'*Afrika Korps* sur la frontière égypto-libyenne

Lorsqu'il confie l'ensemble des unités de l'Axe sur la zone frontalière à l'*Oberst* Herff, le chef du *Schützen-Regiment 115*, Rommel, cela ne saurait surprendre, ordonne que soit entreprise une défense active. Ce sont pourtant les Britanniques qui prennent l'initiative, le 15 mai 1941, en lançant l'opération *Brevity* sous le commandement de *Strafer* Gott[1]. La position stratégique de la passe d'Halfaya, qui commande le passage de la frontière, tombe aux mains des Britanniques.

Ce jour-là, encore insouciant des événements sur la frontière, Gariboldi fait les honneurs de la visite du site antique de Cyrène à son hôte, le *General* Rommel. De mauvaises langues murmurent qu'il « aurait préféré voir des ruines dont il était lui-même responsable[2] ».

Si *Brevity* fait long feu, ce n'est que le 26 mai que Rommel parvient à s'emparer de nouveau d'Halfaya, à l'issue de l'opération *Skorpian*. De mauvaise foi, alors qu'il a fait intervenir ses panzers en nombre, il exagère son succès en prétendant avoir dû faire face à de puissantes défenses.

Churchill, qui a dépêché d'importants renforts à Alexandrie, pousse Wavell à reprendre l'offensive ; ce sera l'opération *Battleaxe*. La partie ne sera pas facile pour les Britanniques, car Rommel a tiré les enseignements de *Brevity*. La frontière est apparue vulnérable, aussi met-il en place un système de *Stützpunkte*, des points de défenses tous azimuts[3]. Le *XIIIth Corps*, sous la direction de Bereisford-Peirse, passe à l'attaque le 15 juin. Les Britanniques remportent d'éphémères succès à Capuzzo et à Solloum, mais les fantassins et les tanks Matilda[4] sont décimés par

---

1. Ce surnom provient d'un jeu de mots entre son nom – « Dieu » en Allemand – et une célèbre expression datant de la Première Guerre mondiale : « Gott strafe England », « Que Dieu punisse l'Angleterre. »

2. Hans-Albrecht Schraepler, *Mon père, l'aide de camp du général Rommel*, *op. cit.*, p. 162.

3. En arrière, outre la position fortifiée de Bardia, se trouvent, prêts à intervenir, les 85 panzers de la *15. Panzer-Division*.

4. Le Matilda, « Queen of the Battlefield » pour les Anglais, montre ses limites au cours de cette bataille. « Il serait intéressant, note un Rommel observant en professionnel de l'arme blindée, de savoir pourquoi ces Mark II étaient considérés par les Britanniques comme des chars d'accompagnement d'infanterie, étant donné qu'ils étaient ainsi incapables de tirer des obus explosifs pour combattre l'infanterie. »

7. LA NAISSANCE D'UN MYTHE

Un Matilda récupéré par le DAK.

ROMMEL

Rommel en visite touristique.

le feu d'enfer qui s'abat sur eux depuis la position fortifiée d'Halfaya, où sont déployées de terribles pièces de 88 mm. Rommel reconnaît lui-même le fait d'arme : « le *Major* Bach et son unité, qui défendaient le col, se battaient comme des lions[1]. » Menacé d'encerclement, Bereisford-Peirse est contraint à la retraite dès le 17 juin[2]. Il a perdu un millier d'hommes, 36 avions et 101 chars contre 500 hommes, 10 avions et 12 chars détruits (et plusieurs dizaines endommagés) pour Rommel. « Ici plus qu'ailleurs, la guerre ressemble au jeu du chat et de la souris, déclare l'Allemand à son ordonnance, Aldinger. Seulement, on ne sait pas encore qui est la souris. En tout cas, nous ferons tout pour être le chat. »

« Nous aurons assisté à l'une des meilleures performances de Rommel, rapporte Schraepler. Pourquoi ? Parce qu'il a gardé son sang-froid. Il a pris des décisions justes, des mesures adéquates, et il a tenu bon. En outre, il a eu le flair d'attendre l'effet de ses mesures, malgré des nouvelles peu

---

1. Erwin Rommel, *La Guerre sans haine, op. cit.*, p. 161.

2. Le 22 juin, rendu responsable de cet échec, Wavell apprend qu'il va échanger son poste avec celui du commandant en chef de l'armée des Indes, le général Auchinleck.

Le Renard du désert a remporté son premier grand succès.

Rommel renforce le dispositif sur la frontière.

ROMMEL

Rommel avec ses officiers.

réjouissantes – et ce à une distance d'environ 200 kilomètres. » Le général allemand marque l'occasion : il célèbre son succès en offrant du champagne à ses officiers, un événement rare chez un individu au tempérament austère.

Tirant les enseignements des dernières opérations, ce dernier renforce une nouvelle fois le dispositif des défenses établies sur la frontière égypto-libyenne. Étendu jusqu'au sud de Sidi Omar, sur une profondeur de plus de 40 kilomètres, ce dispositif interdira la zone côtière aux Alliés, les obligeant à s'aventurer par le désert, avec les écueils que cela implique sur le plan logistique. Mellenthin rapporte qu'aucune défaillance n'échappe à Rommel : un canon mal dissimulé, une trop faible densité de mines, etc. Il compte sur ses canons de *Flak* de 88 mm et sur les Pak 38 de 50 mm, qui viennent une nouvelle fois faire preuve de leur redoutable efficacité. La position d'Halfaya est renforcée par quatre pièces françaises de 155 mm[1]. « Très chère Lu, écrit-il. La bataille de trois jours s'est achevée par une victoire complète. Je vais faire la tournée des troupes aujourd'hui pour les féliciter et donner les ordres… J'ai passé trois jours sur la route à travers le champ de bataille. La joie des troupes "africaines" à l'issue de cette dernière victoire est extraordinaire. » Les compliments vont aussi aux Italiens. À propos du commandant Pardi et de ses hommes déployés à Halfaya, il affirme : « La preuve était faite que le soldat italien est capable de se battre lorsqu'il est conduit au feu par un chef digne de ce nom. »

---

1. Ces canons sont des prises de guerre provenant du butin de juin 1940 ou ont été obtenus en bonne et due forme des Français de Vichy en Tunisie, ce qui en dit long sur la compromission du régime de Pétain avec les nazis.

Les exploits de Rommel en Afrique suscitent des jalousies à Berlin.

Rommel est populaire auprès de la troupe, y compris auprès des soldats italiens.

Un général controversé

Rommel compte de nombreux ennemis qui le jalousent au sein des plus hautes sphères de la Wehrmacht, et il est considéré avec défiance par nombre de ses subordonnés immédiats, certains n'hésitant pas à critiquer ses méthodes – avançant même l'idée qu'il serait prêt à sacrifier ses hommes, et mettre en jeu la survie même du DAK, pour la simple recherche de sa gloire personnelle… Il force en revanche l'admiration de la plupart de ses soldats, y compris italiens. Sa popularité est immense. Rien ne lui procure plus de satisfaction que d'avoir l'occasion d'échanger quelques mots en dialecte souabe avec un de ses hommes. Il n'hésite pas à plaisanter avec ses soldats, à partager leur sort et à se placer lui-même en danger, évoluant sans cesse en première ligne. Sa tournée des hôpitaux auprès des blessés est un réconfort pour eux.

Lors d'une fantasia donnée en son honneur à Derna, « des centaines de soldats allemands et italiens ont entouré notre voiture, braquant une douzaine d'appareils photo sur le général. Intérêt qui ne s'est pas relâché au cours de la fête. Rommel a eu du mal à échapper à leur rage de photographes, dans l'indiscipline la plus totale[1] ».

Schmidt rapporte que Rommel irradie de la confiance et de l'énergie. Mais, poursuit le jeune officier, il se montre intraitable avec ceux qui manquent d'initiative et qui ne partagent pas son enthousiasme. Lorsque Rommel envisage de traduire devant le conseil de guerre, pour refus d'attaquer, deux officiers de panzers, dont l'*Oberst* Neumann-Silkow, la nouvelle provoque un certain remous, car ce sont des hommes de valeur. « Je ne sais pas ce qui se passe, rapporte Schraepler. Peut-être est-ce la faute de la canicule ? Faut-il prendre de telles mesures ? Cela risque de nous poser problème[2]. » Devant le nombre de demandes de limogeages et les cas de cours martiales qui se multiplient, Brauchitsch finit tout de même par se demander si les affaires en question ont été sérieusement étudiées… Plutôt que d'en arriver à de telles extrémités, une « conversation dans un esprit fraternel » serait mieux à

---

1. Hans-Albrecht Schraepler, *Mon père, l'aide de camp du général Rommel, op. cit.*, p. 175.

2. Les nuits, notamment, sont plus fraîches : Rommel s'enrhume « parce qu'il ne s'essuie pas après ses baignades en mer ».

7. LA NAISSANCE D'UN MYTHE

même d'obtenir les résultats escomptés, estime le commandant en chef de l'armée de terre. Rommel goûte modérément la réprimande… En revanche, il se montre beaucoup plus clément envers un soldat condamné à mort pour des propos acerbes exprimés dans une lettre à sa famille.

La propagande magnifie l'exploit

Rommel se prête avec complaisance au rôle qu'il affectionnait déjà tant en France en 1940 : celui d'une icône de la propagande. Sa victoire sur la frontière relègue dans l'ombre l'échec devant Tobrouk. Mieux, sur la carte, le recul des Britanniques depuis El-Agheila paraît prodigieux : 1 000 kilomètres ! Goebbels, par l'entremise de Berndt, sait opportunément utiliser ce succès. Le favori d'Hitler, présenté comme un parfait nazi dans une biographie prenant beaucoup de liberté avec la réalité[1], fait souvent la une des journaux et des actualités, elles-mêmes parfois remaniées par le Führer en personne, qui n'hésite pas à

L'idole de la propagande nazie.

1. Rommel, qui s'insurge en vain contre ces distorsions, découvre un aspect moins reluisant de la célébrité au sein du IIIe Reich.

ROMMEL

prodiguer des conseils ou donner des ordres pour les commentaires devant accompagner les actualités filmées. De son côté, Rommel cherche à donner la meilleure image de lui-même, faisant au besoin refaire un tournage ou des prises de vue, s'il estime ne pas s'être montré à son avantage. Les actualités le mettent invariablement au centre de l'action : d'une manière ou d'une autre, il apparaît sur l'écran. « De l'autre côté de la colline », la légende de Rommel fait également son chemin : les Britanniques commencent à lui attribuer une aura d'invincibilité.

Rommel est devenu un personnage médiatique.

L'image d'un grand général.

7. LA NAISSANCE D'UN MYTHE

La guerre du désert fait la une.

Ses « exploits » africains sont pourtant bientôt relégués au second plan : trois jours après la conclusion de *Battleaxe*, Hitler lance *Barbarossa*. Rommel jalouse immédiatement ses pairs qui affrontent les Russes dans l'immense conflagration qui éclate à l'Est. Il espère en être… À tout le moins, il entend agir de façon à ce que lui, Rommel, ne sombre pas dans l'oubli : il ne sera pas dit qu'il est relégué sur un front secondaire…

L'INVINCIBLE RENARD DU DÉSERT

8

8. L'INVINCIBLE RENARD DU DÉSERT

Un nouveau commandement

Pendant que ces événements embrasent la frontière égypto-libyenne, les combats se poursuivent à Tobrouk, qui résiste à Rommel : les attaques aériennes de l'Axe se succèdent, tandis que les Australiens[1] multiplient les raids nocturnes. Alors que la routine s'installe sur le front africain, sous un soleil de plomb, l'état-major du DAK cherche un nouvel emplacement pour son mess. Il faut renoncer à l'idée d'occuper une mosquée, pour ne pas heurter les sensibilités, puis une église, certes en ruine, son autel étant régulièrement fleuri par des Italiens pieux. Rommel n'objecte rien à ces renoncements, « ce qui m'a étonné », commente un Schraepler visiblement habitué à plus de rudesse de la part de son chef.

Rommel, qu'on surnomme désormais le Renard du désert depuis *Battleaxe*, est promu au rang de *General der Panzertruppen* et accède au commandement du nouveau *Panzergruppe Afrika*[2], activé le 15 août. Son chef d'état-major est le général Gause, initialement envoyé en Afrique par l'OKH pour le surveiller et le chapeauter. « Le général Gause a reçu des instructions explicites lui interdisant de se placer sous mes ordres. » Mais Rommel a su le convaincre que lui seul détient l'autorité sur l'intégralité des forces allemandes en Afrique. L'*Afrika Korps* est confié à un tandem de spécialistes des blindés : le *General* Ludwig Crüwell, nouveau commandant du DAK, et l'*Oberst* Bayerlein, en qualité de chef d'état-major. L'*Oberst* von dem Borne, le prédécesseur de Bayerlein, n'avait pas l'heur de plaire à Rommel, et il a dû céder sa place pour incompatibilité d'humeur. « L'ambition de Rommel en est probablement la cause », écrit Schraepler. Ce dernier n'est pas affecté au *Panzergruppe* et demeure au DAK, passant ainsi au service de Crüwell, ce qui lui permet d'esquisser une comparaison entre les deux chefs. « Il [Crüwell] se comporte davantage en général en chef, tandis

---

1. Au cours de l'automne, les unités australiennes sont peu à peu relevées par la *70th British Division* et la *Polish Carpathian Brigade* du général Kopanski, une unité polonaise qui ne demande qu'à en découdre avec les Allemands.

2. C'était compter sans les Italiens, qui n'ont pas voulu de ce nouveau commandement… Le *Comando Supremo* n'a donné son accord pour l'emploi du nouvel état-major en Afrique qu'à la fin du mois de juillet, soit des semaines après sa mise sur pied en Allemagne.

Rommel est élevé au rang de **Kommandeur** du *Panzergruppe Afrika*.

Rommel est entouré de généraux compétents, dont Walter Neumann-Silkow (à gauche).

8. L'INVINCIBLE RENARD DU DÉSERT

que Rommel, souvent sur le front au moment des attaques, ressemble plus à un chef de commando. » Par ailleurs, « le nouveau général demande bien plus d'attention que Rommel. Ce qui prend beaucoup de temps ». Il est aussi d'humeur égale, ce qui n'est sûrement pas le cas de Rommel, comme Schraepler l'exprime de façon dissimulée : « Dieu merci, Crüwell dort bien. Il n'est jamais de mauvaise humeur le matin. » Au cours d'un *Kriegspiel* ayant impliqué de nombreux officiers du DAK, suivi d'un orchestre, d'une photo souvenir et d'un repas copieux, Schraepler souligne une nouvelle fois la différence de personnalité entre les deux hommes : « Crüwell m'a remercié à plusieurs reprises, contrairement à Rommel, qui n'a jamais pu prononcer de telles paroles. »

Rommel, qui a toujours éprouvé du dédain pour les officiers d'état-major, émet une opinion bien différente à l'égard des Gause, Westphal (son nouveau Ia : chef du bureau opérations) et autres Mellenthin (responsable des renseignements). Ce dernier écrira qu'il n'était pas facile de servir sous ses ordres : il n'épargnait personne, même pas lui-même.

Le changement affecte également les Italiens : Gariboldi cède la place au général Bastico, bien décidé à rappeler à Rommel qui est le supérieur en Libye.

L'*Afrika Korps*[1] comprend toujours deux divisions : la *15. Panzer-Division* de Neumann-Silkow et la *5. leichte-Division*, renforcée et rebaptisée *21. Panzer-Division*, sous le commandement du général von Ravenstein. Une troisième division allemande en partie motorisée, la division *z.b.V. Afrika* de Sümmermann, formée à partir de différentes unités présentes en Afrique, apparaît dans l'ordre de bataille. Avec trois divisions allemandes, Rommel, qui se rêve en conquérant de l'Égypte et se croit même capable d'atteindre l'Irak[2], dispose d'un outil militaire plus à la mesure de ses ambitions et de l'importance qu'il veut conférer à

1. C'est au cours de ce même été qu'est instituée la bande de bras « *Afrika Korps* », destinée à être cousue sur le bas de la manche des tenues des soldats allemands pouvant justifier de deux mois de service en Afrique.

2. Une pure vue de l'esprit tant que Tobrouk résiste et que Malte n'est pas neutralisée. Mais, sur le long terme, la pensée stratégique de Rommel, certes sous-tendue par des considérations d'ambition personnelle, rejoint celle de ses supérieurs à Berlin, puisque la directive du Führer du 30 juin 1941 fait état de mouvements concentriques sur le Moyen-Orient *via* l'Égypte, le Caucase et la Turquie. Le *Comando Supremo* voit moins loin et projette uniquement d'annexer l'Égypte.

Le DAK, renforcé, comprend 3 divisions.

Gariboldi (à gauche) quitte la scène et est remplacée par Bastico.

8. L'INVINCIBLE RENARD DU DÉSERT

son commandement, ainsi qu'au théâtre des opérations nord-africain : d'abord limité à une modeste division légère disposant de peu d'infanterie, l'*Afrika Korps*[1] est devenu un véritable *Panzer-Korps*. Avec le *21° Corpo d'Armata* du général Navarrini, ces troupes constituent le *Panzergruppe Afrika*.

Directement subordonné à Bastico, soucieux de conserver un degré d'influence réel sur les opérations, le *20° Corpo d'Armata di Manovra* du général Gambara regroupe la crème des forces italiennes en Libye, soit la division blindée *Ariete* ainsi que la division motorisée *Trieste*.

Les effectifs ne sont pas au complet pour autant, car de nombreux soldats sont atteints de dysenterie ou souffrent d'autres maux, comme la jaunisse. L'OKW autorise les départs en permission jusqu'à hauteur de 2 % des effectifs.

Une proportion insupportable à Rommel. Celui-ci renâcle à lâcher les hommes restant valides, d'autant plus que ce quota n'inclut pas les convalescents en Allemagne. « Pour Rommel, c'est trop, commente Schraepler. Il a exigé qu'en tout seulement 2 % nous quittent. En conséquence, ceux qui sont en bonne santé ne pourront partir, car le nombre des malades et de ceux qui ont besoin de ménagement est beaucoup plus élevé. » Pour sa gloire personnelle, le général ambitieux serait donc prêt à sacrifier le bien-être de ses soldats, dont les sacro-saintes permissions tant attendues. « Rommel avait autrefois un autre point de vue[2]. »

Dans l'attente d'un nouvel assaut sur Tobrouk

Si Rommel veut envahir l'Égypte, il doit d'abord réduire la place forte de Tobrouk, ce en quoi il s'accorde avec les *desiderata* du maréchal Cavallero, le chef du *Comando Supremo*, qui effectue en personne le voyage jusqu'en Libye. Rommel doit patienter, ce qui n'est pas dans sa nature. « Le repos, c'est sa mort, affirme Schraepler, mais il ne peut pas toujours assaillir la troupe, qui doit déjà

1. 244 chars, ses 96 canons antichars Pak 38 de 50 mm et ses 12 canons de 88 mm.

2. Hans-Albrecht Schraepler, *Mon père, l'aide de camp du général Rommel*, *op. cit.*, p. 228 et 229.

ROMMEL

Les hommes attendent un nouvel assaut contre Tobrouk.

8. L'INVINCIBLE RENARD DU DÉSERT

supporter ses propres généraux. » À la mi-novembre, les préparatifs pour l'assaut final sont presque achevés.

Il obtient l'envoi en Afrique de pièces d'artillerie lourdes, regroupées au sein de l'*ArKo 104* (*Artillerie-Kommando*). Mais, selon Gause, il ne prend pas toute la mesure des conséquences sur la logistique des difficultés des convois en Méditerranée.[1] Les ressources limitées dont il dispose l'obligent à repousser sans cesse l'offensive[2]. Une situation qui résulte du refus de l'OKW d'impliquer davantage de moyens en Méditerranée, ainsi que des attaques de la RAF et de la Royal Navy. Fin octobre, un nouveau venu fait son arrivée sur le théâtre des opérations : le *Feldmarschall* Albert Kesselring, qui sera d'un concours précieux pour Rommel[3].

Le Renard du désert est reçu par le Führer en août, avant de se rendre dans la capitale italienne auprès du Duce. Lorsque Schraepler le retrouve à Wiener Neustadt, il est frappé par l'état de santé de son supérieur : « Il avait mauvaise mine, semblait complètement abattu, sa voix était très faible. Il avait eu une crise cardiaque assez grave. » Il est vain de lui suggérer de se reposer… Le 6 août, alors qu'il arpente les rues de la Ville éternelle, le général fait un malaise : « C'était trop pour lui. Il était en sueur et tout pâle. Il était urgent qu'il retourne se coucher. »

De retour en Libye, Rommel veut s'assurer qu'aucune menace ne pèse sur ses arrières en direction de la frontière égyptienne. L'opération *Sommernachtstraum*, un raid mené essentiellement par la *21. Panzer* en territoire égyptien, se solde cependant par un échec, l'équipée n'ayant

---

1 ULTRA a cassé le code naval italien C38m : chaque convoi est connu, de même que les noms des navires, leurs cargaisons, leur escorte ainsi que le trajet qu'ils vont devoir suivre. Dans l'autre camp, les entreprises de Rommel sont facilitées par les nombreux détails que lui transmettent ses services d'écoute et de renseignements de septembre 1941 jusqu'en juillet 1942 : ils décodent en effet les messages du Colonel Feller, l'attaché militaire américain au Caire…

2. On remarque que, pour une fois, Rommel a une attitude qui le rapproche de son futur adversaire, le général Montgomery : il n'envisage l'assaut qu'une fois les unités de renfort parvenues sur le front et sa logistique assurée.

3. Kesselring est le commandant en chef allemand sur le front sud, sans toutefois bénéficier d'une autorité directe sur Rommel au niveau opérationnel et tactique. Les Italiens lui font toutefois savoir que, pour des raisons de prestige national, il est impensable d'accéder à son souhait de contrôler toutes les unités navales et aériennes italiennes engagées dans les convois et dans la lutte contre les lignes de ravitaillement britanniques.

Des renforts en artillerie.

guère eu d'autre conséquence que de fragiliser les mécaniques délicates des panzers, par ailleurs soumis à d'intenses attaques aériennes. Rommel reste dans l'ignorance d'éventuels projets offensifs de la part de l'adversaire. Il sait que la *8th Army*[1] renouvellera ses tentatives en direction de Tobrouk et il s'y est préparé (renforcement des défenses sur la frontière de Bardia à la passe d'Halfaya ; une *Panzer-Division* en réserve).

Il entend bien passer à l'action le premier et réduire le camp retranché de Tobrouk. Général prévoyant et professionnel, il fait toutefois dresser des plans de contre-attaque coordonnée de ses deux divisions du DAK, au cas où les Britanniques le devanceraient. Le Renard du désert sait que le temps joue contre lui et il entend hâter les événements.

En novembre, le Souabe retrouve Rome, en compagnie de sa femme et des Ravenstein. Le 15 novembre, il célèbre son cinquantième anniversaire, une journée qui n'est pas oubliée par le ministère de la Propagande, d'autant plus soucieux d'attirer l'attention des Allemands sur le Renard du désert que la campagne de Russie se révèle

---

1. Le 26 septembre 1941, l'armée britannique présente en Égypte prend le nom de *8th Army*, un titre parfaitement justifié en regard de l'importance des effectifs.

8. L'INVINCIBLE RENARD DU DÉSERT

Rommel dresse les plans.

beaucoup plus coriace qu'escompté[1]. Son séjour en Italie vise avant tout à expliquer les détails de son plan au *Comando Supremo*. Le haut commandement italien, convaincu, se range à son plan et l'accepte.

L'OKW s'inquiète d'une éventuelle offensive britannique. Rommel s'insurge contre Jodl : « J'ai entendu dire que vous souhaitiez que je renonce à l'attaque sur Tobrouk. Je suis complètement dégoûté. » Et de lui donner l'assurance que la *21. Panzer-Division* suffira à conjurer toute menace. L'inquiétude de Jodl est partagée par les Italiens, à tel point que Rommel somme ses officiers d'affecter de prendre un air confiant lorsque la question de Tobrouk est abordée avec leurs homologues transalpins. Quand Cavallero fait part de ses réserves, Rommel rétorque que les Anglais ne pourront intervenir qu'avec des forces limitées.

1. À la fin du mois, Goebbels estime que la Propagande n'a pas suffisamment insisté sur cet anniversaire. Il déclare à Keitel et à Jodl qu'il faut ériger Rommel en une sorte de héros national. La Heer en mérite un, à l'instar des as de la Luftwaffe et des commandants de *U-Boot*, comme Gunther Prien pour la Kriegsmarine.

Mussolini partage les craintes de ses généraux et essaie de convaincre en personne Rommel d'attaquer au plus vite.

Savoure-t-il un peu de repos en famille entre deux conférences ? Les merveilles de la Ville éternelle ne semblent pas attiser la curiosité de Rommel, dont les pensées ne vont qu'à sa future offensive, même lorsque son épouse et *Frau* von Ravenstein racontent leur visite à la basilique Saint-Pierre… Quant à un certain Dollmann, alors interprète allemand en poste en Italie, il éprouve du mépris – réciproque – à l'endroit de Rommel, dont l'attitude envers les Italiens lui laisse penser qu'il est absolument conforme à l'image que la propagande donne de lui : un parfait nazi.

Surprise pour le Renard du désert

Le 16 novembre, des trombes d'eau s'abattent sur la Cyrénaïque : des ponts sont emportés, les wadis deviennent des torrents, les pistes sont impraticables et les aérodromes germano-italiens sont transformés en véritables cloaques. En Égypte, les bases de la Desert Air Force sont épargnées par les éléments… Rommel ne retourne en Afrique que le 18 novembre, jour du déclenchement de l'offensive britannique baptisée *Crusader*.

Le plan de sir Alan Cunningham, placé à la tête de la *8th Army*, est simple : provoquer Rommel pour le pousser à faire intervenir l'*Afrika Korps*, qu'on prévoit de détruire dans une bataille de chars à Gabr Saleh. Pendant que le *XIIIth Corps* du général Godwin-Austen neutralisera les défenses germano-italiennes sur la frontière d'Halfaya à Bardia et assurera la couverture des bases avancées de la logistique, le *XXXth Corps* du général Norrie, avec le gros des blindés (les 477 chars de la *7th Armoured Division* du général Gott), a pour mission d'anéantir l'*Afrika Korps*. À Tobrouk, à réception de l'ordre, la garnison doit effectuer une sortie et se porter en direction de la *8th Army*, dans le but de s'emparer du secteur d'El-Duda. Plein sud, dans les profondeurs du désert, une Oasis Force sous le commandement du *Brigadier* Reid a pour mission d'attaquer depuis l'oasis de Jarabub en direction de l'oasis

8. L'INVINCIBLE RENARD DU DÉSERT

de Jalo[1]. Pour s'opposer aux 386 panzers et chars italiens de Rommel, la *8th Army* aligne 735 chars[2], dont 131 à Tobrouk. Du côté britannique, 550 avions opérationnels sont disponibles en Égypte, contre 342 avions des forces de l'Axe en état de vol en Afrique (mais d'autres escadrilles déployées en Méditerranée sont en mesure d'intervenir).

Auchinleck est prêt à tout pour maximiser les chances de succès de *Crusader*, y compris à recourir à l'assassinat. Dans la nuit du 17 novembre, le lieutenant-colonel Keyes, acheminé par sous-marin avec ses hommes, lance une attaque commando contre le quartier général allemand de Beda Littoria où est supposé loger Rommel, ce qui constitue une erreur des services de renseignements. Les combats sont brefs et Keyes compte parmi les victimes. Décoré de la Victoria Cross à titre posthume, le jeune officier britannique est inhumé avec tous les honneurs de la guerre, en présence du chapelain de Rommel, que ce dernier a envoyé expressément pour la cérémonie.

Rommel tarde à reconnaître une offensive de grand style

« L'Anglais s'est livré à cette attaque pour détourner notre attention de Tobrouk, écrit le *Major* Schraepler le 19 novembre. Rommel, revenu depuis hier après-midi, a eu une belle surprise[3]. » Le Renard du désert tarde à l'admettre. En matinée du 18 novembre, le *Kampfgruppe* Wechmar (*3.* et *33. Aufklärung-Bn*) décèle des patrouilles ennemies, ainsi que la présence de tanks. Quand Ravenstein, le chef de la *21. Panzer*, rapporte ces observations en fin d'après-midi, Crüwell est tout de suite convaincu qu'une offensive ennemie est en cours. En raison des assurances données par le *Panzergruppe*, à savoir qu'aucun indice d'attaque n'a été décelé sur la frontière, il

1. C'est également en prélude à l'opération *Crusader* qu'est engagé pour la première fois le *L Detachment* du Special Air Service du capitaine Stirling, unité qui passe bientôt à la postérité sous le nom de SAS, l'une des unités de commando les plus célèbres et les plus efficaces du conflit.

2. Auxquels il faut ajouter les 259 blindés placés en réserve, prêts à combler les pertes. En outre, 236 autres chars vont arriver à Alexandrie pour former le noyau de la *1st Armoured Division*.

3. Hans-Albrecht Schraepler, *Mon père, l'aide de camp du général Rommel*, op. cit., p. 263.

pense à une possible reconnaissance en force, mais n'écarte pas l'hypothèse d'une manœuvre de plus grande envergure. Par précaution, il ordonne à la *15. Panzer* de se tenir prête et accède à la demande de la *21. Panzer* de diriger son régiment blindé sur Gabr Saleh. À 20 heures, Rommel, persuadé que ces mouvements sont sans importance, refuse de se laisser divertir : il ne faut pas perdre ses nerfs, lâche-t-il, et il récuse les mesures prises par le chef de l'*Afrika Korps*, qui n'en fera rien. Crüwell le somme de le laisser contrer ce qui lui semble au contraire constituer une offensive de grand style.

La bataille de chars, pierre angulaire du plan de l'offensive *Crusader*, n'a pas lieu, puisque Rommel ne réagit pas comme escompté par Cunningham. Ce dernier disperse alors ses brigades blindées. Le 19 novembre, pendant que la *7th Armoured Brigade* s'élance vers Sidi Rezegh, une cuvette au pied d'un escarpement proche de Tobrouk, la *22th Armoured Brigade* est tenue en échec par l'*Ariete* à Bir el-Gobi, tandis que la *4th Armoured Brigade* subit également un sévère revers dans un face-à-face mortel avec la *21. Panzer-Division* de Ravenstein,

Rommel est surpris par l'opération *Crusader*.

8. L'INVINCIBLE RENARD DU DÉSERT

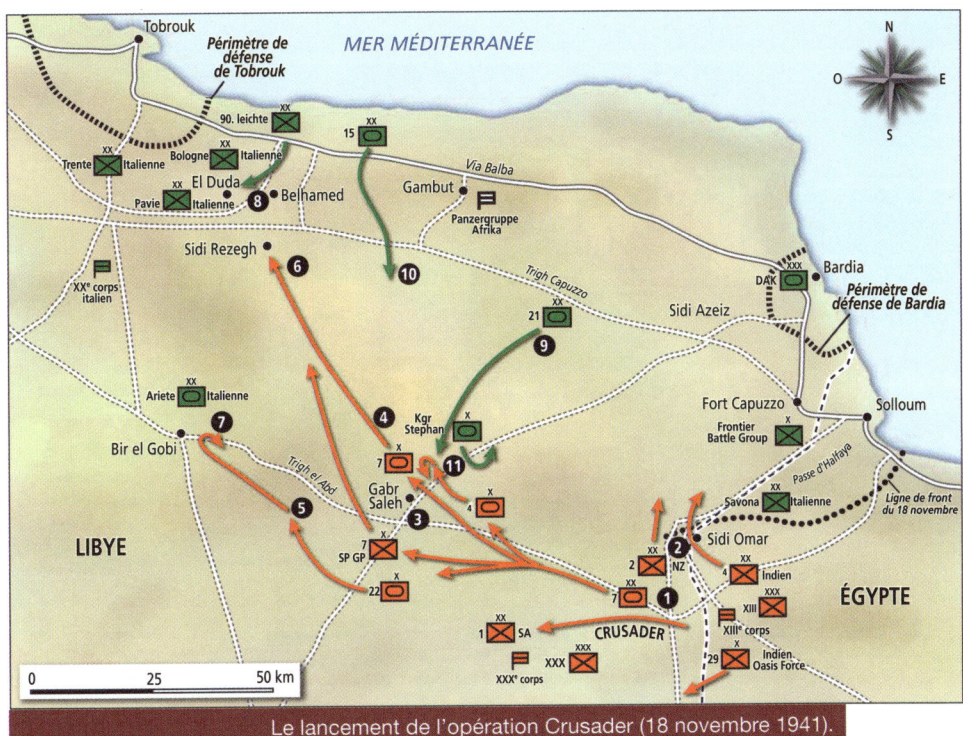

Le lancement de l'opération Crusader (18 novembre 1941).

qui n'a de cesse de réclamer l'engagement de davantage de moyens, ce à quoi se refuse Rommel. Pendant ce temps, le *XIIIth Corps* est parvenu à encercler les garnisons germano-italiennes de la frontière. En fin d'après-midi, les reconnaissances aériennes décèlent enfin les concentrations ennemies, ainsi que la colonne progressant dans les profondeurs du désert, en direction de l'oasis de Jalo.

Rommel comprend enfin l'urgence de la situation et annule définitivement l'ordre d'attaque sur Tobrouk[1]. De son côté, Crüwell réalise que la *8th Army* a dispersé ses forces blindées : il suggère donc de détruire l'une après l'autre ces formations et demande toute liberté d'action.

1. Rommel aurait été conforté dans ce jugement par une déclaration prématurée de la BBC, qui annonce le lancement d'une offensive de grand style par la *8th Army*.

ROMMEL

Rommel redevient le redoutable Renard du désert.

Rommel acquiesce, tout en ordonnant que soient attaquées en priorité les forces ennemies aventurées entre Sidi Omar et Tobrouk. Après d'inutiles mouvements vers l'est, en direction de la frontière, faute d'avoir pu établir une appréciation précise de la situation par une reconnaissance aérienne, Crüwell comprend qu'il faut se diriger à l'ouest, vers Gabr Saleh, tandis que, sur ordre de Rommel, qui semble être passé maître pour conjurer les crises, des éléments de la division *z.b.V. Afrika* se déploient sur les hauteurs bordant l'aérodrome de Sidi Rezegh. Le soir, Rommel apprend la chute de Jalo. La situation est grave : ses lignes de communication sont menacées. Avec son approbation, Kesselring place en urgence un conglomérat de troupes italiennes et de la Luftwaffe sous le commandement du *Generalmajor* Osterkamp, et les envoie sur le Wadi el-Faregh, à 40 kilomètres au sud d'Agedabia.

8. L'INVINCIBLE RENARD DU DÉSERT

Sidi Rezegh : Rommel vainqueur ?

Le 21 novembre, Rommel ordonne à l'*Afrika Korps* d'obliquer vers le nord-ouest et d'attaquer Sidi Rezegh. Il approuve les plans dressés par Crüwell, qui surgit donc depuis le sud et surprend les Britanniques. Une bataille dure et confuse s'engage alors jusqu'à la tombée de la nuit. La *7th Armoured Brigade* est quasiment anéantie dans cette mêlée furieuse. Énergique et préoccupé par la nouvelle menace qui surgit depuis Tobrouk, d'où la *70th Division* tente une sortie, Rommel rassemble toutes les unités possibles et, après un combat très disputé, repousse les unités de la garnison assiégée. C'est au cours de l'opération *Crusader* que la guerre du désert démontre son particularisme, celui d'avoir une ligne de front extrêmement mouvante et complexe.

La *70th Division* qui attaque depuis Tobrouk est confrontée à des troupes de l'Axe orientées vers le nord et l'ouest, tandis que d'autres soldats germano-italiens sont déployés face au sud pour affronter le

La *8th Army* subit un revers sérieux à Sidi Rezegh.

ROMMEL

Crusader illustre la confusion de la guerre du désert.

7th Support Group qui tient Sidi Rezegh (excepté les hauteurs à l'est et à l'ouest qui demeurent aux mains de la division *z.b.V. Afrika*). Mais ce même *7th Support Group* et la *7th Armoured Brigade* sont également déployés face au sud pour s'opposer au gros de l'*Afrika Korps* qui remonte dans sa direction. Le DAK est lui-même talonné par les *4th* et *22nd Armoured Brigades*. Dans ces conditions, il est bien difficile aux unités aériennes d'établir avec certitude la nationalité des unités qu'elles survolent, d'autant que le DAK emploie un parc impressionnant de véhicules de prise[1].

Le lendemain, 22 novembre, Rommel prend personnellement en charge la direction des opérations. Il décide de prendre en tenaille la cuvette de Sidi Rezegh. La brutale irruption des panzers prend de nouveau les Britanniques au dépourvu. Il ne reste plus que 150 blindés à la *7th Armoured Division* quand les panzers quittent le terrain d'aviation pour se mettre à

---

1. Pour éviter toute méprise, les escadrilles de bombardiers de l'Axe et de Stuka s'acquittent donc de missions éloignées des unités blindées germano-italiennes, au détriment du soutien dont ces dernières ont besoin.

8. L'INVINCIBLE RENARD DU DÉSERT

couvert et faire procéder aux opérations de ravitaillement et de maintenance. Un ultime coup d'éclat survient en cette journée si funeste pour la *8th Army* lorsque la *15. Panzer-Division*, surgissant de la nuit, surprend la *4th Armoured Brigade* au bivouac, parachevant la défaite.

Crusader semble se conclure par un désastre complet. La situation des *7th Armoured* et *1st South African Divisions* est désespérée. Au matin du 23 novembre, le *Totensonntag*, le « dimanche des Morts » pour les Allemands, Rommel ordonne un ultime assaut sur Sidi Rezegh : les *15. et 21. Panzer-Divisionen* doivent attaquer depuis le nord, à la rencontre de l'*Ariete* qui avancerait depuis le sud. Crüwell repousse ce plan et décide de faire opérer un mouvement tournant à la *15. Panzer*, renforcée par les chars de la *21. Panzer*, de façon à ce que l'ensemble des forces motorisées parte à l'assaut de Sidi Rezegh depuis le sud, aux côtés des Italiens. Le rôle de l'enclume sera alors assuré, au nord, par le reste de la *21. Panzer*, jugée plus solide que l'*Ariete*.

L'assaut, ou plutôt faut-il parler de charge, est épique. Les 150 panzers, suivis de l'infanterie motorisée, foncent sur les positions britanniques, prenant au dépourvu nombre de défenseurs : « certains ont encore leur tasse à thé et leur petit déjeuner dans les mains[1] ». Cette attaque inconsidérée est très coûteuse pour les Allemands, qui perdent 70 panzers, tandis que l'infanterie, montée à bord de ses véhicules, paie elle aussi un lourd tribut. Dans le camp britannique, c'est de nouveau un désastre. Rommel se montre donc satisfait, en dépit des pertes qu'il a subies. Il jubile. *Crusader* est un échec : les forces blindées de l'Axe n'ont pas été anéanties, pas plus que le siège de Tobrouk n'a été levé.

Comment Rommel va-t-il tirer parti de ce succès ? La victoire totale et la destruction des forces blindées ennemies semblent à portée de main… Il a pourtant frôlé le désastre. Ce 23 novembre, à l'issue de la victoire de Sidi Rezegh, Schraepler revient sur le manque de discernement de son supérieur, accaparé par ses préparatifs d'offensive imminente sur Tobrouk : « On ne se doutait de rien ! […] On ne peut expliquer cette avancée fantôme que par le fait

---

1. Fish K., Panzer-Regiment 8, Atgen, Schiffer, 2008, p. 111.

que Rommel, uniquement concentré sur l'assaut de Tobrouk, n'a pas voulu recueillir d'autres informations[1]. »

Le raid sur la frontière

L'exploitation du succès remporté à Sidi Rezegh constitue le moment décisif de l'opération *Crusader*. Le DAK compte des dizaines de panzers endommagés. La menace sur Tobrouk écartée, maîtres du champ de bataille, les subordonnés de Rommel sont unanimes pour émettre l'avis de refaire leurs forces avant d'anéantir un adversaire acculé.

Le 24 novembre, Rommel n'en a cure. La *8th Army* est pourtant encore menaçante et plus coriace qu'il ne l'imagine : elle dispose de réserves, et si le *XXXth Corps* a été sérieusement malmené, le *XIIIth Corps* est solide et intact. Négligeant la progression de la *2nd New Zealand Division* au-delà de Bardia, Rommel espère couper les lignes de ravitaillement des Britanniques en pénétrant en Égypte, parachevant ainsi la destruction complète de son adversaire. Assumant de nouveau en personne la direction des opérations, il estime que la décision finale n'est qu'une question de jours, sinon d'heures : il sera de retour le soir même, au plus tard dans la matinée du 25. Aussi s'entoure-t-il d'un état-major des plus réduits. Pis, les membres du QG restés près de Tobrouk sont dans l'ignorance des ordres exacts donnés au DAK. Les éléments blindés de la *Panzerarmee Afrika* (74 panzers et une centaine de blindés italiens) sont donc lancés vers l'est du 24 au 27 novembre. Le Renard du désert mène de l'avant[2]. Cette manœuvre va se révéler inutile. Il est impossible de trouver les dépôts de la *8th Army*. Rommel espère alors être en mesure d'encercler et d'anéantir les forces ennemies établies au nord et au sud du front de Solloum. Quant à l'idée d'envoyer des forces sur l'oasis de Jarabub, elle est abandonnée, faute de ressources suffisantes en carburant.

Le pari de Rommel est pourtant sur le point de porter ses fruits : ébranlé par la destruction de ses forces blindées à Sidi Rezegh,

---

1. Hans-Albrecht Schraepler, *Mon père, l'aide de camp du général Rommel*, op. cit., p. 264.

2. L'absence de repères dans le désert et la mauvaise qualité des cartes italiennes militent pour que les officiers mènent de l'avant devant la difficulté de faire un rapport indiquant sans erreur la localisation d'un combat ou d'une unité.

8. L'INVINCIBLE RENARD DU DÉSERT

Vainqueur à Sidi Rezegh, Rommel sous-estime l'ennemi.

Cunningham concède la défaite et envisage l'abandon de l'opération *Crusader*, mais Auchinleck, qui a opportunément quitté Le Caire pour se rendre au QG de la *8th Army*, prend conscience de la précarité de la situation dans laquelle se trouve Rommel et annule l'ordre[1].

Contre toute attente, les positions défensives du *XIIIth Corps* sur la frontière se révèlent particulièrement solides. L'attaque s'effectue sans reconnaissance préalable et sans soutien d'artillerie ni d'infanterie... C'est ainsi que la *21. Panzer-Division* perd la moitié de ses chars sous les coups des Indiens à Sidi Omar. Des choix tactiques désastreux qui touchent pareillement la *15. Panzer*. Pis, dans la nuit du 24 au 25 novembre, Rommel s'est égaré avec son état-major au sein des lignes anglaises à bord de son seul véhicule de commandement britannique, et il n'échappe à la capture que par miracle, alors que l'engin est tombé en panne[2]. En outre,

1. Il nomme par la même occasion le général Ritchie à la tête de la *8th Army*, un choix qui sera controversé.

2. Coïncidence incroyable et très éloquente du risque qu'encourent les plus hauts gradés dans cette guerre sans ligne de front apparente, Rommel ne doit son salut qu'à l'arrivée impromptue du camion de commandement de Crüwell, le commandant du DAK en personne !

ROMMEL

C'est à bord de son *Mammouth* que Rommel manque de se faire capturer.

1. Rommel a de toute évidence commis une grave erreur en faisant la sourde oreille aux conseils de ses généraux, mais si le raid sur la frontière avait été couronné de succès, l'histoire aurait immanquablement souligné un coup de génie : ses percées au cours de la Grande Guerre et surtout au cours de la campagne de 1940 ont démontré les dividendes pouvant être obtenus lorsqu'on sème le chaos sur les échelons arrière d'une armée ennemie…

les unités de récupération accompagnant cette équipée vers la frontière, il est impossible de remettre en état les 70 panzers endommagés à Sidi Rezegh.

Au contraire, le *XXXth Corps* panse ses plaies. Épargné par les combats, demeuré en position au sud de Sidi Rezegh, il remet en état un nombre important de blindés et reçoit des chars de remplacement. Le succès remporté le 23 novembre est remis en cause[1].

8. L'INVINCIBLE RENARD DU DÉSERT

La deuxième bataille de Sidi Rezegh

Sur la frontière, l'*Afrika Korps* se retrouve dans une situation extrêmement dangereuse le 26 novembre, jour de la jonction effectuée entre la garnison de Tobrouk et les Néo-Zélandais et 86 tanks du *XIIIth Corps*.

Rommel demeurant introuvable[1], et face à l'aggravation de la situation devant Tobrouk, Siegfried Westphal, qui est resté au QG du *Panzergruppe Afrika*, prend l'initiative de rappeler la *21. Panzer-Division*. Ce n'est que le 27 novembre, en dépit des premiers messages reçus dès la veille, que le Renard du désert comprend l'urgence de la situation à Tobrouk et renonce à poursuivre les opérations sur la zone frontalière. Il est néanmoins furieux lorsqu'il est de retour à son QG d'El-Adem, selon le témoignage de l'*Oberleutnant* Voss. Il monte dans son véhicule en ne saluant personne, étudie les cartes, nul n'osant le déranger pour le moindre rapport après qu'il eut indiqué qu'il allait se reposer. Le lendemain, il retrouve son humeur habituelle, ne faisant aucune mention de l'incident.

Ayant maintenant en sa possession les renseignements qui lui faisaient défaut, il redevient le général clairvoyant qu'il sait être. Il repousse les objections de ses différents subordonnés et envisage d'isoler à nouveau Tobrouk, en rompant la jonction établie entre la garnison et les Néo-Zélandais. Crüwell souhaite au contraire repousser les Néo-Zélandais à l'intérieur du périmètre du port assiégé. Les tensions sont donc toujours vives entre les deux généraux allemands. Les divisions du DAK, en particulier la *15. Panzer*, se conforment aux directives de Rommel, mais uniquement sous la pression des événements.

Sur le terrain, l'*Afrika Korps* démontre une nouvelle fois tout son talent. Les Néo-Zélandais sont balayés après de durs combats pour Sidi Rezegh et la crête de Belhammed. Rommel est encore vainqueur. Ce succès provoque un nouvel encerclement de Tobrouk. Après ses errements des journées précédentes, Rommel est redevenu le général audacieux, compétent et doté du coup d'œil qui assure la victoire. La

---

1. Les messages qu'il envoie à son QG du *Panzergruppe* sont inintelligibles, puisqu'il utilise une grille de localisation inconnue du personnel de l'état-major…

bataille est-elle perdue pour une *8th Army* vaincue sur le champ de bataille ? Rommel ne dispose plus d'aucune réserve, ses chances d'emporter la décision semblent donc plutôt minces. Un malheur ne survenant jamais seul, le général von Ravenstein, brillant *Kommandeur* de la *21. Panzer*, est fait prisonnier par l'adversaire[1]. Son homologue à la *15. Panzer*, Neumann-Silkow, va bientôt tomber à son tour, de même que le général Sümmermann, *Kommandeur* de la division *z.b.V. Afrika*.

La défaite

Rommel espère détruire la *7th Armoured Division* à Bir el-Gobi, avant de pousser vers l'est, de s'emparer des dépôts ennemis dont la position a été identifiée sur le Trigh el-Abd, puis de rejoindre les garnisons de la frontière, que l'on pense à court de ravitaillement[2]. Vain espoir face à un ennemi trop fort et soutenu par une aviation puissante. Les difficultés logistiques de Rommel sont telles qu'il doit finalement se résoudre à lever le siège de Tobrouk et à abandonner la Cyrénaïque à un adversaire pourtant battu à chaque combat de chars. On imagine sans peine la signification d'un tel renoncement pour Rommel, déterminé depuis des mois à s'emparer du petit port libyen. Les combats menés début décembre à Bir el-Gobi causent de nouvelles pertes sensibles aux Britanniques, mais l'état des formations du *Panzergruppe* devient très préoccupant. Ces combats sont toutefois nécessaires, car l'évacuation des troupes déployées à l'est des fortifications de Tobrouk requiert du temps.

Rommel espère se replier suffisamment lentement pour renforcer les positions de Gazala, mais la pression est trop forte et les pertes trop lourdes. Le 12 décembre, l'évidence transparaît dans l'esprit du général allemand : il faut poursuivre la retraite, et plus rapidement qu'escompté. En effet, plus au sud, la colonne britannique, qui avance dans le désert depuis l'oasis de Jalo, fait peser une menace sérieuse sur les lignes de communication de

---

1. Il a l'honneur controversé d'être le premier général allemand à être fait prisonnier au cours de la Seconde Guerre mondiale.

2. Estimation erronée : ces garnisons, isolées, sont en mesure de résister jusqu'au milieu du mois de janvier pour certaines d'entre elles.

8. L'INVINCIBLE RENARD DU DÉSERT

Rommel parvient à faire admettre la retraite.

Rommel. Aussi ce dernier décide-t-il de dépêcher la *90. leichte-Afrika-Division* et de l'artillerie italienne à Agedabia[1].

L'abandon de la Cyrénaïque

Rommel envisage déjà de concéder plus de terrain aux Britanniques, en se repliant davantage en profondeur, en l'occurrence sur la ligne El-Agheila-Marada. Bastico, qui espère peut-être que l'entrée en guerre du Japon quelques jours plus tôt, le 7 décembre 1941, puisse avoir des répercussions sur le dispositif britannique en Libye, souhaite conserver le contrôle de Benghazi. Cavallero en personne, le chef du *Comando Supremo*, se rend en Libye pour rencontrer Rommel et insiste sur le fait que la Cyrénaïque ne doit être évacuée que graduellement, pour sauver l'équipement et les stocks.

Les Italiens s'insurgent, mais le Renard du désert campe sur ses positions. Il ose adopter une posture indépendante lorsqu'il estime que la situation tactique ou stratégique le lui impose, car il pense toujours pouvoir obtenir l'aval du Führer. Kesselring, soucieux d'assurer au mieux le partenariat entre les forces de l'Axe, lui apporte-t-il son soutien ? Comme nombre des contemporains de Rommel, l'homme jalouse ses succès et sa postérité. Rommel n'est pas Eisenhower : il est certes un grand tacticien, mais il ne réagit jamais qu'en soldat, jamais en politicien. Or il est à la tête d'une armée coalisée, en majeure partie italienne.

In fine, Kesselring propose un compromis : la retraite se fera avec le soutien des unités de *Flak*, sans souci des pertes matérielles au sein de celles-ci, au rythme de l'infanterie italienne, qui ne sera pas abandonnée. Rommel accepte, mais l'autorisation de se replier ne lui parvient que le 15 décembre en soirée. Le *Comando Supremo* et l'OKH ordonnent par ailleurs à Rommel de tenir Bardia et les positions sur la frontière[2].

Rommel veut encore gagner du temps, pour assurer le décrochage de l'infanterie sur

---

1. Bastico s'oppose à ce que la manœuvre soit menée par des Allemands seuls, préférant une formation mixte germano-italienne, mais Rommel rétorque qu'il est de son seul ressort de décider des moyens à employer.

2. L'incroyable résistance de ces garnisons isolées sur la frontière égypto-libyenne a sérieusement entravé la logistique de la *8th Army* de Ritchie dans sa poursuite de Rommel vers l'ouest.

Les troupes italiennes ne sont pas abandonnées.

Il faut abandonner Benghazi.

Retour à El-Agheila pour le DAK.

El-Agheila. Aussi accepte-t-il la requête de contre-attaque formulée par Crüwell, qui remarque une brèche entre la *22nd Guards Brigade* et la *22nd Armoured Brigade*. Cette dernière est sévèrement battue devant Agedabia le 28 décembre, puis le 30 décembre, accusant la perte de 60 tanks pour 14 panzers touchés. L'*Afrika Korps* domine toujours le champ de bataille sur le plan tactique…

L'ensemble des forces de l'Axe en Afrique se retrouve à Mersa el-Brega, son point de départ de mars 1941[1]. Contrairement à ce qui aura lieu un an plus tard au cours de la retraite d'El-Alamein, et en dépit de la nette supériorité en

1. Il est intéressant de noter que la Wehrmacht subit un revers cinglant au même moment en Russie. Alors qu'Hitler assume désormais en personne la direction de l'OKH et qu'une purge s'abat sur le haut commandement allemand à l'Est, le vaincu de Libye échappe à la valse des limogeages…

8. L'INVINCIBLE RENARD DU DÉSERT

blindés des Britanniques, l'infanterie italienne n'a pas été sacrifiée et anéantie sur place. Le calme revient sur le front.

Un bilan contrasté pour Rommel

La défaite est consommée. L'opération *Crusader* a opposé 120 000 hommes dans chaque camp pendant un mois. La *8th Army* enregistre la perte de 17 700 hommes. Le bilan est plus lourd au sein du *Panzergruppe Afrika*, puisqu'il atteint 38 300 hommes après les capitulations de Bardia et d'Halfaya, au début de janvier 1942. L'armée de Rommel déplore 340 chars touchés, contre 800 pour les Britanniques ; ces derniers, restés maîtres du terrain, pourront en remettre en état un certain nombre.

La bataille, indécise jusqu'au bout, s'achève donc par un incontestable succès pour le général Auchinleck, qui a fait montre de maîtrise de soi et de clairvoyance. Rommel n'a pas pris que des décisions heureuses. *Crusader* a paradoxalement mis en lumière le meilleur et le pire chez lui. Il a tardé à reconnaître l'importance de l'opération en cours, il a commis l'impair de mener de la ligne de front, sans moyens de communication adéquats, et, *in fine*, il a éprouvé des difficultés à maîtriser une bataille qui semble chaotique sous bien des aspects. Pourtant, *a contrario*, il a su à plusieurs reprises prendre des mesures qui ont infligé de sérieux revers tactiques aux Britanniques, faisant la démonstration de tout son savoir-faire lorsqu'il donnait lui-même ses instructions à des *Kampfgruppen*, voire à des bataillons. Après l'échec du raid sur la frontière, les dernières phases de la bataille, y compris la délicate manœuvre de repli, ont de nouveau mis en avant son professionnalisme. Le Renard du désert a fait montre des qualités qui sont les siennes depuis la Première Guerre mondiale : une appréciation rapide de la situation tactique, une réaction tout aussi prompte pour organiser ses troupes et saisir les opportunités, et, comme toujours, une capacité à exercer son leadership de l'avant au moment et au lieu opportuns.

Mener les troupes de l'avant a payé des dividendes à de multiples reprises, mais cela pourrait laisser penser que Rommel n'a pas encore

ROMMEL

assumé la transition à un poste de commandement plus élevé. S'il s'expose en première ligne, c'est parce qu'il estime que le travail d'état-major ne saurait suffire à un commandant en chef : celui-ci doit se « préoccuper toujours des détails, se montrer fréquemment sur le front pour s'assurer personnellement, en détail, de l'exécution de ses ordres […]. C'est une erreur d'admettre par avance que chaque chef d'unité saura tirer d'une situation tout ce qu'elle peut donner ; la plupart tombent assez vite dans une certaine apathie ».

Pour Rommel, « le commandant en chef doit être l'élément moteur de la bataille et il faut que chacun se sache constamment soumis à son

Rommel dispose désormais du soutien de *U-Boote*.

8. L'INVINCIBLE RENARD DU DÉSERT

Goebbels pense qu'Hitler va envoyer Rommel en Russie.

contrôle ». Se rendre sur le front est essentiel : « Il n'a pas d'autre moyen de corriger ses vues *a priori* et de les adapter aux situations nouvelles. »

Une spectaculaire volte-face

Pour la première fois depuis longtemps, fin décembre 1941, puis début janvier 1942, des renforts importants débarquent à Tripoli. Rommel peut une nouvelle fois refaire ses forces : il dispose de 139 panzers et de 90 chars italiens. La situation logistique de son armée s'est en effet considérablement améliorée, en raison de l'activité soutenue de la Luftwaffe, chargée d'assurer les liaisons maritimes avec la Libye et de neutraliser Malte, en coordination avec les Italiens, ainsi que par l'entrée en lice en Méditerranée de *U-Boote* de l'*Admiral* Dönitz. La situation

ROMMEL

Hitler nomme Rommel *Generaloberst*.

sur le plan naval est d'autant plus favorable que les pertes essuyées par la Royal Navy en décembre 1941 sont très lourdes, alors même que des unités navales doivent appareiller vers l'Extrême-Orient pour contrer la menace du Japon, qui vient d'entrer en guerre.

L'histoire semble se répéter, et la situation est à bien des égards analogue à celle du début de l'année 1941, lorsque Wavell, vainqueur des Italiens en Libye, avait dû déployer ses meilleures unités en Grèce. Comme en 1941, Rommel va savoir exploiter l'opportunité qui s'offre à lui. Il est encouragé en ce sens par Westphal, faisant alors temporairement office de chef d'état-major, et par Mellenthin, son chef du renseignement. Westphal suggère de profiter de la supériorité numérique

8. L'INVINCIBLE RENARD DU DÉSERT

temporaire de l'*Afrika Korps* sur la ligne de front. Il ne pense pas à une reconquête de l'intégralité de la Cyrénaïque, mais Rommel, étonné de la suggestion qui lui est faite, reste d'abord dubitatif, avant de se raviser, après avoir étudié lui-même la situation. Tout en donnant une tout autre ampleur à l'opération, il admet une condition *sine qua non* à son succès : l'effet de surprise.

D'après le journal de Goebbels en date du 20 janvier 1941, il semblerait qu'Hitler entende reprendre Benghazi, céder le commandement des opérations en Afrique à Crüwell, puis utiliser son « meilleur général » ailleurs, en Russie probablement. Le lendemain, 21 janvier 1942, sans prévenir l'OKW ni les Italiens en qui il n'a aucune confiance – sans doute aussi par crainte qu'on lui interdise toute contre-attaque –, Rommel repart à l'assaut vers l'est avec environ 200 chars, et affronte les 150 tanks de la *1st Armoured Division* à Agedabia. Bien que le sable mou leur cause quelques difficultés, les Allemands, favorisés par une tempête de sable, démontrent à nouveau leur supériorité sur le terrain. L'avancée de Rommel apparaît aussi irrésistible que lors de sa première offensive de mars-avril 1941. Les pertes sont négligeables.

Le *Comando Supremo*, furieux de ne pas avoir été informé de la contre-attaque, mais également inquiet pour le ravitaillement, veut limiter l'offensive. Estimant difficile de tenir Benghazi et la Cyrénaïque si la progression se poursuit au-delà d'Agedabia, Cavallero a beau jeu de reprendre les arguments avancés par Rommel lui-même en décembre, lorsqu'il a affirmé qu'il fallait retraiter de Gazala à El-Agheila, et donc abandonner Benghazi, en raison du risque d'être contourné par le flanc.

Comme Graziani en 1941, Cavallero se heurte au soutien de poids dont bénéficie le Renard du désert. Montrant son approbation, Hitler promeut Rommel au grade de *Generaloberst* le 24 janvier. Mussolini avalise lui aussi les initiatives du général allemand par un message dans lequel il l'autorise à s'emparer de Benghazi. Conscient de ce qu'il

Pour Mussolini, le Renard du désert est un exemple.

lui est redevable pour l'évolution favorable de la situation en Libye, il le présente même comme l'exemple à suivre pour ses généraux.

Rommel poursuit donc l'attaque et trompe Ritchie en lançant une feinte vers Mechili avec le DAK, alors que son véritable objectif est Benghazi. La ville tombe le 28 janvier, après un violent orage, donnant l'occasion à Rommel, qui s'est chargé personnellement de l'opération, de démontrer une nouvelle fois son savoir-faire en découvrant lui-même des passages à travers les wadis inondés. Son énergie habituelle a payé : c'est en raison de sa seule présence que le *Gruppe* Marcks parvient à atteindre rapidement son objectif. L'*Afrika Korps* fait 1 000 prisonniers et s'empare d'un stock d'équipement impressionnant.

Cette volte-face sans en avertir ses supérieurs est donc un succès. Une indépendance d'action qu'accepte le Führer, qui estime cet officier entre tous. Albert Speer, le fidèle architecte puis ministre d'Hitler,

8. L'INVINCIBLE RENARD DU DÉSERT

rapporte : « Rommel l'irrita plus d'une fois par sa manière de faire, consistant à n'envoyer, souvent plusieurs jours de suite, que des rapports très vagues sur sa position et ses mouvements, ce qui aux yeux du quartier général revenait à les "camoufler", pour surprendre tout le monde en annonçant un changement complet de situation. Hitler éprouvait pour Rommel une sympathie personnelle et, malgré son mécontentement, fermait les yeux[1]. »

De nouveau l'idole de la propagande

Faute de ravitaillement, la poursuite s'achève début février sur la ligne de défense de Gazala, exactement là où, au printemps précédent, Paulus, préconisant de renoncer au siège de Tobrouk, suggérait de constituer une nouvelle ligne de front. Mussolini se montre satisfait de Rommel ; Hitler également. Le Führer accorde au Renard du désert l'insigne honneur d'être le premier officier de la Heer à recevoir les glaives à sa croix de chevalier de la croix de fer. Lucie Rommel ne cache pas sa fierté à l'écoute du tonnerre d'applaudissements qui accompagne une déclaration d'Hitler dans laquelle ce dernier mentionne pour la première fois son époux sous son nouveau grade : *Generaloberst*. Aucun officier de la Wehrmacht n'avait atteint ce grade à un âge aussi jeune : quarante-neuf ans.

Des centaines de kilomètres de désert : gain négligeable, mais impressionnant sur une carte pour le quidam abreuvé de la propagande du *Doktor* Goebbels. La situation en Libye fait de nouveau oublier les difficultés éprouvées face aux Soviétiques. La presse étrangère, notamment anglo-saxonne, s'en fait elle aussi l'écho. En matière d'Allemand le plus célèbre au niveau mondial[2], Rommel ne le cède qu'à Hitler, ce qui a tout pour flatter son ego déjà surdimensionné. Sur le front, le général Auchinleck est bientôt contraint de faire passer une note pour tenter

1. Cité par Berna Günen dans Erwin Rommel, *La Guerre sans haine*, *op. cit.*, p. 21.

2. Il est le seul général de la Wehrmacht à qui l'empereur du Japon fait don d'un sabre de samouraï en témoignage de sa bravoure...

3. Churchill participe bien maladroitement à ce mouvement par une de ses fameuses déclarations à la Chambre des communes, dans laquelle il affirme que Rommel est indubitablement un grand général.

ROMMEL

La renommée de Rommel est à son zénith.

8. L'INVINCIBLE RENARD DU DÉSERT

d'enrayer l'admiration dont bénéficie son adversaire au sein de ses propres troupes[3].

Ses succès, depuis la Grande Guerre, puis de nouveau en France et en Libye, peuvent pousser Rommel à se surestimer, d'autant que ses victoires sont magnifiées par une propagande qui l'enivre, et que les récompenses et les promotions se succèdent. Va-t-il finir par croire à l'impossible et se montrer par trop ambitieux ? Pour l'heure, il n'est nullement question de poursuivre l'avance. Un acte d'autodiscipline pour un général toujours prêt à aller de l'avant… Contrairement à l'année précédente, il sait accorder ses objectifs avec les ressources dont il dispose : Tobrouk est hors de portée.

9
TOBROUK : AU ZÉNITH DE LA GLOIRE

9. TOBROUK : AU ZÉNITH DE LA GLOIRE

La conquête de Malte et du Moyen-Orient

Les plans de l'Axe de 1942 pour les opérations en Méditerranée prévoient la reprise de l'offensive en Libye, ainsi que la neutralisation puis la prise de Malte (opération *Herkules*). L'*Admiral* Raeder fait admettre à Hitler la primauté de la chute de l'île sur celle de Tobrouk. Le commandant en chef de la Kriegsmarine voit plus loin. Il propose à Hitler un plan de conquête du Moyen-Orient en 1942, par un mouvement en tenaille, dont l'effort principal serait fourni depuis l'Égypte et le canal de Suez. Rommel, qui manque de réalisme, considère la campagne d'Afrique comme la « clé » de l'impasse à l'Est. Il imagine le transfert sous son commandement d'unités cantonnées à l'Ouest pour s'emparer de l'Égypte, puis de l'Irak et de l'Iran, avant de se porter sur Bakou… L'OKW baptise « plan Rommel » ce projet qui dépasse les capacités de la Wehrmacht[1]. Si Berlin envoie des hommes et du matériel, Rommel constate avec dépit que l'OKH n'a cure des perspectives d'opérations en Afrique. Mais Hitler admet que la prise de Tobrouk et une avance en Égypte, combinées aux désastres subis par les Britanniques face au Japon, pourraient amener la Grande-Bretagne à la table des négociations pour aboutir à la paix. Toutefois, le Führer accorde la priorité à une reprise de l'offensive sur le front de l'Est à l'été 1942.

Le plan d'invasion de Malte, baptisé *C3* par les Italiens[2], tarde à être finalisé, de sorte qu'en avril 1942, l'Axe manque l'opportunité de s'emparer de l'île, alors que la campagne de neutralisation aérienne déclenchée par le *Feldmarschall* Kesselring est un succès.

Le Führer, qui met en doute la capacité des Italiens à mettre en œuvre *Herkules*, s'en satisfait : il y a déjà renoncé, mais ne s'en ouvre pas à ses partenaires de l'Axe. Il est admis que l'opération *Herkules* sera lancée sitôt acquise la prise de

---

1. Sur le plan logistique et matériel, sans compter que le plan fait fi d'une inconnue majeure : quel potentiel militaire les Anglo-Saxons sont-ils prêts à investir pour défendre une zone vitale à leur effort de guerre ? Pis, Hitler n'a nulle intention d'annihiler l'Empire britannique, qui est la puissance dominante au Moyen-Orient.

2. Des officiers japonais sont également mis à contribution, en raison de leur grande expérience des opérations amphibies acquise dans le Pacifique.

Tobrouk. Sur ce point, Rommel trouve un appui chez Barbasetti di Prun, le chef d'état-major de Bastico : il faut lancer l'offensive en Libye avant que le rapport de force ne devienne trop défavorable.

Une armée renforcée

Le succès des opérations aériennes entreprises contre Malte a l'avantage d'avoir permis le ravitaillement et la remise sur pied de l'*Afrika Korps*, qui a un nouveau chef en la personne du *Generalleutnant* Walther Nehring[1]. Le *Panzergruppe Afrika*, rebaptisé *Panzerarmee Afrika* le 30 janvier 1942, aligne 332 panzers (plus 77 autres en réserve), 228 chars italiens, 48 redoutables pièces de 88 mm et 100 000 hommes.

Rommel a réclamé 8 000 camions à l'OKH. Exigence exorbitante. Le haut commandement lui rétorque que les quatre *Panzerarmeen* qui combattent en Russie n'en alignent que 14 000 pour leur logistique, alors qu'elles alignent dix fois plus d'unités motorisées que le DAK. La lutte s'annonce disputée, car l'adversaire s'est lui aussi renforcé. En mai 1942, les forces britanniques au Moyen-Orient totalisent 635 000 hommes, la *8th Army* alignant 126 000 soldats, avec 850 chars en première ligne et 150 autres blindés en réserve.

Rommel[1] bénéficie de l'avantage décisif de la supériorité aérienne, avec 704 avions basés en Afrique pour appuyer son offensive, sans compter les 1 000 avions de la *Luftflotte 2* déployés en Méditerranée. La Desert Air Force aligne 350 appareils, sur les 739 avions disponibles au sein des escadrilles de la RAF au Moyen-Orient.

---

1. L'un des pionniers de la *Panzerwaffe* avec Heinz Guderian, dont il fut le chef d'état-major pendant la campagne de France en 1940. Crüwell, qui a eu la douleur d'apprendre le décès de sa jeune épouse âgée de trente-quatre ans, est retourné en Allemagne pour prendre des dispositions à l'égard de ses quatre enfants. Il revient en Afrique juste avant la nouvelle opération.

Des combats d'emblée plus durs qu'escomptés

L'offensive *Theseus*, que projette un Rommel loin d'avoir établi le dispositif adverse avec exactitude, doit aboutir à la prise de Tobrouk, trophée qui lui a échappé l'année précédente. Son plan est ambitieux, puisqu'il prévoit que la

L'offensive de Kesselring sur Malte prépare l'offensive de Rommel.

L'armée italienne représente le gros des effectifs.

Rommel pense prendre Tobrouk en quelques jours.

victoire sera acquise en quelques jours. Sa confiance est inébranlable : « Ce sera dur, écrit-il à son épouse, mais je suis persuadé que mes hommes vaincront. Ils savent tous ce qui est en jeu. » Rommel ne dissimule pas sa volonté d'être en première ligne, comme à l'accoutumée. « Je compte bien exiger autant de moi-même que de mes officiers et de mes soldats. » L'homme reste le bon mari qu'il est depuis son mariage : « Mes pensées volent souvent vers vous, surtout en ces heures capitales. »

Le plan est simple : pendant que le talentueux *General der Panzertruppen* Crüwell effectuera une diversion au nord, appuyée par un débarquement sur les arrières de la ligne de Gazala[2], l'*Afrika Korps* et les divisions motorisées italiennes, après

---

1. Avant l'offensive, Rommel atterrit près de la *580. Aufklärungs-Kompanie.* Le soldat Henning est surpris de le voir chaussé de bottes noires en cuir. Le jeune homme a le temps de faire deux clichés de Rommel qui reste dans l'ombre des ailes de l'appareil, mais, échaudé par une expérience pénible vécue auprès d'un autre général, il ne s'approche pas de trop près de celui que les *Afrika-Kämpfer* appellent affectueusement « Erwin ».

2. Une feinte sera par ailleurs mise en œuvre par des unités motorisées s'ébranlant vers le nord, sans souci de dissimulation, avant de rejoindre le gros des forces au sud.

9. TOBROUK : AU ZÉNITH DE LA GLOIRE

avoir réduit le « box » de Bir Hacheim, entreprendront une vaste manœuvre d'enveloppement du flanc sud du *XIIIth Corps* de Gott déployé sur la ligne de Gazala. La deuxième ligne britannique est constituée par le *XXXth Corps* de Norrie, dont les brigades blindées sont dispersées. Ritchie et Norrie ont percé à jour les intentions de Rommel – il frappera au sud –, mais parviendront-ils à mettre à profit leur supériorité matérielle ?

Le 26 mai, dissimulés aux yeux de l'adversaire par une tempête de sable qui se lève de façon opportune, les 10 000 véhicules des divisions motorisées de l'Axe rejoignent leurs positions d'attaque. Sous le clair de lune de la nuit du 27 mai, Rommel déclenche l'opération *Venezia*, une variante de *Theseus* qui implique un contournement de Bir Hacheim par l'*Afrika Korps*, laissant le soin de réduire la place aux seuls Italiens[1].

L'aube se lève sur une offensive qui doit être décisive. Les combats sont acharnés dès les premiers accrochages. Rommel peste contre ses officiers qui engagent le combat de blindés sans le soutien de l'artillerie, à rebours des principes tactiques de la *Panzerwaffe*. La *15. Panzer-Division* frappe avec force la *4th Armoured Brigade*[2], qui subit une sévère correction : deux régiments sur trois sont annihilés. Avec le jour, la chaleur devient suffocante et les mirages rendent l'acquisition des cibles plus difficile. Le premier engagement contre des chars Grant[3] est mémorable. Les pièces de 5 centimètres *Kurz* des Panzer III sont à la peine : il faut parfois trois ou quatre coups pour immobiliser un tank adverse.

La *15. Panzer* du *Generalmajor* von Vaerst reprend l'avance, aiguillonné par Rommel en personne, toujours impatient. Pourtant, une autre surprise attend les *Panzerschütze* : après les Grant, ils sont confrontés aux nouveaux antichars de 6 *pounder*. Nehring veut éviter une dispersion du DAK, aussi ordonne-t-il à la

---

1. Ce qui sauve le « box », qui n'aurait pas résisté à un assaut de l'intégralité des forces motorisées de l'Axe.

2. On dénombre six équipages de tankistes américains, qui seront les premiers GI de l'armée de terre à combattre les nazis au cours du conflit.

3. Une désagréable surprise pour les Allemands : ce tank d'origine américaine embarque, montée dans sa caisse, une redoutable pièce de 75 mm, capable de détruire les panzers à longue distance, ainsi qu'un plus modeste canon de 37 mm en tourelle.

21. Panzer-Division d'attendre la *15. Panzer-Division* retardée par des combats. Dès qu'il apprend la nouvelle, Rommel donne un contrordre : l'avance doit conserver son tempo !

Son plan semble fonctionner : en dépit des pertes, l'ennemi serait-il déjà battu ? « La peur de l'innovation est la caractéristique typique d'un corps d'officiers qui a grandi à l'intérieur d'un système éprouvé », note un Rommel sans doute consterné par les erreurs réitérées des chefs des unités blindées britanniques depuis le début de la campagne. Et d'affirmer que la question des possibilités techniques ne saurait être négligée pour qui entend déployer des formations blindées.

Le DAK se retrouve en mauvaise posture.

9. TOBROUK : AU ZÉNITH DE LA GLOIRE

Mais, en début d'après-midi, l'opération, qui avait débuté sous les meilleurs auspices, prend une tournure plus préoccupante. Le DAK, privé de ses unités de reconnaissance parties en flanc-garde, bute sur les défenses de « Knightsbrigde ». Pis, les convois de ravitaillement sont à la merci des frappes des colonnes britanniques et des raids de la Desert Air Force.

Globalement, puisque les unités sont très dispersées, les communications sont erratiques entre le DAK et le 20° *Corpo* italien. Plus à l'est, la *90. leichte-Afrika-Division* n'est pas non plus en bonne posture. Elle a certes bien progressé vers El-Adem, appliquant une de ces ruses dont Rommel a le secret : afin de « feindre une concentration massive de blindés dans son secteur, elle était dotée de plusieurs remue-poussière, c'est-à-dire des camions porteurs de moteurs d'avion et d'hélices qui soulevaient d'immenses nuages de sable et imitaient les effets de l'approche de puissantes formations blindées ». L'objectif est de détourner une partie des moyens blindés ennemis. Si les automitrailleuses ont atteint El-Adem, le ravitaillement et les liaisons entre la *90. leichte* et l'*Afrika Korps* sont coupés. L'inquiétude perce chez Otto Henning, un jeune soldat de cette unité : « C'est nous qui sommes tombés dans le piège et pas les Tommies. »

À court de carburant

Ce 27 mai, à court de carburant, les panzers, immobilisés devant « Knightsbridge », doivent parer à plusieurs menaces. L'après-midi n'est qu'une suite de combats épars, Rommel s'évertuant à accomplir les desseins de son plan en poussant ses troupes à s'emparer d'Acroma avant la tombée de la nuit. En vain. « De nombreux éléments de nos colonnes rompirent en désordre et s'enfuirent vers le sud-est pour échapper au tir de l'artillerie anglaise. Mais l'*Afrika Korps*, sur la défensive à l'est, avançait mètre par mètre vers le nord. » Plus au sud, la division *Ariete* échoue pareillement devant Bir Hacheim.

Les Germano-Italiens ont la chance insigne que leurs flancs soient sécurisés grâce au concours des unités d'artillerie, de Pak et de *Flak*, qui

Le nouvel automoteur italien *Semovente*.

dament le pion à des Britanniques repoussés au cours d'attaques manquant comme toujours de coordination. Les seize pièces de 88 mm du *Flak-Regiment 135* brisent la poussée des tanks ennemis. L'intervention de ces formidables pièces antiaériennes est une nouvelle fois décisive sur le champ de bataille africain.

Les antichars allemands ont infligé de lourdes pertes aux blindés britanniques, mais l'*Afrika Korps*, dangereusement aventuré derrière les lignes de la *8th Army*, a déjà perdu le tiers de ses panzers. Tout l'état-major de la *Panzerarmee Afrika* s'accorde pour admettre que l'opération est un échec. Gause, évaluant la situation avec Nehring, va même jusqu'à suggérer de présenter l'offensive comme une reconnaissance en force,

9. TOBROUK : AU ZÉNITH DE LA GLOIRE

afin de pouvoir entreprendre un repli sans perdre la face devant l'OKW et l'OKH…

Dans l'enfer du « chaudron » de Gazala : l'*Afrika Korps* au bord du gouffre ?

Dans la matinée du 28 mai, une volée d'obus encadre le PC de Rommel. « Le pare-brise de mon car de commandement vola en éclats. Mais nous réussîmes heureusement à fuir au-delà de la portée de l'artillerie britannique. » Comme son armée, il est en danger de mort…

Loin de renoncer, il ordonne de reprendre l'avance vers la via Balbia pour attaquer ensuite à revers la ligne de Gazala : c'est la meilleure façon de raccourcir les lignes de communication. La *21. Panzer* parvient à grignoter près de 15 kilomètres à l'ennemi vers le nord et se trouve en mesure de pilonner la route côtière, essentielle pour l'approvisionnement du *XIIIth Corps* déployé sur la ligne de Gazala. La situation logistique est tout aussi lourde de menace pour la *Panzerarmee Afrika*. S'ajoutant à leurs peines, la chaleur torride et la soif ne vont cesser de tourmenter les combattants. L'armée de Rommel est enfermée dans une zone qui est vite surnommée le « chaudron ».

Le Souabe prend la question à bras-le-corps. Le concours des forces italiennes est essentiel : l'*Ariete* se positionne autour de Bir el-Harmat, au sud de la *21. Panzer*, afin de faire écran et de protéger ainsi les lignes de ravitaillement. Les assauts des blindés britanniques sont de nouveau repoussés. Pendant ce temps, les divisions *Pavia* et *Trieste*, encore déployées à l'est de la ligne de Gazala, commencent à ménager des passages à travers les champs de mines.

Le Renard du désert pose lui-même le diagnostic de son échec : « Nous avions sous-estimé la force des divisions blindées britanniques. L'apparition du nouveau char américain avait ouvert de grandes brèches dans nos rangs. » Racontant les événements *a posteriori*, il ne masque pas son inquiétude d'alors : « Je ne contesterai pas, néanmoins, que, ce soir-là, j'étais inquiet. » Parmi les sujets qui le soucient, les colonnes de camions de la logistique menacées par les patrouilles britanniques et les *Jocks Columns*[1] : « Ces camions, c'était pour nous la vie ou la mort. » Rommel est confronté à la pire des situations d'un général venant de lancer une offensive : savoir que son plan constitue d'emblée un échec. Tout est alors une question de nerfs.

Il guide une colonne de ravitaillement en personne. Son compte rendu adopte une tonalité empreinte de lyrisme lorsqu'il décrit le spectacle qui s'offre à ses yeux depuis une hauteur : « De cette éminence se découvrait une image typique de la guerre du désert. Des nuages noirs roulaient dans le ciel, donnant au paysage une étrange et sinistre beauté. Je décidai de faire dévaler les camions de ravitaillement par cette route jusqu'à l'*Afrika Korps*. » Une opération qui n'est pas sans danger alors que les patrouilles ennemies rôdent…

Ce n'est que le lendemain, 29 mai, que les panzers peuvent enfin refaire le plein à moitié. Les mesures défensives s'en trouvent grandement facilitées, mais il est inconcevable d'envisager une poussée vers l'avant : l'offensive est au point mort.

Au nord, Crüwell lance en vain ses quelques unités allemandes et la division *Sabratha* à l'assaut de la ligne de Gazala. Las, il est fait prisonnier quand son avion de liaison Storch est contraint d'atterrir dans les lignes alliées. Une perte durement ressentie au sein de l'*Afrika Korps*. « Crüwell est une grosse perte. Il avait toutes les qualités requises, étant dans de nombreux domaines meilleur que Rommel », rapporte Hellmuth Frey, responsable de la logistique de la *15. Panzer*. Kesselring, qui daigne se placer sous les ordres de Rommel, accepte de prendre en charge les responsabilités de Crüwell ; non sans acrimonie de sa part : il fulmine contre ce général Rommel qui mène de l'avant, qui ne donne pas des ordres et avec lequel il est impossible d'entrer en contact.

Le 29 mai, l'*Ariete* et la *15. Panzer* se replient entre les crêtes d'Aslag et de Sidra, tandis que la *21. Panzer*, qui s'était aventurée plus en avant, se voit elle aussi contrainte au décrochage devant le risque d'être isolée du reste de l'armée par les

---

1. Groupements interarmes légers britanniques (infanterie, automitrailleuses, antitanks, artillerie, DCA, voire blindés légers), initiés par le brigadier « Jock » Campbell, le héros de Sidi Rezegh.

9. TOBROUK : AU ZÉNITH DE LA GLOIRE

attaques de la *1st Army Tank Brigade*. Se repliant vers l'ouest, la *90. leichte*, jusqu'alors esseulée vers Acroma, rejoint le gros des forces, abandonnant elle aussi les gains des premiers combats. C'est en tentant d'établir en personne la liaison avec cette unité que Rommel se heurte à une batterie britannique. Son heure n'est pas encore venue : « Mon état-major n'était certes pas d'un potentiel combatif très élevé, mais nous n'en attaquâmes pas moins les Anglais, qui se trouvèrent entourés et pris par surprise. »

Il n'est plus question de poursuivre l'opération *Venezia*, mais de sauver l'élite motorisée de la *Panzerarmee* qui risque l'annihilation pure et simple. Puisqu'on ne peut ni enfoncer la ligne de Gazala ni parvenir sur la route côtière, il faut donc envisager une autre solution.

Les colonnes mobiles des FFL de Bir Hacheim.

Un espoir vers l'ouest ?

Bir Hacheim résiste toujours, épine menaçant les convois de ravitaillement de l'Axe qui ne peuvent atteindre sans risques les forces mobiles. L'*Afrika Korps*, cerné de toutes parts et le dos aux champs de mines anglais – ces derniers couverts par les tirs du « box » de la *150th Brigade* à Gott el-Oualeb –, est en passe d'être réduit à néant faute d'approvisionnement. Pourtant, dans la nuit du 29 au 30, les colonnes de la logistique parviennent à situer les panzers et à leur apporter de précieux approvisionnements, après dix-neuf heures de traversée périlleuses autour de Bir Hacheim. Deux autres ravitaillements – eau et munitions – parviennent aux troupes épuisées le 31 mai.

Les timides attaques anglaises n'entament en rien les défenses d'un adversaire qui semble pourtant à la merci de la *8th Army*. Auchinleck, porté par l'enthousiasme de Ritchie, et sur la foi des rapports reçus, câble pourtant depuis Le Caire : « Bravo la *8th Army* ! Finissez-le ! » Pourtant, après avoir renoncé à attaquer les Italiens le long de la route côtière, vers Tmimi, les Britanniques perdent un temps précieux à monter une attaque sur le « chaudron », qui ne sera finalement lancée que dans la nuit du 4 au 5 juin.

Rommel décide de mettre à profit ce délai pour aménager des lignes de ravitaillement vers l'ouest. Le Renard du désert joue son va-tout. Si la percée vers l'ouest échoue, c'en est fini de l'*Afrika Korps*… Un plan est arrêté avec l'aval de Kesselring : tenir défensivement le flanc est du « chaudron », sur des positions où les Pak peuvent étriller les blindés britanniques, pendant que l'armée aménage une sortie à travers les champs de mines, pour ensuite réduire un à un les « boxes » de la ligne de Gazala. Ce 30 mai est aussi marqué par une activité fiévreuse dans la zone du *10° Corpo* italien, qui, à force d'efforts, parvient vers 10 heures à se frayer un chemin à travers les champs de mines. La traversée par les colonnes de ravitaillement n'est pas sécurisée pour autant, car la zone est soumise aux tirs adverses.

9. TOBROUK : AU ZÉNITH DE LA GLOIRE

Les Stukas interviennent à Gott el-Oualeb.

Un premier tournant en faveur de Rommel

Assurer une ligne logistique sûre suppose d'anéantir le « box » de la *150th Brigade* à Gott el-Oualeb. Pour ce faire, le DAK devra livrer une bataille très disputée. La gravité de la situation n'échappe pas aux Germano-Italiens, mais ils gardent espoir et le moral est bon : l'initiative appartient à leur camp.

Bien plus, l'ennemi a déjà perdu des centaines de tanks et l'aviation de l'Axe domine les cieux. Tandis que la *Trieste* opère depuis l'extérieur du « chaudron », le premier assaut du *Panzer-Regiment 5* se solde par la perte de douze panzers. Le génie parvient à ouvrir des brèches dans le dispositif ennemi, mais la position n'est enlevée qu'après d'âpres corps à corps, et avec le concours des Stuka et des Paks. La gravité de la situation est telle que Rommel dirige en personne plusieurs assauts. Le 1er juin, la messe est dite : 3 000 Britanniques et 124 canons sont

Les tanks britanniques sont laminés.

capturés. Les lignes d'approvisionnement sont désormais assurées et l'*Afrika Korps* n'est plus enfermé dans le « chaudron ».

Rommel prend alors connaissance d'une mesure qui jette un temps le trouble au sein de son état-major. Si la guerre du désert n'échappe pas aux crimes de guerre isolés, elle reste largement une « guerre sans haine ». Pourtant, « c'est vers ce moment que nous prîmes connaissance d'un

9. TOBROUK : AU ZÉNITH DE LA GLOIRE

ordre émanant de la *4th Motor Brigade* qui prescrivait de ne donner ni à manger ni à boire aux prisonniers allemands ou italiens avant l'interrogatoire qu'ils devaient subir. Ce qui nous inquiéta. La guerre, déjà tragique, devait-elle atteindre un nouveau niveau d'amertume ? ». Mais l'incident reste sans suite : « Le commandement britannique partageait sans doute mon opinion, poursuit Rommel, puisque cet ordre devait être rapporté sur notre demande. »

Il faut parachever la mise en sécurité des lignes de communication. Rommel, assisté de Bayerlein, en qualité de chef d'état-major depuis le 1er juin (Gause est blessé), lance la *Trieste* et la *90. leichte-Afrika-Division* sur Bir Hacheim. Le reste du DAK se redéploie vers l'est, attendant toujours une contre-attaque d'envergure de la *8th Army*. Mais, les 2 et 3 juin, une tempête de sable s'abat sur le champ de bataille, ralentissant les opérations. Ces journées sont mises à profit pour récupérer les panzers endommagés et les remettre en état.

Le 5 juin, Ritchie pense que la *Panzerarmee* est mûre pour la destruction et il déclenche enfin *Aberdeen*, une offensive qui se veut décisive, mais est très mal coordonnée. Les combats sont âpres. Rommel rameute des unités occupées à réduire le « box » de Bir Hacheim. Le lendemain, une contre-attaque du DAK balaie les unités d'infanterie britanniques et quatre régiments d'artillerie. Trois mille cent hommes sont capturés.

Les Britanniques perdent en deux jours 218 tanks et 133 pièces d'artillerie et antichars, les Germano-Italiens restant de surcroît maîtres du terrain. C'est un nouveau désastre pour la *8th Army*.

Bir Hacheim : Rommel en échec ?

Le camp retranché de Bir Hacheim, dont la défense est assurée par la 1re brigade des Français libres du général Koenig, constitue l'extrémité sud de la ligne de Gazala. Les premiers combats ont commencé le 27 mai, se concluant par la défaite sans appel d'une colonne de blindés de l'*Ariete*. Ils sont ininterrompus jusqu'au 10 juin. Le 2 juin, après la chute du « box » de Gott el-Oualeb, Rommel, décidé à faire neutraliser

ROMMEL

Bir Hacheim qui menace encore ses lignes de ravitaillement, organise un *Kampfgruppe* constitué d'unités de la *90. leichte*, de quelques blindés de l'*Afrika Korps*, de l'*Aufklärungs-Abteilung 33* et de la division *Trieste*. Les *Pionier Bataillonen 33, 200* et *900*, sous le commandement de l'*Oberst* Hecker, ainsi que la *Kampstaffel* Kiehl, l'escorte de Rommel, sont également de la partie. Pourtant, les Français tiennent. Koenig repousse les ultimatums réitérés des Italiens, puis de Rommel, qui le somment de se rendre. Alors que l'opération *Aberdeen* fait rage plus au nord, les combats pour Bir Hacheim s'éternisent pendant plus d'une semaine. Rommel réclame et obtient un soutien massif de la Luftwaffe, qu'un Kesselring pressé d'assister à la chute de Tobrouk pour lancer *Herkules* s'empresse de lui accorder.

Las, Koenig tient la dragée haute à Rommel. Kesselring s'insurge contre la lenteur des opérations à Bir Hacheim, d'autant que la Luftwaffe assure un effort important. Il suggère d'engager les panzers, un procédé qui serait suicidaire dans des champs de mines solidement défendus. « De toute évidence, écrit Rommel, il ne pouvait se rendre compte des difficultés que nous avions à vaincre. »

Dans la nuit du 10 juin, ayant rempli leur mission avec brio en tenant leurs positions pendant onze jours, les Français libres évacuent Bir Hacheim[1]. Rommel ne cache pas son admiration devant « l'admirable exploit de la part des défenseurs » et reconnaît les qualités de Koenig.

Mais il tient sa victoire : les lignes de communication germano-italiennes sont désormais assurées. Avec la chute de Bir Hacheim, le second acte de la bataille de Gazala peut commencer.

---

1. La résistance héroïque des FFL, qui n'affrontent pas le gros de l'*Afrika Korps* alors engagé contre les Britanniques, n'a en rien changé le cours de la bataille, qui tourne en faveur de la *Panzerarmee Afrika*. Cette résistance prolongée n'a nullement permis le rétablissement britannique sur El-Alamein. Les FFL ont pourtant incontestablement mené un magnifique combat, dont le retentissement mondial aura suffi à la pérennité de l'exploit.

9. TOBROUK : AU ZÉNITH DE LA GLOIRE

« *Knightsbridge* » : nouvel exploit de l'*Afrika Korps*

Alors qu'une partie de la *Panzerarmee* affronte les FFL, la *8th Army* reste une force redoutable, occupant encore la portion nord de la ligne de Gazala, ainsi que les « boxes » de *Knightsbridge* et d'El-Adem. Le 11 juin, son flanc sud sécurisé après la chute de Bir Hacheim, Rommel lance la *90. leichte-Afrika-Division* vers Ed-Duda et les dépôts de Belhammed, et la *15. Panzer-Division* et la *Trieste* en direction

La victoire est en vue pour l'*Afrika Korps*.

Les soldats du DAK remportent une grande victoire à Tobrouk.

Les reporters et les cameramen sont présents pour l'interview du Renard du désert au sommet de sa gloire.

9. TOBROUK : AU ZÉNITH DE LA GLOIRE

d'El-Adem. La *21. Panzer-Division* et l'*Ariete* gardent leurs positions sur le flanc nord du « chaudron » pour fixer les unités britanniques qui leur font face.

Les effectifs en blindés et en artillerie de la *8th Army* ont fondu comme neige au soleil. Le 12 juin, la bataille de chars de « *Knightsbridge* » est particulièrement funeste pour l'arme blindée anglaise, qui se fait de nouveau étriller : 138 tanks sont détruits[1]. Rommel a bien failli ne pas savourer ce succès, car il est pris à partie par des Stuka, contraints de se délester de leurs bombes pour esquiver des chasseurs anglais en maraude ! « Une fois de plus, Bayerlein, le conducteur et moi-même sortîmes indemnes de l'aventure. »

L'*Afrika Korps*, en danger d'annihilation dans le « chaudron » deux semaines plus tôt, a désormais remporté la bataille. Plus rien ne semble désormais pouvoir enrayer la progression de Rommel : le 15, El-Adem tombe ; le 19, Tobrouk est investi. Rommel, déterminé à prendre l'ennemi de vitesse, informe le *Comando Supremo* que le gros des forces de la *8th Army* est vraisemblablement en train de se replier au-delà de la frontière : « Il s'agissait de nous emparer de la forteresse pendant que le moral des soldats britanniques était encore sous le coup de la victoire que nous venions de remporter dans le désert », écrira-t-il plus tard.

Tobrouk : l'heure de gloire de Rommel

À l'aube du 20 juin, les forces de Rommel sont sur leurs positions d'attaque devant Tobrouk[2]. Les Italiens mèneront l'assaut à gauche, avec les divisions *Ariete* et *Trieste* ; les *15.* et *21. Panzer-Divisionen*, assistées des fantassins de la *15. Schützen-Brigade*, formeront l'aile droite du dispositif d'attaque. L'assaut débute à 5 h 20, sous les yeux d'un Rommel pour lequel l'heure de la revanche de 1941 a sonné. L'aviation et l'artillerie – les Allemands

1. Le 13 juin, on ne compte plus que 70 chars en état au sein de la *8th Army* pour 248 engins le 14 juin, avec les tanks parvenus en renforts.

2. Le commandement de la place forte de Tobrouk, soit 30 000 hommes appuyés par au moins 61 chars d'infanterie et un certain nombre de *Cruisers*, est assuré par le général Klopper, le commandant de la *2nd South African Division*, jusque-là épargnée par les combats.

ont retrouvé des stocks abandonnés sur place depuis le repli consécutif à *Crusader* – ouvrent la danse. Les forces aériennes soutiennent l'assaut de tout leur poids : il y aura 765 sorties de la Luftwaffe et de la Regia Aeronautica. Quatre cents tonnes sont larguées en un temps relativement court sur un front assez étroit. L'artillerie de la *Panzerarmee* pulvérise les lignes adverses. Les pionniers aménagent alors des passages à travers les champs de mines et dans le réseau de barbelés, puis comblent le fossé antichar.

À 8 heures, l'*Oberst* Crasemann informe Rommel que la *15. Panzer* a opéré une brèche. En s'y engouffrant dès 8 h 30, les chars de l'unité devancent de peu ceux de leurs camarades du *Panzer-Regiment 5* de la *21. Panzer*, division qui a toutefois l'honneur d'avoir réalisé la première percée.

Rommel est aux premières loges, stimulant la troupe de sa présence. « Accompagné de ma *Gefechtsstaffel*, je traversai le secteur tenu par l'*Ariete* et pénétrai dans celui de la *15. Panzer*. J'atteignis en auto blindée le couloir ménagé dans les champs de mines ; il était soumis au violent pilonnage de l'artillerie britannique, qui provoquait de sérieux embouteillages. J'envoyai immédiatement en avant l'*Oberleutnant* Berndt, avec mission de rétablir une circulation normale des véhicules ; puis, une demi-heure plus tard, accompagné de Bayerlein, je franchis moi-même le fossé antichar et inspectai deux ouvrages récemment conquis. » La bataille de chars fait alors rage…

Les combats pour réduire les positions défensives bétonnées sont certes disputés, mais l'intervention de l'artillerie de l'Axe et une bonne coordination interarmes au sein de l'*Afrika Korps* font de nouveau la différence. Après la percée du périmètre, c'est la ruée en avant sur un terrain dépourvu de couvert : rien ne semble pouvoir arrêter les Allemands.

La crête de Pilastrino constitue le premier objectif de l'après-midi pour la *15. Panzer*. Pendant ce temps, la *21. Panzer* surplombe maintenant la ville de Tobrouk et sa rade. À 14 heures, Rommel, juché sur son camion de commandement, observe en personne l'objectif tant convoité, qui s'est refusé à lui l'année précédente. « J'accompagnai l'assaut de

9. TOBROUK : AU ZÉNITH DE LA GLOIRE

l'*Afrika Korps* au-delà du carrefour [de Sidi Mahmoud], raconte-t-il. L'unité assaillante était soumise au feu nourri du fort Pilastrino et des nids de résistance situés sur les contreforts du djebel. Des navires britanniques s'efforçaient de quitter le port de Tobrouk. Les Anglais, apparemment, tentaient d'évacuer leurs troupes par mer. Sans tarder, je fis mettre en batterie des pièces de *Flak* et d'artillerie, qui coulèrent six unités navales. »

Pour tous les soldats de l'*Afrika Korps*, l'émotion est à son comble : Tobrouk, enfin ! Les barrages routiers sont bousculés. En fin de journée, la *21. Panzer* fonce vers la ville, écrasant les poches de résistance pour déboucher sur le port, tandis que retentissent les explosions des destructions opérées par la garnison. À la nuit tombante, alors que les combats se poursuivent dans Tobrouk même, les Allemands tiennent fermement en main le port tant convoité. Recrus de fatigue, les soldats de Rommel savourent un peu de repos.

C'est au petit matin que le Renard du désert fait son entrée dans la ville. Moment de gloire tant attendu, qu'il savoure indubitablement avec une rare émotion. « À 5 heures, le 21 juin, j'entrai dans la ville de Tobrouk. Elle offrait un spectacle lugubre. À peu près toutes les maisons étaient rasées ou ne formaient plus qu'un monceau de gravats, mais la plupart des destructions remontaient au siège de 1941 [...]. Des deux côtés de la via Balbia, de nombreux véhicules continuaient de se consumer et, partout, ce n'étaient que scènes de destruction et de chaos. »

Klopper semble dépassé par les événements. Ni lui ni Ritchie ne s'attendaient à devoir subir un assaut aussi rapidement. À 9 h 40, Rommel le rencontre en personne sur la via Balbia, à environ 6 kilomètres à l'ouest de Tobrouk. L'Allemand ne fait aucunement montre de la dignité qu'on aurait été en droit d'attendre de lui en pareil moment. Il laisse exploser sa rage devant le spectacle des destructions. Le butin est pourtant important et sa colère n'est qu'en partie justifiée, car il s'est emparé de suffisamment d'approvisionnements pour pouvoir envisager une poursuite des opérations en Égypte. Il se montre davantage

Rommel, accompagné de Bayerlein, immortalisé dans une rue de Tobrouk.

chevaleresque lorsque, en reconnaissance de la vaillance de ses adversaires, il remet au *Brigadier* Willison un Union Jack appartenant à sa *32nd Army Tank Brigade*.

La plus grande gloire du Renard du désert

Toute résistance cesse à 16 heures. Le port, saisi intact, n'a subi aucun dommage, car les Britanniques ont été pris de court. Trente-trois mille hommes se rendent aux Germano-Italiens. La *Panzerarmee Afrika* s'est emparée de vastes quantités de vivres, de matériel, de véhicules, de munitions et surtout de carburant. Des dizaines de chars et de canons et près de 2 000 camions ont été saisis intacts.

9. TOBROUK : AU ZÉNITH DE LA GLOIRE

Le moment du triomphe, immortalisé par les équipes de photographes de la propagande, est brillamment orchestré par Rommel. Il convoque un correspondant de guerre et annonce : « Aujourd'hui, mes troupes ont couronné leurs efforts par la prise de Tobrouk. Le soldat peut mourir mais la victoire de la nation est assurée. » Sa foi en le Führer est encore intacte…

La récompense est immédiate : Hitler élève Rommel à la dignité de *Generalfeldmarschall*, rang auquel il est le plus jeune de l'armée à accéder, à cinquante ans à peine. Pour le Führer, son favori est la personnification du soldat de la Wehrmacht victorieux. Le vainqueur semble démontrer que la volonté prime sur la supériorité matérielle de l'adversaire, ce qui est un élément essentiel de la victoire, ainsi que le claironne le ministère de la Propagande[1].

Fort de sa victoire dans le désert et de la saisie d'un butin important, Rommel demande l'autorisation d'exploiter le succès en pénétrant en Égypte. Cette poursuite de l'offensive nécessite l'appui de la Luftwaffe, au détriment de l'attaque contre Malte. Comme il a coutume de le faire, Rommel joue de sa position privilégiée en en appelant directement au Führer. Il reçoit le soutien attendu d'Hitler qui affirme à Mussolini, lui aussi contacté par Rommel, que « la déesse de la victoire ne sourit qu'une fois aux commandants ». Rommel fait donc fi des objections de ses supérieurs directs en Afrique, Kesselring et Bastico. Les esprits s'échauffent et Rommel va même jusqu'à inviter ce dernier à dîner avec lui au Caire. La décision des deux dictateurs est toutefois sans appel : Rommel obtient gain de cause. *Herkules* est finalement reportée *sine die*.

---

[1]. La chute de cette modeste ville a un retentissement mondial. Alors que les désastres de Singapour et de Birmanie sont encore tous récents, le Premier Ministre Churchill considérait le combat pour cette forteresse comme le symbole de la volonté du Royaume-Uni de se battre jusqu'à la victoire.

LE MIRAGE ÉGYPTIEN

10

10. LE MIRAGE ÉGYPTIEN

Aux portes d'Alexandrie

Le *Generalfeldmarschall* fraîchement promu est euphorique. L'Égypte semble mûre pour être conquise : il peut légitimement s'imaginer dans la lignée d'Alexandre et de Bonaparte. « Au cas où nous réussirions à détruire les restes en mauvais état qui avaient échappé à la bataille [...] il ne resterait rien aux Britanniques pour nous fermer l'*Égypte* ou arrêter notre avance sur Alexandrie et le canal de Suez. » Si Rommel parvenait à devancer les Britanniques qui rameutent leurs forces déployées au Proche-Orient, l'éclatante victoire obtenue en Libye serait parachevée. Tous veulent en être. En premier lieu Mussolini : le dictateur n'entend pas concéder tous les lauriers à son allié germanique : il a atterri à Derna avec son cheval blanc, bien déterminé à effectuer son entrée triomphale au Caire. Gause, qui n'est pourtant pas encore remis de sa commotion, a lui aussi rejoint la *Panzerarmee Afrika* victorieuse : il « n'a pu demeurer plus longtemps à l'arrière », écrit Rommel. Le sinistre SS Walter Rauff, qui a semé la terreur en Union soviétique, ne tarde pas non plus à arriver en Libye : la Solution finale est aussi programmée contre les Juifs du Moyen-Orient[1]...

Rommel franchit donc la frontière égypto-libyenne le 23 juin. Dans une rhétorique qui serait de nature à plaire à Hitler, il estime que la victoire sera accordée au camp qui montrera la volonté la plus forte. Comme à l'accoutumée, il mise sur la rapidité de mouvement – « la vitesse est maintenant la grande affaire », écrit-il à sa femme, et il n'a de cesse de stimuler l'ardeur de ses hommes, ses *Afrika-Kämpfer*. Ses fidèles soldats s'élancent vers l'est montés à bord d'engins britanniques : le butin providentiel saisi à Tobrouk, alors que les véhicules de facture allemande sont à bout de souffle. Le confort que Rommel s'accorde en ces heures décisives reste spartiate, davantage qu'à son habitude : « Je campe dans la voiture avec Gause. » Si les repas sont satisfaisants, sans nul doute agrémentés de ces mets en conserve si prisés saisis sur l'ennemi, la toilette est réduite à sa plus simple expression. La proximité de la côte lui permet néanmoins de faire quelques

---

1. Une réalité de nature à relativiser l'idée que la guerre du désert serait une « guerre sans haine ».

plongeons avant que la guerre ne reprenne ses droits. Rassuré par la tournure que prennent les événements, et par ailleurs épuisé après des semaines sur la brèche, il n'éprouve absolument aucune difficulté à s'endormir.

Las ! En dépit de la saisie de stocks importants, l'approvisionnement des unités caracolant en tête de la progression n'est pas assuré, et l'*Afrika Korps* souffre de pénurie d'essence. La Desert Air Force soumet en effet les colonnes germano-italiennes à des *strafing* et à des bombardements incessants. Une nouvelle donne avec laquelle Rommel va devoir désormais compter. Si le Renard du désert est exténué, il parvient à puiser l'énergie nécessaire, car il sent que la victoire est proche. Partout, ce ne sont en effet que signes de la défaite de l'ennemi.

L'incroyable succès de Mersa Matrouh

Il pense donner le coup de grâce à l'ennemi à Mersa Matrouh : « Nous espérons lancer notre attaque aujourd'hui contre ce qui reste de l'ennemi », écrit-il le 26 juin. La bataille, qui se déroule du 27 au 29 juin dans ce qui fut la principale base de la *8th Army* à l'ouest du Nil, est des plus étonnantes. Auchinleck[1], d'abord décidé à mener le combat décisif encore plus à l'est, à hauteur d'El-Alamein, tergiverse pour finalement accepter le combat : on verra bien comment évolue la situation.

Une bataille particulièrement confuse y est engagée. Rommel lance non sans hardiesse la *21. Panzer* et la *90. leichte* au centre du dispositif adverse, dans l'idée d'opérer une manœuvre désormais classique d'encerclement. Comme il frappe, sans le savoir, dans le point faible du dispositif adverse, il espère détruire la *1st Armoured Division* positionnée au sud des défenses britanniques. Isolée, la garnison de Mersa Matrouh sera ensuite aisément neutralisée. La chance sourit à l'Allemand : des rapports erronés poussent Auchinleck à ordonner un repli. Les Britanniques manquent alors d'exploiter l'incroyable opportunité qui s'offre à eux : anéantir le DAK isolé au cœur de leur dispositif. Pis, le *XIIIth Corps* entreprend la manœuvre sans en

---

1. Il prend la décision d'assumer en personne le commandement de la *8th Army* en sus de ses responsabilités de commandant en chef au Moyen-Orient.

10. LE MIRAGE ÉGYPTIEN

Mersa Matrouh : la dernière victoire.

aviser le *Xth*, qui reste donc isolé dans la forteresse pour affronter la *Panzerarmee* ! La confusion règne au sein même du *XIIIth Corps* de Gott : les Néo-Zélandais, dont on croit la division détruite, sont abandonnés à leur sort. Ils parviennent toutefois à s'extraire de la nasse, forçant leur passage après un corps à corps d'une rare violence. Rommel échappe de peu à la mort, puisque son propre PC est pris dans la tourmente et que de nombreux engins sont la proie des flammes. « J'en eus rapidement plus qu'il ne m'en fallait et j'ordonnai à mon état-major de se replier vers le sud-est. » Il justifie pleinement le risque apparemment insensé qu'il a pris en sa qualité de chef d'armée[1]. Il reste que le Renard du désert est à nouveau passé très près d'un désastre et que

1. Comme Patton, il estime qu'« il est des moments – tout particulièrement – où le commandant en chef a sa place avec la troupe et non plus avec son état-major ». L'effet sur le moral de la troupe est d'autant plus fort que l'officier est un haut gradé, surtout en des circonstances exceptionnelles et, ajoute Rommel qui sait de quoi il parle, « plus encore si ce chef a eu la bonne idée de se bâtir une légende ».

225

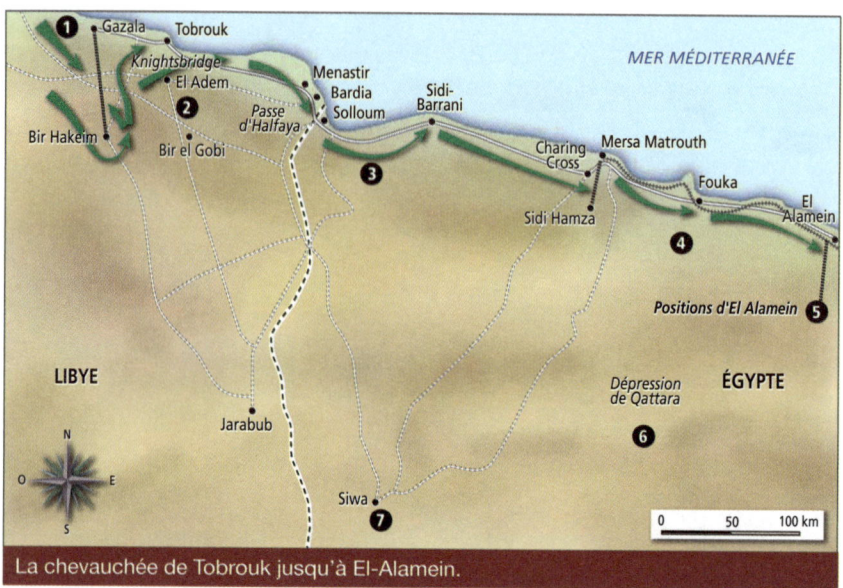

La chevauchée de Tobrouk jusqu'à El-Alamein.

la chance a encore tourné en sa faveur, ce qui ne peut que le conforter dans l'idée que son armée est invincible.

La forteresse de Mersa Matrouh résiste avec énergie jusqu'au matin du 29 juin, avant de livrer 6 000 prisonniers. Ce nouveau succès permet à Rommel de lancer l'*Afrika Korps* en profondeur en Égypte. Il se confie ce jour-là à sa femme, à laquelle il écrit cette lettre empreinte d'optimisme : « Très chère Lu, maintenant que la bataille de Mersa Matrouh a été remportée, nos avant-gardes sont à 200 kilomètres d'Alexandrie. Il y aura encore quelques autres batailles à mener avant que nous n'atteignions notre but, mais je crois que le plus difficile est derrière nous. » La Seconde Guerre mondiale est à un tournant crucial : la position de l'Empire britannique au Moyen-Orient va-t-elle s'écrouler tel un château de cartes ?

C'est pendant ces journées de course épique en direction du delta du Nil qu'Otto Henning, le jeune soldat de l'*Aufklärungs-Abteilung 580*,

10. LE MIRAGE ÉGYPTIEN

revoit Rommel auprès de son PC. Le jeune soldat gare sa VW à distance de sécurité pour déposer le *Leutnant* Liebrecht, convoqué par le Renard du désert. Il surprend ce dernier passant un savon digne d'une scène de caserne à un Liebrecht coiffé d'un casque colonial anglais. Henning observe son *Leutnant* devenir rouge de confusion, tenant désormais le casque colonial à la main. Lorsque Liebrecht remonte dans la VW, il reste coi et nu-tête, ne disant mot de ce qui est survenu. Rommel sait toujours se montrer rude à l'occasion.

El-Alamein : l'ultime obstacle avant le triomphe

Le 29 juin, les nouvelles que Rommel reçoit en provenance de la *90. leichte-Afrika-Division* sont des plus satisfaisantes, car l'unité a atteint un lieu-dit appelé Sidi-Abd-el-Rahman, dont la mosquée blanche offre un repère remarquable. Le lendemain vers midi, soumise à des tirs d'artillerie de plus en plus nourris, la division vient d'atteindre la position défensive d'El-Alamein, appelée à passer à la postérité. Impossible à contourner, elle est naturellement forte. Les 60 kilomètres du front sont délimités au nord par la mer et au sud par la dépression de Qattara, ses sables mous et ses lacs salés réputés infranchissables[1]. « À quelle distance est encore Alexandrie ? » demande un soldat allemand. « D'ici, cela fait encore 85 kilomètres », répond un de ses camarades, et tous d'espérer atteindre la fameuse métropole égyptienne dès le lendemain.

La retraite britannique a été si rapide que Rommel n'a pas d'information précise sur le dispositif de l'ennemi[2]. Persuadé de pouvoir bousculer une nouvelle fois la *8th Army*, comme à Mersa Matrouh, il n'en a cure : il veut prendre les Britanniques de vitesse, comme à Tobrouk en 1941. Ses services de renseignements lui ont en revanche appris que les Américains pensent

---

1. Il n'y a donc aucune véritable opportunité de manœuvre d'enveloppement sur un flanc ouvert au sud, comme durant *Crusader* ou à Gazala.

2. Il ignore que la *1st South African ID* est alors sur la ligne de front. Quant au *Xth Corps*, soit 25 000 fantassins et une centaine de chars, il n'est pas déployé à El-Alamein comme il le pense, mais il assure la défense du Delta.

que la cause est entendue en Égypte[1]. Le moment paraît donc opportun. Une rumeur colporte que le maréchal favori d'Hitler a déjà réservé une chambre au Shepheard… Dans la capitale égyptienne, des dossiers sont prématurément brûlés dans l'enceinte du quartier général allié au Caire. Un événement qui marque les esprits au point de baptiser ce jour le « mercredi des Cendres ». Pour Hitler, la victoire ne fait pas l'ombre d'un doute : il enjoint à Ribbentrop de ne pas se soucier d'envoyer le moindre représentant en Égypte lors de l'entrée à Alexandrie et au Caire, car la gloire et l'aura de Rommel sont telles qu'il serait absurde que le ministère des Affaires étrangères interfère dans un pareil moment.

Une *8th Army* vaincue d'avance ?

Pourtant, en considérant le rapport des forces en présence, la panique qui règne à ce moment-là dans le camp britannique a tout lieu de surprendre. Les forces de Rommel sont surestimées, puisque les Britanniques pensent que 30 000 Allemands sont en ligne contre leurs 20 000 soldats, alors qu'ils sont moins de 4 000 en réalité, auxquels s'ajoutent quelques milliers de fantassins italiens. En réserve, pour contrer les 55 panzers et les 15 chars italiens, Auchinleck dispose de la *1st Armoured Division*, qui rassemble la majeure partie des tanks[2], mais le moral de l'unité est quelque peu ébranlé, suite aux revers désastreux accumulés depuis un mois. La supériorité est tout aussi marquée dans le domaine de l'artillerie, encore Rommel peut-il s'estimer heureux d'être en mesure de déployer des dizaines de pièces anglaises de 25 *pounder* capturées. La réorganisation qu'entreprend par ailleurs Auchinleck est facilitée par deux éléments faisant jusqu'alors défaut : la supériorité aérienne de la Desert Air Force, qui effectue 15 400 sorties du 1er au 26 juillet, soit trois fois plus que le mois précédent, et la disponibilité du canon de 6 *pounder*, en quantité de plus en plus importante, permettant ainsi aux batteries de 25 *pounder* de ne plus être engagées

---

1. Le 30 juin, les services de renseignements allemands ont décodé un message du colonel américain Fellers, en poste à l'ambassade des États-Unis au Caire.

2. Environ 150 tanks sont déployés à El-Alamein, dont une centaine de M3 Grant. Ce tank, le meilleur de l'arsenal de la *8th Army*, est alors baptisé ELH pour Egypt's Last Hope, « le dernier espoir de l'Égypte ».

L'artillerie est en grande partie composée de pièces de prise.

Une nouvelle donne : la Desert Air Force domine le ciel.

dans un rôle antichar. Enfin, alors que les soldats de Rommel sont épuisés, des troupes fraîches et solides vont pouvoir renforcer la *8th Army* : après les Néo-Zélandais, ce seront les Australiens.

Si 250 panzers sont dans les ateliers en Libye, Rommel ne peut en revanche bénéficier d'aucun renfort important dans l'immédiat, et surtout pas d'un appui du *Heeres-Gruppe A* de Kleist, qui attaque en direction du Caucase en juillet 1942. Dans l'hypothèse où les panzers franchiraient l'obstacle et s'empareraient de Bakou, l'invasion de l'Iran serait une campagne à elle seule, alors que la guerre contre l'Union soviétique accapare déjà toutes les ressources disponibles. Pourtant, cette question ne cesse d'empoisonner l'esprit d'Auchinleck. Le 12 juillet 1942, le Premier ministre lui fait observer que les menaces conjointes des Japonais en Extrême-Orient et des Allemands en Égypte ont dépouillé le front de la Syrie à l'Iran de ses forces vives, et que la seule façon d'y remédier est d'écarter définitivement la menace que représente Rommel.

1ᵉʳ juillet : la bataille d'El-Alamein commence

L'atmosphère est tellement détendue et l'assurance est telle que même les officiers supérieurs expérimentés de l'*Afrika Korps* n'expriment aucun doute sur la possibilité de parcourir plus de 50 kilomètres dans l'obscurité avant le petit matin. Rommel quitte en personne son PC d'El-Daba vers 2 h 30. Mais le DAK est retardé par un escarpement difficile à franchir : l'attaque devra être reportée de plusieurs heures. On rapporte alors qu'un soldat déclare qu'il ne manque plus qu'un bombardement aérien pour que leur misère soit complète ; c'est précisément ce qui va arriver.

Au centre du front, Rommel découvre que l'ennemi a établi un « box » à Deir el-Shein, à l'extrémité de la crête de Ruweisat. Alors que la *15. Panzer* mène un assaut frontal, la *21. Panzer* se heurte à d'autres positions défensives établies sur le versant nord de la crête. Deux

10. LE MIRAGE ÉGYPTIEN

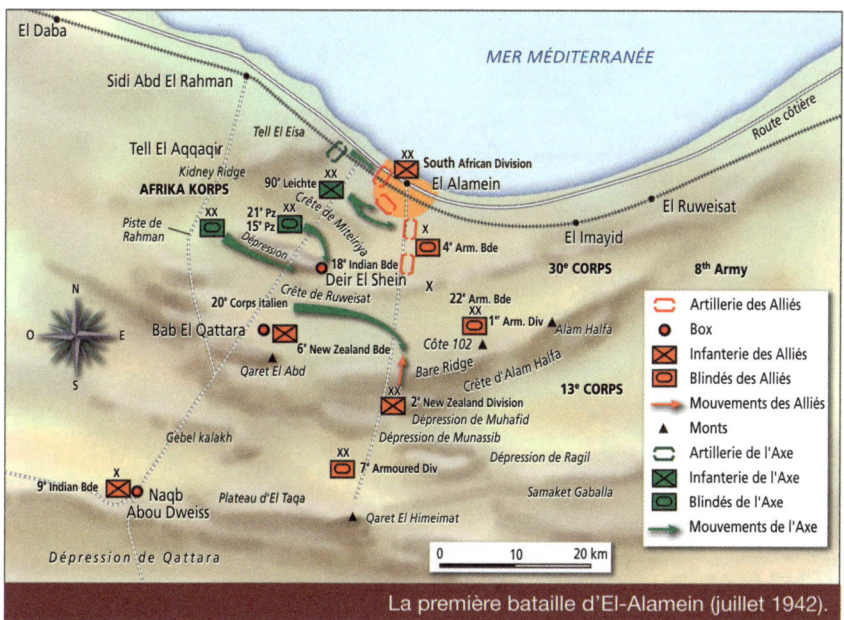

La première bataille d'El-Alamein (juillet 1942).

prisonniers britanniques sont envoyés par Rommel pour demander la reddition de la brigade. Comme à Bir Hacheim, la manœuvre échoue : l'offre est immédiatement refusée. La position britannique n'est finalement enlevée qu'à l'issue d'un affrontement disputé qui retarde le DAK, qui n'a plus que 37 panzers en état. Si 2 000 nouveaux prisonniers tombent entre ses mains, Rommel, qui a perdu un temps précieux, semble peu inspiré dans sa conduite des opérations en cette journée pourtant si décisive.

De son côté, dans une manœuvre dont elle est coutumière, la *90. leichte* tente d'envelopper le « box » d'El-Alamein. Les soldats fourbus sont accueillis par un déluge de feu. Un khamsin providentiel leur permet de reprendre momentanément leur progression. Vers 13 heures, la division continue donc à se frayer un chemin au nord de la crête de Miteiriya, à la grande satisfaction de Rommel venu assister en personne à l'avance de ses hommes.

Le *20° Corpo* doit se tenir prêt à exploiter la percée vers Alexandrie.

La puissance des forces de Rommel est sérieusement émoussée.

10. LE MIRAGE ÉGYPTIEN

Le maréchal allemand est alors emporté par une vague d'optimisme, puisqu'il annonce sans tarder au *20° Corpo* italien qu'il doit se tenir prêt à exploiter la percée en direction d'Alexandrie dans les deux heures. Le Renard du désert ignore qu'un officier italien plus réaliste écrira sur le message que la *Littorio* ne dispose que de 20 kilomètres de carburant. Toutefois, le matraquage d'artillerie est tel que la *90. leichte* est de nouveau stoppée dans son élan. C'est plus que ces valeureux *Afrika-Kämpfer* ne peuvent supporter : dans certaines unités, c'est la débandade… Répondant aux appels à l'aide, Rommel détache sa *Kampfstaffel* pour renforcer l'attaque. Montant à bord d'un engin blindé, il tente de rejoindre lui-même le front, mais il subit le même traitement que ses hommes et se voit contraint de passer de longues heures aplati sur le sol en compagnie de Bayerlein, son chef d'état-major.

Pourtant, en dépit des déconvenues de la journée, il reste confiant, d'autant qu'il a l'immense satisfaction d'apprendre que l'escadre d'Alexandrie a appareillé pour se mettre à l'abri dans les rades d'Haïfa ou de la mer Rouge.

À Berlin, l'euphorie est telle que le haut commandement de la Wehrmacht s'avance en faisant une déclaration pour le moins prématurée : « En Égypte, les divisions allemandes et italiennes, soutenues par des formations de bombardiers en piqué, ont percé les positions d'El-Alamein après une lutte acharnée. Elles sont maintenant lancées à la poursuite des forces britanniques défaites qui retraitent en direction du delta du Nil. »

La porte d'Alexandrie reste close[1]

Le 2 juillet, Rommel veut persévérer. L'*Afrika Korps* va tenter une nouvelle fois d'isoler le bastion d'El-Alamein. Pourtant, les combattants allemands sont à nouveau soumis au même feu d'enfer que la veille. Rommel réagit promptement en élaborant une nouvelle manœuvre : les deux divisions de panzers de l'*Afrika Korps* sont envoyées à la rescousse de la *90. Leichte-Afrika-Division*. Les unités italiennes sont donc seules pour couvrir le flanc sud.

---

1. L'offensive de l'Axe en Égypte a été joliment baptisée *Aïda*.

Peine perdue, le DAK, à nouveau retardé par des bombardements aériens incessants qui ont semé le chaos au sein des échelons logistiques, bute sur une défense acharnée. La *21. Panzer* rapporte avec consternation que les unités blindées anglaises qui lui sont opposées restent à distance respectable, au lieu de charger comme d'accoutumée. « J'exige une attaque énergique de l'ensemble du DAK ! » lance le Renard du désert. Ses exhortations et ses récriminations ne changent rien ; pis, il est pris au dépourvu par le désastre qui s'abat au sud sur la division *Ariete*, dont il admire pourtant les qualités combatives.

Le *Feldmarschall* doit ainsi compter avec un adversaire résolu à ne pas lui abandonner l'initiative. Des automitrailleuses britanniques mettent à profit une solution de continuité qui est apparue dans le front de la *Panzerarmee* pour se répandre sur ses arrières. La pénurie de munitions est telle que les pièces du *Gruppe* Zech tirent leurs derniers obus pour contrecarrer cette percée. On retrouve alors le Rommel rusé, capable d'imaginer toutes sortes d'expédients pour parer à une situation des plus délicates : le *Feldmarschall* ordonne de construire de fausses positions dotées de leurres de chars et de *Flak* de 88 factices.

Le 3 juillet, après avoir été lui-même soumis pendant des heures aux tirs de l'artillerie adverse, il doit se résoudre à stopper son offensive. Une décision qu'il prend bien malgré lui, car il sait que cela fait le jeu de l'adversaire. « Il nous fallait, bon gré mal gré, accorder à nos hommes quelques jours de repos, et essayer de combler les vides de nos effectifs. » De fait, Rommel, avec une poignée de panzers opérationnels et des bataillons aux rangs clairsemés, ne dispose plus des forces nécessaires à l'accomplissement de ses plans. Il écrit à son épouse qu'il est lui-même exténué. Il accuse le coup, reconnaissant qu'il est « dur d'avoir ainsi à piétiner à 90 kilomètres d'Alexandrie ». Mais ce n'est que partie remise.

Le *Feldmarschall* croit en effet encore que la victoire lui appartiendra. Il n'oublie pas de distribuer récompenses et compliments, conscient de l'effet moral sur ses hommes. Le *Hauptmann* Homeyer, chef de l'*Aufklärungs-Abteilung 580*, s'est ainsi acquitté de sa tâche avec brio, et Rommel le lui fait savoir. Le 3 juillet, alors qu'Homeyer s'apprête à

10. LE MIRAGE ÉGYPTIEN

Le DAK est contraint de passer à la défensive.

mener ses hommes dans la dépression de Qattara, Rommel lui annonce qu'il l'a recommandé pour la *Ritterkreuz*. Mais le *Hauptmann* de quarante-trois ans perd tragiquement la vie peu après, fauché par un obus qui explose près de son véhicule.

Rommel danse sur la musique d'Auchinleck

Renforcé, le chef de la *Panzerarmee Afrika* reprend l'offensive le 9 juillet. Il décide cette fois d'attaquer en force le flanc sud, au niveau du « box » de Kaponga, position qu'il découvre inoccupée. Il est étonné que les Britanniques aient concédé une telle position dominante et aussi bien fortifiée. Confiant, il s'entretient avec le général Bismarck sur la suite des opérations : la poursuite de la poussée vers l'est devrait entraîner la chute des défenses d'El-Alamein. C'est donc un Rommel détendu qui se couche le soir dans un bunker de la position conquise à peu de frais. Sans le savoir, il est tombé dans un piège ; le renard a trouvé plus rusé que lui.

ROMMEL

Le 10 juillet, en pleine nuit, il est réveillé par une violente préparation d'artillerie qui s'abat sur les lignes italiennes déployées au nord du front, face au « box » d'El-Alamein. Les positions italiennes s'effondrent, et si la journée ne se termine pas par un désastre total, c'est en partie grâce à l'énergique réaction de l'*Oberstleutnant* Mellenthin, qui reconstitue *in extremis* un front avec les premiers éléments de la *164. leichte-Division* nouvellement parvenus en Afrique, ainsi que des forces de l'état-major de la *Panzerarmee*. Le QG est sauvé de la destruction, mais les Australiens, ces vieux adversaires de Tobrouk, troupes fraîches en provenance de Syrie, s'emparent de la crête de Tell el-Eisa.

Rommel a tout lieu d'être inquiet : les Australiens peuvent menacer ses lignes de ravitaillement, tributaires de cette zone côtière. Accompagnant ses hommes, il dépêche donc des blindés depuis le sud du front, notamment son escorte, la *Kampfstaffel* Kiehl, sans parvenir à bouter l'adversaire hors de ses positions.

Rommel affronte un général talentueux, Claude Auchinleck.

10. LE MIRAGE ÉGYPTIEN

Ce 10 juillet 1942, sa plus grave déconvenue est l'anéantissement de l'unité de renseignements 621 commandée par le *Hauptmann* Seeböhm, qui lui permettait de connaître l'ordre de bataille de la *8th Army* et d'en identifier les différentes unités[1]. Jusqu'à présent, grâce à son service d'écoute, et sauf à attaquer prématurément comme le 1er juillet, il disposait d'une connaissance si précise de l'ennemi qu'il avait souvent une meilleure image de la situation que nombre de gradés alliés. Ce funeste 10 juillet, il s'enquiert auprès du *Leutnant* Wischmann s'il a établi la liaison avec la compagnie. Comme Wischmann répond par la négative, Rommel demande alors : « Où la compagnie est-elle positionnée ? » Lorsque le *Leutnant* le lui indique sur la carte, le *Feldmarschall* répond avec colère : « Alors, c'est fichu ! » Désastre confirmé peu après, lorsqu'est intercepté un message ennemi annonçant la capture de Seeböhm...

Les Italiens craquent

Rommel, contraint de renoncer à son offensive dans le sud du front, a concédé l'initiative. Le lendemain, 11 juillet, la reddition de l'intégralité d'un bataillon de la *Sabratha* le conforte dans son opinion que l'armée italienne n'est plus en état de combattre. Auchinleck a très bien saisi cette réalité et frappe délibérément la *Panzerarmee* sur son point faible : les Italiens. Tous les soldats allemands sont donc lancés dans le combat. « La place de chaque homme de la *Panzerarmee* est au front », claironne Rommel. Et il enjoint aux chefs de corps italiens de faire usage de la peine de mort sans hésiter, si nécessaire. Voyant peu à peu s'envoler ses rêves de conquête, son moral s'effondre, comme il ressort d'une lettre écrite à sa femme : « Les Italiens sont totalement inaptes au combat[1] et subissent une défaite après l'autre. Les troupes allemandes doivent constamment leur être intercalées. Je pourrais pleurer ! » Et de déplorer peu après que s'il ne peut compter que

---

1. La mainmise sur les documents de l'unité 621 fournit des informations essentielles aux Britanniques, confirmant notamment que les Allemands ont déchiffré le code diplomatique américain. D'autre part, ils apprennent l'existence d'un réseau de renseignements allemand établi en Égypte dans le cadre de l'opération *Kondor*.

sur ses Allemands, ceux-ci sont malheureusement trop peu nombreux pour tenir le front à eux seuls...

Le 12 juillet, la *21. Panzer-Division* contre-attaque donc. Un enfer de feu et d'acier stoppe les vétérans du DAK : les mitrailleuses australiennes tirent 80 000 coups, tandis que 17 000 obus sont tirés par les artilleurs australiens et sud-africains... Rommel entend cependant poursuivre l'effort dans le secteur nord durant les jours qui suivent : le « box » d'El-Alamein peut tomber.

Pourtant, ses plans sont une nouvelle fois contrecarrés par un nouveau désastre qui s'abat sur les Italiens, au centre du front cette fois-ci. L'attaque britannique, lancée dans la nuit du 14 au 15 juillet, vise la crête de Ruweisat, où la *Brescia* et la *Pavia* subissent une sévère correction ; mais les môles de défense italiens non neutralisés vont entraver la montée des renforts de l'ennemi. Ainsi, ayant rameuté des réserves de toutes parts, Rommel est à nouveau en mesure d'infliger un revers cuisant aux Néo-Zélandais, par ailleurs très mal soutenus par la *22nd Armoured Brigade* qui demeure l'arme au pied à Alam Nayil. La *15. Panzer-Division*, comptant moins de 25 chars et de 300 fantassins, constituait pourtant une proie largement à sa portée.

En revanche, à l'extrémité est de Ruweisat, la *5th Indian ID* tient le choc. En fait, les blindés allemands, attaquant le soleil de dos comme à leur habitude, tombent dans un piège, car 16 antichars habilement disposés attendent leurs proies. Les tankistes allemands ne sont attentifs qu'aux tanks qui restent à distance et mènent les chars allemands à leur perte. Soudain, les tirs croisés des pièces de 6 *pounder* frappent de trois côtés à la fois. Les Allemands sont pris à leur propre jeu de l'appât et du rideau antichar. Rommel continue en outre à faire l'amère expérience de la suprématie aérienne alliée ; le 16 juillet, il ne parvient au PC du DAK qu'après avoir subi tour à tour des tirs d'artillerie et des attaques aériennes. « Nos délibérations furent mouvementées, car, entre 6 et 15 heures, les avions anglais exécutèrent neuf attaques de bombardement à proximité immédiate du PC. »

1. Plus que le courage de ses alliés transalpins, c'est le matériel dont ils disposent qui le consterne : « Il y a de quoi voir les cheveux se dresser sur la tête, quand on voit avec quoi le Duce envoie ses hommes se battre. »

10. LE MIRAGE ÉGYPTIEN

Rommel doit parer à toutes les offensives ennemies.

La *Panzerarmee* surmonte la crise

Conscients de l'impasse dans laquelle semble s'être enferré leur bouillant subordonné, Kesselring et Cavallero entreprennent le voyage en Afrique. Les discussions animées débouchent sur la promesse d'efforts soutenus dans la logistique de la part des Italiens, bien que Rommel, de mauvaise foi, ne semble pas admettre la responsabilité que porte sa ruée vers l'Égypte dans cette situation inconfortable et dangereuse.

La pause dans les combats n'est que temporaire. Auchinleck attaque de nouveau le 22 juillet, l'effort principal étant dirigé dans le secteur de la crête de Ruweisat. Les troupes néo-zélandaises et les régiments de tanks britanniques[1], notamment ceux de la *23rd Armoured Brigade*, inexpérimentée et fraîchement arrivée d'Angleterre, subissent des pertes dramatiques. La scène ne manque certes pas de panache et

1. La *8th Army* dispose alors de 323 tanks, face à une centaine de blindés, dont à peine 38 panzers armés d'une pièce de 50 ou de 75 mm.

semble digne des plus belles pages de l'histoire de la cavalerie. Mais, très vite, les blindés, empêtrés dans les champs de mines, arrivent à portée des pièces antichars allemandes. Ce jour-là, Günter Halm, blessé, gît ensanglanté auprès de sa pièce antichar détruite. Mais ce jeune pointeur allemand de dix-neuf ans, à l'abri derrière le bouclier de son canon russe de 76.2, a participé à la mise hors de combat de 15 blindés anglais, exploit qui lui vaudra d'être décoré de la croix de chevalier de la croix de fer des mains de Rommel lui-même.

À l'extrême nord du front, les Australiens montent également à l'assaut avec la fougue qui les caractérise, mais les Italiens, épaulés par les Allemands, se révèlent plus coriaces que les jours précédents et le gain de terrain n'est pas très important. Lorsque les combats cessent, la *8th Army* a perdu environ 140 tanks. Pourtant, si Rommel n'a perdu que 3 panzers, son message adressé au *Comando Supremo* indique que « Nos pertes ont été très lourdes, particulièrement dans les unités d'infanterie, et la position est très critique. On peut se demander si le front dans son ensemble sera capable de tenir plus longtemps en face d'une telle pression. » Il est désormais convaincu qu'il ne dispose pas des forces suffisantes pour tenter une nouvelle attaque en direction du Nil, et s'estime chanceux si son armée parvient à se maintenir sur ses lignes[1]. Selon Behrendt, les attaques du 10 et du 27 juillet ont presque défait la *Panzerarmee*. C'est probablement conscient de la prouesse de ses troupes que Rommel adresse le même jour un vibrant message à la *Panzerarmee* : « Je vous exprime ma satisfaction à tous pour votre belle conduite au cours de notre défense victorieuse du 22 juillet. J'ai pleine confiance que toute nouvelle attaque de l'ennemi sera reçue de la même manière. » Un dernier assaut d'Auchinleck le 27 juillet échoue pareillement. Rommel a désormais surmonté la crise : il peut tenir pour acquis que son armée tiendra son front à El-Alamein. Mais, comme il l'observe lui-même, la victoire est avant tout celle de son adversaire, dont il reconnaît la valeur : l'Égypte est sauvée.

---

1. Rommel demande en urgence 36 *Flak* de 88 mm, 100 Pak 38, 20 pièces de 100 mm K17, ainsi qu'un millier de camions.

10. LE MIRAGE ÉGYPTIEN

La *Panzerarmee Afrika* se prépare pour le dernier assaut

Si Auchinleck savoure son succès, Rommel est moins serein ; conscient de l'impossibilité de reprendre l'offensive, il envisage de replier son armée sur une position plus facile à tenir. Mais le général Bastico lui enjoint de tenir à El-Alamein, car politiquement, tout repli est impensable. En outre, on lui assure que des renforts vont rejoindre l'Afrique du Nord.

Le mois d'août est donc consacré aux préparatifs d'une nouvelle offensive pour conquérir d'Égypte. La situation logistique reste cependant des plus préoccupantes ; la pénurie de matériel et le manque d'effectifs se font également sentir[1]. Rommel continue à réclamer une autre division motorisée, ainsi que la motorisation intégrale de la *164. leichte-Division*. Il souhaite en outre un renouvellement des effectifs : les hommes ayant servi plus d'un an en Afrique devraient être rapatriés et remplacés. Proposition sans doute moins formulée dans le souci du bien-être de ses *Afrika-Soldaten* que dans celui de disposer de troupes aptes à combattre dans les meilleures conditions… Il est préoccupé par ses effectifs en soldats allemands et il s'en ouvre à Gause : « Ce dont j'ai besoin ici, ce n'est pas de davantage de divisions italiennes – sans parler de la *Pistoia*, qui n'a aucune expérience du combat –, mais de soldats allemands et d'équipement allemand. Eux seuls me permettront par la suite de mener à bonne fin mon offensive. »

Fin août, la *Panzerarmee Afrika* compte 73 000 hommes et 519 chars, contre 693 tanks à la *8th Army*, mais sur ce chiffre, l'*Afrika Korps* n'aligne que 238 panzers. La Luftwaffe consent à fournir un effort important à partir de ses bases d'Afrique du Nord et de Crète, puisque 600 appareils sont opérationnels pour soutenir l'offensive. L'aviation italienne est pour sa part essentiellement engagée contre Malte.

---

1. Des renforts substantiels arrivent cependant : 800 camions, un nouveau contingent de blindés (76 Panzer III et 20 Panzer IV F2), le reliquat de la *164. leichte-Division*, la *1. Fallschirm-Brigade* du général Ramcke, destinée à l'origine à l'invasion de Malte, ainsi que plusieurs unités italiennes, dont la division parachutiste *Folgore*.

La santé chancelante du conquérant de Tobrouk

L'état de santé du Renard du désert se dégrade. Un léger malaise est survenu dès le début du mois de juillet, puis de violentes douleurs sont apparues. Il lui arrive de ne plus avoir la force d'écrire sa lettre quotidienne à son épouse. En août, le *Hauptmann* H. W. Schmidt, qui a longtemps servi à son état-major, est de retour en Afrique, mais au sein d'une unité combattante. Il demande et obtient l'autorisation de venir le saluer. Schmidt, qui veille à garer sa voiture sans que les traces de ses pneus trahissent la position du PC, découvre le site où s'est établi l'état-major : un ensemble de blindés de commandement partiellement enfouis et habilement dissimulés sous des filets de camouflage garnis d'épineux. Berndt lui annonce qu'il ne peut le recevoir ; le *Feldmarschall*, cloué au lit dans son véhicule, est assez mal en point. Il ne peut plus tenir debout que quelques heures par jour.

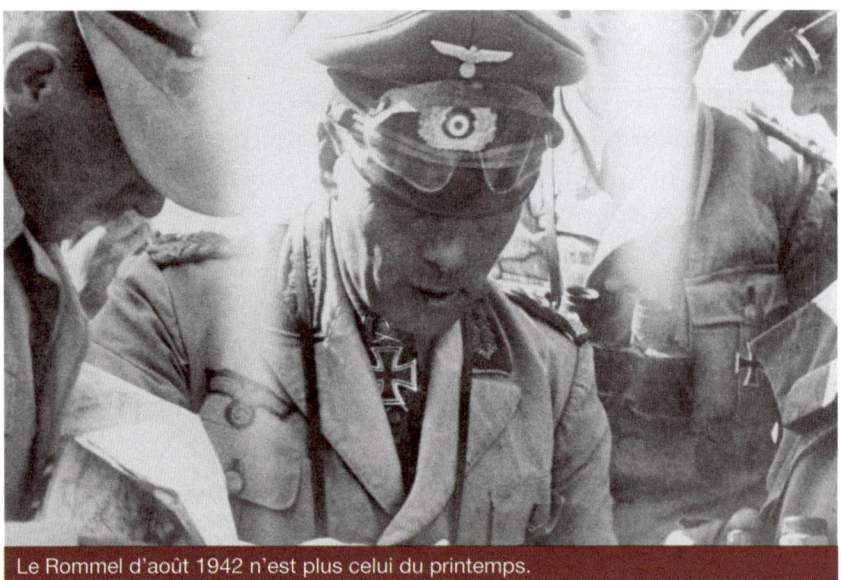

Le Rommel d'août 1942 n'est plus celui du printemps.

10. LE MIRAGE ÉGYPTIEN

Hermann Horster, éminent docteur de l'université de Würzburg, a été dépêché en Égypte pour traiter son cas. Comme les évanouissements deviennent de plus en plus fréquents, il est nécessaire d'informer Berlin des maux endurés par le *Feldmarschall*. Si Rommel avoue à sa femme qu'il souffre de tension artérielle et qu'un repos prolongé en Allemagne s'impose, l'*Oberleutnant* Berndt se montre plus disert dans un pli adressé à *Frau* Rommel : « En plus des symptômes de gros rhume et des malaises intestinaux ordinaires en Afrique, il a donné récemment des signes de fatigue qui ont causé beaucoup d'inquiétude à ceux d'entre nous qui étaient au courant. » Et de craindre les dangers d'un surmenage et de ses conséquences physiologiques si le *Feldmarschall*, frappé par une jaunisse et souffrant d'un mal de gorge, ne venait à prendre quelque repos.

Le climat aggrave son état de santé ; sous la chaleur accablante du soleil égyptien en été, il est certes difficile de rétablir ses forces. On y pare en partie en permettant à Rommel de bénéficier de la nourriture la plus saine qu'il soit possible d'obtenir : « Les avions apportent chaque jour des fruits et des légumes frais. Nous pêchons, tirons des pigeons, nous lui procurons des poulets, des œufs, etc., afin d'entretenir ses forces. » Chose plus facile à dire qu'à faire, de l'aveu même de l'*Oberleutnant*, car Rommel n'entend pas aussi aisément bénéficier d'un régime de faveur dans ses rations.

Rommel reste à son poste pour l'ultime offensive

Une chose semble certaine : il n'est pas dans l'état physique pour mener l'offensive. « Je ne quitterai certainement pas mon poste avant d'être en mesure de passer sans inquiétude la succession à mon remplaçant. On ne sait pas encore qui viendra. » Rommel pense-t-il que son état de santé pourrait compromettre les chances de l'offensive ? Décision surprenante de la part d'un tel chasseur de gloire. Le diagnostic est envoyé à Berlin le 21 août, et Rommel recommande pour le remplacer

Guderian, autre tacticien de la guerre de mouvement et promoteur de la *Blitzkrieg*. Mais cette demande est rejetée, Guderian étant tombé en disgrâce auprès du Führer depuis la bataille de Moscou en décembre 1941. Trois jours après, Berlin accepte son départ en cure et annonce que Kesselring le remplacera comme commandant suprême en Afrique, avec Nehring pour subordonné à la tête de la *Panzerarmee Afrika*. Or Rommel détestant Kesselring, il n'en faut pas plus pour le décider à rester. Il annonce donc à Keitel que son médecin l'autorise à assumer ses fonctions pour la prochaine offensive, s'il suit un traitement ambulatoire et à condition de « garder un replaçant sous la main ».

Rommel reprend donc ses activités. Schmidt finit par le revoir, le visage amaigri, mais il n'aurait pas soupçonné qu'il fût malade si Berndt ne le lui avait dit. Un *Oberst* fait un rapport lorsque le regard de Rommel croise celui de Schmidt. Il remercie alors l'officier supérieur et se dirige vers le *Hauptmann*, à qui il serre la main : « "Comment ça va, Schmidt ?" Rommel n'était pas démonstratif. Venant de lui, une poignée de main et un mot aimable en disaient plus long qu'un flot de paroles. Il ne parla d'ailleurs à personne d'autre. Dès qu'il s'éloigna, je sentis peser sur moi des faisceaux de regards curieux. Les "anciens" n'en revenaient pas de voir leur "jeune" faire l'objet de telles prévenances. »

Derniers préparatifs : l'écueil de la logistique

Rommel, placé à présent sous le commandement direct du *Comando Supremo* à Rome, est obligé d'attaquer au plus vite une *8th Army* qui ne cesse de se renforcer et qui est désormais commandée par un certain Bernard Montgomery, nouveau venu dans le désert. Toutefois, Rommel a besoin pour son offensive d'essence et de munitions. Les Italiens répondent à sa requête en envoyant des pétroliers et des cargos, mais, malheureusement, la plupart des navires sont envoyés par le fond[1]. L'armée dispose donc à peine de quoi satisfaire la moitié de ses besoins. La date de l'offensive est ainsi repoussée à plusieurs reprises,

10. LE MIRAGE ÉGYPTIEN

jusqu'à la nuit du 30 au 31 août. Lorsqu'il attaque, Rommel dispose *a priori* de suffisamment d'essence pour détruire la *8th Army*, mais pas pour s'enfoncer ensuite en profondeur en Égypte. Les deux divisions de panzers ont de quoi faire seulement 160 kilomètres.

La rapidité et l'effet de surprise sont les conditions *sine qua non* de la réussite de l'offensive. Le maréchal allemand attaquera dans le secteur sud de la ligne britannique, où les défenses sont moins étoffées. La marche d'approche s'effectuera de nuit, à la faveur de la pleine lune. Rommel escompte que ses troupes disposeront de sept heures pour parcourir 50 kilomètres en terrain inconnu et miné. Après avoir dépassé la crête d'Alam Halfa, les unités mobiles de la *Panzerarmee* obliqueront vers le nord, encerclant ainsi la *8th Army*. Une fois cette dernière isolée de ses lignes de communications, il ne restera plus qu'à l'anéantir, avant de foncer sur Le Caire et Alexandrie, aux approches desquels il entend limiter son avance, conscient que la situation a beaucoup évolué depuis le 1er juillet. Ne pouvant lancer cette attaque décisive dans de bonnes conditions, Rommel n'est pas confiant ; il est significatif à cet égard, on l'a vu, qu'il ait demandé à être remplacé pour l'offensive.

Rommel perd l'effet de surprise

Pendant les quatre nuits précédant l'offensive, les unités d'attaque prennent secrètement leurs positions de départ. Peine perdue, car Montgomery, comme Auchinleck avant lui, a clairement percé ses intentions[1]. L'attaque est lancée dès les premières heures du 31 août. Les sapeurs éprouvent d'emblée les pires difficultés à établir des corridors dans des champs de mines beaucoup plus élaborés qu'escompté. Une autre déconvenue majeure surgit du ciel nocturne.

1 Montgomery et ses prédécesseurs jouissent d'un avantage considérable. Grâce aux révélations d'ULTRA, les Britanniques sont en mesure de déterminer les dates et compositions des convois à destination de l'Afrique. Pour éviter de trahir l'existence du système de décryptage, il suffit aux Britanniques d'envoyer un appareil de reconnaissance qui « découvre » ainsi le convoi annoncé par les services de renseignements… Les conséquences sont dramatiques pour Rommel : la plupart des tankers sont coulés par l'intervention conjointe de la RAF et de la Royal Navy. Sans essence, l'*Afrika Korps* est voué à l'échec.

Les forces aériennes alliées bombardent sans relâche les colonnes coincées dans d'étroits corridors, qui constituent des cibles clairement désignées par les bombes éclairantes. Engagé dans un secteur relativement calme, H. W. Schmidt reçoit constamment des nouvelles des formations déjà au combat. Les premières qui lui parviennent sont plutôt encourageantes : « Deux ou trois de nos éléments de pointe semblaient avoir réussi à se faufiler jusqu'à quelques kilomètres de la route côtière. Rommel passa en coup de vent. "Ça marche !" nous dit-il. »

Pourtant, les appels et les rapports se succèdent avec frénésie au PC de la *Panzerarmee* et la situation semble confuse. Et si quelque chose ne se déroulait pas conformément au plan ? Ce ne serait pas la première fois, mais la vitesse d'exécution est l'atout cardinal, le socle sur lequel se base le succès. À l'aube, Rommel est effaré d'apprendre que ses éléments de tête ne se sont enfoncés que d'une quinzaine de kilomètres au-delà de leurs lignes. À l'heure où l'*Afrika Korps* devrait se trouver à l'est de la crête d'Alam Halfa, avant de remonter en direction de la côte, il se heurte à un second champ de mines, nouvel obstacle insoupçonné, et la plupart des unités sont encore bloquées dans le premier.

Un malheur ne survenant jamais seul, plusieurs grands subordonnés sont victimes des combats dès les premières heures, compromettant davantage l'opération : le général Nehring, chef de l'*Afrika Korps*, est blessé au cours d'un raid aérien, le général Kleemann, qui dirige la *90. leichte*, est lui aussi victime de l'aviation britannique et, pis, le général von Bismarck, le brillant commandant de la *21. Panzer-Division*, est tué par un obus de mortier. La chaîne de commandement est donc gravement perturbée à un moment pourtant crucial. Devant des débuts aussi désastreux, Rommel pense un instant annuler l'opération et rebrousser chemin. Il en est dissuadé par l'*Oberst* Bayerlein, qui assure l'intérim à la tête de l'*Afrika Korps*.

L'assaut est donc repris en début d'après-midi. Rommel infléchit pourtant son mouvement : en raison des retards accumulés et des risques de contre-attaque de flanc, l'*Afrika Korps*

1. Le secteur sud est tenu par un *13th Corps* nettement renforcé, à l'abri de vastes champs de mines. La crête d'Alam Halfa, directement menacée par l'offensive ennemie, est particulièrement défendue.

10. LE MIRAGE ÉGYPTIEN

La bataille d'Alam Halfa (août-septembre 1942).

s'attaquera à l'extrémité ouest de la crête d'Alam Halfa, au lieu de s'emparer de son extrémité orientale comme initialement prévu. Selon Behrendt, le manque d'essence joue aussi un rôle dans cette décision. Lorsqu'il apprend qu'un tanker transportant 8 000 tonnes d'essence a sombré, Rommel admet qu'il n'est plus en mesure de lancer une offensive d'envergure à objectifs lointains. Ce faisant, son axe d'attaque donne sans le savoir en plein sur le point fort du dispositif de Monty. La bataille va donc se dérouler conformément aux souhaits de ce dernier. Les assauts des panzers vont se briser sur un barrage antichar et des blindés dissimulés *hull down*, soutenus par une puissante artillerie. Une tempête de sable offre opportunément une couverture au moment où le plein des réservoirs est effectué. Soumises à des attaques aériennes continuelles, toutes les tentatives de l'*Afrika Korps* sont repoussées, avec, une fois n'est pas coutume, plus de pertes dans les rangs des panzers qu'au sein des régiments blindés britanniques.

Rommel immobilisé dans le désert

Aucune accalmie nocturne ne soulage les combattants allemands, car la Desert Air Force et l'USAAF prennent le relais de la *8th Army* et soumettent les concentrations ennemies à des raids incessants. Le ravitaillement n'est pas arrivé en quantité suffisante, de sorte que Rommel n'est en mesure de renouveler l'assaut sur Alam Halfa qu'avec l'unique *15. Panzer-Division*. En tentant de contourner le flanc gauche, celle-ci

Les difficultés logistiques : une des causes de l'échec.

10. LE MIRAGE ÉGYPTIEN

se heurte à la *8th Armoured Brigade*. L'attaque frontale de Rommel n'a donc que peu de chance de réussir. Les Valentine de la *23rd Armoured Brigade* souffrent tout de même quelque peu et sont sévèrement malmenés par les antichars allemands.

Au cours de la journée, les raids aériens redoublent d'intensité et le PC du DAK est touché. Vers midi, Rommel échappe lui-même de peu à une bombe : « Une fois, j'eus la chance de pouvoir me soustraire à la mort, à la dernière seconde, en me précipitant au fond d'un trou individuel. Une pelle abandonnée sur le bord de l'excavation fut traversée de part en part par un éclat de bombe de 20 centimètres de long, qui tomba à mes pieds dans la tranchée. » Il sera la cible des avions ennemis à six reprises en ce 1er septembre. La nuit suivante sera tout aussi éprouvante. Un véhicule est pulvérisé à 10 mètres de la tranchée dans laquelle il se terre.

La situation de l'*Afrika Korps* est devenue extrêmement périlleuse, puisqu'il ne reste plus qu'une seule unité de carburant, qu'il est bien difficile de faire parvenir en première ligne. Les panzers restent donc immobiles, incapables d'avancer ou de reculer. Les Britanniques tiennent une occasion d'anéantir les forces vives de la *Panzerarmee*, mais Monty se contente de renforcer son dispositif sur Alam Halfa, tandis qu'au nord du front, les raids lancés par son armée restent infructueux.

Rommel reconnaît son échec

Le 2 septembre, Rommel décide d'ordonner la retraite. Il explique sa décision à ses supérieurs en invoquant la suprématie aérienne alliée[1], le manque de carburant et les difficultés rencontrées dès le début de l'opération. Mais la pénurie de carburant en première ligne est telle que tout repli à grande échelle est impossible ; il faut se résoudre à siphonner les réservoirs des véhicules situés à l'ouest des champs de mines pour permettre le décrochage des unités encore au contact de l'ennemi. La précarité des lignes d'approvisionnement est frappante lorsqu'une colonne de ravitaillement de 300 camions est surprise par

---

[1]. Un rapport indiquera à Rommel que 15 600 bombes ont été larguées en l'espace de cinq jours sur un rectangle ne dépassant pas 15 kilomètres sur 10.

des unités de la *7th Armoured Division*. L'*Afrika Korps* est en danger de mort.

Pourtant, Montgomery ne lance aucune opération d'envergure et ne cherche que timidement à couper ses voies de retraite en lançant les seules *50th* et *2nd NZ ID* vers Deir el-Munassib. C'est un échec coûteux. Rommel prend le temps de converser avec une des victimes de cette malheureuse attaque, le *Brigadier* Clifton, qui lui avoue sa honte d'avoir été contraint de baisser les armes devant des Italiens. Rommel en profite pour exprimer quelques reproches quant à la conduite de troupes néo-zélandaises, qui auraient commis des crimes de guerre. Il fait sans doute allusion aux combats menés lors de la percée à Mersa Matrouh. Clifton, imbu d'une certaine forme de racisme, admet que cela ne peut être que le fait de Maoris… Rommel accède à sa demande d'être confié à la garde des Allemands, mais Berlin exigera que l'officier soit finalement remis aux Italiens[2].

Le Renard du désert est surpris par la prudence de son adversaire, alors que celui-ci aurait aisément pu anéantir son *Afrika Korps*. Le *Hauptmann* Hans-Otto Behrendt rapporte les propos que le *Feldmarschall* lui confiera peu après : « Si j'avais été aussi fort que Montgomery l'est actuellement, nous ne serions plus ici maintenant. » Peu à peu, l'armée germano-italienne occupe ses nouvelles positions, à peine situées à 10 kilomètres à l'est de leur ligne de départ. Le 5 au soir, la bataille est terminée[1] : elle n'a duré que six jours. Les soldats de Rommel baptiseront d'ailleurs cette opération « la course des six jours », d'après le nom de la course de vélo *indoor* à Berlin.

« Je ferai l'impossible pour obtenir le succès », avait-il écrit à sa femme peu avant l'offensive. Pourtant, force est de constater que le Renard du désert cède rapidement au découragement dès qu'il prend conscience que son plan initial est voué à l'échec. Nul doute que sa santé chancelante a tenu un rôle dans ses prises

---

1. Conformément aux accords passés entre les deux partenaires de l'Axe, les soldats alliés capturés en Afrique du Nord seront pris en charge par l'Italie.

2. Cette ultime offensive de Rommel a coûté à son armée 49 chars, 55 canons, 400 véhicules et 41 avions. Les pertes en hommes avoisinent les 3 000. La *8th Army* a perdu 1 750 hommes, 67 chars, 15 pièces antichars et 68 avions.

10. LE MIRAGE ÉGYPTIEN

La Luftwaffe est incapable d'assurer la couverture aérienne.

de décisions. Pourtant, celles-ci semblent faire sens au regard du constat objectif des difficultés de ravitaillement et de déploiement de ses troupes, du fait de l'intense activité aérienne ennemie.

11

EL-ALAMEIN : LA NÉMÉSIS

11. EL-ALAMEIN : LA NÉMÉSIS

Rommel inspecte Tobrouk où les Italiens ont repoussé un raid de commandos.

Ultimes inspections avant la cure

Début septembre, l'état de santé du Renard du désert est plus préoccupant que jamais. « Rommel était un homme malade, écrit H. W. Schmidt. Chaque fois qu'on le voyait, on lui trouvait les traits un peu plus tirés. » De retour d'une convalescence forcée, comme bien des *Afrika-Kämpfer*, le *Major* von Luck se présente au général dès son arrivée. Gause, que Luck juge tout aussi fatigué, lui confie les raisons pour lesquelles Rommel semble si déprimé : la maladie, mais aussi l'échec de la dernière offensive, l'ont profondément affecté ; pis, la conduite de la guerre par les hauts commandements allemand et italien l'exaspère.

La *Panzerarmee Afrika* étant contrainte de se maintenir sur la défensive et aucune offensive britannique n'étant à craindre dans l'immédiat,

ROMMEL

Rommel n'a plus de raison majeure qui le retienne en Afrique. Professionnel, il entreprend de parfaire au mieux le système défensif de son armée, avant d'entamer sa convalescence en Allemagne. Cela implique la multiplication des inspections, y compris dans la mythique et très éloignée oasis de Siwa, qui contrôle l'extrême sud du flanc de la *Panzerarmee*. Les autochtones, très différents culturellement des autres Égyptiens, en tirent fierté et conserveront longtemps le souvenir du passage de leur hôte illustre.

« Le 15 septembre, je me rendis en avion à Tobrouk et j'exprimai aux troupes ma satisfaction pour la manière dont elles s'étaient défendues sur la côte. » Les défenseurs du port ont en effet déjoué une opération combinée majeure des forces britanniques, menée dans le cadre d'une série d'attaques lancées conjointement par toutes les forces spéciales alliées opérant dans le désert[1]. À Tobrouk, le succès est avant tout le fait de l'intervention de troupes italiennes.

Les Britanniques ont à l'évidence bénéficié de connivences avec les populations locales. Rommel marque son refus d'entrer dans la spirale des représailles : « Il est important, lors des premières manifestations des francs-tireurs, de s'abstenir de toutes représailles sur des otages ; sinon, cette action provoque des réflexes de revanche et le nombre des partisans s'accroît. Mieux vaut faire semblant de n'avoir rien remarqué et laisser un attentat impuni, plutôt que de se retourner contre des innocents. Autrement, l'on agite toute la parenté de la victime : les otages se transforment aisément en martyrs. » Et de préciser que les Italiens partagent cette vision des choses. Une preuve indéniable de la « guerre sans haine » menée par Rommel ? On constate que cette volonté d'éviter tout débordement de violence aux dépens des civils s'explique par des considérations militaires – éviter de provoquer une montée en puissance des « francs-tireurs » – et aucunement humanitaires…

Dernières mesures défensives

Avant de quitter l'Afrique, Rommel met toute son énergie à renforcer ses positions à El-Alamein et à établir un

---

1. Dont les fameux SAS et le *Long Range Desert Group*.

11. EL-ALAMEIN : LA NÉMÉSIS

Rommel déploie toute son énergie pour renforcer les défenses.

plan pour contrer l'offensive attendue. « Il nous fallait à tout prix empêcher les Britanniques d'effectuer une percée, car nous étions incapables de mener une bataille défensive mobile. » D'où un impératif tactique : « Nous devions nous maintenir sur nos positions coûte que coûte et il nous fallait liquider immédiatement les pénétrations en contre-attaquant, pour éviter que celles-ci ne fussent transformées en percées. »

Conscient des insuffisances inhérentes aux formations italiennes, Rommel décide d'étoffer leur dispositif avec ses Allemands, pour renforcer sa ligne de défense. Les forces de l'Axe s'emploient à fortifier leurs lignes à un degré jusque-là jamais atteint au cours de cette guerre. Plus de 445 000 mines sont disposées sur la ligne défensive d'El-Alamein. Les champs de mines sont également disposés de manière très réfléchie. Des solutions de continuité, tout à fait intentionnelles, doivent contraindre les blindés ennemis à s'exposer au feu des Paks, avant d'être anéantis par l'*Afrika Korps*. La ligne principale de résistance, située loin en retrait, sera en outre préservée de l'inévitable barrage d'artillerie. Il s'agit donc ici d'un exemple remarquable de défense en profondeur. Malheureusement pour Rommel, Montgomery va attacher une importance toute particulière à la question des champs de mines, et ses subordonnés vont s'évertuer à mettre au point des solutions efficaces[1].

Pourtant, en dépit de la disproportion des forces qu'il pressent[2], Rommel garde, selon lui, un avantage : la supériorité tactique de son armée. « Les combats précédents avaient apporté la preuve que, sur le plan de l'instruction et du commandement, nous possédions une nette supériorité, en rase campagne, sur les troupes britanniques. Or, s'il était à prévoir que, dans le domaine tactique, les Britanniques avaient tiré la leçon des nombreuses batailles ou engagements passés, nos adversaires n'avaient pu remédier à toutes leurs faiblesses, puisque celles-ci étaient dues moins au commandement qu'à la structure ultra-conservatrice de leur armée, parfaite pour la guerre de position, mal adaptée à la guerre dans le désert. »

La liste des effectifs et du matériel ne saurait suffire à établir le rapport des forces. Quelles sont les capacités opérationnelles des unités des deux camps ? Ont-elles suffisamment de munitions et de carburant ? Sur ce point, plus que jamais, la *Panzerarmee Afrika* souffre d'un sérieux handicap. Pourtant, aux yeux de Rommel, les difficultés logistiques et le manque de moyens résultent moins de sa position aventureuse en Égypte que de la négligence coupable des responsables de l'OKW et du *Comando Supremo* : « Les services du haut commandement allemand tenaient en général l'entretien

---

1. Parmi les solutions adoptées, des chars Matilda équipés de tambours rotatifs pourvus de chaînes destinées à battre le sol et provoquer l'explosion des mines. Amélioré, ce système équipera une partie des tanks spéciaux du *D-Day* de Normandie.

2. Montgomery bénéficie d'une supériorité écrasante :
210 000 hommes contre 104 000, 1 052 tanks en première ligne et un millier en réserve contre 511 (sans compter les canons automoteurs et les chars de prise). Le rapport de force dans l'artillerie et l'aviation est à l'avenant. Certes, Rommel dispose désormais de puissants panzers en nombre – 86 Panzer III J Lang armés de 50 mm longs et 30 Panzer IV F2 à canon long de 75 mm –, mais pour la première fois de la guerre du désert, les Alliés disposent en quantité d'un char aux performances supérieures à celles de ses adversaires : le M4 Sherman, déployé à raison de
252 exemplaires, outre
170 M3 Grant qui ont déjà fait leurs preuves à Gazala.

11. EL-ALAMEIN : LA NÉMÉSIS

du théâtre des opérations africain pour un problème insoluble, et ce scepticisme donnait beau jeu à ceux qui, en Italie ou ailleurs, dormaient sur leur travail : les mauvaises excuses étaient assurées de trouver au sommet de la hiérarchie des oreilles accueillantes. […] L'essence était apparemment mieux employée par les taxis de Rome. » Rommel force le trait. Pis, il fait montre d'un déni de la réalité et fuit ses responsabilités : « Jamais nous n'avons pu obtenir la mise sur pied ni le déclenchement d'une attaque contre Malte [sic !]. J'avais offert de diriger moi-même une offensive de ce genre. »

Départ pour l'Allemagne

Nehring, blessé à Alam Halfa, a quitté l'Afrique et a été remplacé par un *Ostkämpfer*, le général von Thoma. Nehring, Bismarck, Kleemann, Mellenthin : le DAK perd de nombreux officiers de valeur, alors que la grande bataille s'annonce à l'horizon… C'est un peu un nouvel *Afrika Korps* qui s'apprête à affronter son destin.

C'est le départ de leur chef qui trouble le plus les combattants germano-italiens. Le 22 septembre, avant de partir en cure en Autriche, le charismatique *Feldmarschall* Rommel remet le commandement de la *Panzerarmee Afrika* au général Stumme[1], muté du front russe. Ce dernier semble offusqué lorsqu'il apprend que Rommel reprendra son poste dès que l'ennemi passera à l'offensive : « Stumme

Rommel s'envole pour une cure.

[1]. Condamné à la prison en cour martiale parce qu'un de ses subordonnés a égaré des plans lors de la poussée sur Stalingrad, sa peine est commuée et il est muté en Afrique, où il doit s'amender.

Hitler rencontre son maréchal favori.

Rommel au *Sportpalast* de Berlin.

11. EL-ALAMEIN : LA NÉMÉSIS

supposait que je doutais de ses capacités. Ce n'était nullement le cas. [...] Les mots ne suffisent pas pour transmettre une expérience, quel que soit le remplaçant. » Stumme est pourtant un spécialiste des panzers... mais il ne connaît pas les Britanniques. Une antienne que Rommel reprendra envers ses contradicteurs en France en 1944.

Le 25 septembre, il fait escale à Rome et déclare à Mussolini que l'Axe sera chassé d'Afrique du Nord si la logistique n'atteint pas ses exigences. Le Duce a perdu son admiration pour cet officier allemand : il est persuadé que Rommel, trop éprouvé, aussi bien sur le plan physique que moral, ne retournera pas en Afrique.

Triomphe à Berlin

Lorsque Rommel rentre au *Vaterland*, en septembre 1942, son aura de général atteint son zénith. La succession de récompenses et la rapidité stupéfiante de l'avancement de sa carrière sont sans équivalents au sein de la Wehrmacht. Le point d'orgue de l'orchestration de sa légende par la propagande nazie est son apparition au *Sportpalast* de Berlin, le 30 septembre. Le Renard du désert est considéré comme le type même de la nouvelle génération d'officiers attendue par le Führer : jeune, dévoué, doué d'un talent d'improvisation, rapide d'exécution... Sa présence est revigorante pour le moral de la population en une période où le Reich ne peut guère revendiquer de victoires bien marquantes.

Un peu plus tôt dans la matinée, Hitler lui a remis son bâton de *Feldmarschall*, sous le regard sans doute médusé de l'état-major de l'OKW qui jalouse et méprise l'arriviste. Promesses de renforts et ivresse de la gloire : rien de tel pour raffermir le moral, lui aussi défaillant, d'un officier aussi ambitieux que Rommel. Ses difficultés ? Elles sont avant tout le fait des Italiens, affirme-t-il.

Il savoure ces instants de gloire. « Au quartier général, écrit-il avec fierté, on était visiblement impressionné par les succès remportés par les *Panzer-Divisionen* de l'*Afrika Korps*, et on voulait maintenant emporter la décision dans le secteur méditerranéen. » Des propos de nature à revigorer son esprit combatif, pour peu que les promesses soient tenues.

ROMMEL

Certes, les renforts ont été importants au cours de l'été, mais il insiste pour obtenir une « diminution du tonnage alloué aux Italiens, les unités allemandes étant beaucoup plus importantes que les unités italiennes[1] ».

Au cours de ces journées enivrantes, Rommel doit composer avec le caractère d'Hermann Goering. Lorsque ce dernier affirme qu'il est impossible de prêter foi au rapport de Rommel, qui prétend que des chasseurs-bombardiers peuvent anéantir un blindé avec des pièces de 40 mm, puisque « les Américains ne sont capables que de fabriquer des lames de rasoir », Rommel rétorque qu'il se contenterait bien de « quelques lames de rasoir de ce genre », et d'exhiber un de ces obus qu'il a eu la présence d'esprit d'emmener d'Afrique avec lui.

Pour Rommel, tout semble comme un rêve… Invité chez les Goebbels, il partage l'intimité de celui qui a largement contribué à l'ériger en mythe. Le ministre ne manque pas de profiter de l'opportunité de la présence du prestigieux général. Le 3 octobre, il organise une conférence de presse à Berlin, présentée comme « une rencontre avec l'une des personnalités les plus importantes de notre temps ». Les journalistes sont impressionnés[2].

Le vainqueur de Tobrouk a consolidé sa position déjà avantageuse dans l'esprit du Führer. Un succès en Égypte ferait de lui le plus grand des maréchaux de la Wehrmacht. Se peut-il qu'il atteigne les plus hautes fonctions ? L'idée semble faire son chemin. À la veille du rassemblement au *Sportpalast*, Hitler donne son avis sur le sujet ; des propos consignés dans le journal de Goebbels : « Il est solide d'un point de vue idéologique. Non seulement il est proche de nous, les nationaux-socialistes, mais il est un national-socialiste, un commandant de troupes ayant un talent d'improvisateur, naturellement courageux et extraordinairement inventif. C'est de ce genre de soldat que nous avons besoin. Rommel est le prochain commandant en chef de l'OKH. » Le Führer serait-il

---

1. Rommel semble faire fi des exigences à l'Est et de celles d'une coalition.

2. « Aujourd'hui, déclare Rommel, nous sommes à 100 kilomètres d'Alexandrie et du Caire. Nous tenons à la main la porte de l'Égypte, et nous avons bien l'intention d'agir ! Nous n'avons pas fait tout ce chemin juste pour nous laisser de nouveau repousser tôt ou tard. Vous pouvez me croire sur parole : ce que nous tenons, nous ne le lâchons pas. »

11. EL-ALAMEIN : LA NÉMÉSIS

Rommel découvre le formidable *Tiger I*.

donc prêt à lui confier un poste qu'il occupe en personne depuis la mise en congé de Brauchitsch en décembre 1941 ?

Au repos

Après ces mondanités, Rommel peut enfin retrouver sa famille et partir en cure en Autriche. « Sur le Semmering, à l'exception des lettres occasionnelles du *General* Stumme ou de l'*Oberst* Westphal, de la radio et de la presse, j'étais totalement coupé du monde extérieur. Il va de soi que, connaissant le sort précaire de mon armée, je ne pouvais jouir du repos nécessaire. » Rommel est un de ces responsables allemands qui prennent au sérieux l'entrée en guerre des États-Unis. Loin d'être un général incompétent sur le plan stratégique, il suit avec anxiété l'évolution de la bataille de l'Atlantique, si décisive sur l'issue de la guerre, et rassemble des informations sur ce redoutable adversaire : « Je profitai de mon traitement pour me procurer des documents sur le potentiel américain. Il était infiniment supérieur au nôtre. »

L'opération *Lightfoot* : la fin du commencement

Au soir du 23 octobre, à 21 h 40, le ciel nocturne d'El-Alamein s'embrase : la *8th Army* déclenche l'offensive. L'une des plus fameuses batailles du conflit vient de débuter. Vers 15 heures, le 24 octobre, Keitel informe Rommel de la nouvelle. Son état de santé lui permet-il de regagner l'Égypte ? Devant une réponse affirmative, Keitel l'assure qu'il le tient informé de l'évolution des événements. Rommel est « rongé d'inquiétude, au cours des heures qui suivirent ». Puis le téléphone retentit de nouveau : cette fois-ci, l'interlocuteur au bout du combiné n'est autre qu'Hitler en personne. « Il m'annonça que le *General* Stumme, toujours manquant, était ou prisonnier ou mort, et me demanda si je pouvais retourner immédiatement en Afrique. […] Peu après minuit, le Führer m'appela de nouveau. La situation à El-Alamein était telle qu'il me priait de rejoindre l'Afrique tout de suite

11. EL-ALAMEIN : LA NÉMÉSIS

Les pertes en panzers sont déjà lourdes.

et de reprendre mon commandement. Dès le lendemain, je m'envolai ; je savais pertinemment que nous n'avions plus de lauriers à récolter sur le théâtre d'opérations d'Afrique du Nord, les renseignements fournis par mes officiers m'ayant appris que le minimum d'approvisionnement que j'avais réclamé était loin d'avoir été livré[1]. »

La bataille est rude. Les Britanniques sont confrontés aux défenses habiles mises au point par Rommel et à la ténacité des troupes germano-italiennes, dont les points d'appui contournés ne cèdent pas et constituent autant de môles de résistance. Les débuts de l'offensive sont décevants pour la *8th Army* : au 25 octobre, l'infanterie du seul *XXXth Corps* accuse déjà la perte de 4 500 hommes, pour 3 700 aux forces de l'Axe. En à peine deux jours de bataille, les régiments blindés britanniques ont perdu 316 chars, dont 121 précieux Sherman et Grant.

Les pertes germano-italiennes s'élèvent à 127 blindés. La *15. Panzer-Division* est réduite à 31 chars. « Les conditions dans lesquelles mes vaillantes unités affrontaient le combat étaient si décourageantes que nous ne pouvions guère entretenir l'espérance de bien le terminer. »

1. Erwin Rommel, *La Guerre sans haine*, op. cit., p. 282 et 283.

« J'ai pris de nouveau le commandement de l'armée »

Au soir du 25 octobre, c'est un Rommel encore malade, et donc privé de la plénitude de ses moyens, mais qui n'a nullement cherché à se dérober à ses responsabilités, qui assume de nouveau son commandement à El-Alamein. Ses soldats sont immédiatement avisés de son retour : « J'ai pris de nouveau le commandement de l'armée », annonce-t-il sur les ondes.

Il est consterné par le déroulement des événements depuis son départ. Il déplore l'ordre de Stumme de ne pas procéder à des tirs sur la zone d'assaut, et ce, afin de préserver les munitions : « J'estime que ce fut une erreur : l'attaque britannique aurait au moins perdu de son élan », d'autant que les troupes d'assaut n'avaient pas encore creusé des abris.

Il ne dissimule pas son inquiétude devant l'état préoccupant des réserves de carburant et de munitions. Le problème de l'essence l'affecte

Les antichars de 6 *pounder* infligent une hécatombe à l'Axe.

11. EL-ALAMEIN : LA NÉMÉSIS

tout particulièrement, à un moment où son armée a besoin de conserver toute sa mobilité : « La pénurie d'essence limitait terriblement notre liberté de manœuvre et nous interdisait de prendre les décisions tactiques qui s'imposaient. » Il peste en constatant que l'armée ne dispose plus que de trois rations de carburant, alors que huit étaient encore en stock au moment de son départ, six semaines plus tôt, ce qui était déjà très en deçà de ses *desiderata*.

La *Panzerarmee Afrika*, fermement accrochée sur ses positions, compte encore 137 panzers et 221 chars italiens. Rommel donne des ordres pour que ses unités blindées soient désengagées et immédiatement placées en réserve mobile. Il ordonne également que les assauts des unités blindées alliées soient repoussés par les unités antichars et non par les panzers, qui déplorent déjà de lourdes pertes. Mais le maréchal allemand engage pourtant ses blindés pour reprendre à la *8th Army* les faibles gains territoriaux qu'elle a acquis sur les positions de l'Axe. Ce faisant, les forces de l'Axe n'ont cessé de s'affaiblir dans des contre-attaques coûteuses et inefficaces.

« Cette nuit-là, écrit Rommel, je dormis seulement quelques heures ; à 5 heures du matin [26 octobre], j'étais déjà dans ma voiture de commandement. » L'artillerie britannique a en effet repris les tirs avec intensité. Épuisé, non encore remis de ses maladies, Rommel ne se ménage pas pour tenter de remédier à une situation mal engagée.

Le 26 octobre, la *21. Panzer-Division* est rappelée du secteur sud du front pour contrer la menace qui pointe dans le nord. Les attaques des panzers sont redoutables, mais les pertes en blindés allemands et italiens sont sensibles, notamment autour du point d'appui « *Snipe* », où 19 pièces antichars de 6 *pounder* de la *2nd Rifle Brigade* et du *239th Antitank Battalion* réalisent un véritable exploit au cours d'un combat héroïque qui se solde par une cinquantaine de chars de l'Axe détruits ou endommagés[1].

---

1. Ce faisant, il joue le jeu de Montgomery, qui cherche à émousser la puissance des divisions blindées de l'Axe en brisant leurs assauts sur des positions renforcées en antichars et soutenues par ses brigades blindées. Ces manœuvres germano-italiennes vont un peu à contre-emploi de la pratique habituelle depuis 1941, qui vise au contraire à contraindre les tanks britanniques à se fourvoyer dans un piège antichar.

Montgomery n'arrive pas à percer, mais les pertes de l'Axe sont lourdes.

La maîtrise des cieux par les Alliés est dramatique.

11. EL-ALAMEIN : LA NÉMÉSIS

Le danger vient aussi du ciel : l'aviation inflige de sérieux dommages à la *Panzerarmee*. À l'aube, une escadrille d'Hurricane observe une concentration de 1 000 véhicules de la *21. Panzer-Division* et de la *90. leichte-Afrika-Division* dans le secteur de Tell el-Aqaqir. L'intégralité des bombardiers légers est dirigée contre cette cible. Rommel apprend par ailleurs le torpillage des tankers italiens *Proserpina* et *Tergesta*, ce qui compromet sa capacité à rétablir la liberté de mouvement de ses unités. Ses propres escadrilles semblent donc inopérantes, Rommel étant particulièrement dur avec la Regia Aeronautica. « Jamais encore, rapporte-t-il, nous n'avions été témoins, au cours des nombreuses batailles africaines, d'un pareil déchaînement de DCA. Par centaines, les traceuses britanniques se croisaient, transformant le ciel en véritable enfer. »

Le dernier espoir : décourager l'ennemi

La situation est-elle perdue ? « Est-ce que je survivrai à la défaite ? Écrit Rommel à son épouse. Cela est dans la main de Dieu. Le sort des vaincus est cruel. Mais je suis heureux dans ma conscience d'avoir tout fait pour la victoire et de ne pas m'être épargné. Durant ces brèves semaines passées à la maison, j'ai vraiment senti ce que vous et Manfred représentez pour moi. Ma dernière pensée est pour vous deux. » Montgomery semble lui aussi dans l'impasse : les combats dans le secteur nord, où sont engagés les Australiens, sont très disputés. Nulle part la percée n'a été acquise. Pourtant, en soirée du 27 octobre, la situation est devenue critique aux yeux du Renard du désert : « J'envoyai de nouveaux SOS à Rome et au QG du Führer ; j'étais néanmoins persuadé que nous ne pouvions plus nous attendre à une amélioration de la situation. »

Le 28 octobre, Churchill, pour qui un match nul serait l'équivalent d'une défaite, commence à s'inquiéter de la tournure des événements. Il insiste pour que la victoire soit remportée avant l'opération *Torch*, le débarquement allié en Afrique du Nord française, prévu pour le 8 novembre. Toutes les tentatives de poussées des blindés britanniques sont contenues. Mais Rommel a été contraint d'engager toutes ses réserves : « Du fait des lourdes pertes subies par les divisions d'infanterie germano-italiennes, l'*Afrika Korps*, au grand complet, dut être inséré sur le front. » Ce dernier tient, au grand dam de Montgomery. Pourtant le Souabe a des raisons d'être inquiet : « Je n'ai plus grand espoir. La nuit, je reste les yeux ouverts, incapable de dormir avec cette responsabilité qui pèse sur moi. Le jour, je suis fatigué à mourir. Qu'arrivera-t-il si les choses, ici, tournent mal[1] ? Cette pensée me tourmente jour et nuit. Je ne vois pas d'issue. »

« Personne ne peut imaginer ce que fut notre anxiété pendant ces heures. Cette nuit-là, je dormis à peine ; à partir de 3 h 30 du matin, je ne cessai d'arpenter le terrain, réfléchissant au déroulement ultérieur de la lutte et aux décisions que je pourrais être amené à prendre. » Rommel pense déjà à l'éventualité d'un repli, qu'il serait préférable d'entamer avant la percée de l'ennemi, mais cela signifierait le sacrifice d'une grande partie de l'infanterie, faute de disposer encore de forces mobiles suffisamment étoffées. Pis, « nos unités d'infanterie étaient engagées de trop près dans la lutte ». Le seul espoir – mince – serait de décourager Montgomery par une résistance acharnée.

L'éventualité d'un repli

Rommel, qui a établi son PC près de la via Balbia, le secteur le plus critique, ne saurait se laisser prendre au dépourvu et il se prépare à toute éventualité. Le 29 octobre, alors que le nouveau coup de boutoir attendu de Montgomery n'est pas survenu, il examine en compagnie de l'*Oberst* Westphal les défenses de la ligne de Fouka, qui pourrait constituer une première ligne de repli, lorsque tombe « une nouvelle alarmante : deux divisions britanniques, après avoir traversé la dépression de Qattara, venaient d'atteindre la région située à 100 kilomètres au sud de Mersa Matrouh ». Une annonce qui se révèle erronée : seuls les commandos britanniques – LRDG et SAS – opèrent dans ce secteur…

Sur le front, les assauts et contre-attaques sont particulièrement meurtriers, notamment sur la position de *« Thompson's Post »*, en secteur

---

1. La réflexion de Rommel s'étend à la situation générale de la guerre : un échec total en Afrique serait de très mauvais augure…

11. EL-ALAMEIN : LA NÉMÉSIS

Les raids du LRDG et du SAS : une nuisance permanente.

australien. La *90. leichte-Afrika-Division* et la *21. Panzer-Division* lancent contre-attaque sur contre-attaque. Le Renard du désert est persuadé que Montgomery va chercher la percée finale dans ce secteur. Il désengage donc la *21. Panzer-Division* pour se constituer une réserve mobile, et la positionne à Tell el-Aqaqir.

Dans l'après-midi du 1er novembre, « accompagné du *General* von Thoma, du *General Graf* Sponeck et de l'*Oberst* Bayerlein, du haut de la cote 16 et par visibilité excellente, j'observai le terrain où s'étaient déroulés les combats ». Les carcasses de panzers et de tanks témoignent de la violence des affrontements. Rommel observe que les Britanniques ont planté plusieurs drapeaux de la Croix-Rouge et que les tirs d'artillerie de la *Panzerarmee* ont cessé : une trêve pour permettre l'évacuation des blessés[1].

Celui-ci pense pourtant qu'une solution existait : « Étant donné que l'adversaire opérait avec la plus extrême prudence et hésitait à s'engager à fond, nous aurions pu obtenir un succès par la concentration de toutes nos formations cuirassées. Le rassemblement de nos véhicules eût été, bien entendu, exposé au tir violent de l'artillerie et aux attaques aériennes des Britanniques, mais il aurait été possible de rendre l'opération plus fluide, en reculant de quelques kilomètres vers l'ouest et en chargeant ensuite à fond pour vaincre les Britanniques en rase campagne. » Mais le carburant suffit à peine pour deux journées[2] d'une telle mêlée, sans compter que tout retour d'unités blindées pour épauler la partie sud du front deviendrait impossible… Rommel observe que l'adversaire compte sur sa supériorité numérique, mais aussi que sa tactique repose sur une débauche d'artillerie : « Les Anglais tiraient parfois plus de trente obus sur la même cible ! » Un luxe qu'il ne peut se permettre en raison d'approvisionnements trop erratiques.

---

1. En Afrique, les crimes de guerre ne sont pas inexistants, mais la règle est le respect des conventions, en commençant par accorder un bon traitement aux blessés et en respectant la Croix-Rouge, ce qui n'est pas systématique dans ce dernier cas. Voir Benoît Rondeau, *Afrikakorps, l'armée de Rommel*, Paris, Tallandier, 2013, pp. 401-420.

2. Le 1er novembre, le *Tripolino*, transportant carburant et munitions, est coulé au large de Derna : il n'y aura donc pas d'essence pour les panzers de Rommel.

11. EL-ALAMEIN : LA NÉMÉSIS

Opération *Supercharge* : tout espoir est perdu

Montgomery comprend que la victoire ne sera pas acquise dans le secteur côtier. Il a également l'avantage, grâce à ULTRA, de connaître les dispositions et intentions de son adversaire. Il projette de frapper plus au sud, dans la zone des points d'appui « *Woodcock* » et « *Snipe* »[1]. Il surprend Rommel en déclenchant l'opération *Supercharge* dans la nuit du 1er au 2 novembre. Après un tir de barrage, le *XXXth Corps* lance son infanterie, soutenue par 76 chars Valentine sur un front de 4 000 mètres. Une fois les objectifs de l'infanterie acquis, la *9th Armoured Brigade* du *Brigadier* Currie intervient en second échelon, dans une mission de sacrifice pour laquelle Monty est prêt à accepter 100 % de pertes : prendre position sur la piste de Rahman, près de Tell el-Aqaqir[2]. Les antichars germano-italiens retiennent leur tir jusqu'au dernier moment : 70 des 94 tanks de l'unité sont incendiés. Currie a néanmoins rempli sa mission.

Les autres unités de tanks interviennent alors contre l'*Afrika Korps* et les positions antichars de Rommel sur Tell el-Aqaqir. C'est une des plus importantes mêlées blindées de la bataille, et les pertes sont importantes de part et d'autre : une centaine de chars dans l'armée germano-italienne et plus de 150 chez leurs adversaires.

La bataille est arrivée à un tournant. Des unités d'automitrailleuses britanniques profitent des brèches opérées et s'engouffrent en profondeur sur les arrières de la *Panzerarmee*, causant de sérieux dommages. Le ciel est maîtrisé par la Desert Air Force dont les raids soumettent les Germano-Italiens à dure pression. Sur les autres parties du front, les lignes de l'armée de Rommel, durement pressées depuis dix jours de combats ininterrompus, commencent à craquer. En fin de journée, le Souabe fait le point. Il ne lui reste

---

1. Bien que Rommel se soit préparé à une offensive sur la côte, il n'a pas pour autant négligé ses défenses plus au sud, en particulier dans le secteur de Tell el-Aqaqir. De nombreuses pièces antichars sont enterrées le long de la piste de Rahman, soutenues par au moins 24 pièces de 88 mm.

2. Toutefois, les équipages des chars de l'unité ne sont pas informés de cet aspect de leur mission, afin de ne pas les démoraliser.

L'heure de la retraite a sonné.

que 35 panzers en état de combattre. Montgomery peut donc attaquer à presque dix contre un[1].

Rommel souffre aussi du « brouillard du champ de bataille », car son système de transmissions n'est plus opérant. Toutefois, les contre-attaques germano-italiennes parviennent à colmater la brèche. La ligne n'a pas cédé et aucune percée décisive n'a été réalisée.

Plus que les panzers, ce sont les *Flak* 88 et l'artillerie qui stoppent la progression adverse : « L'unique moyen qui nous permit d'empêcher une nouvelle avance anglaise, écrit Rommel, fut le déclenchement d'un tir de barrage auquel participèrent toutes les batteries d'artillerie et de *Flak*, sans considération pour la consommation des munitions. »

Il se tient lui-même constamment en première ligne : « De toute la journée, je ne quittai

---

1. Il convient d'ajouter 300 tanks en réserve aux effectifs dont dispose la *8th Army*. La seule division blindée encore intacte dont dispose Rommel, l'*Ariete*, est en cours de redéploiement depuis le sud du front avec sa centaine de chars.

11. EL-ALAMEIN : LA NÉMÉSIS

pratiquement pas le front, surveillant le déroulement du combat du haut d'une élévation de terrain. » Ce 2 novembre, en dépit du succès de ses contre-mesures, il ne cache pas son inquiétude à Lucie : « Durs combats de nouveau, et qui ne tournent pas trop bien pour nous. L'ennemi, avec sa force supérieure, nous éjecte lentement de notre position. Cela veut dire que la fin est proche. Vous imaginez ce que j'éprouve. Raid aérien après raid aérien ! »

L'heure de la retraite

La mince écorce de la ligne de défense cédera tôt ou tard, et les unités blindées sont désormais trop faibles. Rommel n'a plus le choix : « Le moment était venu de nous replier sur la ligne de Fouka. Déjà, les jours précédents, nous avions commencé à évacuer vers l'ouest les installations de l'arrière. » Le manque de détermination de l'adversaire semble jouer en sa faveur et il voit l'ultime chance de sauver son armée : « J'espérais sauver au moins une partie de mon infanterie. »

Rommel ne voulait pas désengager ses troupes avant l'assaut britannique, afin que la *8th Army*, fixée sur la ligne de front, ne puisse se précipiter rapidement à travers la brèche. La seule solution : « Il nous fallait tenter de retirer l'infanterie à l'improviste sous le couvert de la nuit, de charger tant bien que mal les unités sur des camions, de former un large front avec des éléments motorisés et de battre en retraite tout en livrant combat. »

Le Renard du désert tente de profiter de l'épuisement britannique pour se retirer avant l'anéantissement de ses troupes. Il prend donc la décision de replier les unités d'infanterie derrière l'écran protecteur des unités motorisées. Le repli se déroule à l'insu des Britanniques au sud et au centre du front. Pour les troupes du *10° Corpo*, au sud, l'absence de moyens motorisés rend l'opération délicate.

« Dans une telle situation, écrit Rommel, nous devions nous attendre à la destruction progressive de l'armée, et c'est dans ce sens que, ce même jour, j'avais alerté le quartier général du Führer. »

ROMMEL

En effet, conscient de l'extrême gravité de la situation, soucieux que le Führer soit clairement informé de l'évolution de la bataille, et sans doute plutôt dubitatif quant à la capacité des cadres de l'OKW à réagir avec clairvoyance, il envoie Berndt à Berlin, avec mission de faire un rapport à Hitler[1].

Pour Rommel, le revers qu'il essuie est d'une autre nature que celui subi l'année précédente au cours de l'opération *Crusader*. Les conséquences de la bataille dépassent le cadre du désert égyptien : « J'espérais que le gros de la *Panzerarmee Afrika* pourrait être transporté en Europe, à l'abri de détachements chargés de couvrir la retraite. »

Il semble encore possible de sauver le gros des troupes : les combats sont sporadiques, tout laissant à penser que les Britanniques se réorganisent avant une nouvelle poussée. « Vers 9 heures du matin, empruntant la route littorale, je me rendis au PC avancé en direction de l'est. Sur la route, je trouvai un gros embouteillage de véhicules, italiens pour la plupart ; chose curieuse, on n'apercevait aucun chasseur-bombardier anglais. » La Desert Air Force ne tarde pas à intervenir, et les colonnes en retraite sont pilonnées par les bombardiers. Rommel manque une nouvelle fois de passer de vie à trépas : « Vers midi, je regagnai mon PC. Sur le chemin du retour, alors que nous roulions à pleine vitesse, nous échappâmes de justesse à un tapis de bombes lancées par dix-huit appareils anglais. »

En fin de journée du 3 novembre, les Allemands parviennent une nouvelle fois à repousser *in extremis* une attaque britannique lancée contre la piste de Rahman. C'est à son arrivée à son PC qu'il apprend la décision du Führer…

Führerbefehl

Hélas pour Rommel, les événements ne prennent aucunement la tournure envisagée. Berlin, comme Rome, n'a pas pleinement conscience de la situation désormais dramatique dans laquelle se trouve la *Panzerarmee*. Rommel

---

1. La situation semble sans espoir, au point qu'il confie ses économies à Berndt, pour les remettre à Lucie, ainsi qu'une lettre qui ne masque pas son défaitisme : « J'ai peine à croire à une issue heureuse. […] Dieu seul sait ce qu'il adviendra de nous. Adieu, à toi et à Manfred. »

11. EL-ALAMEIN : LA NÉMÉSIS

serait-il victime de l'adulation et de l'aura que le ministère de la Propagande a créées autour de son nom ? « C'est parfois un inconvénient que de jouir d'une certaine réputation de chef militaire, écrit-il ; on connaît soi-même ses limites, alors que les autres attendent de vous des miracles et attribuent vos défaites à un manque de bonne volonté. » La réponse d'Hitler fait l'effet d'un coup de tonnerre. Le *Major* Warning lui remet le message alors qu'il se trouve dans un des autobus de l'état-major :

Au maréchal Rommel,
C'est avec une pleine confiance dans votre talent de chef et dans la vaillance des troupes germano-italiennes que vous commandez que le peuple allemand et moi suivons le déroulement de l'héroïque bataille défensive en Égypte. Dans la situation où vous vous trouvez, votre seule pensée doit être de tenir, de ne pas reculer d'un mètre et de jeter dans la bataille toutes vos armes et tous vos combattants. D'importants renforts d'aviation sont envoyés au commandant en chef Sud. De même le Duce et le Comando Supremo *ne négligeront aucun effort pour vous procurer les moyens de continuer la lutte. Malgré sa supériorité, l'ennemi doit se trouver lui aussi à la limite de ses forces. Ce ne serait pas la première fois dans l'histoire qu'une volonté plus forte triompherait d'un ennemi supérieur en nombre. Vous ne pouvez montrer d'autre voie à vos troupes que celle qui mène à la victoire ou à la mort.*
Adolf Hitler[1].

« Cet ordre exigeait l'impossible », rapporte Rommel. Habitué à jouir du soutien d'Hitler et à bénéficier d'une certaine liberté d'action, il accuse le coup : « Pour la première fois depuis le début de la campagne, je restai indécis. Un certain découragement s'empara de nous lorsque j'ordonnai de tenir jusqu'au bout les positions que nous venions d'occuper. » La propagande a

1. Cette réponse d'Hitler aurait été envoyée avant la réception d'un second message de Rommel indiquant la gravité de la situation et demandant l'autorisation de repli (cf. Dal McGuirk, *Rommel's Army in Africa*, Shrewsbery, Airlife, 1993, p. 127 ; Hans-Otto Behrendt, *Rommel's Intelligence in the Desert Campaign*, Londres, William Kimber & Co, 1985, p. 201) et aurait eu avant tout pour but de galvaniser le Renard du désert (cf. Paul Carell, *Afrika Korps*, Paris, Robert Laffont, 1960, p. 459 et suivantes).

présenté son *Afrika Korps* comme invincible, comment pourrait-elle admettre la défaite à El-Alamein ? La mort dans l'âme, en soldat obéissant, il prend les dispositions pour arrêter la retraite. Il prépare des messages pour Hitler puis, officier discipliné, il se ravise. Selon Westphal, l'un d'eux avait la teneur suivante : « Mon Führer, je vous obéirai comme toujours. Cela dit, je n'arrive pas à réconcilier ma loyauté avec mon propre sens des responsabilités. » Toutefois, des membres de son état-major l'entendent déclarer à haute voix : « Le Führer doit être devenu complètement fou[1] ! »

L'effet positif du *Führerbefehl* sur le moral de la troupe est indéniable, si l'on en croit Rommel[2]. La foi dans le Führer semble intacte… Pourtant, le Renard du désert est déçu : « Je me sentais submergé par l'amertume au spectacle de ce moral magnifique d'une armée dont le dernier soldat savait que même des efforts surhumains ne pourraient plus changer l'issue de la bataille… »

Rommel est d'autant plus amer que les Britanniques ne se montrent guère agressifs (alors même que Bletchey Park — ULTRA — a transféré à Montgomery le message de Hitler), si ce n'est une nuée d'automitrailleuses qui harcèlent les lignes de communication. La nuit est encore plus calme, mais il ne peut en tirer profit : « Tout ce temps précieux dont ils nous faisaient cadeau, nous le laissions inutilisé, alors que nous aurions pu le mettre à profit pour replier la totalité de nous troupes sur Fouka. »

Le matin du 4 novembre, Rommel, persuadé que des rapports optimistes de la Luftwaffe sont à l'origine de l'ordre insensé d'Hitler, accueille froidement Kesselring. De fait, ce dernier appuie dans un premier temps la position du dictateur, en déclarant que son expérience acquise à l'Est lui a enseigné que la seule solution dans une telle situation est de s'accrocher au terrain. Rommel repousse cet argument : les enseignements de la guerre en Russie ne sauraient se transposer à la guerre

---

1. Berna Günen dans Erwin Rommel, *La Guerre sans haine, op. cit.*, p. 343.

2. Des témoignages de vétérans semblent le contredire : « Dans les circonstances où nous nous trouvions, cet ordre ridicule n'était pas de nature à nous remonter le moral. Rommel ne pouvait pour autant feindre de l'ignorer, tout message de ce genre devant faire l'objet d'un collationnement. »

11. EL-ALAMEIN : LA NÉMÉSIS

dans le désert[1]. Dans ses Mémoires, dès lors qu'il a pris connaissance de la réalité de la situation, Kesselring affirme qu'il considère qu'obéir aux ordres d'Hitler serait une folie, que ce dernier n'a sans doute pas conscience que les troupes ne sont plus déployées sur de solides positions défensives, et qu'il assumera la responsabilité de la décision d'entamer la retraite. Kesselring joint le geste à la parole en adressant un message à Hitler[2].

L'ordre d'Hitler de résister sur place : l'arrêt de mort de la *Panzerarmee* ?

La défaite est déjà consommée lorsque survient le *Führerbefehl*. Les attaques britanniques ne pourront être contenues encore longtemps. Les pertes sont lourdes : le 3 novembre, à 14 h 30, les *15.* et *21. Panzer-Divisionen* n'alignent plus que 24 panzers opérationnels contre 242 le 23 octobre.

Rommel enrage de ne pouvoir profiter de l'inaction des Britanniques pour extirper ses troupes du piège qui les menace. Encouragé par Kesselring et Thoma, il décide finalement de passer outre les instructions du Führer. Pendant la nuit du 3 au 4 novembre, Rommel entame le retrait graduel de ses troupes. Les *15.* et *21. Panzer-Divisionen* sont retirées du front à leur tour aux premières heures de la journée. Pour l'armée de Rommel, l'heure de la retraite générale a bientôt sonné.

La situation s'est aggravée : une brèche de 20 kilomètres s'ouvre au sein du dispositif germano-italien, isolant les unités tenant la partie sud de la ligne de front. Le général von Thoma est capturé au combat, tandis que les Britanniques anéantissent sa dernière réserve blindée, la division *Ariete*, qui se sacrifie pour retarder l'ennemi. Rommel assiste de loin au drame : « Au sud-est et au sud du PC, on

---

1. Benoît Lemay, *Erwin Rommel, op. cit.*, p. 291.

2. Albert Kesselring, *The Memoirs of Field-Marschall Kesselring*, New York, Skyhorse Publishing, 2016, p. 136 ; sans l'ordre d'Hitler, le repli des forces de la *Panzerarmee* se serait de toute façon vraisemblablement révélé très délicat. Mais on peut raisonnablement penser que de nombreuses unités auraient échappé à la capture (cela concerne des milliers de combattants), tandis que de nombreuses pièces d'artillerie et, surtout, des dizaines de chars n'auraient pas été détruits ou abandonnés.

La division blindée *Ariete* se sacrifie.

apercevait d'immenses nuages de poussière. Ils marquaient l'endroit où se déroulait une lutte désespérée entre les petits chars italiens du *20° Corpo* et une centaine de chars lourds britanniques qui avaient débordé le flanc droit des unités italiennes. Ainsi que me le signala par la suite le *Major* von Luck, que j'avais envoyé avec sa compagnie obturer la brèche ouverte entre les Italiens et l'*Afrika Korps*, les troupes italiennes qui, à ce moment-là, constituaient le gros de nos formations blindées, firent montre d'une remarquable bravoure. […] La destruction de l'*Ariete* signifiait la perte de nos plus anciens camarades de combat italiens ; nous leur avions toujours demandé plus d'efforts qu'ils ne pouvaient en fournir avec leur armement défectueux… »

L'ordre de retraite général est donné à 15 h 30. « Il ne pouvait plus être question d'obéir à un ordre, quel qu'il fût. Après un entretien préalable avec l'*Oberst* Bayerlein, qui avait pris le commandement de l'*Afrika Korps*, j'enfreignis les instructions du Führer et donnai l'ordre de retraite

11. EL-ALAMEIN : LA NÉMÉSIS

immédiate, pour tenter de sauver ce qui pouvait encore être sauvé. » Au cours de cette journée fatidique, Rommel est conforté dans sa décision lorsqu'un nouveau message d'Hitler amende le premier et autorise un repli. « Étant donné la tournure des événements, j'approuve votre décision », câble le dictateur. Mais, rapporte le général Warlimont, « Hitler répéta souvent que Rommel aurait dû demeurer sur place ».

Après le contretemps consécutif au premier ordre de tenir donné par Hitler, il est trop tard pour le *10° Corpo*, déployé au sud du front. Les véhicules disponibles mobilisés à son profit sont pour la plupart interceptés par les unités se repliant le long de la côte. Laissés à leur sort, bien des soldats italiens sont capturés dans un état de déshydratation avancée. Les *Fallschirmjäger* de Ramcke, prévenus plus rapidement que le *10° Corpo*, entament le repli sans en aviser les Italiens. Le salut d'une partie des paras allemands – pourtant partis à pied – ne sera dû qu'à la capture opportune de véhicules britanniques à la faveur d'une embuscade. Compte tenu des circonstances, Rommel n'aurait guère pu faire davantage en leur faveur sans compromettre l'existence de son armée durement pressée par l'ennemi.

La défaite est néanmoins consommée, et elle est sévère[1]. Le 5 novembre, l'*Afrika Korps* ne compte plus que 38 panzers en état de combattre, 20 pièces antichars, 37 canons et 600 *Panzergrenadiere*. L'armée n'est plus que l'ombre d'elle-même[2].

Alors que son flanc droit s'effondre et que ses troupes luttent pour leur survie près de la route côtière et au centre, Rommel saisit l'opportunité. Il manœuvre avec brio et met à profit l'incroyable inertie de son adversaire en ce 4 novembre pour esquisser un début de retraite qui va tenir du chef-d'œuvre.

1. Les pertes de la *8th Army* se montent à 13 560 hommes, 97 avions, 111 canons et entre 500 et 600 tanks, dont au moins 332 détruits. Au 11 novembre, la *Panzerarmee Afrika* a perdu 55 000 hommes, soit la moitié de ses effectifs, 84 avions et entre 330 et 450 chars ; et plus de 1 000 canons sont abandonnés sur le champ de bataille ; 75 chars supplémentaires seront abandonnés au cours de la retraite, faute de carburant.

2. Le Royaume-Uni tient enfin sa victoire. Elle a aussi un nouveau héros : Montgomery. Churchill a alors ces mots célèbres : « Ce n'est pas la fin. Ce n'est même pas le commencement de la fin. Mais c'est peut-être la fin du commencement. »

12
LE CHEF-D'ŒUVRE DE LA RETRAITE

12. LE CHEF-D'ŒUVRE DE LA RETRAITE

Rommel sauve son armée du désastre

La défaite d'El-Alamein est lourde de conséquences : elle sonne le glas des ambitions de l'Axe en Afrique du Nord. Pis, les lourdes pertes subies par la *Panzerarmee* ont des effets notables sur la suite de la campagne[1]. Le matin du 4 novembre, la poursuite, mal préparée, est lancée par Montgomery. Mais le général anglais est trop prudent[2]. Ses troupes, retardées par les embouteillages qui congestionnent l'étroit corridor obtenu après la percée, sont épuisées après une confrontation de douze jours. Rommel, dont les unités sont toutes aussi lasses, s'extirpe avec peine de l'emprise de l'ennemi : « Dans la nuit du 4 novembre, l'armée battit en retraite sur Fouka. Le mouvement s'effectua sur un large front, principalement à travers le désert, car la route du littoral était constamment illuminée par des bombes éclairantes britanniques, très efficaces, et soumise aux attaques permanentes de la RAF. » Les véhicules de son état-major s'égarent eux-mêmes de la piste dans l'obscurité « et s'enlisaient jusqu'aux moyeux. Il fallait alors les dégager et les ramener à bras sur la piste ». On imagine la scène, avec un Rommel donnant lui-même de sa personne. Ingrat, oublieux des risques encourus à travers la Méditerranée, et sans doute contrarié par la tournure prise par les événements, il lâche ce commentaire injuste : « Dans cette nuit de défaite, nos pensées étaient amères : nous avions été abandonnés par nos services de ravitaillement, et nous en recueillions les conséquences. »

La lenteur des opérations entreprises par l'adversaire est une providence. Le 5 novembre, la poursuite s'arrête à la nuit tombante ! La *8th Army* cesse toute activité au profit de la seule Desert Air Force, dont les bombes éclairantes illuminent les colonnes en retraite. Rommel manque d'y laisser la vie au cours d'une frappe ciblée : « Deux attaques à la bombe furent effectuées sur le QG de la *Panzerarmee*, dont les

---

1. Un repli sur la Tunisie d'une armée au potentiel encore intact pouvait aboutir à un prolongement de la campagne et, donc, à un bouleversement du calendrier des opérations sur l'ensemble du théâtre des opérations méditerranéen.

2. Pourtant, dès le 2 novembre, le général Harding, qui commande la *7th Armoured Division*, suggère un plan pour couper la retraite de l'ennemi en fonçant vers Tobrouk *via* la piste de Siwa. Adopté et mis à exécution, ce plan aurait placé Rommel en grand péril, mais Monty l'a rejeté.

La longue retraite jusqu'en Tunisie.

Britanniques avaient apparemment repéré la position, grâce à son trafic radiotélégraphique[1]. Nous nous couchâmes, Westphal et moi, dans une tranchée ouverte, pour attendre le passage du tapis de bombes. » Sorti d'affaire ? Un autre danger menace : « Un peu plus tard, plusieurs chars Sherman survinrent, ouvrant le feu sur tout ce qui apparaissait devant eux. À ce qu'il semblait, nous n'avions plus de troupes entre l'ennemi et nous. »

La *8th Army*, mal approvisionnée d'un carburant dont elle ne manque aucunement, multiplie les contretemps. En direction de Fouka, un faux champ de mines retarde la *10th Armoured Division*, puis la *7th*… Lorsque les Britanniques occupent enfin Fouka et Maaten Baggush, 25 kilomètres plus à l'ouest, le gros de l'armée de Rommel, dont les rescapés retraitent avec discipline sous le couvert d'une arrière-garde expérimentée, s'est déjà enfui.

Davantage de pugnacité de la part des Britanniques scellerait le sort des formations

---

1. Plus tard, au cours de la retraite vers la Tunisie, c'est la présence d'un avion de liaison Storch insuffisamment dissimulé qui trahit la position du PC de Rommel aux yeux de l'aviation alliée.

12. LE CHEF-D'ŒUVRE DE LA RETRAITE

d'infanterie. Si l'existence des forces motorisées est menacée, Rommel devra sacrifier le reste de l'armée : « Je n'aurais plus alors le loisir de m'inquiéter de l'infanterie, sinon l'armée serait entièrement détruite et aucun homme ne franchirait la frontière à Solloum. »

Le 6 novembre, il pleut à verse. Les intempéries handicapent considérablement les deux armées[1]. Seule la route côtière est utilisable par la *Panzerarmee*, ce qui provoque immédiatement des embouteillages et des ralentissements. Le manque de véhicules motorisés contraint Rommel à laisser certaines unités à elles-mêmes. Quant aux autres, menacées par une pénurie d'essence, il leur arrive de s'écarter des pistes, et les engins non chenillés s'enlisent dans un sable devenu boueux. Lorsque Rommel atteindra Sidi Barrani, les véhicules de son QG[2] auront la déconvenue de constater que le chemin est impraticable : « Nous constatâmes que les pistes avaient été transformées en ruisseaux de boue par la pluie. Plusieurs voitures s'y embourbèrent ; il fallut beaucoup de peine et de sueur pour les dégager. » On n'imagine nullement le Renard du désert assister passivement à la scène.

Ce même jour, alors que son armée souffre d'un dénuement extrême, il doit se résoudre à la destruction des stocks entreposés dans ce port de Mersa Matrouh. Une excellente nouvelle lui parvient pourtant : 2 500 tonnes de carburant sont arrivées à Benghazi. Il s'agit là d'un précieux apport, à condition de réussir à le faire parvenir aux unités combattantes.

La *21. Panzer*, presque immobilisée faute de carburant, lutte pour sa survie. La plus ancienne unité de l'*Afrika Korps*, isolée, parvient à repousser les assauts et ne doit son salut qu'à sa combativité et à l'arrivée opportune d'un peu d'essence au cours de la nuit. Elle a été contrainte de saborder les panzers immobilisés, mais les pertes infligées aux Britanniques, pris à revers par le *Kampfgruppe* Voss qui menait une action retardatrice à Fouka, sont

---

1. Montgomery évoque la pluie comme explication à son incapacité d'anéantir son adversaire. La timidité de la poursuite et la dextérité d'un Rommel, général nettement plus compétent, expliquent davantage l'échec des Britanniques à anéantir la *Panzerarmee*.

2. Lorsque Rommel s'évertue à rassembler les véhicules de son état-major, il a la surprise de découvrir « un soldat britannique de couleur, qui avait réussi à se glisser jusqu'auprès de ma voiture ».

lourdes. Un affrontement qui n'est pas de nature à encourager Montgomery à faire montre de témérité…

La vitesse prime pour Rommel, mais il n'entend pas se précipiter : il convient de gagner du temps pour fortifier chaque position de recul, à commencer par les défenses frontalières du secteur de Solloum. Il importe tout autant de ne pas se laisser accrocher par l'ennemi : « Je m'entretins donc avec Bayerlein, au QG de l'*Afrika Korps*, au sujet de notre action prochaine. Nous décidâmes de n'accepter la bataille en aucune circonstance, car elle entraînerait inéluctablement la destruction du reste de nos unités motorisées. » Rommel exige que ses ordres soient suivis scrupuleusement, au point qu'il aurait menacé plusieurs fois Bayerlein d'être traduit en cour martiale pour avoir interprété avec trop de liberté les instructions reçues.

Le passage des cols de la frontière, dont la fameuse passe d'Halfaya, constitue une étape délicate. La congestion de la route sur des dizaines de kilomètres est une invite au désastre si d'aventure les unités terrestres de la *8th Army* conjuguent leurs efforts avec les escadrilles de la Desert Air Force. « Aussi, écrit Rommel, donnai-je l'ordre d'accélérer le mouvement par les cols, en recrutant un grand nombre d'officiers pour assurer la police de la route. L'avance devait se produire jour et nuit. » L'autorité des officiers semble plus efficace que celle des *Feldgendarmen*. Le trafic s'écoule assez rapidement pour permettre à l'*Afrika Korps* d'emprunter à son tour la route côtière, au lieu de passer par Habata, chemin initialement prévu mais plus hasardeux pour des véhicules à bout de souffle, manquant d'essence et non chenillés pour la plupart.

H. W. Schmidt, officier au *Sonderverband 288*[1], est de l'arrière-garde. Furieux de voir son unité se faire dépasser par une autre, au mépris de toutes les règles de sécurité (doubler est strictement interdit en cas de danger aérien), il est sur le point d'intervenir lorsqu'il reconnaît une silhouette perchée sur un des engins de la colonne. « Assis sur le toit, les épaules en arrière, une silhouette que je connaissais encore mieux. Je me mis au garde-à-vous et

---

1. Unité spéciale de la taille d'un régiment, constituée entre autres de spécialistes du Moyen-Orient et qui a été initialement mise sur pied en vue d'une intervention en Irak en 1941.

12. LE CHEF-D'ŒUVRE DE LA RETRAITE

saluai. Rommel me fit un geste de la main et me cria quelque chose, mais le vent emporta ses paroles. Il avait le visage tendu et grave. » Bientôt, Schmidt observe la côte du haut de l'escarpement : « À main droite les plages où Rommel et moi nous étions si souvent baignés dans le costume de nos pères. »

La poursuite des opérations en Libye devient impossible

Comme lors de son repli à l'issue de l'opération *Crusader*, Rommel sait qu'aucune position n'est tenable avant Mersa el-Brega. Ainsi que cela fut le cas en début d'année, il espère que des renforts en équipements et en matériels pourront être absorbés sur cette position de recueil. « Ainsi, écrit-il, nous pourrions faire face dans de meilleures conditions aux colonnes d'assaut britanniques et saisir toutes les occasions possibles pour les battre par fractions. »

Après Torch, Rommel a compris que la situation de l'Axe en Afrique est sans espoir.

ROMMEL

Mais les événements qui surviennent à l'autre bout de l'Afrique du Nord en décident autrement. Rommel n'aura jamais les renforts qui auraient permis à sa *Panzerarmee* de recouvrer sa pleine puissance, voire d'être plus redoutable que jamais en étant dotée d'armements de la dernière génération.

En effet : « Je rencontrai Bayerlein vers 8 heures, le 8 novembre, et l'informai qu'un convoi d'environ cent navires approchait de l'Afrique, qu'il était donc possible de voir les Anglais et les Américains nous attaquer par l'ouest. Ce renseignement fut confirmé vers 11 heures. En fait, les Anglo-Américains avaient débarqué en Afrique du Nord-Ouest pendant la nuit, ainsi que Westphal me l'apprit peu après. C'était la fin de notre armée d'Afrique. » La nuit suivante, alors qu'il écoute le traditionnel discours d'Hitler à la *Bürgerbräukeller* de Munich, il déclare à son hôte, le général Lungerhausen, alors commandant de la *164. leichte-Division* : « La campagne est perdue. L'Afrique est perdue. Si on ne le comprend pas à Rome et à Rastenburg[1] et si on ne prend pas à temps les mesures pour le sauvetage de mes soldats, alors une des plus vaillantes armées de l'Allemagne va finir en captivité. Qui, alors, défendra l'Italie contre l'invasion qui la menace ? »

L'opération *Torch*, le débarquement allié en Algérie et au Maroc, scelle l'issue de la campagne nord-africaine : la victoire alliée sur la rive sud de la Méditerranée n'est plus qu'une question de temps. Il est désormais évident que presque toutes les unités destinées à renforcer Rommel seront détournées vers la Tunisie : la défense de la Libye devient donc impossible[2]. Mussolini prescrit de résister coûte que coûte sur la frontière égypto-libyenne, mais le maréchal allemand sait pertinemment qu'il n'en a pas les moyens. Sur le front de Solloum, l'ensemble de l'arrière-garde représente l'équivalent d'une unique division d'infanterie. La situation est toujours aussi dramatique pour les blindés : le 10 novembre, le décryptage d'un message allemand informe Montgomery que la *21. Panzer*

---

1. En Prusse-Orientale, où est établi le QG principal d'Hitler, la *Wolfsschanze*, la « tanière du loup ».

2. Un autre élément est à prendre en considération : avec l'arrivée des convois *Stoneage* et *Portcullis*, Malte ne sera plus jamais en danger et constitue le principal écueil à toute remise en condition de la *Panzerarmee*.

12. LE CHEF-D'ŒUVRE DE LA RETRAITE

n'a plus que 11 chars en état de combattre, tandis que la *15. Panzer* n'en a plus aucun. Cela ne le pousse pourtant pas à accroître la pression. Sa pusillanimité et le professionnalisme de Rommel vont prolonger une campagne désormais gagnée par les Alliés.

Le 12 novembre, le Souabe laisse éclater son dépit en écrivant à Lucie : « Nos efforts sur ce théâtre des opérations n'ont servi à rien. J'ai fait des efforts surhumains, c'est tout à fait vrai. Mais que tout cela se termine ainsi est vraiment décevant. » Il envisage désormais l'issue de la guerre sous un aspect bien sombre : « Je ne sais pas ce qu'il adviendra de la guerre si nous perdons l'Afrique du Nord. » De son aveu même, il s'agit là d'une « terrible pensée ».

Le lendemain, 13 novembre, la *8th Army* fait son entrée dans Tobrouk. Le petit port libyen symbolise toute la guerre du désert. Il a représenté le théâtre du plus grand triomphe du Renard du désert. On imagine sans peine toute l'amertume que ressent Rommel devant la nécessité de concéder presque sans combat les lieux de ses anciens faits d'armes.

Grande stratégie

L'Allemand a un nouveau plan en tête. Actant du succès de *Torch* et de la certitude de ne plus pouvoir l'emporter en Afrique, et réalisant le danger d'une attaque à revers des Anglo-Américains depuis la Tunisie, il envisage de concentrer ses troupes au pied du djebel Akhdar, entre Derna et Cyrène, afin de procéder à l'évacuation de son armée. La partie est perdue selon lui : « La bataille d'Afrique du Nord française touche à sa fin, écrit-il à sa femme. Les chances s'en trouveront encore plus défavorables pour nous. Ici non plus, la fin ne se fera pas attendre longtemps, car nous sommes purement et simplement écrasés par la supériorité de l'ennemi. »

Devant les décisions stratégiques d'importance qu'il faut prendre, il demande à Cavallero et Kesselring de venir conférer avec lui en Afrique. Mais ces derniers déclinent l'invitation, décision qui aurait été prise, selon Rommel, car les deux intéressés ne le jugèrent pas nécessaire. Le

Souabe semble oublier que ses deux supérieurs sont très préoccupés par la Tunisie, où une fragile tête de pont germano-italienne commence à peine à être ébauchée.

Sa proposition d'évacuation reçoit une fin de non-recevoir, aussi bien à Rome qu'à Berlin. Par l'intermédiaire de Berndt, envoyé auprès du Führer dans le vain espoir de faire admettre la réalité de la situation au dictateur, Hitler ordonne d'établir de nouvelles positions défensives à Mersa el-Brega. « Je ne devais pas faire entrer la Tunisie dans mes calculs ; je devais agir dans l'hypothèse que la tête de pont tiendrait. » Le favori aurait-il perdu la confiance du chancelier ? Rommel poursuit : « À d'autres égards aussi, me dit Berndt, le Maître[1] avait été loin de se montrer aimable. Il était manifestement de très mauvaise humeur, bien qu'il m'eût envoyé l'assurance de "sa confiance toute particulière". » Et le Führer de poursuivre par des promesses de renforts…

Rommel doit donc s'établir fermement à Mersa el-Brega. Il estime pour sa part qu'aucune position n'est tenable en Afrique du Nord à l'est de Gabès, au niveau de l'oued Akarit, position très forte dans le sud-tunisien. Le *Feldmarschall* a bientôt un nouveau plan en tête : rallier au plus vite la position d'Akarit, la rendre inexpugnable en y déployant l'infanterie et, de concert avec la nouvelle armée de l'Axe en cours de déploiement en Tunisie, opérer une vaste contre-offensive contre les troupes alliées débarquées en Afrique du Nord.

L'abandon de la Cyrénaïque

Le retrait des forces vers l'ouest reste parsemé d'embûches. La menace d'un enveloppement par le désert, comme l'ont subi les Italiens en 1941, plane sur les colonnes de la *Panzerarmee*. Manœuvre cependant contrecarrée par l'heureuse action conjuguée de la *90. leichte*, des troupes de reconnaissance et de la pluie. Le départ des navires ravitailleurs sans qu'ils aient déchargé leurs cargaisons, la destruction de la ligne de chemin de fer et des stocks de munitions dont les Allemands ont pourtant cruellement besoin et l'encombrement des routes mettent en péril l'approvisionnement des

---

1. Un terme qui marque sans ambiguïté une déférence pour le dictateur.

12. LE CHEF-D'ŒUVRE DE LA RETRAITE

troupes combattantes. Il s'en faut de peu que les formations allemandes ne soient totalement annihilées faute de carburant, d'autant que des tankers lèvent prématurément l'ancre dans le port de Benghazi, de peur de tomber aux mains des Anglais qui font leur entrée dans la ville le 20 novembre. Face à ces difficultés logistiques, Rommel fulmine, comme à l'accoutumée, contre les officiers d'état-major, « militaires de fauteuil, qui sont assez doués intellectuellement, mais dépourvus de caractère », des officiers par ailleurs éloignés des réalités du terrain : « Il est grand temps de balayer, en Allemagne et en Italie, tous les personnages représentatifs de cette mentalité. » Il dispose en revanche d'un atout : ses troupes du génie, sous la direction du général Bülowius, multiplient les pièges et les destructions, retardant la progression des poursuivants.

Des arrière-gardes remarquables pendant la longue retraite.

Nouvelles fortifications à Mersa el-Brega

Le 24 novembre, conformément aux instructions reçues, Rommel repositionne ses troupes à Mersa el-Brega. La position est naturellement forte et se prête particulièrement bien à la défensive. Son flanc droit, qui reste ouvert, ne peut être contourné qu'en s'enfonçant dans le désert. Remplaçant les formations anéanties à El-Alamein, de nouvelles divisions d'infanterie italiennes – *Giovani Fascisti*, *Pistoia*, *Spezia* – ainsi que la division blindée *Centauro* renforcent une *Deutsch-Italienische Panzerarmee*[1] qui a réussi l'exploit d'effectuer un repli de 1 200 kilomètres, sans pertes majeures, tout en conservant sa cohésion et en parvenant systématiquement à parer les manœuvres d'un ennemi largement supérieur en nombre et en matériel. L'exploit n'est pas mince et il témoigne du talent militaire de Rommel. De façon éclairante, il juge avoir été moins mis en difficulté par la façon de procéder de Montgomery que par les ordres insensés qu'il reçoit de sa hiérarchie : « Au cours des semaines qui suivirent, nos difficultés prirent en effet leur source beaucoup plus dans le manque de compréhension de notre haut commandement que dans l'activité des Britanniques. »

Hitler et Mussolini, hostiles à un abandon d'El-Alamein puis de la Cyrénaïque, ne peuvent que reconnaître l'exploit, qu'ils qualifient de chef-d'œuvre remarquable. Pourtant, faute de disposer de divisions blindées et motorisées suffisamment étoffées pour assurer l'aile droite du front, Rommel est déterminé à ne pas demeurer bien longtemps à Mersa el-Brega. Quant à la perspective d'opérer un retour offensif comme en début d'année, elle est vite oubliée, pour les mêmes raisons : « Le gros du ravitaillement ne pouvait plus être dirigé sur Tripoli comme à la fin de 1941, note Rommel. Il allait en Tunisie, ce qui nous mettait dans l'impossibilité de constituer les approvisionnements et le matériel de remplacement indispensables pour une pareille tentative. »

La débauche de matériel accordée à la nouvelle armée germano-italienne déployée en Tunisie

---

1. Nouveau nom officiel de la *Panzerarmee Afrika*, en théorie à compter du 25 octobre 1942.

12. LE CHEF-D'ŒUVRE DE LA RETRAITE

Les forces de Rommel se fortifient à Mersa el-Brega.

le consterne : « Quantité hors de toute proportion avec ce que nous avions reçu dans le passé[1]... »

Considérant les positions actuelles comme intenables, il propose un repli sur Homs ou Bouerat, plus faciles à défendre, et aussi plus proches de Tripoli. Il voit en fait plus loin : établir la jonction avec les troupes déployées en Tunisie. Les Italiens, qui craignent la perte de la Tripolitaine, ne veulent rien entendre de cette solution. Mussolini ordonne donc de tenir coûte que coûte à Mersa el-Brega.

Au QG d'Hitler : la fin d'une illusion

N'obtenant pas gain de cause, las de ces discussions stériles avec les Italiens, et estimant avec justesse que Montgomery ne va pas renouveler son offensive dans l'immédiat, Rommel,

1. Rommel regrette sans doute qu'un tel effort ne lui ait pas été accordé en juin-juillet 1942, mais c'est oublier que le Führer agit en Tunisie comme il l'a fait en Libye en février 1941 : il soutient un allié chancelant et assure le flanc sud de la *Festung Europa*. L'Afrique reste un front secondaire, qu'il n'y a lieu de renforcer qu'en cas de crise majeure.

persuadé d'avoir conservé la confiance du Führer, s'envole le 28 novembre pour Rastenburg, en espérant amener Hitler à ses vues. Le Renard du désert va donc proposer un repli jusqu'à Gabès, postulant que plusieurs mois seront nécessaires à Montgomery pour monter une attaque contre les positions de l'oued Akarit. Un délai que Rommel se propose de mettre à profit pour frapper en Tunisie de concert avec la 5. *Panzerarmee* (ou *Pz AOK 5*)[1]. Rommel n'a pas pour autant abandonné la perspective d'un réembarquement de son armée vers l'Europe. Jugeant que le poids de la puissance américaine rend certaine la victoire des Alliés en Afrique à plus ou moins long terme, il décide que les deux armées opéreront un repli graduel en direction de Tunis et de Bizerte, où elles seront évacuées : « En achevant la conquête de la Tunisie, les forces anglo-américaines n'auraient plus rien trouvé, quelques prisonniers tout au plus, et auraient été frustrées des fruits de leur victoire, comme nous l'avions été à Dunkerque. » Rommel fait alors montre d'un sens stratégique certain : « Une force offensive aurait alors été constituée avec les troupes ramenées d'Italie. Ces troupes étaient, tant par l'entraînement que par l'expérience du combat, les meilleures que nous pouvions opposer aux Anglo-Américains. » Ambitieux, sûr de ses qualités de général et, à vrai dire, imbu de sa personne, il poursuit : « Mes rapports avec elles étaient tels que, du seul fait d'être sous mon commandement, elles représentaient une force de valeur plus considérable que celle qu'indiquait leur effectif. » Les conceptions de Rommel en matière de stratégie ne sauraient être celles de ses supérieurs de Berlin ou de Rome, car il ne raisonne qu'en termes militaires, là où, pour sa plus grande incompréhension, l'OKW et le *Comando Supremo* tiennent compte de considérations politiques. Le Souabe semble incapable d'adopter le point de vue des Italiens, qui sont sur le point de perdre leur empire…

L'accueil d'Hitler est glacial. On le serait à moins : préoccupé par le sort de la 6. *Armée* qui vient d'être isolée à Stalingrad, il le voit surgir à son QG à l'improviste, et sans autorisation. Lorsque Rommel aborde la question de l'abandon de l'Afrique, il

1. La nouvelle armée germano-italienne déployée en Tunisie. Lire à ce propos notre hors-série nº 29 de la revue *Ligne de front* : « La 5. *Panzerarmee*. La meilleure ennemie des Alliés. »

12. LE CHEF-D'ŒUVRE DE LA RETRAITE

n'a pas le loisir de développer ses arguments : le Führer entre dans un accès de rage. Sa colère ne fait que s'exacerber quand Rommel déclare bien maladroitement que seuls 5 000 des 15 000 combattants de l'*Afrika Korps* et de la *90. leichte* possèdent encore leurs armes. Sommé de quitter la pièce, il est rattrapé par Hitler qui grommelle un semblant d'excuses.

Le favori, non habitué à de telles rebuffades, accuse probablement le coup. Pis, il ne trouve aucun soutien dans l'entourage du dictateur, la majeure partie des membres de l'OKW lui étant de toute façon hostile. Il leur rend la pareille, affichant un mépris constant pour les officiers d'état-major : « La plupart des officiers du quartier général qui étaient présents, et qui n'avaient sans doute jamais entendu même un coup de feu, parurent approuver chaque parole dite par le Führer. » Il semble oublier que la fascination exercée par le dictateur a souvent opéré sur lui-même… Blessé et contrarié, son attitude vis-à-vis d'Hitler commence à évoluer. Le lendemain, à Munich, il ne dissimule pas son anxiété à son épouse : « Ils ne voient pas le danger, et ils ne veulent pas le voir. Mais il arrive sur nous à grands pas. Ce danger s'appelle effondrement[1]. »

Rommel n'a donc rien obtenu. Depuis El-Alamein, il a sans doute compris que, sur le plan militaire, les ordres du Führer ne sont pas toujours marqués du sceau du bon sens. Le voyage de retour *via* Rome s'effectue en compagnie de Goering, une nouvelle épreuve pour Rommel[2], contraint d'assister aux excentricités d'un personnage particulièrement vaniteux, doublé d'un militaire de piètre envergure, obnubilé par les flatteries et les causeries artistiques. « La situation tragique de nos armées ne semblait pas le troubler le moins du monde », rapporte Rommel. Celui-ci comprend également que l'ambitieux *Reichsmarschall* croit la Luftwaffe capable de moissonner la gloire en Afrique sans difficulté. Par l'intermédiaire de Berndt, il a alors l'idée de faire miroiter l'effet de propagande qu'aurait sur l'opinion publique mondiale une offensive

---

1. Benoît Lemay, *Erwin Rommel*, *op. cit.*, p. 301.

2. Goering ose sournoisement avancer à Mussolini que Rommel a abandonné les Italiens devant El-Alamein. Le Duce repousse cette déclaration, qu'il sait non fondée : « C'est là une nouveauté pour moi, votre retraite a été un véritable chef-d'œuvre, *Herr Feldmarschall*. »

victorieuse jusqu'en Algérie. Goering est enthousiaste. Rommel a-t-il gagné ? Son armée va-t-elle plier bagage pour Gabès ? Las, son plan, jugé déraisonnable, est repoussé par Kesselring : la perte de la Tripolitaine offrirait de nouveaux terrains d'aviation à l'ennemi, en sus de Malte et d'Alger, ce qui assurerait aux Alliés la maîtrise de l'espace aérien au-dessus de la Tunisie.

Nouveau repli mené de main de maître

Le 2 décembre, c'est un Rommel déprimé qui est de retour en Libye. « Je ne me sens pas bien du tout, écrit-il à son épouse. Je suis à bout de nerf. » Armbruster, son interprète avec les Italiens, comprend immédiatement à quel point il est déstabilisé : « Le commandant en chef semble s'être bien fait sonner les cloches par Hitler. » Si ses supérieurs allemands restent sourds à ses arguments, il obtient une oreille attentive de Rome ; son plan de repli sur Bouerat est entériné.

Une décision qui s'impose. Début décembre, l'*Afrika Korps* n'aligne que 64 panzers, soit le double des engins disponibles au 24 novembre, mais on n'en dénombre que 11 opérationnels. Tout espoir d'arrivée de renforts substantiels étant illusoire, Rommel ne dispose plus d'une réserve mobile à même de contrecarrer une offensive adverse. Il importe de prendre la *8th Army* de vitesse. Les unités d'infanterie italiennes sont les premières à s'ébranler vers l'est, leur décrochage étant rendu plus délicat par l'absence de moyens motorisés suffisants. Pis, cette manœuvre vide les maigres stocks d'essence de la *Panzerarmee*… Rommel est furieux d'apprendre que ses alliés retraitent tous phares allumés et en chantant, au mépris de la discrétion la plus élémentaire !

Il reste pessimiste pour l'avenir et semble envisager une fin proche. Le 12 décembre, il écrit à son épouse : « Je me demande si tu ne pourrais pas m'envoyer par la poste un dictionnaire anglais-français. Il pourrait me rendre service. »

L'activité fiévreuse qui s'empare de la *Panzerarmee* est détectée par la *8th Army*, qui en détermine rapidement la signification. Montgomery accélère les préparatifs d'offensive. Le 13 décembre, l'Anglais passe à

12. LE CHEF-D'ŒUVRE DE LA RETRAITE

l'attaque, en commettant l'erreur de frapper sur la ligne défensive solidement établie près de la côte, alors que la manœuvre d'enveloppement du front par les profondeurs du désert, potentiellement dangereuse pour Rommel, n'est pas achevée.

Le 15 décembre, l'occasion attendue par Montgomery semble cependant arrivée. Paralysé dans ses mouvements par des réservoirs vides, Rommel est rattrapé par les Britanniques au défilé de Mougtaa, mis en défense par la *21. Panzer*, tandis que la *2nd New Zealand Division* surgit du désert et le surprend à Merdouma. Rommel peste contre le manque de carburant qui le prive de sa liberté de manœuvre, alors que son adversaire, piètre tacticien qui n'engage ses immenses moyens qu'avec parcimonie, lui offre l'occasion de lancer une contre-attaque dévastatrice.

Bien que surclassés par les 80 blindés britanniques qui se ruent sur leurs positions, les Italiens parviennent à tenir l'adversaire en respect pendant dix longues heures d'un combat acharné, tout en lui infligeant des pertes importantes, puisque la contre-attaque de la *Centauro* aboutit à la destruction de 22 chars et deux automitrailleuses anglaises. Rommel ne peut se montrer avare de compliments : « La résistance des Italiens fut digne des plus grands éloges. »

« La radio du Caire nous décrivait comme enfoncés dans une bouteille à laquelle le général anglais se préparait à mettre son bouchon », rapporte-t-il. Il n'en sera rien. L'*Afrika Korps* démontre une nouvelle fois sa supériorité tactique et parvient à s'extirper d'une situation désespérée en forçant le passage. Le 17 décembre, afin de se prémunir d'une nouvelle mésaventure de ce type, Rommel décide d'étaler son dispositif le long de la via Balbia, qu'il importe absolument de contrôler pour assurer le repli. L'arrivée d'un peu d'essence lui redonne quelque mobilité, et il frappe à nouveau, occasionnant de nouvelles pertes aux tanks britanniques.

Hitler n'accepte que de mauvais gré les replis successifs de Rommel : « Je dois quand même observer, dit-il à Jodl, qu'une gigantesque armée, pourvue de carburant, à reculé à ce moment-là de la position d'El-Alamein jusqu'ici. Ils n'ont quand même pas effectué ce repli avec de l'eau

Un des vieux « briscards » du DAK.

dans les réservoirs ! Durant tout le temps que cela a duré, ils n'ont pour ainsi dire pas reçu d'essence. S'ils s'étaient servis de celle qu'ils avaient pour aller de l'avant au lieu de reculer, ils auraient pu entreprendre des opérations avancées. » Selon lui, les pertes découlent avant tout de cette retraite, alors que les « pertes réelles, à l'avant, ont vraisemblablement été extrêmement légères ». Et de conclure que Rommel est demeuré trop longtemps à son poste de commandement : « Voilà un homme qui se bat constamment à coups de poing, là-bas, en n'ayant avec lui que quelques misérables éléments. Pas étonnant, dans ces conditions, qu'il perde peu à peu le contrôle de ses nerfs, en deux ans de ce régime, et qu'il vienne à dire : "J'arrête." »[1] Jodl rétorque à Hitler que Rommel est contraint à ces replis en raison du manque de carburant, qui l'oblige à faire décrocher les unités d'infanterie vers des positions plus solides bien avant l'offensive adverse. Encore faut-il que les Allemands soient présents avec des effectifs suffisants : « Avec les Italiens seuls, observe Hitler à propos de la nouvelle ligne de défense, c'est impossible. »

Toujours plus vers l'ouest

Rommel parvient sans difficulté à faire admettre à Bastico qu'un arrêt au niveau de Bouerat ne doit constituer qu'une étape. Il faut poursuivre le repli sur la

---

1. *Hitler parle à ses généraux*, présenté par Paul Villatoux, Paris, Nouveau Monde éditions, 2015, pp. 53 et 54.

12. LE CHEF-D'ŒUVRE DE LA RETRAITE

ligne Tarhouna-Homs, nettement plus forte, tout en fixant Gabès comme objectif final de la retraite. Rommel craint en effet que les Alliés opérant en Tunisie ne soient en mesure de s'emparer de la place et de couper définitivement les liaisons entre sa *Deutsch-Italienische Panzerarmee* et la *5. Panzerarmee* du général von Arnim. Mussolini s'oppose à cette solution, qui signifierait la chute de Tripoli et la fin de son empire africain. La position de Bouerat est donc consolidée avec soin, de sorte qu'un assaut frontal se révélerait coûteux.

Inspectant le dispositif le 24 décembre, Rommel remarque des traces de pneus anglais qu'il attribue à des *raiders* du SAS. Il se décide alors à lancer une chasse à l'homme qui ne s'accorde aucunement avec son rang et sa fonction : « Les traces paraissaient assez fraîches et nous entreprîmes des recherches attentives dans l'espoir d'attraper un Tommy. Soudain, près d'El-Fashia, j'aperçus un véhicule isolé, auquel nous donnâmes aussitôt la chasse pour découvrir en fin de compte que son équipage était italien ! » Au retour, il réussit un exploit cynégétique en abattant une gazelle de son véhicule en marche : un supplément pour le réveillon de Noël ! « Vers 17 heures, en compagnie du général Bayerlein, je me rendis pour la soirée de Noël auprès de la compagnie du QG. On m'offrit en présent une nourrice en miniature qui contenait, en guise d'essence, une livre ou deux de café pris à l'ennemi. On ne pouvait trouver meilleur symbole, même ce jour-là, du problème le plus grave parmi ceux qui nous hantaient. »

De nombreux canons factices sont disposés de façon à leurrer l'adversaire, l'expérience d'El-Alamein ayant montré que les *Flak* de 88 mm, redoutés par les Anglais, constituent des cibles privilégiées. Néanmoins, ainsi que Rommel le perçoit fort bien, les lignes sont exposées à un débordement par le désert sur le flanc droit. Or, depuis El-Alamein, les forces motorisées germano-italiennes sont trop faibles et disposent de réserves d'essence si parcimonieuses que toute bataille mobile conduirait inexorablement à leur perte.

Lorsque Rommel étudie de nouveau la situation avec Bastico, le dernier jour de cette année 1942 qui lui avait offert tant de gloire et de promesses de nouveaux succès, le *Comando Supremo* semble avoir admis l'idée d'opérer un repli *in fine* sur Homs, à condition de tenir le plus longtemps possible à Bouerat. Décidé à se couvrir contre toute récrimination, il insiste pour recevoir de Bastico l'autorisation formelle de pourvoir procéder à la retraite des troupes non motorisées, et selon un calendrier à sa discrétion. Si l'Italien s'est rangé aux conceptions du Renard du désert, les tensions sont alors à leur comble entre Rommel et ses supérieurs en Italie, Kesselring – qui ne comprend que trop bien l'avantage décisif que les Britanniques retireraient de la prise de contrôle de Tripoli – et Cavallero. Ce dernier suggère ni plus ni moins de limoger le maréchal allemand et de le remplacer par un officier italien. À Kesselring, Cavallero affirme : « À mon avis, Rommel cherche tout simplement des prétextes pour battre en retraite. »

Kesselring, par ailleurs préoccupé par la mise en place d'une solide tête de pont en Tunisie, ne peut répondre aux attentes de ce dernier : « Rommel poursuivait sa retraite et me bombardait de demandes de renforts que j'étais dans l'incapacité de commencer à satisfaire. » Procédant à une inspection de l'*Afrika Korps*, il ne peut retenir une pique à l'endroit du Renard du désert : « Nul signe de dépression nulle part, simplement un dégoût qu'on ne leur ait pas laissé l'opportunité de se battre comme ils auraient dû le faire. »

Le début de l'année 1943 est donc consacré aux préparatifs de l'inévitable bataille de Bouerat. Rommel n'a de cesse d'inspecter le front, « pour me faire une idée du champ de bataille sur lequel seraient livrés les combats à venir et bien voir le terrain tel qu'il était ». Une fois n'est pas coutume, il s'accorde une pause touristique en visitant le site de Leptis Magna en compagnie de Bayerlein[1]. L'*Oberleutnant* Paul Schmitz, qui saisit également l'occasion d'une visite, a la surprise de croiser le *Feldmarschall*. Voyant passer ce dernier devant une statue de la Victoire, il l'entend murmurer ironiquement : « Celle-ci est déjà très

---

1. Rommel n'est pourtant pas un féru d'histoire comme Patton, qui se délecte à la vue des sites des civilisations anciennes : « À vrai dire, écrit Rommel, le cours de mes pensées allait davantage à Montgomery qu'à ces vestiges du passé. De plus, la tension nerveuse et le manque de sommeil des jours précédents commençaient à faire sentir leurs effets et nous bâillions à qui mieux mieux. »

12. LE CHEF-D'ŒUVRE DE LA RETRAITE

ébréchée ! » La perspective de pouvoir poursuivre la retraite avec l'aval de ses supérieurs semble avoir pourtant un effet bénéfique sur son moral et le doute semble laisser la place à l'espoir : « Je me sens d'humeur légèrement meilleure, confie-t-il à son épouse, car il y a de vagues espoirs d'arriver à tenir quelque part. »

La menace d'être coupé de la *5. Panzerarmee* par une poussée des Américains sur Gabès reste la hantise de Rommel, soucieux d'assurer la sauvegarde de son armée. Aussi, lorsque Cavallero lui demande s'il lui est possible de détacher une de ses divisions pour la redéployer face au nouvel ennemi, il saisit la balle au bond et, dès le 13 janvier, il procède au transfert d'une de ses meilleures unités, la *21. Panzer-Division*[1].

Bouerat : Rommel s'esquive une fois de plus

Le 15 janvier, disposant d'une supériorité numérique écrasante[2] ainsi que d'une maîtrise absolue du ciel, Montgomery lance sa nouvelle offensive qui doit lui permettre de s'emparer enfin de Tripoli.

Comme prévu, les Britanniques tentent un vaste mouvement par le sud pour envelopper l'aile droite de Rommel. L'*Afrika Korps* est cependant prompt à réagir et contre-attaque avec brio, tout en débutant sa phase de désengagement, alors que l'infanterie italienne entame son repli et que la *90. leichte-Afrika-Division*[3], brillante arrière-garde de l'armée depuis El-Alamein, repousse toutes les attaques. Fidèle à sa réputation, le DAK inflige de lourdes pertes à ses adversaires : 52 chars britanniques sont incendiés, dont 32 précieux Sherman. La supériorité tactique des Allemands est incontestable : seuls le manque de carburant et la consommation en munitions

1. Une manière pour Rommel d'entamer le redéploiement de l'intégralité de son armée dans le sud tunisien, comme il l'a toujours préconisé. Il propose même deux divisions à Kesselring, offre que ce dernier décline, l'interprétant comme une excuse pour accélérer la retraite. La *21. Panzer* laisse ses blindés à la *15. Panzer* et, rééquipée par la *5. Panzerarmee*, elle redevient une redoutable unité avec environ 90 panzers.

2. Soit 450 tanks contre 93, dont à peine 36 panzers. Rommel dispose cependant de 176 canons antichars, redoutables contre les blindés alliés.

3. Sur le parcours de cette étonnante unité de Rommel entre toutes, lire notre article paru dans *2ᵉ Guerre mondiale Magazine*, n° 66 : « La *90. Leichte-Afrika-Division*. Atout méconnu du DAK. »

empêchent une nouvelle fois Rommel d'infliger une sévère correction à un adversaire qui n'est pas à sa mesure.

L'armée de Rommel se redéploie sur la ligne Tarhouna-Homs, une position naturellement forte, beaucoup plus difficile à déborder par le sud : « Il est hors de doute que, mieux ravitaillés, nous aurions pu y tenir les Anglais en échec pendant très longtemps. » Privé de la *21. Panzer* et la priorité du ravitaillement étant accordée à Arnim, Rommel comprend que le retrait encore plus à l'ouest n'est, au plus, qu'une question de jours.

Les renseignements indiquent sans équivoque qu'une importante force britannique traverse la région montagneuse située sur le flanc droit germano-italien. Les forces motorisées et les restes de la *164. leichte* et de la brigade de parachutistes Ramcke établissent un écran de Homs à Azizia, où la *15. Panzer* tente de freiner l'avance des colonnes britanniques qui se sont emparées de Garian, mais la pression de la *8th Army* se renforce et la situation est menaçante. Rommel concède un de ses rares compliments à son adversaire : « Le commandant en chef anglais conduisait désormais ses opérations bien plus énergiquement qu'il ne le faisait auparavant. » À parité de forces, Montgomery aurait cependant échoué…

Tripoli est abandonnée sous la couverture d'arrière-gardes efficientes.

12. LE CHEF-D'ŒUVRE DE LA RETRAITE

Sans surprise, Mussolini et le *Comando Supremo* désapprouvent les manœuvres de repli de Rommel : selon eux, « la situation n'était pas assez grave pour justifier une action aussi précipitée », écrit le Souabe. Exaspéré par l'impéritie de Rome, il trouve la formule choc et l'argument décisif lorsqu'il résume simplement la situation à Cavallero : « Vous pouvez tenir Tripoli quelques jours de plus en sacrifiant l'armée, ou perdre Tripoli un peu plus tôt pour permettre à l'armée de se replier en Tunisie. Faites un choix. »

Le port de Tripoli est donc saboté, ainsi que de précieux dépôts, prématurément détruits, même si l'essentiel est évacué par la route, un tour de force pour les unités de la logistique soumise aux interférences permanentes de la Desert Air Force : depuis El-Alamein, Rommel mesure l'impact décisif de la suprématie aérienne absolue sur le champ de bataille. Un enseignement qu'il emportera avec lui en Europe…

Le 23 janvier, trois mois jour pour jour après le lancement de l'offensive à El-Alamein, la *8th Army* effectue son entrée dans Tripoli. Ce même jour, Rommel, décidément résolu à ne manquer l'opportunité de visites sous aucun prétexte, s'accorde quelques instants pour visiter les fameuses ruines romaines de Sabratha. Kesselring ne lui reproche pas d'avoir procédé à un repli jugé inévitable, car il a parfaitement compris qu'accepter la bataille aurait conduit à la destruction de la *Panzerarmee*, mais il estime que des contre-attaques auraient dû être lancées. À ses yeux, les maigres approvisionnements disponibles et la qualité du commandement justifiaient une telle conduite des opérations. Et de déplorer une retraite qui s'effectue à raison d'une moyenne de 50 kilomètres par jour entre le 16 et le 22 janvier 1943. Rommel balaie ces critiques dans une lettre à Lucie : « K[esselring], par exemple, fait toujours montre d'un bel optimisme. Il voit probablement en moi la raison pour laquelle notre armée n'a pas opposé une plus longue résistance à l'ennemi. Mais il n'a aucune idée de la véritable valeur de mes troupes […] ou du rapport de forces qui penche toujours plus nettement en faveur de l'ennemi […]. J'attends avec inquiétude de voir ce qui va arriver. »

L'entrée en Tunisie

Malgré des circonstances défavorables, la *Panzerarmee* germano-italienne est parvenue en Tunisie. Rommel franchit lui-même la frontière tuniso-libyenne le 26 janvier à 6 heures du matin, et il établit son poste de commandement à Ben Gardane. La réaction du *Comando Supremo* à la chute de Tripoli lui parvient à midi. Un télégramme l'informe « qu'en raison de mon mauvais état de santé, je serais déchargé de mon commandement lorsque nous aurions atteint la ligne Mareth[1], à une date dont on me laissait le choix ». Amer, et probablement affecté par cette décision trahissant un manque de confiance, il semble décidé à cesser d'être « le bouc émissaire de cette bande d'incapables » et il insiste pour que l'Italien Messe[2], choisi pour lui succéder, rejoigne l'Afrique au plus tôt[3]. En ce mois de janvier fatidique, Berndt, envoyé une nouvelle fois auprès d'un Hitler accaparé par le drame qui se noue en Russie, rapporte toutefois que le Führer lui renouvelle sa confiance.

Le lendemain, un dernier combat oppose la *8th Army* et ses adversaires en Libye. Après quatre jours de lutte, la *90. leichte-Afrika-Division* rompt le combat. La retraite depuis El-Alamein s'est révélée être un solide test d'endurance et de discipline. « L'esprit combatif des troupes n'était nullement affecté, écrit avec fierté Rommel, ce qui constituait bien une sorte de miracle après une telle suite de revers. Nous le devions en fin de compte au fait qu'elles avaient l'impression que seul le poids du matériel était la cause de ses revers. » Une antienne qui sera celle de tous les combattants de la Wehrmacht sur tous les fronts…

De fait, la supériorité tactique de la *Panzerarmee* a été incontestable. Rommel signe ce qui représente peut-être son plus bel exploit dans un parcours de chef de guerre pourtant jalonné de faits d'armes aussi remarquables les

---

1. Ligne défensive initialement érigée avant guerre par les Français pour prémunir la Tunisie de toute invasion italienne depuis la Libye.

2. « Venant directement de Russie en Afrique du Nord, il avait une certaine tendance à voir les choses faciles [reproche qu'il réitèrera jusqu'en 1944 à tous les généraux venant du front de l'Est]. Je n'avais pas l'intention de lui remettre l'armée avant d'avoir la certitude que la position de celle-ci était consolidée pour un certain temps. »

3. Rommel n'est pas le seul responsable à subir l'ire de Rome et de Berlin : Bastico et Cavallero rendent leurs commandements au cours de la même période.

12. LE CHEF-D'ŒUVRE DE LA RETRAITE

uns que les autres. Fort chanceux que les unités de panzers aient été si réduites et si mal ravitaillées, Montgomery s'est montré dans l'incapacité de détruire l'armée de Rommel à El-Alamein, puis au cours de l'interminable poursuite.

« On a dit que Rommel était un homme de génie, écrit H. W. Schmidt. Je ne suis pas d'accord. Quand je me trouvais à son service, il m'est arrivé maintes fois de constater qu'il n'avait ni la fertilité d'imagination ni la rapidité de décision que certains de ses amis ou de ses ennemis lui ont prêtées en brossant de lui des portraits plus ou moins dithyrambiques. Toutefois, en ma qualité de soldat que les circonstances du combat ont appelé à demeurer constamment au contact de l'ennemi pendant notre interminable retraite d'El-Alamein à Mareth, je me dois de souligner la maestria avec laquelle il a jonglé avec nos faibles moyens, s'arrangeant pour subir le minimum de pertes, tout en contenant l'ennemi assez longtemps pour nous permettre de faire de la Tunisie un véritable bastion et d'y tenter une nouvelle épreuve de force[1]. »

La guerre en Afrique du Nord va donc se prolonger pendant des mois. Un nouveau théâtre d'opérations s'ouvre pour le Renard du désert : la campagne de Tunisie.

---

1. Heinz Werner Schmidt, *Avec Rommel dans le d*ésert, Paris, Presses de la Cité, 1968, p. 280.

13
ÉPILOGUE TUNISIEN

13. ÉPILOGUE TUNISIEN

La reprise de l'offensive, février 1943

L'arrivée en Tunisie de la *Deutsch-Italienische Panzerarmee* modifie les données de la campagne. Les Germano-Italiens peuvent désormais combiner leurs forces. Rommel songe-t-il de nouveau sérieusement à son projet de contre-attaque concertée avec la *5. Panzerarmee* ?

Sa préoccupation est avant tout de faire évacuer les forces germano-italiennes d'Afrique. Le 31 janvier, il déclare à Ziegler, le second d'Arnim, que toute offensive vers l'ouest est impossible, faute de disposer d'approvisionnements en quantités suffisantes. Quelques jours plus tard, le brillant succès remporté par la *5. Panzerarmee* avec « sa » *21. Panzer-Division* au col du Faïd semble lui redonner du baume au cœur, et il reprend son ancien projet d'offensive. Il met au point un plan ambitieux, visant à contraindre les forces alliées à se retirer en Algérie après, espère-t-il, leur avoir infligé une sérieuse défaite. Le 4 février, il soumet son projet à Kesselring, à Arnim et aux Italiens. Kesselring, soucieux de redorer le blason de la Wehrmacht, alors que la *6. Armee* de Paulus vient de succomber à Stalingrad, est convaincu. Il transmet la proposition au *Comando Supremo*, qui entérine l'opération. Kesselring déclare à Arnim, non sans malice : « Donnons cette dernière chance de gloire à Rommel, avant qu'il fiche le camp d'Afrique. » Toutefois, les Italiens et Arnim ne semblent pas avoir saisi que Rommel vise tout autre chose que sécuriser les arrières de la ligne Mareth, et ils estiment que l'objectif majeur doit être la destruction des forces alliées. À leurs yeux, la conquête de nouveaux territoires dépasse leurs possibilités logistiques[1]. Le projet qui ressort *in fine* des discussions avec Kesselring et Ziegler revoit les ambitions de Rommel à la baisse. Il vise avant tout à anéantir les troupes américaines dans la zone Sidi Bouzid-Sbeïtla, ainsi qu'à la prise de contrôle de Gafsa.

Kesselring souhaite confier la direction des opérations à Rommel, qui est de toute façon le seul maréchal en Afrique, mais il est confronté à

1. Ce n'est pas nouveau. Quand la *5. Panzerarmee* s'emploie à sécuriser la passe de Faïd (31 janvier : *Eilbote II*), alors que le *Comando Supremo* lui ordonne de contrôler la zone de Gafsa et de détruire les Américains à Tébessa, Arnim repousse ce plan, au motif qu'il est impossible à mener à bien.

La jonction entre la Pz AOK 5 et la *Deutsch-Italienische Panzerarmee* permet une puissante contre-offensive.

l'hostilité du *Comando Supremo*, qui ne pardonne pas à Rommel la chute de Tripoli et l'abandon jugé prématuré de la Libye. Il est donc décidé, bien maladroitement, que les deux commandants d'armée mèneront leurs opérations indépendamment, tout en coordonnant leurs actions[1].

La perspective d'un retour à l'offensive semble avoir un effet positif sur Rommel. Ce dernier, réticent à céder sa place à un Italien[2], est déterminé à ne rendre son commandement que sur ordre formel, comme il l'explique à sa femme le 8 février : « J'ai décidé de ne rendre mon commandement que sur ordres, sans tenir compte de mon état de santé. Dans une telle situation, je veux m'accrocher même contre l'avis de mes médecins. » Le professeur Horster préconise toutefois deux mois de repos, à compter du 20 février au plus tard.

---

1. Kesselring assure toutefois à Rommel qu'il aura son soutien pour exploiter en direction de Tébessa en cas de succès initiaux.

2. « Mon état de santé est aggravé par ma peine à devoir céder le commandement de mon armée », écrit-il le 5 février.

13. ÉPILOGUE TUNISIEN

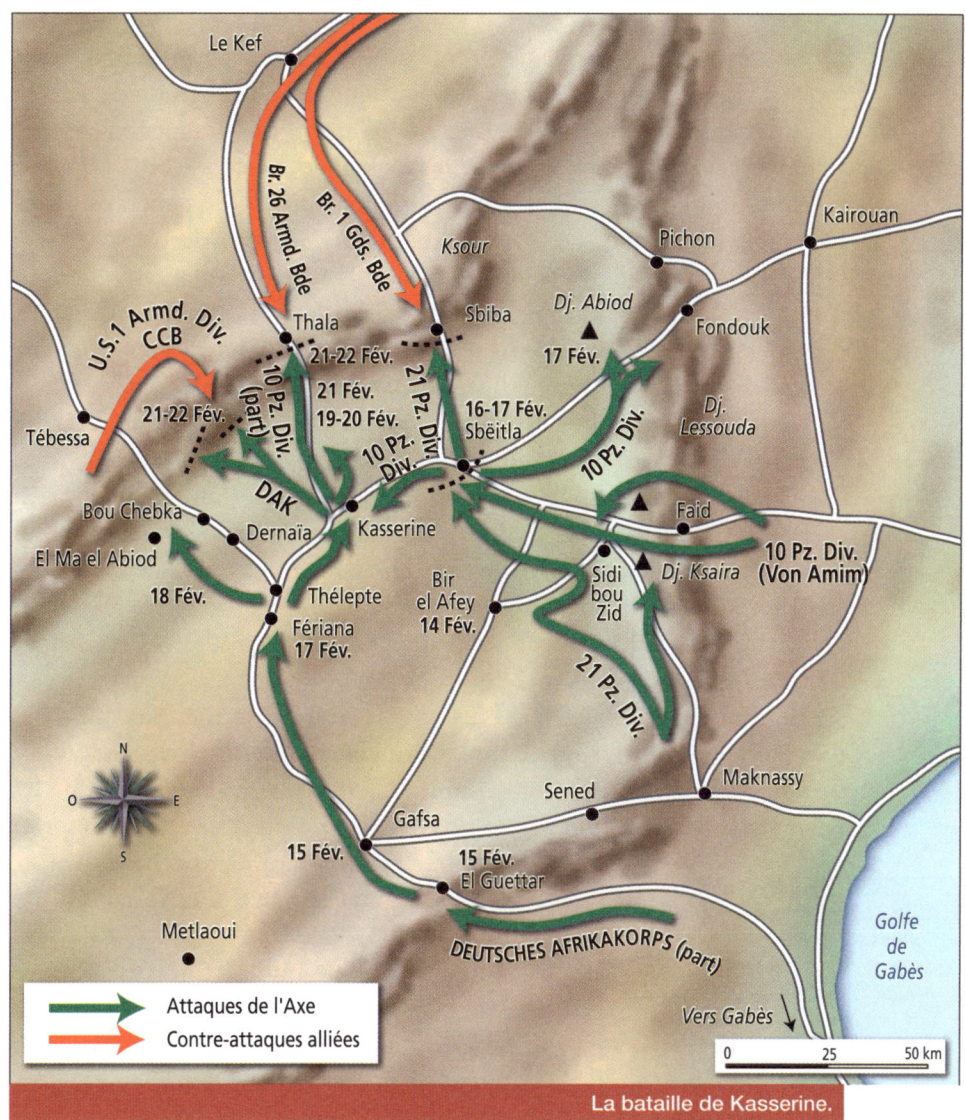

La bataille de Kasserine.

ROMMEL

Une mauvaise exploitation des victoires des 14 et 15 février 1943

Les vétérans de l'*Afrika Korps* constituent le fer de lance de l'opération projetée[1]. Les *15.* et *21. Panzer* ne sont pourtant plus regroupées au sein de ce corps d'armée mythique. La *5. Panzerarmee* doit frapper en premier à partir du col du Faïd (opération *Frühlingswind*), avec les *10.* et *21. Panzer* (environ 150 chars), placées sous le commandement du général Ziegler. Deux jours plus tard, c'est au tour d'un *Kampfgruppe* de l'*Afrika Korps* (46 chars), commandé par le général von Liebenstein, organisé autour d'unités de la *15. Panzer* et de la *164. leichte* ainsi que de la *Centauro*, d'attaquer un peu plus au sud, *via* Gafsa (opération *Morgenluft*).

Les 14 et 15 février, le *IInd US Corps* du général Fredendall est sèchement vaincu par la *5. Panzerarmee* à la bataille de Sidi Bouzid. Rommel n'est pas présent, mais il en tire fierté car « ses » anciens de la *21. Panzer* ont contribué au succès : « Les novices américains furent complètement battus par mes hommes éprouvés au cours de centaines de batailles dans le désert. » Les Allemands, soutenus par une Luftwaffe très présente, ne déplorent que des pertes très légères ; les Américains perdent plus de 100 chars et des dizaines de blindés et de pièces d'artillerie en l'espace de deux jours.

Rommel presse Ziegler de saisir l'occasion. Ce dernier n'en fait rien : il ne pousse pas ses troupes immédiatement sur Sbeïtla et repousse l'idée de poursuivre la progression de nuit[2]. Ce manque d'allant empêche les Allemands de capitaliser sur un succès déjà remarquable et de remporter une victoire qui peut se révéler décisive. Arnim, par ailleurs dubitatif quant à la faisabilité du plan de Rommel, craint que ce dernier ne s'expose à une contre-attaque en force. Le Renard du désert s'insurge : « Les Américains n'avaient encore aucun entraînement au combat. C'était le moment ou jamais de leur donner un sérieux complexe d'infériorité. »

---

1. Le 12 février, juste avant l'offensive, Rommel célèbre ses deux années de présence en Afrique. Pour marquer l'événement, une fanfare de la *15. Panzer* joue *Panzer Lied*, la chanson des panzers, en son honneur.

2. Arnim et Ziegler ont déjà en tête un futur redéploiement vers Pichon, et non la poursuite des opérations plus avant vers l'ouest.

La Wehrmacht renoue avec le succès.

L'*US Army* subit une défaite tactique majeure.

L'*US Army* perd une centaine de tanks en deux jours.

Ce répit permet aux Alliés de renforcer leurs positions autour de la petite ville de Sbeïtla et de redéployer leurs forces[1]. Lorsque l'attaque de la *21. Panzer* d'Hildebrandt reprend enfin le 17 février, la défense américaine est adroitement menée par le *CCB*[2] du général Robinett. Camouflés et opérant à défilement de tourelle dans un oued, les Sherman et l'artillerie retardent les panzers pendant toute la journée, couvrant le repli vers l'ouest. Certes, Sbeïtla est abandonnée en fin de journée, mais la *1st US Armoured-Division* n'est pas détruite, et elle se replie sur la passe de Kasserine ou jusqu'à Tébessa.

Pendant ce temps, Liebenstein[3] déclenche *Morgenluft*. Il s'empare le 15 février de Gafsa, abandonnée sans combat, puis de Fériana, et enfin, le 17, de Thélepte, où 34 appareils alliés

---

1. Anderson, le commandant de la *1st British Army* engagée en Tunisie, renforce le *IInd US Corps* avec des troupes britanniques, ainsi qu'avec des éléments du 19ᵉ corps français du général Koeltz.

2. *Combat Command B* : groupe interarmes d'une division blindée américaine.

3. Blessé, il est remplacé par l'*Oberst* Bülowius.

Le *Kampfgruppe* de l'*Afrika Korps* attaque à son tour.

sont détruits avant l'évacuation de la base. À Gafsa, Rommel, qui suit ses colonnes victorieuses, assiste à une scène dont les soldats de la Wehrmacht sont peu coutumiers au cours du conflit : « La population, très montée contre les Américains, célébrait très bruyamment sa libération[1]. » L'accueil chaleureux n'est pas feint : des Arabes offrent des poulets et des œufs à ses hommes.

Ce même jour, le *Kampfgruppe* de l'*Afrika Korps* progresse vers Kasserine où il établit la jonction avec les avant-gardes de la *21. Panzer-Division* (encore à Sbeïtla pour l'essentiel), mais, comme Kesselring pouvait le redouter, Arnim rechigne à coopérer avec Rommel. C'est ainsi que ce 17 février il dirige la *10. Panzer-Division* au nord, vers Pichon et Fondouk, à l'opposé du secteur de Kasserine…

Ces premiers succès ont un effet remarquable sur le moral de Rommel. Une victoire

[1]. Évacuant Gafsa en toute hâte, l'US Amy procède à la destruction de ses dépôts de munitions, sans égard pour les populations vivant aux alentours…

décisive semble à portée de main. À Tébessa, l'atmosphère est résolument à la défaite : les Américains préparent le repli et commencent à détruire leurs dépôts. Au carrefour des lignes de ravitaillement alliées, Tébessa ouvrirait la porte de Bône aux forces de l'Axe, provoquant un revers majeur dans le camp allié, obligeant Eisenhower à un retrait total de Tunisie et à différer toute offensive pour de longs mois. Ce n'est ni plus ni moins que le calendrier de la guerre en Méditerranée et celui des opérations en Europe de l'Ouest qui est en jeu…

Le projet de vaste offensive est contrarié

Mais Arnim, soucieux de conserver la *10. Panzer*, s'élève contre ce plan. « Son attitude, écrit Rommel, m'amena à transmettre immédiatement mes propositions au *Comando Supremo* et à Kesselring. Bayerlein se chargea d'entreprendre le général Seidemann, commandant le corps aérien à Tunis, sur les possibilités de l'opération. » Rommel est confiant : Kesselring, toujours optimiste, ne pourra que l'appuyer, de même que les Italiens, « puisqu'il était question maintenant de repartir vers l'avant. Aussi bien, le Duce avait grandement besoin d'une victoire, ne fût-ce que pour rétablir la situation intérieure ».

Le 19 février toutefois, les directives du *Comando Supremo* n'entérinent nullement ce plan ambitieux et prometteur. Rommel enrage du manque de clairvoyance de ses supérieurs – « Incroyable et désastreuse myopie ! » écrit-il – qui lui ordonnent de frapper en direction du Kef, privant ses troupes d'une manœuvre de débordement en profondeur, loin des réserves alliées[1]. Quant à Arnim, désormais cantonné à fixer les forces alliées dans le secteur de Pont-du-Fahs, afin de faciliter la manœuvre de Rommel, il est dépité à la perspective de céder ses *10.* et *21. Panzer-Divisionen*. Il regimbe à s'exécuter, ne consentant à mettre la *10. Panzer-Division* en mouvement vers le sud que le 20 février, sur ordre exprès de Kesselring, décidant en outre de garder par-devers lui une partie de la *10. Panzer* et tous les Tiger, une initiative déplorable qui va peser lourd sur l'offensive de Rommel. Ce

---

1. Les instructions sont toutefois suffisamment vagues pour que Rommel les interprète autrement que par une stricte observance des ordres : une poussée concomitante vers Tébessa est possible.

13. ÉPILOGUE TUNISIEN

dernier a tout de même obtenu gain de cause pour la poursuite des opérations, et il en assume la direction. « C'était de nouveau la guerre de mouvement, écrit Berndt dans une lettre adressée à Lucie Rommel. Ce soir-là, il fit servir le champagne et déclara qu'il se sentait comme un vieux cheval de camp qui vient d'entendre encore la musique militaire. » De fait, un nouveau tempo est donné aux opérations dès que Rommel en a la charge.

Succès sans lendemain à Kasserine

Le 19 février, il attaque la passe de Kasserine, défendue avec brio par les GI qui ne cèdent pas. Rommel, le vétéran de la guerre en montagne

Le butin saisi aux Américains est conséquent...

de la Grande Guerre, est atterré de la tournure que prennent les combats, aussi bien à Kasserine qu'à Sbiba : ses officiers, sous-estimant probablement leurs adversaires, attaquent en vallée et négligent le contrôle des hauteurs. « Après avoir si longtemps combattu dans le désert, voici que les chefs d'unité se trouvaient aux prises avec un terrain qui ressemblait aux montagnes d'Europe. » Il décide alors de forcer la passe avec la *10. Panzer-Division*, mais celle-ci n'a pas encore été libérée par Arnim, d'où un nouveau contretemps, alors que la rapidité d'exécution est indispensable face à un adversaire qui ne cesse de se renforcer devant Tébessa, Thala et Sbiba. Le 20 février, soutenu par les *Nebelwerfer*[1], le *Kampfgruppe* de l'*Afrika Korps* s'empare enfin du col de Kasserine, en fin d'après-midi. Deux précieuses journées ont été perdues pour s'emparer de ce col.

Au-delà de la passe, les Germano-Italiens bousculent les colonnes motorisées américaines. Venu de lui-même contempler sa victoire, Rommel observe avec attention le matériel abandonné par l'ennemi. « L'équipement américain était prodigieux. J'avais le sentiment de beaucoup apprendre en fait d'organisation. Un point me frappa particulièrement : la standardisation des véhicules et des pièces détachées. »

Les vainqueurs se scindent en deux éléments de part et d'autre de la rivière Hatab gonflée par les pluies : la *10. Panzer-Division* au nord et la *Centauro* et le *Kampfgruppe* de l'*Afrika Korps* au sud. S'enfoncer au cœur du dispositif ennemi, chercher le point faible et semer le chaos dans ses lignes de communication : on retrouve le Rommel de l'*Alpenkorps* en 1917-1918 et de la « division fantôme » de 1940.

Il se tient à la place qu'il affectionne entre toutes : au cœur de l'action, au milieu de ses hommes. « La joie de ses troupes était évidente ces jours derniers, quand il passait le long de leurs colonnes, écrit Berndt à *Frau* Rommel. Merveilleux moments ! Lorsque, au plus fort de l'attaque, il apparaissait parmi des divisions qui n'avaient encore jamais combattu sous ses ordres [allusion à la *10. Panzer-Division*], marchant, à son habitude, en tête avec l'infanterie, sur l'avant de l'antenne des panzers, se couchant dans la boue en même temps que les hommes, sous le feu de

---

1. Ces lance-roquettes multitubes, qui seront la terreur des fantassins alliés, entrent ici en lice pour la première fois face aux Alliés occidentaux.

13. ÉPILOGUE TUNISIEN

Rommel disperse ses forces sur plusieurs axes.

l'artillerie, quels yeux brillants ils montraient tous ! Quel autre chef a jamais disposé d'un tel capital de confiance ? »

Dans ses Mémoires, le Renard du désert prétend qu'il espérait de la sorte « disperser les forces de l'ennemi plus encore que ne se dispersaient les nôtres. En même temps, je comptais sur la *5. Panzerarmee* pour le fixer dans son secteur par des attaques frontales et l'empêcher ainsi de jeter de nouvelles forces dans la bataille qui se déroulait au sud ». Ce dernier espoir ne constituera qu'un vœu pieu, Arnim ne passera à l'offensive que le 26 février, bien après la conclusion de l'offensive de Kasserine... Pis, Rommel commet l'erreur de ne pas concentrer ses unités sur le seul axe de Tébessa.

La traversée du col de Kasserine est par ailleurs très lente, ce qui occasionne une nouvelle perte de temps pour Rommel. Ce dernier, toujours audacieux, est à la pointe de l'avance. Il s'expose ainsi avec Bayerlein

Rommel inspecte un *Crusader* sur la route de Thala.

« jusqu'aux voitures de reconnaissance les plus avancées, afin de me rendre compte de ce qui se passait ». Rommel les découvre dans un jardin où sont plantés des cactus, mais l'artillerie ennemie se déchaîne et il lui faut se mettre à couvert. Il s'installe ensuite sur une colline pour observer le combat de chars. Malgré quelques succès initiaux, il échoue dans toutes les directions.

À Thala, une attaque suicidaire des dix derniers chars Valentine ajoute à la confusion dans l'esprit des chefs allemands, qui se méprennent sur la solidité réelle des défenses adverses. Serait-ce le prélude à une attaque ? En fait, les Britanniques ont tenté un bluff : la bourgade est virtuellement dépourvue de défenseurs. La matinée du 22 février est donc perdue, alors qu'une poussée résolue peut encore permettre d'emporter la décision.

Vers Tébessa, au djebel Hamra, le *Kampfgruppe* de l'*Afrika Korps*, qui néglige de nouveau les crêtes, est lui aussi tenu en échec. « La défense américaine avait été remarquablement organisée. Après avoir laissé nos

13. ÉPILOGUE TUNISIEN

colonnes pénétrer tranquillement dans la vallée, l'ennemi ouvrit subitement le feu de trois côtés à la fois. » Les blindés américains ont amené les hommes de Rommel dans une souricière[1].

Dans le camp allié, les renforts ne cessent en outre d'affluer, dont 25 Churchill à Sbiba, 40 tanks et surtout 48 canons à Thala, tandis que 52 Sherman rejoignent le front à Tébessa ou sont en cours de transfert. Le plan de Rommel est contrarié.

L'échec d'une opération qui aurait pu se révéler décisive

« L'ennemi s'était trop renforcé pour que nous puissions continuer notre offensive. » Kesselring est marqué par l'apathie dont fait preuve Rommel : « J'étais frappé par son impatience non dissimulée de se replier en direction de la ligne de défense au sud aussi rapidement et avec autant de forces intactes que possible. » Il ne comprend pas que Rommel ne saisisse pas l'importance de la prise de Tébessa, ce en quoi il se trompe : le Renard du désert a très bien compris que l'occasion est passée. L'entrevue de Kesselring avec Arnim se révèle tout aussi décevante. De retour à Frascati, il entérine l'abandon de l'offensive sur Tébessa. Il convient que Le Kef est désormais hors de portée. Les principaux gains territoriaux de l'offensive doivent donc être rétrocédés à l'ennemi, sous la menace permanente de l'aviation alliée, une donnée qui ne va cesser de prendre de l'ampleur dans la réflexion stratégique de Rommel dans l'année à venir.

Ce 22 février, le commandant en chef du front sud demande à Rommel s'il accepterait de prendre le commandement d'un *Heeresgruppe Afrika*[2], une entité mise sur pied bien tardivement pour regrouper les deux armées déployées

---

1. Ce combat est également historique à un autre titre. Pour la première fois, un panzer est détruit par une nouvelle arme de l'arsenal américain : le bazooka. Un équipement qui va révolutionner la lutte antichar…

2. « Je commande le *Heeresgruppe* à présent, écrit Rommel à son épouse, et mes soucis n'en sont pas diminués. Schmundt m'a écrit une lettre charmante. Le Führer s'inquiéterait de moi. Mais je ne puis m'en aller en ce moment. Il faudra que je continue encore un peu. Je reçois à tout propos des ordres de Rome, alors que la responsabilité entière repose sur moi. C'est intolérable. Il m'arrive souvent de penser que ma tête va éclater. »

Rommel doit se retourner contre la *8th Army*.

par l'Axe en Afrique du Nord : la *Pz AOK 5* et la *1ª Armata* (ex-*Deutsch-Italienische Panzerarmee*). Le Souabe décline l'offre, qui aurait dû survenir bien plus tôt, avant le début de l'offensive. Le lendemain, 23 février, il accède pourtant officiellement à cette fonction sur ordre de Berlin et de Rome. Ses récents succès ne sont pas restés inaperçus et la récompense n'a pas tardé… Les sentiments de Rommel sont partagés, car il n'entend pas faire office de bouc émissaire pour une situation qui semble désormais sans espoir.

L'impéritie de ses supérieurs éclate dès le lendemain, lorsqu'il apprend de la bouche de Westphal que la *5. Panzerarmee* projette une offensive sur Béja et que Kesselring souhaite de ce fait que les forces de Rommel conservent quelques jours de plus la passe de Kasserine. Rommel tombe des nues : le matin même, il était au QG de la *5. Panzerarmee*, mais il n'avait alors été question que d'une opération à buts limités dans le secteur de Medjez el-Bab. Outre ces manœuvres insidieuses d'Arnim, censé lui être subordonné, il pose un constat

13. ÉPILOGUE TUNISIEN

implacable : « Ces gens de Rome, qui se croyaient capables de prendre des décisions tactiques concernant la Tunisie, n'avaient même pas été capables de synchroniser l'attaque de la *5. Panzerarmee* à Béja avec notre offensive sur Thala, ce qui eût augmenté les chances de l'une et de l'autre. » Une occasion d'infliger davantage de pertes aux Américains et aux Britanniques a été indubitablement manquée. La campagne de Tunisie n'aurait pas pour autant basculé en faveur de l'Axe. En revanche, tout retard d'importance dans la conclusion de la campagne d'Afrique du Nord aurait eu des conséquences fâcheuses sur la programmation de la suite des opérations alliées en Méditerranée et, donc, sur le cours général de la guerre.

La stratégie en Afrique pour 1943

Fin février 1943, à peine Rommel a-t-il fini ses opérations au-delà de la passe de Kasserine qu'il tourne son regard vers son vieil adversaire : la *8th Army*. Il décide de frapper Montgomery en force, tant celui-ci se trouve en position de faiblesse relative, puisque toutes ses divisions ne sont pas encore sur la ligne de front[1]. S'il ne peut espérer anéantir son adversaire, à moins de surprendre une avant-garde encore peu étoffée, un succès sèmerait le chaos et retarderait les opérations offensives de la *8th Army*. Rommel se fixe donc Ben Gardane comme objectif ultime : il n'est bien entendu pas question de reconquérir Tripoli. Il ne s'agit pas pour Rommel de conjurer la menace immédiate qu'aurait représentée une avance en force des Britanniques sur Mareth, mais de prévenir celle-ci.

Diplomate, Kesselring décide de ne pas interférer dans les plans d'offensive de Rommel, « afin de lui laisser une impression d'indépendance ». Pourtant, l'effet de surprise, garant du succès, n'est pas obtenu. Il est rapidement établi par les services de décryptage britanniques que les Germano-Italiens vont frapper à Médenine le 4 mars (ce qui est effectivement la date initialement prévue par Rommel). Les Britanniques

---

1. Le 26 février, alors que la bataille de Kasserine vient de s'achever, le *XXXth Corps* britannique ne compte qu'une seule division déployée à Médenine. L'essentiel de la force de frappe de la *8th Army*, les tanks du *Xth Corps*, se trouve encore à Benghazi, soit à près de 1 600 kilomètres à l'est.

réunissent une masse impressionnante de 400 chars, 350 pièces d'artillerie de 25 livres et plus de 460 antichars[1]. Montgomery a donc su conjurer la période de danger avec une célérité qui lui est peu coutumière. La Desert Air Force, déjà à l'œuvre, observe, harcèle l'ennemi et attaque ses aérodromes, dont celui de Bordj Touaz. La bataille approchant, Montgomery somme ses hommes « de lui [Rommel] montrer ce que la fameuse *8th Army* peut faire ».

Cette offensive n'est pas une fin en soi pour Rommel. Le 1er mars, il préconise à ses supérieurs de réduire drastiquement le front, à condition que la logistique de la tête de pont soit assurée. La supériorité numérique et matérielle des Alliés devient en effet écrasante. Pour Kesselring, l'aviateur, il est impensable d'abandonner des aérodromes de première importance. Selon lui, il importe par ailleurs de retarder au maximum les préparatifs d'offensive des Alliés et de tirer profit des délais ainsi obtenus en renforçant les défenses, notamment dans le sud tunisien. Il est appuyé dans ce sens par Goering, qui, lors d'un entretien avec le Führer, a même l'illusion de croire qu'il serait possible de renforcer la tête de pont avec trois nouvelles divisions de panzers et une *leichte-Division*, sans que personne semble se soucier ni de la façon dont ces unités vont être trouvées, ni de la manière dont on va pouvoir continuer à ravitailler la Tunisie.

Préparatifs difficiles pour l'ultime attaque

Rommel, contraint d'attaquer à Médenine pour déstabiliser son adversaire, engage 10 000 fantassins et les *10.*, *15.* et *21. Panzer-Divisionen*, équipées d'à peine 142 chars, soit une dotation en blindés qui n'atteint pas celle d'une *Panzer-Division*. Il alignait 409 panzers – en incluant les réserves – pour la bataille de Gazala… Pis, la plupart des vétérans ont disparu : de tous

---

1. Dont les premiers canons de 17 *pounder* (bizarrement surnommés *Pheasants*), à fort pouvoir de pénétration, qui seront les seuls – en Normandie, en 1944 – à pouvoir détruire à distance les Tiger. Une fois n'est pas coutume, des canons antiaériens de 3,7 *inch* sont déployés dans un rôle antichar, à l'image des 88 mm de la *Flak*. De façon anecdotique, les Néo-Zélandais se voient adjoindre une batterie de 88 mm capturés (baptisée *Mac Troop*), commandée par le *Captain* Downing.

13. ÉPILOGUE TUNISIEN

Les Alliés conservent la maîtrise du ciel malgré les pertes.

les officiers arrivés en Libye avec Rommel au début 1941, on n'en compte plus que dix-neuf.

Rommel ne semble par ailleurs plus être le « battant » qu'il a été si souvent. Ce n'est plus le général dynamique de 1940 ou de 1941. « Le *Feldmarschall* était mal en point, rapporte H. W. Schmidt ; ses séquelles de jaunisse ne le lâchaient pas ; handicapé par une sorte de furonculose, il avait le cou bandé. » Il ne supervise que de très loin la bataille. Peut-être est-il amer d'avoir été désavoué par ses supérieurs, qui ont permis à Arnim de lancer *Ochsenkopf* dans le nord tunisien[1]. Son accession au commandement du *Heeresgruppe Afrika* ne semble avoir eu aucun effet…

1. Rommel déplore qu'Arnim ait lancé le 26 février l'offensive *Ochsenkopf* dans le nord de la Tunisie (qui plus est vers Béja et non plus seulement contre Medjez el-Bab comme prévu), car cette dernière, loin de détourner l'attention des Alliés du repli de l'*Afrika Korps* au-delà de Kasserine, s'est soldée par de très lourdes pertes en panzers, a retardé de quelques jours le redéploiement des divisions et a immobilisé nombre de blindés dans le nord de la Tunisie.

Le 28 février, il préconise une action en force de deux des trois divisions de panzers de l'*Afrika Korps* le long de la côte vers Bou Grara, tandis que la *15. Panzer* et la *164. leichte* attaqueraient par le sud en direction du col de Hallouf. Selon lui, une attaque dans le secteur nord est mieux à même de créer la surprise. Messe et Ziegler, l'ancien adjoint d'Arnim à la *5. Panzerarmee*, devenu chef de l'*Afrika Korps* à la mi-janvier 1943, généraux expérimentés, objectent que cette zone, par ailleurs étroite et au sol mou, est trop densément minée et défendue par de nombreux canons. Une reconnaissance confirme que les défenses y sont solides. Par ailleurs, un assaut près de la route côtière suppose au préalable d'ouvrir des passages pour les panzers à travers les champs de mines de l'Axe. Rommel est contrarié par leur opposition et il prend alors une décision qui aurait été absolument inconcevable quelques mois plus tôt : il laisse le soin de la préparation de l'offensive à ses subordonnés et ne prendra plus part à l'élaboration de l'attaque.

Le plan retenu est donc celui du général Messe : un assaut est lancé sur la route vers Zemlet el-Lebene par la colonne Bari (éléments allemands et italiens), mais l'*Afrika Korps* se concentre plus au sud, devant le Tadjera Shir, avec pour objectif de s'emparer de la ligne Hir en Nraa-Ksar Rebounten avec les *15.* et *21. Panzer*, tandis que la *10. Panzer-Division* reçoit pour mission d'attaquer encore plus au sud, à travers la montagne, jusqu'à Metameur. *La Luftwaffe* et la *Regia Aeronautica* sont évidemment sollicitées, et ce sont les opérations aériennes qui sonnent le lever de rideau de la dernière offensive de Rommel en Afrique – sans grand succès.

Capri : pour Rommel, c'est fini

La longueur du trajet entre Kasserine et les monts Matmata est telle que l'offensive est repoussée de deux jours. La veille de l'offensive, un changement de dernière minute, pour le moins stupéfiant, survient : Ziegler, qui a participé à son élaboration, est remplacé au pied levé par le général Cramer, jusqu'alors chef du *Panzer-Regiment 8* de la *15. Panzer-Division*.

13. ÉPILOGUE TUNISIEN

Rommel a établi son PC sur la cote 715, au sud de Toujane, au point le plus au sud de la ligne Mareth. « On avait en ce point une vue remarquable s'étendant loin au-delà de Médenine. » Le 6 mars, il lance l'opération *Capri*. Les trois *Panzer-Divisionen* partent à l'assaut dans le brouillard, sans reconnaissance suffisante du dispositif adverse, et se trouvent soudainement confrontées à un mur de feu infranchissable. Les Britanniques observent une stricte discipline de feu : l'ordre de tirer n'est donné que lorsque les pièces sont à la distance optimale de pénétration, sans risque de ne causer que des égratignures aux blindages des panzers. Lorsque les Allemands atteignent les zones préenregistrées par l'artillerie britannique, celle-ci s'en donne à cœur joie. Alors que les unités d'écoute et de détection allemande se montrent incapables de déterminer les positions des batteries adverses, 30 000 obus sont tirés par l'artillerie du *XXXth British Corps*.

Comme à Kasserine, les *Nebelwerfer* sont mis à contribution, mais leur action n'est pas décisive sur le déroulement des combats : les positions britanniques, mettant à profit un relief favorable, sont trop solides. Les *Panzergrenadiere* doivent se terrer en raison de l'impressionnant déluge de feu qui disperse leurs rangs. Comme à Tobrouk en avril 1941, les panzers esseulés deviennent des proies faciles. Cette journée sera celle des antichars britanniques. Le *1/7 Queens* revendique la mise hors de combat de 27 panzers, après une lutte acharnée, le score s'alourdissant pour les Allemands de 7 chars incendiés par un escadron de Sherman de la *22nd Armoured Brigade*. Non seulement l'*Afrika Korps* ne perce pas, mais il accuse de lourdes pertes en blindés. Les panzers sont privés du soutien d'artillerie, de celui des *Panzergrenadiere* et des Stuka, ces derniers confrontés à une DCA britannique particulièrement efficace ce jour-là. Irkens, qui commande les chars de la *15. Panzer*, tente de balayer lui-même l'artillerie ennemie en poursuivant l'avance, mais, ce faisant, il concentre sur lui les tirs des antichars britanniques habilement dissimulés, qui conjuguent leurs feux à ceux des canons de 25 *pounder*. Vers 10 heures, l'attaque principale au centre est au point mort. Peu avant midi, la Desert Air Force s'ajoute aux tourments subis par l'*Afrika*

Korps et 7 panzers de la *15. Panzer* auraient été victimes de ses attaques. L'échec semble définitif. L'*Afrika Korps* n'a pas mis en exergue sa capacité à mener d'habiles attaques coordonnées comme par le passé : la coopération interarmes, et surtout entre les divisions, a été très insuffisante ; pis, Rommel n'y a pris aucune part.

Ce sont donc les chefs des trois divisions blindées qui organisent de concert un nouvel assaut pour l'après-midi. Cette seconde tentative – les *15.* et *21. Panzer* tentent de progresser de part et d'autre de l'oued Hallouf – s'appuie davantage sur l'infanterie et l'artillerie, mais ne parvient pas plus à ses fins. Pis, ce sont les pièces allemandes qui subissent les attaques dévastatrices des chasseurs-bombardiers anglais. La Luftwaffe ne parvient pas non plus à faire plier la résistance de la *8th Army*. Globalement, les trois divisions de panzers sont stoppées par la puissance de feu d'un adversaire admirablement retranché. Neutralisé par l'artillerie adverse, le QG de la *21. Panzer* n'est même plus en mesure de coordonner les éléments de son unité. Sur le flanc gauche, la *90. leichte-Afrika-Division* et les groupes de combat de la *Trieste* et de la *Spezia* ont certes obtenu quelques succès en début d'opération, mais une contre-attaque inspirée de la *154th Brigade* a tôt fait de leur faire perdre leurs modestes gains.

À l'autre extrémité du front d'attaque, sur le flanc droit de la *1ª Armata*, les Allemands se heurtent aux Français libres, à 19 kilomètres au sud de Médenine, le long de la route qui mène à Foum Tataouine. Les assaillants, soit les *Aufklärungs-Abteilungen 3* et *33*, ainsi que l'*Armeekampfstaffel* (avec 9 panzers, probablement *beute* – de prise), sont tenus en échec par le *Free French Flying Column* (à ne pas confondre avec la colonne Leclerc qui se trouve alors à Ksar Ghilane), qui accuse la perte de 29 hommes. Point de débordement sur le flanc sud, vers le désert, comme Rommel était accoutumé à le faire en Libye. Cette option n'a pas été sérieusement envisagée, probablement faute d'effectifs suffisants.

Après trois assauts infructueux, Rommel, qui n'a suivi l'offensive qu'en observateur, alors même que Messe restait dans son QG de la

13. ÉPILOGUE TUNISIEN

ligne Mareth, décide d'arrêter l'offensive. Débutée à 6 heures du matin, l'opération *Capri* s'achève dès 17 heures sur un échec cinglant, le pire que Rommel ait eu à subir[1].

« C'est un cadeau parfait et l'homme doit être complètement fou ! » commente Montgomery à Alan Brooke. Le manque d'inspiration du plan retenu et la faiblesse des moyens mis en œuvre ne peuvent que consterner le vainqueur d'El-Alamein. Rommel ne cherche nullement à dissimuler l'ampleur du revers qu'il vient de subir. Il établit les raisons de l'échec et rend hommage à son adversaire. « L'attaque avait échoué à la phase de rupture et nous n'avions jamais pu parvenir à rendre l'action fluide. Le chef anglais avait admirablement organisé ses troupes sur sa ligne de résistance, et ses préparatifs avaient été terminés avec une remarquable célérité. Bref, l'attaque avait été lancée huit jours trop tard[2]. » Après avoir admis qu'il a subi de lourdes pertes, il dresse un bilan accablant : « Mais le coup le plus dur était encore la certitude que nous n'avions pu interférer dans les préparatifs de Montgomery. Une profonde dépression s'abattit sur nous. » Il se destine vraisemblablement cette dernière remarque.

La fin de l'épopée africaine

L'opération *Capri* est la dernière offensive de l'Axe en Afrique du Nord. Elle est aussi la dernière de la carrière de Rommel. Cette défaite cuisante lui confirme que la situation en Afrique du Nord est désormais désespérée, mais elle n'a pas eu le mérite d'ouvrir les yeux à Hitler et Mussolini, qui s'accrochent au maintien de la tête de pont en Tunisie, alors même que la logistique n'est pas convenablement assurée. Son dernier rapport est empreint de pessimisme et se termine par ces mots : « En raison de la gravité de la situation, je demande qu'il soit pris de bonne heure une décision sur la direction à long terme de la campagne de Tunisie. Nous devons attendre l'offensive ennemie pour la prochaine lune. »

---

1. La Wehrmacht a perdu 640 hommes, ce qui reste modeste. Les pertes en chars sont plus sérieuses, puisqu'on les évalue entre 44 et 56 panzers, pour seulement 32 canons antichars et 6 tanks britanniques.

2. Cette dernière précision fait sans doute référence aux délais induits par l'offensive d'Arnim.

Et de réitérer son projet, déjà exprimé après la défaite d'El-Alamein, d'une évacuation de son armée vers le continent européen. Une perspective qui a le don d'exaspérer Jodl, déconcerté par la volte-face de Rommel qui n'a eu de cesse de mettre en avant les avantages stratégiques à retirer d'une retraite sur la Tunisie… Le 6 mars, la réponse d'Hitler est dépourvue d'ambiguïté : « Le chef des opérations de la Wehrmacht [Jodl] affirme que le Führer désapprouve votre rapport de la situation. » Suivent les promesses habituelles d'un accroissement sensible du ravitaillement et un ordre de procéder à des contre-attaques…

Rommel est consterné. Il décide de plaider en personne la cause de son armée auprès du Führer. Arnim, tout aussi lucide, le conjure d'exercer toute son influence pour sauver le *Heeresgruppe Afrika* : « Nous ne pouvons pas nous permettre un second Stalingrad. Il est encore temps pour la marine italienne de nous sortir d'ici. » Il quitte l'Afrique par avion le 9 mars, pour ne plus jamais y revenir[1]. Telle n'était pourtant pas son intention. À Rome, il exprime sans nuance à Mussolini un défaitisme trop appuyé, qui lui coûte probablement la *Medaglia d'Oro al Valor Militare* que le Duce s'apprêtait à lui remettre. Rétrospectivement, Rommel fait montre d'une compassion pour le dictateur, dont les rêves de gloire et d'empire s'envolent à tout jamais : « C'était pour lui une heure cruelle, dont il était à peu près incapable de supporter les conséquences. J'aurais peut-être dû lui parler autrement sur la fin, mais j'étais si profondément écœuré de ce faux optimisme perpétuel que je ne pus simplement le faire. »

Préserver la réputation d'un grand capitaine

Il cède son commandement à Arnim. Le secret a été exigé par Berlin. Hitler, par l'entremise de Dönitz, transmet une missive à Mussolini dans laquelle il lui demande de ne rien divulguer. « Quel que soit le jugement de la postérité sur le *Feldmarschall* Rommel, écrit le dictateur nazi, celui-ci a été aimé de ses troupes et en particulier des soldats allemands

---

1. Le *Major* von Luck, venu se présenter au QG de Rommel, prétend avoir trouvé ce dernier particulièrement mal en point, les larmes aux yeux, lorsqu'il lui fait ses adieux, le *Major* prétendant par ailleurs avoir eu la prescience que le *Feldmarschall* ne reviendrait jamais en Afrique.

13. ÉPILOGUE TUNISIEN

Rommel entend évacuer son armée d'Afrique.

dans tous ses commandements. Comme adversaire, il a toujours été redouté par ses ennemis, et il l'est encore[1]. » « Du quartier général du Führer, rapporte Rommel, l'ordre avait été donné de garder le plus grand secret sur mon rappel. On désirait garder ma réputation militaire en réserve. » En Allemagne, le sentiment général est : « Tant que Rommel est en Afrique, rien ne peut nous arriver. » Les Alliés n'apprennent son départ que le 18 mars et, afin de ne pas trahir l'existence d'Ultra, nul officier supérieur n'en est informé avant le 24 avril. La campagne, qui a fait de lui l'idole de la propagande nazie et qui l'a fait entrer dans la légende de l'histoire militaire, s'achève donc de façon piteuse à Médenine, presque par un désastre[2]. Début mai, le haut commandement allemand annonce que Rommel est en convalescence en Allemagne. Le *Feldmarschall* n'est donc pas associé à la catastrophe de « Tunisgrad ».

1. Benoît Lemay, *Erwin Rommel, op. cit.*, p. 330.

2. En filigrane de l'échec final de Rommel et de l'*Afrika Korps* apparaît la question de Malte. Un ravitaillement et des lignes de communication assurées auraient eu pour corollaire une puissance accrue des forces de l'Axe en Afrique.

14

QUEL RÔLE POUR L'IDOLE ?

14. QUEL RÔLE POUR L'IDOLE ?

Convalescence pour un courtisan déchu ?

Le 10 mars, Rommel est à Vinnitsa, au QG du Führer en Ukraine. Les deux hommes partagent un thé en tête à tête. Le dictateur lui reproche son défaitisme à mots couverts. Le lendemain, l'ensemble du personnel de l'état-major a la surprise d'assister à une remise de décoration : Hitler ajoute les brillants à la croix de chevalier de la croix de fer de Rommel. Honneur insigne : il est le premier officier de la Heer à obtenir cette distinction…

« Rommel a de nouveau tous les atouts dans son jeu. L'entrevue avec le Führer s'est extrêmement bien passée », rapporte un Goebbels enthousiaste. De fait, Hitler accepte l'idée de replier l'infanterie sur l'oued Akarit, sans pour autant abandonner la ligne Mareth, mais il repousse tout principe de raccourcissement drastique du front, davantage encore tout projet d'évacuation. Rommel n'est pas autorisé à retourner en Afrique : eu égard à son état de santé, il reçoit l'ordre de prendre quelques mois de congé et de se rendre au Semmering pour débuter son traitement.

Vêtu en civil et assigné à résidence pour ne pas éveiller les soupçons, Rommel, aidé de son épouse et de son fils, s'adonne à une pratique commune aux grands capitaines soucieux de

Rommel, futur chef de l'OKH ?

leur postérité : il entreprend de rédiger ses Mémoires de guerre. Cet homme, qui a consacré sa vie au métier des armes, soldat de terrain, ne se complaît pourtant nullement dans cette inactivité. Le courtisan craint d'avoir perdu l'écoute de son Führer. Ce dernier n'a-t-il pas ignoré son télégramme laudateur à l'occasion de son cinquante-quatrième anniversaire ? L'absence de mention dans la presse de sa nouvelle décoration semble accréditer l'hypothèse. « Je suis tombé en disgrâce », lance-t-il à son fils.

Il assiste donc impuissant à l'agonie de son armée en Tunisie. Manfred Rommel observe son père faire les cent pas, alors que son armée agonise en Afrique, n'hésitant pas à critiquer la conduite du Führer : « Parfois, tu as l'impression qu'il n'est pas tout à fait normal », aurait-il déclaré. Il est ulcéré par l'abandon de l'*Afrika Korps*. « De l'hôpital de Semmering, j'avais demandé qu'on commençât sans tarder à évacuer nos troupes. Naturellement, on n'en fit rien. Je demandai alors que l'on sauvât au moins les gens irremplaçables comme Gause, Bayerlein et Bülowius[1]. » Le 8 mai, après deux mois de mise à l'écart, il est enfin convoqué à Berlin. Hitler, visiblement accablé, lui concède qu'il aurait dû l'écouter. Au lieu de suivre les conseils avisés du Renard du désert, Hitler a parié sur l'optimisme déraisonné de Kesselring, « Albert le Souriant ». Point d'affectation à un nouveau commandement cependant. C'est donc un Rommel soucieux qui quitte Berlin. Le 13 mai, la défaite est consommée. L'épopée de l'*Afrika Korps* appartient désormais à l'histoire.

Cette épopée à un héros : Rommel lui-même, dont le nom reste indissolublement lié à celui du DAK et de la guerre du désert. Alors que le désastre est imminent en Afrique, Berndt, désormais de retour dans l'entourage de Goebbels, préside à la glorification de la campagne d'Afrique. Son programme radio explique aux Allemands comment le génie de Rommel, en dépit d'un rapport de force défavorable, a permis de tenir la dragée haute à l'Empire britannique pendant vingt-sept mois. Les faits d'armes et les ruses du Renard du désert sont rappelés par le

---

1. *In fine*, Gause est envoyé par Arnim en conférence en Italie et Bayerlein, malade, est évacué par avion…

14. QUEL RÔLE POUR L'IDOLE ?

menu, pour le plus grand plaisir de l'intéressé. Bref, la propagande réussit le tour de force de présenter une campagne qui se termine par un désastre comme un succès, une nouvelle victoire des forces du Reich… Reconnaissant, Rommel fait parvenir une boîte de cigares à son ancien collaborateur. La promotion des mérites de Rommel et de l'*Afrika Korps* agonisant ne s'arrête pas là, puisque le Renard du désert y est étroitement associé, sous la férule de Goebbels : le vainqueur de Tobrouk prend la pose devant les caméras, relate ses exploits et n'oublie pas de délivrer les messages attendus : « La seule chose qui compte est la volonté de remporter la victoire… »

Proche conseiller du Führer

Rommel est vite rassuré : non, il n'a pas perdu la confiance du Führer. De son côté, s'il a été déçu par son mentor, il lui demeure fidèle, et son sens du devoir ainsi que son ambition prennent le dessus. Goebbels s'en félicite : « Le Führer garde pour le moment Rommel à portée de main. Il veut se le réserver pour la prochaine tâche importante et difficile qui surgira, et l'affecter là où un commandement nettement défini mais improvisé sera requis d'extrême urgence. » Rattaché au quartier général du haut commandement allemand, il agit en qualité de « conseiller militaire » au cours de l'été 1943, alors que la bataille de Koursk bat son plein. Prenant acte de l'échec de l'offensive et étudiant avec minutie les opérations menées en Russie, il entend en tirer des conclusions : « Nous venons d'apprendre en Russie que l'ardeur et la volonté ne suffisent pas », déclare-t-il à Bayerlein. Puisque l'initiative est perdue, il faut axer le combat sur la défensive, et donc doter prioritairement la Wehrmacht de chasseurs et de canons antichars.

Les rapports cordiaux qui existaient déjà entre Rommel et Hitler au temps de la campagne de Pologne semblent à nouveau de mise. Il est plus que jamais le général du Führer, son admiration ne faisant pas l'ombre d'un doute : « Nous ne sommes que de pauvres esprits en comparaison du Führer. » Sa présence permanente au quartier général d'Hitler attise les rumeurs : Rommel serait bientôt nommé commandant en chef…

L'intéressé ne voit guère les choses autrement : « J'étais là-bas en qualité de conseiller, en d'autres termes une sorte de commandant en chef de l'armée. » Il loge dans la maison qu'occupait Brauchitsch lorsqu'il était encore le commandant en chef de la Heer... Rommel se considère *de facto* comme l'un des principaux conseillers d'Hitler sur le plan militaire.

Le rôle de premier plan dans le plan *Achse*

Le 10 juillet, quelques jours après le début de la bataille de Koursk, c'est l'annonce du débarquement allié en Sicile (opération *Husky*) : Rommel préconise l'invasion immédiate de la péninsule, mais Kesselring le conjure de n'en rien faire, car la position de Mussolini ne semble pas en danger. Depuis le printemps, l'OKW envisage un nouveau plan de guerre, baptisé *Alarich*, puis *Achse*, qui postule l'éventualité d'un revirement italien, et qui prévoit donc l'invasion de la péninsule par la Wehrmacht. En mai, Rommel a participé activement à son ébauche, avec un état-major établi à Vienne. L'opération l'impliquerait à la tête du *Heeresgruppe B*, qui traverserait les Alpes pour neutraliser l'Italie du Nord. Le plan de Rommel a été approuvé par Hitler le 19 mai ; il n'est pourtant pas mis en application dès le 10 juillet comme le Souabe le suggère.

Le 23 juillet, autre marque de la confiance qu'on lui accorde, il reçoit l'ordre de se rendre à Salonique, pour prendre en charge l'armée assurant la défense de la Grèce et des Balkans, Hitler redoutant un nouveau débarquement allié dans la zone. Pourtant, Rommel ne goûte nullement cette nouvelle affectation : « Le poste ne me plaît absolument pas », écrit-il à Lucie. La crainte de manquer une opportunité en Italie ?

Les événements se précipitent dans la péninsule italienne. Les combats font alors rage en Sicile, deuxième étape de l'offensive alliée en Méditerranée après la campagne d'Afrique. Le 26 juillet, Mussolini est déposé par le roi et incarcéré. Hitler tombe des nues. Rommel est rappelé à la *Wolfsschanze*, le quartier général du Führer de Rastenburg. « J'espère que je serai envoyé en Italie bientôt », note-t-il. De fait, il est

14. QUEL RÔLE POUR L'IDOLE ?

chargé de mettre ses troupes en état d'alerte et de se préparer à franchir les Alpes. Pour l'heure, il n'est pas autorisé à franchir l'ancienne frontière de 1938. Rommel n'éprouve aucune compassion pour le Duce : « Cela nous convient tout à fait d'avoir un seul grand homme pour diriger l'Europe. »

Il préconise au Führer de prendre les devants et de procéder à l'invasion, avant que la trahison des Italiens soit effective, mais Hitler repousse le conseil. Rommel doit toujours faire face à l'hostilité de ses pairs et de certains ténors du régime, à savoir Goering, mais aussi, comme l'observe Goebbels, « Keitel et Jodl [qui] se battent avec acharnement pour que Rommel ne reçoive pas le commandement de nos troupes en Sicile. Ils ne veulent pas le voir obtenir trop de pouvoir et trop de troupes, car ils sont jaloux de lui ».

Le 28 juillet, Rommel est à Munich, au QG du *Heeresgruppe B*. Il lui tarde de régler ses comptes avec les Italiens. Les prémices de l'opération *Achse* débutent le 29 juillet, dès qu'Hitler apprend de ses services de renseignements que des discussions secrètes ont été entamées entre le gouvernement italien et les Alliés. Les unités allemandes franchissent la frontière, s'assurant des cols stratégiques des Alpes, au prétexte, difficilement contestable par les Italiens, d'assurer la sécurité des lignes de communication des forces déployées en Sicile et dans le sud, et de permettre à l'armée italienne d'y transférer des troupes... L'ambitieux Rommel se voit déjà comme le nouveau chef du théâtre des opérations : « D'une manière ou d'une autre, Kesselring a fait son temps en Italie. » De retour à la *Wolfsschanze*, il constate avec satisfaction que le Führer épouse son appréciation de la situation : « Tout comme moi, il ne croit pas que les Italiens sont de bonne foi. [...] Le Führer dit que les Italiens cherchent seulement à gagner du temps afin de sortir définitivement de la guerre. » Et de se délecter des critiques d'Hitler à l'endroit de Kesselring, qui ferait trop confiance au nouveau régime du maréchal Badoglio.

Si Rommel méprise les Italiens, ces derniers le lui rendent bien. Le 17 août, il transfère son QG de l'autre côté des Alpes, ce qui provoque un tollé au *Comando Supremo*, qui demande en vain son rappel. À Rastenburg, Hitler lui renouvelle sa confiance : « Il a l'intention de m'envoyer voir le roi d'Italie bientôt. Il est d'accord avec moi pour la conduite des opérations en Italie. » Le *Feldmarschall* Richthofen, comme bien d'autres, ne partage pas l'avis du Führer : « Il [Rommel] n'a pas une vue d'ensemble de la situation. Il ne voit les choses que du plus strict point de vue militaire. » Rommel négligerait la stratégie au profit de considérations tactiques : « Il est carrément entêté. »

Rommel envahit l'Italie

Le 8 septembre, en soirée, le plan *Achse* entre en vigueur dès l'annonce de l'armistice italien. « La traîtrise de l'Italie est maintenant officielle, écrit-il à Lucie. Notre opinion sur les Italiens était finalement la bonne. » Son *Heeresgruppe B* met en défense la côte, et opère les premiers travaux de fortification sur la ligne Pise-Rimini, qui sera connue sous le nom de « ligne gothique ».

Le mépris que Rommel a souvent éprouvé envers ses alliés, plus particulièrement leurs officiers supérieurs, lui facilite sans aucun doute la tâche. On pourrait penser qu'il s'en acquitte avec zèle. Il ordonne cependant que les Italiens soient traités comme d'anciens camarades et il en appelle à leur sens de l'honneur en qualité de militaires pour éviter tout débordement fâcheux. Le désarmement s'effectue sans effusion de sang notable. Le 19 septembre, le *Heeresgruppe B* rapporte que 400 000 Italiens ont été désarmés. Leur transfert en Allemagne, où ils seront considérés et traités comme des travailleurs forcés, ne soulève aucune objection chez lui, mais ces mouvements s'opèrent en dehors de sa juridiction. Le pays passe en coupe réglée et, comme lors de toutes les conquêtes, l'ordre nazi s'instaure et le pillage économique peut débuter ; des décisions sur lesquelles Rommel n'a aucune prise.

Pour la première fois de sa carrière, Rommel est confronté, pour une longue période, à la présence de civils en nombre dans un contexte où le nombre de partisans augmente soudainement de façon significative. Des éléments de la *1. SS-Panzer-Division Leibstandarte Adolf*

14. QUEL RÔLE POUR L'IDOLE ?

Hitler commettent rapidement des exactions : des dizaines de Juifs sont assassinés, des centaines de maisons incendiées, ainsi que des dizaines de civils froidement tués dans la province de Cuneo, de même que dans la région des grands lacs des Alpes. Certes, il diligente une enquête, mais elle n'aboutit pas[1]. Comme ailleurs, l'armée assiste au besoin les SS pour mettre en œuvre la déportation des Juifs, sans qu'il soit possible de déterminer la part de Rommel dans ces décisions, ni s'il en a jamais été informé.

Toutefois, le 23 septembre 1943, Rommel, qui préconisait de s'abstenir de toutes représailles en Afrique, ordonne sans états d'âme de ne faire montre d'aucuns « scrupules sentimentaux » envers les « bandits en uniforme de Badoglio[2] qui étaient nos anciens frères d'armes ». Il préconise les sanctions les plus sévères pour tout soldat italien trouvé les armes à la main, ainsi que pour tout civil qui cacherait un soldat allié évadé. Un ordre drastique, qui aurait pu avoir de fâcheuses répercussions, mais non contraire au droit de la guerre. Le nombre d'atrocités commises par l'armée allemande n'augmente toutefois pas de façon significative.

Cette période italienne est atypique dans la carrière de Rommel. Elle n'a rien d'exaltant pour le Renard du désert. Nulle chevauchée de panzers, ni cette poussée d'adrénaline qu'il recherche au milieu de ses hommes en première ligne, mais au contraire la tâche ingrate de désarmer un ancien allié, de mettre en défense la côte et d'assurer les lignes de communication de celui qui a le privilège de mener le combat face à l'invasion alliée[3] dans le sud de la péninsule : Kesselring, que Rommel méprise et, sans nul doute, jalouse.

---

1. C'est à la suite de cet épisode, en décembre de la même année, qu'il s'oppose à ce que son fils Manfred rejoigne les rangs de la *Waffen SS*, comme le jeune garçon le souhaitait. Il faut sans doute y chercher moins des raisons idéologiques que le vieil antagonisme entre la Wehrmacht et la SS.

2. Badoglio, qui a succédé à Mussolini, a négocié l'armistice avec les Alliés. Traître à la cause de l'Axe, il est parvenu *in extremis* à rejoindre les lignes alliées.

3. La *8th Army* de Montgomery traverse le détroit de Messine le 3 septembre 1943 (opération *Baytown*), tandis que le 9 septembre, la *5th US Army* de Clark lance une opération amphibie majeure dans le golfe de Salerne : l'opération *Avalanche*. Le même jour, une opération secondaire permet l'occupation de Tarente (opération *Slapstick*).

ROMMEL

La direction d'un théâtre des opérations perdue par pessimisme

Cet antagonisme prend de l'ampleur dans la discussion stratégique qui survient le 30 septembre, alors que Rommel sort à peine de l'hôpital, après une crise d'appendicite[1]. Ce dernier préconise l'abandon d'une péninsule qu'il estime indéfendable, en raison de la maîtrise des mers par les Alliés, qui leur permet de procéder à des débordements par la côte, au profit d'un solide bastion, inexpugnable, dans les Alpes, protégé par une ligne de défense au nord de Rome, la ligne Albert. Le retour à la stratégie du repli, à l'instar de la poursuite d'El-Alamein à la ligne Mareth ? Hitler, toujours rétif à concéder le moindre pouce de terrain à l'ennemi, accorde au contraire une oreille plus attentive à Kesselring, l'éternel optimiste, qui lui assure que la péninsule italienne est défendable depuis le sud en mettant à profit une topographie très avantageuse pour le défenseur[2]. Le plan préconisé par Kesselring, qui a aussi l'avantage de conserver Rome dans l'orbite nazie, est donc retenu.

Pourtant, le 17 octobre, le dictateur a d'abord annoncé à Rommel qu'il le nommerait comme commandant en chef en Italie. Cette perspective n'a pas l'heur de plaire à Richthofen : « Entêté et épuisé comme Rommel l'est, ce ne sera aucunement facile de traiter avec lui et sa bande. » Habitué à un commandement relativement indépendant de toute interférence hiérarchique, l'ancien chef de l'*Afrika Korps* pose trois conditions : procéder en personne à l'inspection du front ; recevoir des instructions claires, mais lui assurant une flexibilité opérationnelle ; soumettre son plan final une fois confirmation de son commandement reçu. Rommel fait ici preuve d'*hybris* en exigeant trop : se considère-t-il si indispensable au point d'oser poser de telles conditions ? Le Führer hésite, tergiverse. De fait, les Alliés peinent à progresser dans les montagnes du sud de l'Italie.

---

1. À son épouse qui s'insurge qu'il ne l'ait informée qu'après sa sortie de l'hôpital, alors qu'elle aurait voulu être à son chevet, il répond : « Je ne puis permettre de telles visites à mes hommes. Je ne pourrais pas me le permettre à moi-même. »

2. Les récentes campagnes de Tunisie et de Sicile menées en relief très montagneux abondent en ce sens. La meilleure illustration en sera donnée par la fameuse bataille de Monte Cassino, qui s'éternise pendant près de six mois.

14. QUEL RÔLE POUR L'IDOLE ?

L'optimiste Kesselring l'emporte sur le pessimiste Rommel. Andreas Hofer, comme tant d'autres, témoigne de l'état d'esprit de Rommel qui est « pessimiste sur le déroulement de la guerre […] et propage son pessimisme dans son entourage au point où on a peu à peu le sentiment qu'il préférerait replier immédiatement ses troupes sur la position du Brenner[1] ». Un nouveau désaveu pour Rommel ? Ignorant les raisons qui ont présidé au choix d'Hitler, ce dernier accuse le coup : « Je vais prendre les choses comme elles viendront. »

Le 5 novembre, la décision d'Hitler est prise : Rommel est envoyé en inspection du mur de l'Atlantique. Son départ est fixé au 21 novembre.

1. Benoît Lemay, *Erwin Rommel*, *op. cit.*, p. 356.

15
LE MAÎTRE D'ŒUVRE DE L'*ATLANTIKWALL*

15. LE MAÎTRE D'ŒUVRE DE L'*ATLANTIKWALL*

Mission de confiance pour l'ancien chef de l'*Afrika Korps*

Le 3 novembre 1943, Hitler édicte la fameuse directive n° 51, dans laquelle il établit un constat lucide sur la situation générale : si la menace à l'est demeure, « un danger encore plus grand pointe dans l'ouest : le débarquement anglo-américain ! ». Le dictateur s'accroche à l'espoir chimérique d'un renversement du cours de la guerre en sa faveur, en cas de succès face à l'*Invasion*[1]. *A contrario*, si les Alliés parviennent à ouvrir un front en Europe du Nord-Ouest, le Reich est perdu. Il s'agit donc d'un retournement complet de la stratégie de l'Allemagne en guerre depuis 1941 : désormais, l'effort de guerre est en priorité attribué à la lutte contre l'Amérique et l'Angleterre.

Si Hitler se préoccupe de la mise en défense des côtes – le fameux « mur de l'Atlantique » (*Atlantikwall*) – pour se prémunir de l'ouverture d'un second front dès 1942[2], les travaux de fortification avancent lentement. Pour donner une impulsion nécessaire, pour relever le défi de la bataille décisive qui s'annonce, son choix se porte une fois de plus sur son général favori.

Le 5 novembre 1943, Hitler annonce au *Generalfeldmarschall* Rommel qu'il le charge d'inspecter les défenses côtières à l'ouest et d'en étudier les possibilités de renforcement, tout en élaborant des projets de contre-attaques. Cette fonction n'est pas un commandement, mais elle permet à Rommel de se familiariser avec un théâtre des opérations dans lequel il est vraisemblable qu'il se voie bientôt confier des responsabilités encore plus importantes. Il garde à sa disposition pour se faire son état-major du *Heeresgruppe B*, dénommé alors *Heeresgruppe z.b.V* (*zur besonderen Verwendung* : « à destination particulière »). La tâche à relever est immense. Elle est aussi largement inédite au sein d'une armée qui s'est peu préoccupée de débarquements, et encore moins d'y faire face.

1. C'est sous ce terme que les Allemands, de même que les Anglo-Américains, désignent le Débarquement. Les Alliés vont en effet « envahir » la *Festung Europa*, la « forteresse Europe », autrement dit l'empire d'Hitler.

2. Dans sa directive n° 40 du 23 mars 1942, il ordonne la construction de 15 000 blockhaus. Il s'agit de fortifier le littoral sur 5 000 kilomètres, de la Norvège à la frontière espagnole.

ROMMEL

Les responsabilités qui pèsent sur les épaules de Rommel sont gigantesques. Comme Eisenhower, il va devoir prendre les décisions les plus cruciales de sa carrière. Le sort de l'Allemagne et l'issue de la guerre en dépendent.

Rommel est donc chargé d'une mission de la plus haute importance, insigne honneur qui témoigne de la confiance intacte du Führer[1] ; une nomination qui suscite aussi de l'envie et de la jalousie. Hitler a souvent été critiqué – *a posteriori* – pour ses prises de décision. La nomination de Rommel pour un poste à responsabilités face à l'*Invasion* paraît judicieuse à plus d'un titre. Le maréchal est dynamique et imaginatif, et, surtout, il est un nom, un symbole propre à regonfler le moral de la population et des *Landser*, à l'issue d'une année 1943 scandée de catastrophes. De fait, Rommel sait galvaniser les troupes, d'autant plus que sa personnalité, l'expérience qu'on lui accorde, mais aussi son sens pratique jouent en sa faveur. « Nous attendions le débarquement qui devait mener à une fin prochaine de la guerre », se souvient Franz Gockel, un des soldats allemands en faction sur le mur de l'Atlantique. « Nous étions certains d'être les vainqueurs puisque Rommel assurait que nous étions dans la baie idéale. »

Sur le plan militaire, l'homme a aussi l'expérience de la guerre contre les Anglo-Saxons qui le redoutent, ce qui représente un atout supplémentaire au service de la propagande[2]. Il est en effet paré d'une aura d'invincibilité, que l'échec final subit en Afrique ne vient en rien altérer[3].

Il lui faut donc quitter l'Italie du Nord, avec son embryon d'état-major. Parmi les nouveaux venus, le *Vizeadmiral* Ruge, qui dépeint de façon suivante la première impression que lui laisse le maréchal le 10 novembre 1943 : « Il me parut petit, grave, plein d'énergie et très naturel. »

---

1. Même si Rommel éprouve d'abord un doute qui s'estompe rapidement : « On ne sait pas exactement si cette nouvelle affectation signifie une rétrogradation. »

2. Goebbels, qui s'y connaît en la matière, ne s'y trompe pas et espère que cela générera un surcroît d'inquiétude chez l'adversaire.

3. Ce qui n'est pas commun dans l'histoire militaire.

15. LE MAÎTRE D'ŒUVRE DE L'*ATLANTIKWALL*

L'état-major qui devra repousser l'*Invasion*

Rommel est entouré d'une équipe efficace, dont il connaît personnellement les membres les plus éminents. Contrairement à ce qui a prévalu dans ses précédents états-majors, on n'y compte pas d'officier de liaison nazi. Il ne faut pas y voir un acte délibéré de défiance envers le régime, car le héros de la propagande est bien l'homme lige du Führer. Son chef d'état-major (*Chef des Generalstabes*) reste, jusqu'au 15 avril 1944, le *Generalleutnant* Gause. Le Ia, ou chef du bureau opérations, est l'*Oberst* Tempelhoff, qui a épousé une Anglaise et que Rommel a connu avant guerre avant de le retrouver en Italie. L'Ic, ou chef du renseignement, est l'*Oberst* Krähe, puis en janvier 1944 l'*Oberstleutnant* Staubwasser, un de ses anciens étudiants à Dresde. L'équipe à disposition de ce dernier est des plus réduites, et, pour assurer son service, il lui faut avoir recours à Berlin, leurré par les Alliés. Le responsable de la logistique est le *General der Pioniere* Meise. Jusqu'en mars 1944, l'artillerie est placée sous la direction de l'*Oberst* Lattmann, un vieil ami de la

Gause, à droite, est le chef de l'état-major de Rommel.

famille. Rommel fait son possible pour le soutenir face aux autorités depuis que son frère, le *General* Lattmann, est devenu un transfuge passé du côté des Soviétiques après Stalingrad[1]. Beaucoup sont des anciens « Africains », à l'image du général Gerke, le responsable des transmissions, qui a tenu un poste semblable en Tunisie en 1943. On dénombre également des services de logistique, des transports, de cartographie, etc.

La coopération entre la Heer, la Luftwaffe et la Kriegsmarine est primordiale, aussi deux équipes émanant de ces armes se sont-elles jointes à l'état-major. L'attaché naval (*Marineverbindungsoffizier*) est le *Vizeadmiral* Friedrich Ruge[2]. Le courant passe d'emblée entre le marin et le maréchal[3]. L'homologue de Ruge envoyé par la Luftwaffe est l'*Oberstleutnant* Queisner qui, s'il s'entend très bien avec ses collègues de l'armée de terre, n'aura pas la même complicité avec Rommel.

L'état-major compte également les inévitables aides de camp, à savoir les *Ordonnanz-Offiziere* : l'*Oberstleutnant* Josias Prinz von Coburg, puis le *Leutnant* Hammermann jusqu'en février 1944. Le remplacement du borgne Hammermann procède de la volonté du général Schmundt, l'adjudant d'Hitler, qui estime que l'ordonnance de Rommel doit être d'un grade plus élevé. Ce dernier préconise que le choix se porte sur un *Panzerschütze*, au moins *Major* et souabe de préférence. Finalement, c'est au *Hauptmann* Hellmuth Lang qu'échoit le poste. Grand et mince, portant lunettes, il est âgé de trente-six ans. On semble avoir déniché l'oiseau rare, paré de toutes les qualités requises : Souabe lui aussi, versé dans le domaine des panzers (Rommel l'a connu comme instructeur), il a gagné la croix de fer en Russie. Un autre proche de Rommel, son chauffeur, est l'*Oberfeldwebel* Karl Daniel, un soldat plutôt taiseux, ce qui convient parfaitement à Rommel, qui sillonne les routes à bord de sa Horch noire de touriste convertible type 770K. Mentionnons enfin la présence de compagnons à quatre pattes. En janvier 1944,

---

1. Un élément qui ne jouera pas en faveur de Rommel après l'attentat contre Hitler du 20 juillet 1944.

2. Ruge, choisi sur suggestion de Gause, rejoint Rommel le 30 novembre 1943 à San Vigilio, sur le lac de Garde. Il laissera un célèbre ouvrage de souvenirs : *Rommel face au Débarquement*.

3. Dans la Kriegsmarine, les soldats de la Heer sont appelés « ceux du 85e ». Le 85. IR tenait en effet garnison auprès de la grande base navale de Kiel en 1914-1918.

15. LE MAÎTRE D'ŒUVRE DE L'*ATLANTIKWALL*

l'organisation Todt[1] lui offre deux chiens, Ajax et Elbo, puis un chien de chasse, baptisé Treff, le 5 mai, pour remplacer Ajax, écrasé par une voiture à Herrlingen, son domicile en Allemagne.

La vie à l'état-major de Rommel

Quel est le quotidien au sein de cet état-major ? Rommel étant d'un caractère affable, l'ambiance est cordiale. Depuis la visite des défenses au Danemark en décembre 1943, ses collaborateurs ont d'emblée une information sur leur chef lorsqu'une étrange tache rouge marque son visage, un phénomène dû à l'emploi d'eau chaude. « Le fait que nous saurions s'il s'était lavé ou non paraissait l'amuser », écrira plus tard Friedrich Ruge.

Les conditions de logement sont évidemment plus amènes que dans le désert de Libye. Certes, le maréchal est un ascète : il ne fume pas, boit peu et ne commet aucun excès de table, la bonne chère ne semblant nullement retenir son attention.

En tournée d'inspection, comme à son état-major, il aime manger comme la troupe – à la cuisine d'une batterie côtière, dans un foyer du soldat… Les attentions d'un hôte se sentant obligé de lui offrir un repas plus gastronomique n'attirent aucunement sa reconnaissance, bien au contraire. En décembre 1943, le *Generalleutnant* Macholz de la *191. Reserve-Division* se plaint ouvertement des frais qu'occasionnent de telles visites. « Or, observe Ruge, au dîner, la pièce de résistance fut un sanglier, abattu par lui, qui n'avait pas dû lui coûter énormément. » Rommel chasse lui-même à l'occasion, avec Ruge, ou encore en compagnie du duc de La Rochefoucauld[2], tandis que de jeunes officiers de son état-major font les yeux doux à la charmante fille du châtelain[3].

À son quartier général, Rommel était le plus souvent seul à table en Afrique. Désormais, il prend le petit déjeuner et le dîner dans la salle à manger, présidant en bout de table, comme il se

1. Organisme du génie civil du Reich chargé de l'édification des fortifications.

2. Parmi les compagnons de chasse de Rommel, on compte le marquis de Choisy, dont le fils aurait combattu aux côtés de la Wehrmacht en Russie. Le marquis lui-même aurait été pendu à la Libération.

3. Rommel n'est pas un homme à femmes et il n'est pas très à l'aise en leur compagnie. Il estime que la présence d'auxiliaires féminines apporte plus de perturbations que d'aide au sein d'un état-major…

doit, tandis que ses sept principaux collaborateurs occupent les autres sièges. Gause et Ruge s'assoient à ses côtés. Sont également à table l'*Oberst* Tempelhoff, le général Staubwasser, le général Gerke, l'*Oberst* Lattmann et le général Meise. Lang est le neuvième convive, et le seul à ne pas être un officier supérieur.

Le menu du matin est frugal : le plus souvent du thé avec une tartine beurrée recouverte de miel ou de confiture, quelquefois des œufs sur le plat. Rommel n'est donc pas un gros mangeur, et il n'a rien d'un fin gourmet. Si ses officiers mangent plus que lui, il insiste pour que tous à l'état-major bénéficient d'une table aussi garnie que ce cercle restreint de ceux qui l'entourent – qui ne doit en aucune manière être favorisé.

Cela ne l'empêche pas de prendre du poids, à son grand déplaisir. Aussi se remet-il à l'équitation. Mais son bel étalon blanc manque singulièrement de dynamisme : « Il est si paresseux, commente-t-il, que cela me fiche en colère. Je n'aime pas non plus les gens paresseux. Vous devriez le savoir ! »

Si on ne fait pas bombance[1], l'ambiance est chaleureuse au sein de l'état-major à l'occasion des dîners. Plusieurs générations et des personnalités diverses se côtoient. S'il n'est pas prude, Rommel n'est pas amateur d'histoires grasses[2]. D'après les témoignages de son entourage, il ne cherche nullement à dominer la discussion, mais il a cependant toujours aimé raconter ses campagnes. « Hammermann prétendait avoir entendu au moins quinze fois le récit de la prise de Tobrouk, raconte Ruge. Peu importait qu'il l'entendît une seizième, alors que ce récit était précieux pour nous, les nouveaux venus, parce qu'il nous apportait des exemples pris sur le vif de la façon qu'avait Rommel de commander. » Ruge prétend que Rommel est foncièrement modeste et que les récits de ses exploits guerriers ne sont aucunement l'occasion de faire étalage de gloriole[3]. Il est permis d'en douter.

---

1. Toutefois, lors d'un dîner auquel était convié un hôte aux importantes responsabilités, il fit exception à sa règle pour offrir un festin préparé par l'un de ses officiers, fameux restaurateur dans le civil. La tentative fut vaine…

2. « Au cours d'une de nos tournées, rapporte Ruge, un des commandants inspectés en entama une, mais s'arrêta bien vite devant l'expression du maréchal. »

3. « Bien au contraire, écrit Ruge, il soulignait les fautes d'où des leçons pouvaient être tirées. »

15. LE MAÎTRE D'ŒUVRE DE L'*ATLANTIKWALL*

Les hôtes de Rommel peuvent être des visiteurs de marque. Le passage de l'*Oberst* Hesse, écrivain ayant acquis une certaine renommée, notamment avec sa *Psychologie du chef de guerre*, sert de prétexte pour une discussion sur l'influence des livres traitant de la Grande Guerre sur les soldats de la Seconde Guerre mondiale et la jeunesse. Il est bien sûr fait allusion à Ernst Jünger et à Rommel lui-même. Lorsque la discussion s'oriente sur les œuvres d'art, l'évocation des collections du Louvre, rassemblées dans des caisses à Chambord, est l'occasion d'un trait d'humour en réponse à Gause, qui déclare qu'elles sont parties en Allemagne : « Autant qu'on pût le savoir, le *Reichsmarschall* [Goering] n'était pas passé par là… » En une autre occasion, c'est le général Geyer, un vétéran de la bataille de Moscou, qui est le convive invité. L'homme, mis en congé depuis lors pour avoir ordonné un repli, s'aligne sur les conceptions de Rommel pour repousser l'*Invasion* : « Pourquoi ceux de la tête n'approuvent-ils pas vos idées ? » On lui répond que l'absence d'expérience du front serait l'explication. Mais Geyer estime qu'il s'agit avant tout d'une question de caractère.

Ces visites ne sont pas si courantes. Le soir venu, lorsqu'il n'y a aucune urgence ou en l'absence d'un invité de marque avec lequel faire la conversation, la projection d'un film clôt la soirée, avant que chacun ne rejoigne sa chambre. Rommel est plutôt un couche-tôt, allant au lit vers 21-22 heures. Cependant, il dort rarement plus de quatre ou cinq heures par nuit. Lorsqu'il part en inspection, ce qui est très fréquent au cours des six mois précédant le Débarquement, le départ a lieu entre 5 et 6 heures du matin. Lève-tôt, Rommel l'est pour les nécessités de son immense tâche. Pour lui, la gestion optimale du temps est un impératif. Comme au combat, la rapidité est une constante. Il exige aussi une ponctualité rigoureuse. Bref, une rigueur toute « germanique ».

Très professionnel, le Renard du désert consacre ses inspections avant tout à la tâche qui lui incombe. Il n'est pas chose aisée de détourner son esprit de ses préoccupations militaires. Cherchant à le détendre, Gause lui montre un jour de belles porcelaines de la manufacture de

Sèvres. Rommel, perspicace, puisque la matière n'est pas magnétique, observe avec un sourire : « Elle devrait bien nous fabriquer des mines ! »

Rommel est tout à sa tâche et n'entend pas se laisser distraire par les aménités touristiques dont regorge la France, au grand désespoir de certains de ses grands subordonnés, bien plus sensibles à la culture, mais peut-être moins conscients de l'urgence de la situation qui requiert toute l'énergie de chaque soldat allemand à l'Ouest. Tempelhoff écrit ainsi : « Au cours de nos voyages avec le maréchal, nous passions toujours droit devant les monuments et les merveilles d'architecture. Il était tellement absorbé par son travail qu'il se désintéressait de tout, sauf de ce qui avait trait aux nécessités militaires du moment. » Le 5 janvier, il visite pourtant l'hôtel de ville et la cathédrale de Bruges. « C'était la première fois, depuis le début de nos randonnées, qu'il prenait un peu de temps pour se détendre. La madone en marbre de Michel-Ange et les admirables sarcophages de Charles le Téméraire et de Marie de Bourgogne l'intéressèrent tout particulièrement. » Les curiosités historiques ne manquent certes pas en France. Mais Ruge a toutes les peines du monde à organiser un « crochet » par le Mont-Saint-Michel. Lors d'un programme d'inspection, Rommel découvre ainsi avec surprise la mention d'un poste établi sur le mont. Il « la fit rayer en me regardant avec un sourire », raconte Ruge, le maréchal ayant parfaitement deviné le subterfuge. Mais le 9 mars, contre toute attente, alors qu'il inspecte un poste à quelques kilomètres de l'abbaye, Rommel décide de s'y rendre. « Aujourd'hui nous verrons le Mont-Saint-Michel », déclare-t-il avec un regard pour Ruge. Si le maréchal goûte le charme du célébrissime site dans un de ses rares moments de détente, l'officier n'est jamais loin : « Quel magnifique abri antiaérien ! » observe-t-il à la vue d'une salle creusée à même le roc. L'état-major est également gratifié d'un repas à la célèbre auberge de la mère Poulard : les officiers allemands vont bien sûr y déguster la fameuse omelette… En une autre occasion, en Bretagne cette fois-ci, Rommel et son entourage s'accordent une pause en visitant les alignements de Carnac[1].

---

[1]. Qui sait si Rommel n'y a pas vu de formidables obstacles contre les planeurs…

15. LE MAÎTRE D'ŒUVRE DE L'*ATLANTIKWALL*

Collaborer avec Rundstedt

Le commandement en chef à l'Ouest, ou *OB West* (*Oberbehfelshaber West*), est le prestigieux *Generalfeldmarschall* von Rundstedt, dont l'état-major est établi à Saint-Germain-en-Laye. La première rencontre entre les deux hommes survient le 19 décembre. Rommel fait montre d'optimisme pour la collaboration qui s'annonce : « Rundstedt est charmant, écrit-il à son épouse, et je crois que tout ira bien. » Le tandem est pourtant loin d'être optimal entre le doyen des officiers et le plus jeune des maréchaux[1]. Rundstedt a parfaitement compris qu'il avait affaire à un ambitieux : « Rommel est comme un louveteau mal léché – il n'est pas

Gerd von Rundstedt (à gauche), le doyen des maréchaux.

1. Rommel et Rundstedt ont respectivement cinquante-deux et soixante-huit ans.

du tout un renard. Il est trop ambitieux. En Afrique, les choses ne se sont pas trop bien passées pour lui, et maintenant il veut absolument devenir quelqu'un ici. »

De façon fort compréhensible, Rundstedt ne goûte que très modérément l'arrivée à l'Ouest d'un autre maréchal aux prérogatives mal définies. En sa qualité de *Generalfeldmarshall*, Rommel est en droit de court-circuiter la hiérarchie et d'entrer en contact direct avec Hitler, dont il reste le général favori[1]. Inquiet, Rundstedt va jusqu'à demander à Keitel s'il est prévu que Rommel lui succède… Keitel[2] répond certes par la négative, mais il ne se montre guère rassurant en affirmant que Rommel est ennuyeux, car il n'aime pas recevoir d'ordres de qui que ce soit. Le Souabe n'a pas l'heur de plaire à de nombreux officiers supérieurs en poste à l'Ouest, mais aussi à Berlin. D'aucuns ne voient en lui qu'un parvenu, un favori propulsé au-delà de ses réelles capacités militaires[3].

Subordonné difficile, Rommel n'a toujours ressenti que du dédain pour la caste prussienne. C'est un officier de terrain, qui n'a pas été formé à l'école des états-majors. De son côté, Rundstedt, par ailleurs grand amateur de cigares et de plus en plus porté sur la bouteille, est un officier qui mène de l'arrière et qui délègue beaucoup. Loin d'être un bourreau de travail comme Rommel, il se lève rarement avant 10 h 30 le matin et travaille rarement après 20 heures. Invaincu depuis 1939, mais sans faire lui-même montre de grande imagination, même si ses subordonnés ont appliqué la *Blitzkrieg* avec brio, Rundstedt n'a ni le charisme ni l'énergie de son illustre subordonné. Il est par ailleurs peu connu de la troupe : une situation qui rappelle un peu les associations Bradley-Patton et Alexander-Montgomery.

Les deux hommes s'opposent sur presque tous les points concernant la stratégie à adopter

---

1. On imagine sans mal les pensées de Rundstedt à l'égard de ce subordonné, jadis simple commandant de division de panzers sous ses ordres en 1940, devenu son équivalent en rang.

2. Le chef de l'OKW s'est rendu en personne auprès de Rundstedt en novembre 1943, avant que Jodl, son adjoint, ne fasse une inspection à l'Ouest en janvier 1944. Des déplacements qui illustrent la priorité désormais accordée à ce théâtre des opérations.

3. Ce qui n'est pas la réalité, mais constitue au contraire le reflet d'un sentiment de jalousie, qui va perdurer au-delà de la fin du conflit.

15. LE MAÎTRE D'ŒUVRE DE L'ATLANTIKWALL

Une estime sincère se développe entre les deux hommes.

pour repousser le Débarquement. Pour Rundstedt, en dépit du succès remporté à Dieppe[1], l'*Atlantikwall* n'est qu'une vue de l'esprit, un produit de la propagande. Au mieux pourra-t-il permettre de ralentir l'ennemi et de semer temporairement la confusion. Pour Rommel, le mur de l'Atlantique doit au contraire devenir la clé de voûte du système défensif à l'Ouest. De façon fort révélatrice, les travaux de fortification prennent une singulière impulsion lorsque Rommel accède à ses responsabilités sur le front Ouest, alors même que Rundstedt n'y a guère accordé d'importance depuis 1942.

Le doyen[2] a la désagréable impression d'avoir un espion qui le surveille, tandis que Rommel, homme d'action avant tout, est privé de tout réel pouvoir de commandement. Sur proposition de Rundstedt, Hitler, d'abord réticent, remédie à cette situation bancale[3]. Rommel commande désormais une nouvelle entité : le *Heeresgruppe B*, subordonné à l'*OB West*. Une solution qui a sans doute été évoquée en amont entre les deux maréchaux avant d'en faire la demande au Führer pour approbation. Le 31 décembre, lorsque le Führer accède à cette requête, toutes les parties sont satisfaites. Le rang de supérieur hiérarchique de Rundstedt est clairement réaffirmé, tandis que Rommel, loin de n'être relégué qu'à un rôle de conseiller, dispose désormais de troupes pour faire face à l'*Invasion*. Mieux, c'est à lui que sont confiées les armées qui, selon toute vraisemblance, devront faire face au débarquement allié : les forces déployées de l'Escaut jusqu'à la Loire[4].

In fine, les deux maréchaux finissent par éprouver un indéniable respect mutuel. Rundstedt sera même convié à déjeuner au quartier général de Rommel en compagnie de son fils Hans et de son chef d'état-major, le général Blumentritt. Rommel, bien que subordonné à Rundstedt, est incontestablement la

---

1. Opération *Jubilee*, le 19 août 1942.

2. Il surnomme son cadet *Marshall Bubi*, soit à peu près le « maréchal garçon ».

3. Il se réserve toutefois, avec l'assentiment de Rundstedt, le droit de transférer Rommel et son état-major sur le front de l'Est si la situation l'exige.

4. Le *Heeresgruppe B* regroupe les troupes de la Wehrmacht aux Pays-Bas, la *15. Armee* d'Ostende à la Seine, la *7. Armee* entre Seine et Loire, soit, le 6 juin 1944, trente-deux divisions d'infanterie ou de parachutistes de la Heer ou de la Luftwaffe. Au sud, deux armées sont réunies dans le cadre de l'*Armeegruppe G* commandé par Blaskowitz.

15. LE MAÎTRE D'ŒUVRE DE L'*ATLANTIKWALL*

personnalité dominante à l'Ouest, l'officier le plus dynamique, dont les prises de position stimulent aussi bien la réflexion stratégique que les travaux de défense. Sur le terrain, à partir de l'arrivée de Rommel en France, « Der Rundstedt », comme le Souabe se plaît à l'appeler, n'effectue plus que rarement des tournées d'inspection ; Rommel va au contraire les multiplier.

Première inspection au Danemark

Ce n'est que le 2 décembre 1943, après avoir dû « liquider » la situation en Italie, que le Souabe est en mesure de s'atteler à sa nouvelle tâche[1]. Pour cette première inspection, Rommel rejoint le Danemark, à bord d'un train plus digne de l'Orient-Express que de celui d'un état-major en guerre. La première impression que laisse l'*Atlantikwall* sur le Renard du désert n'est pas bonne et elle rejoint celle de tous les militaires de haut rang en poste à l'Ouest : le mur de l'Atlantique n'est qu'un produit de la propagande. À l'évidence, il faudra consentir un effort de guerre important pour le rendre inexpugnable. L'idée maîtresse, qui sous-tend sa réflexion stratégique, point dès cette première visite, qui s'achève le 10 décembre : c'est sur les plages qu'il faudra vaincre. « Le rivage, déclare-t-il, constitue la première ligne de résistance. »

Cette première visite met en évidence une incommodité : le train de commandement mis à sa disposition n'apparaît pas du tout adapté aux exigences d'inspection sur un secteur aussi vaste que l'intégralité des côtes françaises, belges et néerlandaises. Aussi est-il décidé de fixer le quartier général à proximité de Paris.

La vie de château

18 décembre au soir, après quelques jours de permission, Rommel arrive en France et prend ses quartiers à Fontainebleau. Il loge au petit château, qui était jadis celui de Mme de Pompadour, ce qui n'a pas l'heur de lui plaire, d'autant que l'homme, ascétique, doit composer avec un mobilier qui n'est pas précisément de

---

1. Il est pourtant nommé dès le 5 novembre. Ces quelques semaines perdues pour se préparer à lutter contre l'*Invasion* auraient pu peser lourd dans l'issue de la bataille.

son goût, même s'il n'est pas complètement insensible à la prouesse architecturale : « Le vieux château est un endroit absolument charmant. Les Français d'il y a deux siècles voyaient très grand quand ils construisaient pour la classe aristocratique. En comparaison, nous sommes des provinciaux. » Il partage ce luxueux logis avec Gause, Staubwasser et ses officiers d'ordonnance. Le reste de l'état-major loge aux environs.

Le maréchal ne tarde pas à estimer l'endroit bien trop éloigné des côtes de la Manche, alors même que ses fonctions exigent de s'y rendre le plus souvent possible. Il sollicite donc auprès de l'OKW l'autorisation de s'installer dans le complexe de bunkers[1] de Margival, près de Soissons,

Le château de la Roche-Guyon.

un quartier général qui avait été édifié en 1940 dans l'optique de superviser le déroulement de *Seelöwe*, l'invasion de l'Angleterre. Le refus de Berlin est suivi d'un second, de la Kriegsmarine, qui s'oppose à ce que Rommel transfère son QG sur un autre site qui

---

1. Nom de code *Wolffschlucht 2*, soit le « ravin du loup 2 ».

15. LE MAÎTRE D'ŒUVRE DE L'*ATLANTIKWALL*

a retenu son attention, à savoir des grottes solides paraissant représenter la meilleure protection contre la menace des bombardements, constituant alors un arsenal souterrain abritant des torpilles.

Le choix final se porte sur La Roche-Guyon, petite bourgade sise à une cinquantaine de kilomètres en aval de Paris. Bien située, elle rapproche le QG de la baie de Seine et de l'ouest de la Normandie. Le déménagement a lieu le 9 mars 1944, en fin de journée, après une nouvelle journée d'inspection. Rommel installe ses quartiers dans le château des ducs de La Rochefoucauld. Celui-ci, situé au pied des falaises dominant la Seine, n'est pas très vaste. Il n'accueille qu'une partie de l'état-major, le reste logeant dans la localité. Les vestiges de l'antique donjon le surplombent avec une certaine majesté.

La grille est encadrée des guérites des sentinelles, tandis que des mitrailleuses et des pièces de *Flak* assurent la sécurité du site : aucun civil étranger à la famille des La Rochefoucauld et leur domesticité n'est admis dans l'enceinte. Les habitants ne sont pas cloîtrés pour autant et peuvent observer à loisir Rommel se rendre au restaurant ou à l'embarcadère.

C'est alors, prétend-t-on, « le village le plus occupé de la France[1] ». Des postes d'observation sur la vallée de la Seine sont établis dans les charrières. Les caves troglodytes[2] existantes, creusées au fil du temps dans la paroi calcaire, sont aménagées et agrandies par les sapeurs de la Wehrmacht pour les besoins du quartier général. Comme dans les bunkers établis sur la côte, sols, murs et plafonds sont parquetés. Pare-éclats en béton et portes blindées assurent une protection supplémentaire.

Il va de soi que le Renard du désert ne peut loger dans des conditions aussi spartiates. Rommel emménage dans le pavillon d'Enville. Son bureau est établi dans le grand salon qui donne sur une terrasse agrémentée de plantations de roses. Sa chambre est celle dite « de la princesse Zénaïde ». Il n'apporte aucune touche

---

1. Environ 1 500 Allemands pour 543 habitants selon Cornelius Ryan, ce qui semble exagéré selon certains témoignages. Thierry Delahaye et Alain Quenneville, *Rommel à La Roche-Guyon*, Colombelles, Éditions du Valhermeil, 1995.

2. Les « boves » ont des destinations fort variées : centre de communications, foyer du soldat, dépôts de munitions…

personnelle au mobilier[1], pas même un portrait de ses proches ou un objet familier. Le maréchal dispose également dans ses appartements de la riche bibliothèque du château.

Premiers constats alarmants

Le rythme des inspections va être soutenu pendant des mois. Il faut se lever tôt, se déplacer rapidement, voir tout avec célérité et n'accorder que peu de temps à la table. En outre, selon Ruge, Rommel semble avoir un sixième sens pour découvrir « les endroits où quelque chose ne va pas ».

Le 20 décembre débute une tournée entre la Somme et l'Escaut, le secteur où est attendu l'assaut principal de l'ennemi. Il n'existe cependant

Rommel en inspection en Belgique, à Raversijde.

---

1. Le bureau qu'il utilise serait celui sur lequel aurait été signé l'édit de Fontainebleau en 1685.

15. LE MAÎTRE D'ŒUVRE DE L'ATLANTIKWALL

aucun consensus à ce propos. Rundstedt[1] et Rommel pensent que les deux rives de l'estuaire de la Somme, avec ses côtes sableuses et un arrière-pays favorable au déploiement des blindés, offrent les meilleures possibilités de débarquement. La marine fait observer que la zone est à la fois dépourvue de port majeur et exposée aux vents d'ouest.

La défense en est assurée par la *15. Armee* du général von Salmuth[2]. La première rencontre avec Rommel augure mal de leur collaboration. Salmuth n'a que dédain pour ce dernier ; un trait qui perdure après que Rommel est passé de la fonction d'inspecteur de l'*Atlantikwall* à celle de chef du *Heeresgruppe B*, ainsi que l'illustre l'anecdote suivante. Au maréchal qui lui enjoint d'ordonner à ses hommes de consacrer davantage de temps aux fortifications, notamment à la pose de mines, si besoin est en sacrifiant du temps consacré à l'entraînement, le Prussien rétorque qu'il n'est jamais allé au combat « avec des épaves ». « Vous n'avez d'évidence pas l'intention de suivre mes ordres », lui répond Rommel. D'un ton condescendant, de celui qui présume mieux connaître la question que son interlocuteur, Salmuth poursuit en déclarant qu'il faudrait toute une année pour mener à bien le programme préconisé par le maréchal. La tension monte. Ce n'est qu'au moment du départ que le Renard du désert rappelle à Salmuth leur écart hiérarchique. Prenant à part ce dernier, Rommel lui admoneste un « savon », à tel point que le visage du général s'empourpre[3] ; Rommel n'aura plus de difficultés avec lui.

Il lui importe que ses ordres soient suivis à la lettre. Le Souabe sait réprimander rudement un subordonné à l'occasion : le 3 janvier, en Hollande, il s'exprime sans aménité sur le mode de vie plutôt joyeux d'officiers logeant dans le même hôtel que lui. En une autre occasion, il fait montre d'une froideur inhabituelle à l'égard d'un officier. « J'appris par la suite, rapporte Ruge, que celui-ci, lors d'une conférence, avait mis en pièces le livre du maréchal *L'Infanterie attaque*. » Il semble assez rare qu'il lui faille hausser le ton. Ruge

---

1. Rundstedt craint un temps un assaut dans le golfe de Gascogne, relativement peu défendu.

2. Il s'est distingué en qualité de chef d'état-major du *Heeresgruppe A*, avant de commander un corps, puis une armée en Russie. L'homme a aussi participé aux massacres perpétrés contre les Juifs dans sa zone d'armée…

3. « C'est un grossier personnage, aurait déclaré Rommel, d'après Ruge ; il faut le prendre tel qu'il est. »

avoue ne l'avoir jamais vu s'emporter. Le général Marcks, dont le *LXXXIV. Korps* est déployé dans les départements de la Manche et du Calvados, laisse de tout autres impressions, probablement à l'aune de sa propre expérience, tant le portrait qu'il dresse de Rommel semble peu caractéristique du personnage : « C'est un colérique, qui explose souvent, et les commandants ont très peur de lui. Le premier qui devait lui présenter un rapport dans la matinée s'est fait rabrouer pour le principe. »

Un rythme soutenu

Le contenu d'une tournée d'inspection est fort varié, comme l'illustre le programme d'une seule journée de décembre : au lieu-dit « Fond des Barges », l'organisation Todt creuse un tunnel ferroviaire de 150 mètres et un vaste dépôt souterrain de 44 alvéoles destinées au stockage de mines marines et de torpilles. Puis Rommel visite une batterie qui défend l'entrée du canal de la Somme, avant d'inspecter les inondations au sud-est de Saint-Quentin. Le 24 décembre, il découvre ensuite une rampe pour l'arme de représailles V1, sur laquelle Hitler fonde de grands espoirs. Enfin, le périple prévoit un passage auprès d'éléments d'une des divisions de panzers de réserve alors déployée à l'Ouest : la *9. SS-Panzer-Division « Hohenstaufen »*.

Le tout est mené selon un rythme soutenu : les inspections s'enchaînent sans interruption. Quant à la pause déjeuner, elle se doit d'être le plus rapide possible. Parfois, un incident survient, comme lors d'une tournée en Hollande où, à la nuit tombée, la voiture qui devait piloter l'état-major de Rommel s'enfonce et disparaît dans l'obscurité, alors même qu'elle ne dispose ni de stop ni de signaleur.

Les visites d'un maréchal aussi illustre ne laissent pas indifférent. Ruge rapporte qu'en une occasion, des auxiliaires féminines des transmissions en profitent pour demander des autographes. À Breda, en Hollande, une foule se presse devant l'hôtel où loge Rommel[1]. Tous n'ont pas conscience de l'illustre personnage qui est en leur présence, à l'image de cette sentinelle

---

1. À l'intérieur de l'hôtel, d'après le témoignage de Ruge, les sentinelles poussent assurément la prévenance un peu loin en accompagnant chaque officier aux W.-C. et en lui allumant la lumière…

15. LE MAÎTRE D'ŒUVRE DE L'*ATLANTIKWALL*

qui le salue par un « Herr Major » qui amuse visiblement Rommel. Pis, une autre sentinelle lui interdit le passage, pour cause d'exercice. L'homme ne se laisse pas impressionner : s'il faut en croire Ruge, il n'a jamais entendu parler de Rommel, ce qui paraît tout de même incroyable… À Biarritz, l'ambiance est tout autre, comme le raconte Ruge : « Les soldats se rassemblent en grand nombre pour voir le maréchal et lui font une ovation spontanée qui lui fait visiblement plaisir. » À Perpignan, la *Feldgendarmerie* a dû barrer les rues, en raison du grand intérêt que lui porte la population.

Les nombreuses tournées d'inspection apportent aussi leur lot de surprises. Rommel croise sur sa route une motocyclette montée par un soldat et une jeune fille. Apercevant le maréchal, le soldat ne perd pas son sang-froid et se met au garde-à-vous, tout en confiant le véhicule à sa compagne, visiblement coutumière de son usage. « Caporal Schmidt, avec la blanchisseuse de l'état-major du régiment qui rejoint son lieu de travail ! » Rommel, visiblement amusé, remercie le soldat avant que celui-ci ne disparaisse sur sa machine.

Pas de trêve de fin d'année

Le réveillon de Noël n'est pas prétexte à un dîner plus copieux ou plus gastronomique qu'à l'accoutumée. Tout le personnel de l'état-major est cependant convié dans une grande salle pour la veillée. Il n'est pas question de « trêve de Noël » pour l'infatigable maréchal, qui s'attelle à la rédaction de son rapport. Le bilan de ces premières inspections est peu encourageant : les défenses sont trop faibles et les troupes sont souvent de piètre qualité. Les faiblesses de la Luftwaffe et de la Kriegsmarine sont criantes. Tout reposera donc sur la Heer. Pis, l'organisation du commandement, sans cohérence, laisse complètement à désirer… En rédigeant ce rapport, Rommel a déjà établi ce qui sera le canevas de son plan de bataille face à l'*Invasion* : il faudra rejeter au plus tôt l'ennemi à la mer, ce qui suppose que les panzers ne soient pas déployés loin de la côte.

Fin décembre, il doit donc s'enquérir des possibilités de coopération avec l'armée de l'air et la marine. Il se rend boulevard Suchet, auprès de l'amiral Kranke, qui est l'*Oberbefehlshaber des Marinegruppenkommando West*, autrement dit le responsable de la Kriegsmarine à l'Ouest. Une démarche semblable est menée au palais du Luxembourg, à Paris, où est établi le QG de la *Luftflotte 3*, dont le *Kommandeur* est le *Feldmarschall* Sperrle. Ce dernier, dont le physique le rapproche de celui de son « patron », Hermann Goering, semble mener une vie de sybarite, et peut se révéler explosif ou sarcastique. Il s'entend pourtant bien avec Rommel, mais la faiblesse de ses escadrilles est criante. C'est avec ses radars, la *Flak* et ses parachutistes que la Luftwaffe rendra ses meilleurs services à l'armée. Le potentiel aérien est gaspillé dans une série de raids appelée *Baby Blitz* entre janvier et mai 1944[1]. Rommel aurait voulu un objectif clairement militaire et en lien avec l'*Invasion*, à savoir frapper les ports d'embarquement, notamment Portsmouth, mais c'est Londres qui est visée. Il a en revanche plus d'autorité sur les unités combattantes terrestres de la Luftwaffe, notamment les redoutables parachutistes (*Fallschirmjäger*). Lorsque le *General der Fallschirmtruppe* Student demande à ce que la *5. FJD* (*Fallschirmjäger-Division*), encore incomplète et insuffisamment entraînée, reste encore déployée à Châlons-sur-Marne au lieu d'être transférée en Bretagne, Rommel refuse net. Les *Fallschirmjäger* sont par ailleurs des soldats d'élite, mais il entend également leur communiquer son énergie et sa foi en la victoire : « Nous autres officiers devons nous préparer à surmonter toutes les difficultés. Il y a toujours moyen de s'en tirer, et il faut toujours être optimiste. Même lorsque quelque chose ne colle pas tout de suite, cela finit par s'arranger. »

Un rythme intensif dès les premiers jours de 1944

Le passage à la nouvelle année n'est pas plus l'occasion de bombance à l'état-major qu'à Noël. L'austère Rommel s'octroie tout de même deux verres de vin de Bordeaux. Ses vœux pour sa

[1]. L'opération *Steinbock* (« Capricorne »). De 462 bombardiers disponibles en janvier, la Luftwaffe passe à 107 fin mai. Plus de 500 avions auraient été perdus.

15. LE MAÎTRE D'ŒUVRE DE L'*ATLANTIKWALL*

Rommel multiplie les inspections.

femme sont éloquents : « Amour et chance pour 1944 ! Que cette nouvelle année puisse nous apporter la victoire et une longue paix[1]. »

Il reprend ses inspections dès le 3 janvier. Sa nouvelle tournée commence en Belgique, à Anvers. Pour l'occasion il troque sa Horch pour une voiture à cheval afin de se rendre sur l'île de Walcheren, qui contrôle l'embouchure de l'Escaut. Il ne croira jamais à une réelle menace sur les plages belges. C'est en revanche une des options qui a la faveur de la Kriegsmarine, en raison de la proximité du port d'Anvers et de la Ruhr, deux objectifs stratégiques de premier ordre.

1. Quant à son fils Manfred, qui a rejoint une unité de *Flak*, il l'exhorte à la discipline : « Un nouveau style de vie commence pour toi. Tu devras apprendre à obéir aux ordres de tes supérieurs sur-le-champ et sans discussion. »

C'est au retour de cette inspection, le 8 janvier, qu'il rencontre pour la première fois le *General der Panzertruppen* Geyr von Schweppenburg, *Kommandeur* du *Panzergruppe West*[1]. Les relations sont d'emblée difficiles entre l'arrogant aristocrate et le Souabe. Les deux hommes s'opposent en effet sur l'emploi des réserves blindées.

Quelques jours plus tard, le 12 janvier, il rencontre Rundstedt pour évoquer avec celui-ci « la conduite des opérations ». Le vieux maréchal s'accorde en effet un congé d'un mois à compter du 15 courant, et c'est à Rommel qu'incombera l'intérim dans l'intervalle. Sur suggestion de Warlimont[2], il profite de l'opportunité de la présence de Jodl à l'*OB West* pour converser également avec ce dernier. La rencontre a lieu le 13 et Rommel pense avoir convaincu son supérieur : « Rencontré le général Jodl qui partage dans leur ensemble mes idées sur la défense de la côte. » Pourtant, en dépit de l'importance cruciale des enjeux, aucune conférence générale n'est organisée sous l'égide de l'OKW pour définir et établir une fois pour toutes la stratégie qui sera adoptée pour repousser l'*Invasion*.

Kommandeur du *Heeresgruppe B*

C'est le 15 janvier que Rommel assume officiellement ses nouvelles fonctions. La baie de Seine constitue l'étape suivante de ses inspections. Mis à part quelques secteurs encombrés de récifs, la zone est également jugée favorable à un débarquement, notamment par la marine qui souligne que la péninsule du Cotentin la protège de l'influence des vents d'ouest. Au printemps, constatant par ailleurs que la Normandie peut être facilement isolée par des bombardements aériens et que les marines alliées n'ont pas mouillé de mines en baie de Seine, Rommel finit par se ranger à l'avis d'Hitler, qui estime la zone particulièrement menacée, tout en n'imaginant qu'une opération de diversion.

Le passage à Saint-Valéry-en-Caux est l'occasion d'évoquer les souvenirs de 1940. À Dieppe, c'est la victoire remportée en 1942 qui est encore à l'esprit. Depuis ces années fastes, la donne a changé : qu'en

---

1. Qui regroupe sous son autorité toutes les divisions blindées et motorisées déployées à l'Ouest.

2. L'adjoint de Jodl à l'OKW.

15. LE MAÎTRE D'ŒUVRE DE L'*ATLANTIKWALL*

sera-t-il en 1944, lorsque l'*Invasion* surviendra ? Rommel commet à cette occasion un impair en réprimandant par erreur un officier d'un poste de guet de la Luftwaffe pour manquement à son devoir. L'infortuné lieutenant étant tout juste de retour de permission, il ne peut être tenu pour responsable de ne pas avoir donné l'alerte d'une attaque aérienne. Après l'est de la Normandie, le périple reprend en direction de la Picardie, puis du Pas-de-Calais, avant de faire volte-face vers l'ouest, en Bretagne, après deux jours passés à Fontainebleau.

Rommel fait étape au Mans, siège du quartier général de la *7. Armee* du *Generaloberst* Dollmann[1]. Cet officier représente un choix des plus surprenants quand on sait à quel point Hitler pense jouer son va-tout à l'Ouest. L'homme ne peut en effet nullement se targuer d'un passé de soldat exemplaire, on pourrait presque dire qu'il a un passif. De santé fragile, il ne peut se prévaloir que d'avoir péniblement enfoncé un coin de la ligne Maginot en 1940. Depuis lors, il a commandé sans discontinuer la *7. Armee*, « heureux comme Dieu en France ».

Comme à l'accoutumée, coopération entre les différentes armes, notamment dans le cadre des *Festungen*, et visites des points d'appui établis sur la côte sont au programme. Les unités d'intervention déployées en zone arrière sont également l'objet de toutes les attentions. À Tinténiac, un exercice mené par le *Reserve-Panzer-Aufklärungs-Abteilung* de la *179. Reserve-Panzer-Division* fait bonne impression.

Fin janvier, après de nouvelles discussions malheureusement stériles sur le plan pratique, lors de conférences menées avec Geyr von Schweppenburg et Rundstedt, Rommel, pourtant souffrant d'un lumbago, se rend pour la première fois dans le Calvados et dans la Manche, dans le secteur du *LXXXIV. Korps* du *General der Artillerie* Marcks[2]. Rommel, n'est pas satisfait de l'état des défenses : les points d'appuis, distants de 600 à 1 000 mètres, voire plus en zone escarpée, n'assurent en aucune manière un système de défense suffisamment solide pour s'opposer à la moindre opération amphibie d'envergure.

---

1. Son chef d'état-major est le *Generalleutnant* Pemsel.

2. Brillant officier qui avait participé à l'élaboration du plan Barbarossa, Marcks a perdu une jambe en Russie.

Seul constat positif de cette tournée, la découverte, à Quinéville, d'obstacles sous-marins mis en place depuis 1941 : « De toute évidence quelqu'un pensait comme nous dès 1941, écrit Ruge. Dommage de ne pas l'avoir su ! Le maréchal rayonnait. Il tenait là la preuve que les obstructions sous-marines pouvaient résister pendant un délai très long, question jusqu'alors fort controversée. »

Cap au sud, au nord puis à l'ouest

Le 7 février, après avoir passé la journée de la veille à chasser, avant de converser avec Warlimont, Rommel s'octroie un petit déjeuner plus substantiel qu'à l'ordinaire.

9 février 1944 : Rommel à Hendaye.

15. LE MAÎTRE D'ŒUVRE DE L'*ATLANTIKWALL*

Il part en tournée dans le sud de la France en compagnie de Ruge, Queissner, Staubwasser et Meise. Les officiers, dûment escortés par des soldats montés à bord de deux véhicules, prennent place dans une Horch et une Mercury. Le maréchal inspecte le Languedoc-Roussillon avant de se rendre à Bayonne[1], puis de remonter en direction de Bordeaux. Sur l'Atlantique, Rommel découvre une unité de la Wehrmacht pour le moins incongrue : elle est constituée d'Indiens[2].

À Fontainebleau, comme à l'accoutumée lorsqu'il est de retour à son quartier général, Rommel enchaîne les discussions téléphoniques et les conférences avec les plus hauts responsables de l'armée impliqués dans la défense à l'Ouest, en particulier avec Guderian et Geyr von Schweppenburg, en compagnie desquels il assiste à un *Kriegspiel* du *Panzergruppe West*. Il se rend aussi à Paris pour discuter avec l'état-major de l'*OB West* de la possibilité d'accroître le degré d'alerte à la côte sans nuire à l'entraînement.

Puis les inspections reprennent, toujours selon un rythme soutenu : le secteur de la Somme, puis la côte en direction de Dieppe les 14 et 15 février, la Bretagne le 18, un passage au QG de la 7. *Armee* au Mans le 20. Il multiplie les inspections sur le littoral, rend visite aux différents commandants de secteur et discute avec eux des meilleures options pour rejeter l'ennemi à la mer. Il découvre avec consternation le faible état d'avancement des défenses dans la majeure partie des sites inspectés. Pis, il constate, oscillant entre rage et consternation, que certaines fortifications ont été délaissées, voire détruites à l'explosif. Sur le site de ce qui deviendra Omaha Beach, il se montre très mécontent de ce qu'on lui a présenté. Les canons ne disposent d'aucune protection, ils sont simplement dissimulés sous un filet de camouflage. Les tranchées et les postes de combat ne sont rien d'autre que de simples fortifications de campagne.

---

1. Sans escorte, comme le rapporte Ruge : « Lors de la halte du déjeuner (de simples tartines beurrées), nous constatâmes que seules la Horch et la Mercury avaient encore assez de carburant pour atteindre la côte de l'Atlantique. On nous donna les réserves d'essence des autres et nous continuâmes seuls. »

2. Capturés en Afrique du Nord, ces Indiens ont rejoint l'*Indisches Infanterie-Regiment 950* levé avec l'autorisation d'Hitler par le farouchement antibritannique Subhas Chandra Bose, une des figures indépendantistes du parti du Congrès en Inde.

Conférence avec Hitler

« Le seul ennemi que j'aie est le temps », déclare-t-il à Lang. Fin février, il s'octroie tout de même dix jours de permission en Allemagne pour se détendre et réfléchir en famille. C'est durant ce séjour qu'il est de nouveau[1] mis en contact avec le docteur Karl Strölin, bourgmestre de Stuttgart, une personnalité qui complote contre Hitler. Soldat obéissant et persuadé d'être en mesure de pouvoir infliger un revers à l'ennemi, Rommel n'est nullement enclin à entendre le moindre propos qu'il puisse considérer comme de la haute trahison.

De retour en France, il commence, le 6 mars au matin, une tournée de quatre jours sur les côtes normandes et bretonnes. Après s'être installé à son nouveau quartier général de La Roche-Guyon, il enchaîne par une inspection vers la Somme et le Pas-de-Calais.

Les 19 et 20 mars, répondant à une convocation du Führer, il se trouve à Berchtesgaden, dans la résidence privée du dictateur. La conférence semble démontrer qu'Hitler a fait siennes les conceptions de Rommel. De fait, à la conférence tenue au château de Klessheim, il déclare à son assistance qu'on « ne doit permettre en aucune circonstance que l'opération d'invasion ennemie dure plus que quelques heures, au plus quelques jours ». Rommel saisit l'opportunité et bat le fer tant qu'il est encore chaud : il rencontre le dictateur le lendemain et parvient à l'aligner sur ses vues, à savoir déployer les unités blindées au plus près de la côte.

Cette réunion en haut lieu à Berchtesgaden est également le cadre d'une cérémonie inhabituelle qui a sans nulle doute ému le dictateur nazi. Rundstedt lit à Hitler une déclaration de loyauté signée par les maréchaux[2]. Si de nombreux témoins affirmeront avoir été marqués par l'aspect diminué du Führer, Rommel, courtisan dans l'âme, est au contraire enthousiasmé par le discours prononcé par le dictateur.

Le 21 mars, de retour à La Roche-Guyon, Rommel note dans son journal : « Suis satisfait

---

1. Il l'a déjà rencontré en décembre 1943.

2. Une initiative de Goebbels en réaction à la création par les Soviétiques d'un comité de propagande antifasciste animé par des généraux de la Wehrmacht capturés après Stalingrad.

15. LE MAÎTRE D'ŒUVRE DE L'*ATLANTIKWALL*

Rencontre avec une unité atypique.

des résultats. Le Führer s'est rallié sans réserve à mes conceptions sur la défense de la côte et a promis de remanier l'organisation du commandement. » Il se berce pourtant d'illusions : la promesse n'est pas tenue. De fait, peu après, Jodl, fort du soutien d'une lettre de protestation rédigée par Rundstedt, parvient à faire changer d'avis Hitler. Alors que l'OKW assure néanmoins qu'il fera respecter la promesse du Führer quant à la subordination des unités blindées, le Renard du désert reprend ses tournées d'inspection.

Goebbels note sa satisfaction en avril 1944 : le Rommel combatif est de retour. De fait, il a du cœur à l'ouvrage : « Le Führer me fait confiance, écrit-il à son épouse, et cela me suffit. » Son optimisme s'en ressent.

C'est pourtant un Rommel amer qui se confie à son journal le 15 avril : « Qu'est-ce que l'histoire dira lorsqu'elle se prononcera sur moi ? Si je réussis ici, alors tous les autres revendiqueront toute la gloire – comme ils revendiquent déjà le mérite pour les défenses et les obstacles que

Le 15 avril 1944, Hans Speidel succède à Gause.

j'ai élevés sur la plage. Mais si j'échoue ici, alors tout le monde voudra ma peau. »

Ce même jour, un changement d'importance survient dans l'entourage de Rommel. Un nouveau chef d'état-major prend ses fonctions au sein du *Heeresgruppe B* : Hans Speidel[1].

Cultivé, Speidel a été deux ans chef d'état-major du gouverneur militaire en France, avant de passer deux années sur le front de l'Est, en qualité de chef d'état-major de corps puis d'armée, notamment à la *8. Armee*, où il s'est distingué[2].

En dépit de l'avertissement de Jodl à Speidel, les deux hommes s'accordent parfaitement, aussi bien sur le plan personnel que sur leurs conceptions quant à la manière de repousser le débarquement attendu. On reste toutefois interdit devant un tel choix de Rommel, alors que l'*Invasion* se précise. « C'est évidemment une décision difficile pour moi d'avoir à changer

---

1. Speidel est un antinazi convaincu et trempe dans une conjuration visant à renverser Hitler.

2. Ce qui lui a valu de recevoir la croix de chevalier de la croix de fer des mains d'Hitler en personne.

15. LE MAÎTRE D'ŒUVRE DE L'*ATLANTIKWALL*

mon chef [d'état-major] à un moment comme celui-ci », écrit-il à son épouse, responsable du départ de Gause[1]. Rommel avait lui-même pleine confiance en ce subordonné, qu'il côtoyait depuis l'Afrique. Une petite soirée bien arrosée est organisée en son honneur le 20 avril. Si Rommel fait l'éloge de son ancien chef d'état-major, que tout le monde voit partir avec regret, il n'oublie pas non plus d'évoquer, plus gravement, l'anniversaire du Führer, qui a cinquante-cinq ans ce 20 avril 1944.

C'est au cours de ce même mois, le 22 avril 1944, que Rommel fait à son ordonnance cette fameuse déclaration, passée à la postérité par l'entremise d'Hollywood : « Croyez-moi, Lang, les premières vingt-quatre heures seront décisives… Le sort de l'Allemagne en dépendra… pour les Alliés, comme pour nous, ce sera le jour le plus long. »

Renforcer la Normandie !

C'est le printemps et le temps est au beau fixe : moment idéal pour l'*Invasion* ! Le 8 mai, après une nouvelle inspection dans le Sud, Rommel se rend à Paris, à l'hôtel Georges-V, pour conférer avec Rundstedt, Sperrle, Blaskowitz, Geyr von Schweppenburg, Krancke et leurs chefs d'état-major. Malheureusement, il n'en ressort aucun consensus ni embryon d'organisation de nature à établir une réelle coopération entre les différentes armes.

Comme Hitler, Rommel estime que le front tenu par la *7. Armee* en Normandie est particulièrement propice à une opération amphibie, particulièrement le Cotentin et Cherbourg. Il importe donc de renforcer ce secteur, dans lequel un assaut lui semble hautement probable, à tout le moins dans le cadre d'une diversion. Si des projets comme celui de l'incorporation de la *2. FJD* au sein de la *21. Panzer-Division* seront abandonnés, des renforts substantiels sont dirigés vers la Normandie, tandis que les unités déjà en place sont redéployées. Le 16 mai, Rommel fait en personne un rapport par téléphone à Hitler. Ce dernier se montre si satisfait que Rommel est enchanté comme un enfant qui viendrait d'être complimenté : « Il

---

1. À l'origine de cette décision, une brouille entre l'épouse de Rommel et celle de Gause qui, réfugiée, loge alors chez les Rommel, à Herrlingen.

ROMMEL

Rundstedt en présence de ses deux chefs de groupes d'armées : Rommel et Blaskowitz.

15. LE MAÎTRE D'ŒUVRE DE L'*ATLANTIKWALL*

était du meilleur état d'esprit et n'a pas retenu ses compliments pour notre travail à l'Ouest. »

Le 8 mai, réunion au sommet à l'hôtel George-V.

Il est souvent accompagné d'équipes de tournage et de reporters du ministère de la Propagande. S'il aime prendre la pose et participe à la mystification entourant le mur de l'Atlantique, quoique lui-même soit convaincu de son utilité, il prend garde à ce que le ministère ne procède pas à une malencontreuse désinformation : Speidel rapporte que lorsque Goebbels demande aux correspondants de ne pas mentionner les effets de la suprématie aérienne des Alliés, il s'insurge, car le mensonge ne peut que semer le doute, et donc ébranler la confiance de la population envers le haut commandement.

À La Pernelle, dans le Cotentin, Rommel se prête aux *desiderata* du ministère de la Propagande en enregistrant une courte allocution[1]. L'inspection de la *21. Panzer-Division* du *Generalmajor* Feuchtinger reçoit également

1. Son allocution prononcée au Touquet est tout aussi caractéristique : « Je suis convaincu que tous les soldats allemands apporteront leur contribution aux représailles contre l'esprit anglo-américain, qu'il a bien méritées pour sa guerre aérienne criminelle et bestiale contre notre patrie. »

l'attention des reporters à l'occasion d'une démonstration de lance-roquettes montés sur half-tracks. « Je souhaiterais avoir quelques centaines de ces choses et les munitions qui en font partie », déclare un Rommel satisfait. Reprenant son antienne, il répète auprès de la *21. Panzer-Division* que l'adversaire sera particulièrement vulnérable au moment du débarquement : ce sera le moment ou jamais de contre-attaquer. Les batteries qui affronteront l'armada alliée le 6 juin – celles de Crisbecq et de Longues – font également bonne impression.

De retour à la mi-mai, Rommel insiste pour que soient repliées les batteries de l'armée non encore abritées sous casemate, dans des positions bien camouflées. S'adressant à la troupe, il prononce des paroles qui prennent en partie un caractère prophétique, puisqu'il affirme qu'« il ne faut pas s'attendre à voir l'ennemi se présenter par beau temps et en plein jour, mais qu'il débarquera sans doute par ciel couvert et tempête, après minuit ». Des paroles qui reflètent mal sa pensée : les excellentes conditions météorologiques du printemps lui semblent au contraire particulièrement propices à un assaut. Désormais, le temps presse. Le 15 mai, il écrit à sa femme : « Je ne puis plus me permettre d'importantes tournées [...] parce que personne ne sait quand l'*Invasion* peut avoir lieu. Il ne nous reste plus que quelques semaines, je crois, avant que les choses ne commencent à bouger, ici à l'Ouest. »

D'intenses travaux de fortification

Montgomery a clairement perçu la stratégie de son vieil adversaire. À Londres, lors de la grande conférence du 15 mai 1944, il déclare : « En février dernier, Rommel a pris le commandement de la Hollande à la Loire. Il est maintenant clair que son intention est d'empêcher la moindre pénétration : *Overlord* doit être mis en échec sur les plages… Rommel est un commandant énergique et déterminé. Il a fait la différence depuis sa prise de commandement. Il est meilleur dans l'attaque visant à la désorganisation. Son objectif est la déstabilisation. Il est trop impulsif pour mener une bataille de position. Il fera de son mieux pour nous contraindre à un "Dunkerque". »

15. LE MAÎTRE D'ŒUVRE DE L'*ATLANTIKWALL*

Pour Rommel, la seule issue réside dans la fortification des côtes.

Rommel est conscient de l'infériorité matérielle dans laquelle se trouve la Wehrmacht[1]. « Je dois cependant me restreindre et battre l'ennemi avec des moyens limités », écrit-il en avril 1944. Il importe donc de revoir sa copie en matière de tactique. Une tournure d'esprit qui est la sienne depuis l'entre-deux-guerres, période au cours de laquelle il a analysé ses engagements pendant la Grande Guerre.

S'il ignore l'existence des ports artificiels, Rommel rejette en effet l'idée que les Alliés puissent s'attaquer directement à un grand port. Puisqu'il se propose de vaincre l'ennemi au cours de la délicate phase du débarquement, il faut donc fortifier les plages. Pour le Souabe, il paraît logique que l'ennemi débarque à marée haute, voire à mi-marée[2], comme en Italie. Avec ingéniosité, il met au point en personne une multitude d'obstacles de plage pour couvrir l'intégralité de l'estran.

---

1. Comme beaucoup d'Allemands, et avec une certaine mauvaise foi, il dénigre l'idée qu'un général puisse faire montre de mérite dans l'art de la guerre quand il dispose d'un matériel de guerre considérable.

2. Mais débarquer à marée basse permettrait aux barges d'éviter les obstacles, de s'en servir comme abris, et de déployer plus aisément l'équipement lourd…

Rommel fait ériger une multitude d'obstacles de plage.

Il faut aussi penser aux parades à déployer pour repousser l'inévitable attaque aéroportée. Pour se prémunir de l'atterrissage des planeurs, il préconise d'inonder certains secteurs marécageux et imagine de tapisser les champs de pieux surmontés d'obus et de mines, reliés entre eux par des barbelés : les fameuses « asperges de Rommel ». Il s'oppose à ce que des essais mettent en exergue les imperfections de ces « asperges », qui prolifèrent dans les champs, car leur existence est bénéfique sur le moral de la troupe. En Camargue, ce sont des pierres et des galets qui sont disposés en petites pyramides.

Ses subordonnés se démènent pour multiplier les obstacles sur les plages. Quand le général Kuntzen (chef du *LXXXI. Korps*) lui annonce que ses pionniers posent dix mines par jour, Rommel rétorque aussitôt : « Faites-en sorte que ce soit vingt. » La personnalité de l'officier en charge fait toute la différence : « Ici [dans le secteur de la *344. ID*], on a accompli des choses étonnantes, écrit Rommel, grâce à l'esprit d'initiative du chef. »

15. LE MAÎTRE D'ŒUVRE DE L'*ATLANTIKWALL*

Gare au responsable dont la position n'aurait pas gagné en puissance depuis la précédente inspection ! Certains, au grand dam de Rommel, ne prennent pas cette tâche essentielle au sérieux : en Normandie, il découvre avec consternation que des soldats ont tout simplement poussé des tétraèdres du haut des falaises, pour s'éviter bien des fatigues ! À Cayeux, à l'embouchure de la Somme, le maréchal découvre une batterie abandonnée, avec ses abris en béton ; pis, on en a fait sauter une partie. « Rommel s'emporta à cette vue », rapporte Ruge. En revanche, il marque sa satisfaction en distribuant des accordéons ou des harmonicas aux soldats.

Satisfait, il l'est rarement. En mars, après une inspection en Normandie, il note « champs de mines et obstruction insuffisants presque partout ». Rommel donne l'ordre impératif de commencer la construction d'obstacles dans chaque secteur de bataillon, sans se préoccuper de ce que font les voisins. Il réclame aussi pour les champs de mines une plus grande profondeur, qui doit atteindre 1 000 mètres jusqu'à nouvel ordre, et recommande de compléter le système par des champs de mines simulés.

Pour accélérer la mise en défense des côtes, il sollicite le recours aux habitants, à condition de les payer. Outre la perspective d'un salaire, il insiste sur un argument de sécurité propre à atténuer certaines réticences : « Faites-leur comprendre que l'ennemi ne viendra pas facilement aux endroits où l'on aura beaucoup travaillé. » Il insiste aussi sur le fait de payer sans délai : « Le paysan est heureux d'avoir de l'argent en caisse. » Tout ceci doit s'effectuer en toute légalité et en dehors de toute contrainte, particulièrement quand il s'agit de femmes.

En mer, du fait de l'activité ennemie et des pertes subies parmi ses navires, la Kriegsmarine éprouve des difficultés dans le mouillage de mines entre Boulogne et Cherbourg. Rommel est conscient de ces difficultés, mais il sait également combien la contribution de la marine aux défenses côtières est précieuse : « Nous devons beaucoup d'avantages à la marine, déclare-t-il à ses officiers, par exemple les postes de direction de tir. Vous êtes assis sur la branche de la marine, ne la sciez pas ! »

Plus de 13 000 Blockhaus achevés.

Plus de 500 000 obstacles érigés.

15. LE MAÎTRE D'ŒUVRE DE L'*ATLANTIKWALL*

Quels sont donc les résultats de l'activité déployée par Rommel ? Celui-ci écrit dans un rapport : « Commencée fin janvier, la construction d'obstacles sous-marins le long de la côte atlantique est en cours d'exécution et presque terminée dans les secteurs les plus importants. On se demande pourquoi on n'a pas commencé plus tôt ; nous aurions établi une barrière infiniment plus puissante. La réponse est la suivante : personne n'y a pensé auparavant. Cependant, le fait qu'on ait débuté si tard est néanmoins un avantage : l'ennemi devra adapter sa tactique à cette nouvelle forme de défense qui, au dernier moment, risque d'infliger de lourdes pertes à ses péniches de débarquement. De fait, il se peut que ces nouveaux obstacles aient été pour quelque chose dans la dernière décision de nos adversaires de remettre le déclenchement de leur offensive[1]. »

Les résultats demeurent impressionnants. L'organisation Todt, qui double sa production de béton armé, construit 4 600 blockhaus dans les cinq mois précédant l'*Invasion*, alors que 8 500 seulement ont été édifiés depuis 1941. Rommel a prévu quatre ceintures d'obstacles. Au jour J, seules les deux premières (pour la marée haute) sont achevées sur la plupart des plages. Le journal de guerre du *Heeresgruppe B* indique :

« Jusqu'au 13 mai 1944, 517 000 obstacles sous-marins ont été construits le long des côtes de la Manche ; 31 000 sont minés. » Les « asperges de Rommel » sont encore plus nombreuses. En mai, il rapporte non sans fierté à Hitler que 900 000 ont déjà été plantées par un seul corps, ce qui semble beaucoup.

Rommel a perçu 5 millions de mines, ce qui est loin du total exigé, mais, en l'espace de quelques mois, l'armée allemande en enfouit deux fois plus qu'au cours des trois années précédentes[2] ; on en pose hebdomadairement en 1944 jusqu'à dix fois plus qu'en 1943. Ses projets paraissent cependant pour le moins démesurés : il envisage de poser jusqu'à 200 millions de mines ! Tous les expédients sont bons. Le

---

[1]. Si les Alliés ont certes dû prendre en compte la multiplication des obstacles de plage, ce répit accordé aux Allemands par le report de l'*Invasion* prévue au mois de mai est avant tout dû à la nécessité de disposer de davantage d'engins de débarquement.

[2]. En juin 1944, on en dénombre 4 200 000. La question reste posée de ce qui serait advenu si le débarquement avait été programmé pour juillet ou août 1944…

Rommel est persuadé que l'*Invasion* peut être repoussée.

9 janvier 1944, le général Meise annonce que 11 millions de mines pourront être produites avec des explosifs français. Des centaines de milliers d'obus sont récupérés dans les arsenaux et sur la ligne Maginot. Quelques jours avant le Débarquement, Rommel obtient encore un million d'obus.

Si les défenses ont été considérablement renforcées, le mur de l'Atlantique n'est pas terminé. Son principal écueil ne concerne pas la ligne du rivage en tant que telle, mais l'absence de profondeur du dispositif. La question cruciale est donc celle du temps. « Je suis convaincu que nous allons remporter la bataille décisive à l'Ouest, écrit-il à son épouse, pourvu que nous ayons cependant suffisamment de temps pour nous préparer. » Pour ce faire, il doit également imposer ses conceptions stratégiques…

L'impossible entente sur la stratégie

À la veille du jour J, la Wehrmacht pâtit d'un double handicap : l'extrême complexité de l'organisation du commandement à l'Ouest[1], ainsi

---

1. OKW, *OB West*, *Ersatzheer* (armée de réserve), *Waffen* SS, Luftwaffe, Kriegsmarine… constituent autant d'états-majors jaloux de leurs prérogatives.

15. LE MAÎTRE D'ŒUVRE DE L'*ATLANTIKWALL*

que l'absence d'une doctrine claire, cohérente et unanimement acceptée pour relever le défi de l'*Invasion*. Il n'y aura pas de grande conférence similaire aux réunions de l'état-major allié en Angleterre. Rundstedt n'est en aucune manière un commandant suprême à l'image du général Eisenhower. Ce dernier a non seulement la confiance de ses supérieurs (militaires mais aussi politiques), mais, contrairement au Prussien, ses responsabilités s'exercent sur les trois armées – terre, air, mer – de l'ensemble des contingents alliés. En face, la seule personne à réunir tous les pouvoirs de commandement est Adolf Hitler lui-même. Rundstedt exagère toutefois quand il affirme que son autorité se résumait à faire changer les sentinelles qui montent la garde devant son quartier général[1].

Cette complexité du haut commandement allemand se double d'un débat tendu sur la meilleure stratégie à adopter pour repousser l'*Invasion* et l'emploi des réserves de panzers. Toute la réflexion stratégique de Gerd von Rundstedt repose sur le postulat qu'il est illusoire d'imaginer empêcher l'ennemi d'établir une tête de pont. Les Alliés seront certes combattus en mer, sur les plages, dans la tête de pont par les forces en ligne, mais c'est la contre-attaque massive des réserves de panzers et d'infanterie qui les rejettera à la mer[2]. La phase de concentration et de déploiement de ces réserves devrait durer au moins de douze à quatorze jours. À l'automne 1943, les grandes lignes de la bataille à venir esquissées par l'*OB West* semblent approuvées à la fois par Hitler et par l'OKW.

Lorsque Geyr von Schweppenburg arrive à l'Ouest après deux ans et demi passés sur le front russe, il ne cache pas son dédain pour Rommel[3]. Comme la plupart de ceux qui ont affronté les Soviétiques, il regarde de haut ceux qui n'ont eu qu'à combattre les Anglo-Américains[4]. Les conceptions de Geyr von Schweppenburg se rapprochent de celles de Rundstedt, qu'il considère pourtant comme un

---

1. Une belle façon de se dédouaner de toute responsabilité dans la défaite finale…

2. Rundstedt envisage à cet effet de mettre sur pied une division d'artillerie, comme le général Heinrici à l'Est, mais sa demande reste lettre morte, faute d'une motorisation suffisante et devant le risque de dégarnir le littoral.

3. Typique dédain de l'aristocrate prussien, mâtiné de jalousie.

4. Ancien attaché militaire à Londres, il prétend connaître l'armée britannique, mais il ne l'a jamais combattue sur le champ de bataille.

béotien dans l'art de l'emploi des forces blindées. La bataille, déclenchée par l'intervention en masse de panzers, disposés en réserve sur les deux rives de la Seine, sera menée en profondeur à l'intérieur des terres, au-delà de la portée de l'artillerie navale alliée, et non contre la tête de pont comme le préconise Rundstedt. Comme en Russie, c'est par sa mobilité et sa flexibilité, dans lesquelles elle excelle, que la Wehrmacht remportera la bataille, sur un terrain choisi par les Allemands. Geyr von Schweppenburg admet que l'aviation alliée empêchera des mouvements de grande envergure, mais sans que cela puisse empêcher l'évolution des unités sur le champ de bataille. Le potentiel de la Luftwaffe devra de toute façon être conservé intact pour cette bataille décisive.

La stratégie de Rommel est tout autre. Certes, le Renard du désert aurait préféré mener une bataille mobile, conformément au plan de Rundstedt ou à celui de Geyr. Fort de son expérience acquise en Afrique, il sait que l'écrasante supériorité aérienne alliée sur le champ de bataille sera décisive. Pis, il estime avec justesse qu'elle sera encore plus marquée pour cette campagne, à laquelle les Alliés vont, selon toute évidence, consacrer des moyens très importants. Il ne comprend pas qu'au bout de cinq ans de guerre, certains officiers s'obstinent à ne pas admettre cette donnée essentielle. « Bien entendu, à cause des forces aériennes alliées, nous n'aurons rien sur place à temps », déclare-t-il à Bayerlein. Il est vain, affirme-t-il, de penser que les panzers pourront manœuvrer. Il ne sera plus question de terrain ouvert, contrairement au désert. Pis, « au moment de l'*Invasion*, déclare-t-il dès le 14 décembre 1943, les attaques aériennes de l'ennemi contre nos lignes de ravitaillement empêcheront l'envoi au front de tout avion, essence, roquette, char, fusil ou obus. Cette seule raison exclut la possibilité de balayer l'ennemi dans une bataille terrestre ». Il n'accorde par ailleurs que peu de crédit aux promesses de Goering, qui assure du soutien immédiat de 1 000 avions dès l'*Invasion*. L'ennemi n'aura donc pas à craindre d'attaque aérienne, ce qui représente un avantage considérable.

Contrairement à l'OKW, Rommel ne raisonne pas en nombre de divisions, mais prend avant tout en compte leur mobilité et la valeur de

15. LE MAÎTRE D'ŒUVRE DE L'*ATLANTIKWALL*

leurs armes. Il sait que l'adversaire, remarquablement équipé, est bien plus mobile. Comparant favorablement les Alliés aux Soviétiques, il ne sous-estime donc pas l'adversaire, qui sera trop puissant pour être rejeté à la mer si on lui laisse l'occasion d'établir fermement une tête de pont : « Il ne s'agit plus de briser l'assaut de hordes fanatiques, lancées en vagues compactes à l'assaut de nos lignes, sans égard pour les pertes et sans recours au soutien d'armes tactiques. Ici, nous devons faire face à un adversaire qui applique toute son intelligence naturelle à bien employer une infinité de ressources d'ordre technique, qui ne recule devant aucune dépense de matériel, et dont chaque opération se déroule comme si elle avait été précédée d'exercices répétés. »

La seule chance de victoire réside donc dans une bataille défensive sur une côte densément fortifiée. Cette bataille doit être menée au moment où l'ennemi est le plus vulnérable, avant que toute sa puissance matérielle ne soit engagée, et quand il souffrira peut-être encore du mal de mer après avoir débarqué sur la plage. C'est tout à l'honneur de Rommel, un des héros de la *Blitzkrieg* et de la guerre de mouvement de 1940 à 1943, d'avoir admis que cette forme de guerre n'était plus envisageable. « L'époque des percées et des grandes pénétrations de chars que nous avons connue au début de la guerre est close. » Le 13 avril 1944, Jodl écrit que « Rommel dit que les opérations mobiles avec des formations blindées appartiennent au passé ». La stratégie de Rommel a indéniablement pour elle un avantage auprès du Führer : celui-ci rechigne à céder le moindre pouce de terrain à l'adversaire, la défense élastique constituant une forme de guerre qu'il réprouve et qu'il juge improductive sur le long terme.

La rapidité demeure la clé du succès[1]. Il faut donc que les unités de panzers soient près de la côte, afin d'être en mesure d'intervenir le plus rapidement possible : « Mieux vaut une *Panzer-Division* le jour J que trois *Panzer-Divisionen* à

---

1. On ne compte que onze divisions motorisées sur cinquante-neuf. Une unité de second ordre déployée au Danemark comme la *20. Lutfwaffe Feld-Division* se satisfait de pouvoir parcourir 120 kilomètres en vingt-quatre heures grâce à des bicyclettes… À la *16. Lutfwaffe Feld-Division*, les efforts pour se motoriser en achetant des camions civils se heurtent à l'opposition du Seyss-Inquart, le commissaire du Reich aux Pays-Bas.

ROMMEL

Schweppenburg croit encore en la guerre de mouvement.

J + 3[1]. » Rommel parle en heures et implique l'intégralité des unités, y compris donc les panzers, là où, en janvier 1944, Jodl et l'*OB West* pensent avant tout aux seules unités de fantassins, les panzers n'étant lancés que dans une vaste contre-attaque[2]. L'intervention rapide des panzers et de puissantes défenses littorales ne constituent pas les seuls aspects de la stratégie de Rommel. Pour saper le moral de l'adversaire et lui causer le plus de dégâts possible, il envisage de démarrer la campagne de lancement des bombes volantes V1 sur les ports et les bases militaires d'Angleterre en période de mauvais temps, lorsque toute tentative de débarquement est interdite.

Dollmann a fait de son côté une proposition qui a le mérite de concilier les points de vue opposés : défendre le littoral avec trente divisions d'infanterie ; entre cinq et sept *Panzer-Divisionen* seraient également en position sur la côte, dans le secteur du *Heeresgruppe B*, et dix à douze divisions d'infanterie motorisées (si possible), ainsi que trois à cinq *Panzer-Divisionen* seraient en réserve auprès de Paris. Projet qui n'eut aucun écho et qui dépassait les possibilités de la Wehrmacht.

De telles stratégies, si antinomiques, ne peuvent que conduire à d'âpres discussions. La querelle entre Rommel et Geyr von Schweppenburg éclate à plusieurs reprises, notamment le 17 février 1944, lors du *Kriegspiel* (un exercice sur carte) organisé par celui-ci à Paris. Le 29 mars, excédé, Rommel fait comprendre à Geyr qu'il le limogerait sur-le-champ

1. Certes, Rommel entend, une fois le débarquement commencé, renforcer les *Panzer-Divisionen* au contact de l'adversaire par d'autres unités mobiles qui seraient la proie des attaques aériennes. Mais il importe de « mettre le paquet » au cas où l'ennemi s'accrocherait à une petite tête de pont.

2. L'infanterie motorisée d'une *Panzer-Division*.

15. LE MAÎTRE D'ŒUVRE DE L'*ATLANTIKWALL*

s'il en avait le pouvoir… « Écoutez ! déclare Rommel. Je suis un commandant de panzers expérimenté. Vous et moi ne voyons les choses du même œil sur rien. Je refuse de travailler avec vous plus longtemps. Je vous propose d'en tirer les conclusions opportunes. » De fait, en ayant assez des passes d'armes échangées, Rommel demande la subordination de Schweppenburg à son commandement. Requête rejetée…

Geyr bénéficie d'un soutien de poids en la personne de Guderian[1]. L'*Inspekteur der Panzertruppen* et l'ancien héros de l'*Afrika Korps*, qui ont donné ses lettres de noblesse à la *Blitzkrieg*, s'apprécient. Le 28 avril, à La Roche-Guyon, la discussion entre Geyr von Schweppenburg, Guderian et Rommel s'envenime, les deux premiers n'admettant pas l'importance que représentera l'aviation alliée et rappelant une fois encore que la puissance des formations de panzers repose sur leur mobilité. Guderian reconnaît que Rommel fait montre d'énergie et de subtilité. « Il comprend très bien ses hommes et, en fait, mérite largement sa réputation. » Il le considère comme droit et honnête, mais également ouvert, ce qui semble contredire le fait qu'il a compris que ce n'était pas la peine d'argumenter avec Rommel sur la question des panzers de réserve, d'autant que celui-ci discourait sur ce sujet avec passion. « Il était absolument convaincu que sa solution était la bonne. » De toute façon, l'OKW n'entend pas subordonner les panzers au *Heeresgruppe B*, qui souhaite les disposer le long de la côte. Comment, en cas de crise grave à l'Est, assurer le transfert d'unités vers la Russie[2] ? Quant à Rundstedt, il explique étrangement à Rommel que si son dispositif est adopté, les *Panzer-Divisionen* seront trop dispersées, et donc facilement taillées en pièces par la flotte et l'aviation ennemies.

Si les hommes de troupe ont toute confiance en l'expérience de Rommel, nombre d'officiers supérieurs restent donc plus réticents. Le 30 janvier, en inspection en Normandie, il note : « D'une façon générale, la troupe ne travaille pas

---

1. Pourtant, le 12 février 1944, Rommel note : « Guderian est du même avis que moi en ce qui concerne le minage et le rapprochement des réserves blindées. » Leur intervention « à la côte doit être assurée dès les premières heures d'un débarquement ennemi ».

2. Argument spécieux, d'autant que Gause a clairement expliqué que le « *Heeresgruppe* n'envisageait pas de les fixer en quelque point, mais entendait bien sauvegarder complètement leur mobilité ».

ROMMEL

Rommel souhaite que les panzers soient rapprochés de la côte.

15. LE MAÎTRE D'ŒUVRE DE L'*ATLANTIKWALL*

suffisamment pour aménager les positions. L'urgence de ces travaux n'est pas reconnue. Partout règne le souci de garder des réserves à l'arrière, ce qui affaiblit le front sur le littoral. » Deux mois et demi plus tard, Rommel déplore toujours que nombre d'officiers n'aient toujours pas admis sa lucidité. Il n'a pourtant de cesse d'essayer de convertir Jodl et Warlimont à ses vues. Convaincu que ses conceptions constituent le seul espoir pour la Wehrmacht, on imagine sans mal son dépit devant la fin de non-recevoir qui accueille systématiquement ses propositions. Même dans l'ignorance du lieu où se fera le Débarquement, la solution de Rommel reste la plus réaliste – et la seule ayant une chance de succès.

Les opérations en Italie semblent lui donner raison[1]. Le haut commandement à l'Ouest observe en effet avec attention les opérations amphibies alliées devant Anzio (l'opération *Shingle* est déclenchée le 22 janvier 1944), ainsi que les résultats des contre-mesures allemandes. La contre-attaque blindée est un échec, mais on relève qu'elle est lancée bien tardivement : vingt et un jours après le débarquement. « Après quatre jours, déclare Rommel à l'historien Kurt Hesse, la situation évoluera dans le sens d'une bataille d'attrition à la Anzio et, comme à Anzio, les jeux seront faits en faveur des Alliés[2]. »

Début 1944, alors que la menace d'un débarquement n'est pas imminente, il obtient pourtant que les *21. Panzer, 9. SS-Panzer* et *10. SS-Panzer-Divisionen* soient légèrement rapprochées de la côte, sous réserve que ces unités gardent à leur charge le contrôle des ponts sur la Seine. Le Souabe croit un temps que sa vision des choses va prévaloir lorsque le Führer lui promet d'accéder à sa demande. Oralement… Hitler se ravise dans les vingt-quatre heures qui suivent. Amer, Rommel commente : « Le dernier à sortir de son bureau a toujours raison. »

Le compromis décidé par Hitler le 26 avril 1944 ne satisfait personne. Incapable de trancher en faveur de l'une ou l'autre stratégie, le Führer dissipe la formidable puissance de ses formations

---

1. Le 21 mai, Rommel écrit à sa femme combien il déplore les revers subis en Italie, alors même que le rapport de force n'est pas si désavantageux. La suprématie aérienne alliée : voilà l'explication.

2. Charles F. Marshall, *Discovering the Rommel Murder*, Mechanicsburg (Pennsylvanie), Stackpole Books, 2002, p. 133.

blindées. Trois divisions[1] passent sous l'autorité du *Heeresgruppe B* de Rommel, qui n'en a que le contrôle tactique, puisque leur déploiement stratégique reste surveillé par l'OKW. Quatre divisions restent rattachées à l'*OB West* dans le cadre du *Panzergruppe West*, mais sous l'autorité de l'OKW. Les trois dernières divisions, déployées au sud, sont du ressort de l'*Armeegruppe G*. L'OKW garde la haute main sur les divisions de panzers. Rundstedt et Rommel sont donc privés de l'autorité indispensable sur les divisions sur lesquelles reposent les derniers espoirs de succès.

Dernières journées

Les dernières journées de mai sont consacrées à d'ultimes inspections, de nouveau en Normandie, ainsi qu'à des discussions avec des responsables de diverses armes tels que le parachutiste Kurt Student, le général de la *Flak* Pickert ou encore le *General der Panzertruppen* von Funck, chef du *XLVII. Panzerkorps*. Le 27 mai, Rommel joue sa vie alors qu'il inspecte la batterie de Merville, près de Caen. Deux Spitfire surgissent et passent en trombe, arrosant la batterie du feu de leurs mitrailleuses[2]. Tous les officiers présents se jettent au sol, cherchant le moindre abri… sauf Rommel, qui demeure impassible. Un courage digne de donner un coup de fouet au moral. Le maréchal ne s'expose pourtant pas inutilement. En une autre occasion, près de Dunkerque, il se jette dans un fossé à la vue de bombardiers à leur verticale. Si son état-major en est quitte pour des désagréments provoqués par des tessons de bouteille ou des orties, l'excellent coup d'œil du maréchal lui permet de se mettre à plat ventre dans « le seul endroit où l'herbe fût douce et propre ».

Le 30 mai, Rommel est à Riva-Bella, au nord de Caen, où une démonstration de *Nebelwerfer* a lieu devant un aréopage de hauts gradés. « Les essais font impression », note Ruge. Rommel déjeune à une cuisine de campagne à l'ombre des arbres d'un parc, avant de rejoindre de nouveau la côte. Sans le savoir, il foule les plages où surviendra l'*Invasion* une semaine plus tard.

---

1. *21. Pz* près de l'Orne, *116. Pz* au nord de la Seine et *2. Pz*, la plus puissante, sur la Somme.

2. Certains témoignages laissent entendre qu'ils n'ont pas utilisé leurs armes de bord. Ces avions étaient vraisemblablement en reconnaissance photographique.

15. LE MAÎTRE D'ŒUVRE DE L'ATLANTIKWALL

Fin mai, Rommel est en tournée d'inspection en Normandie.

Des renforts ont certes été dépêchés en Normandie[1], mais sans atteindre la puissance du déploiement qu'il préconise[2]. Il annonce à ses soldats : « Messieurs, je connais les Anglais depuis l'Afrique et l'Italie. Et je vous dis qu'ils se choisiront un endroit pour débarquer où ils supposent que nous n'y attendons pas le débarquement. Et ce sera ici, à cet endroit, pas avant deux ou trois semaines. » S'il pressent une menace pour la Normandie[3], il n'attend toutefois nullement que les Alliés y consacrent leur effort principal. Après tout, on dénombre deux fois plus de vols de reconnaissance et de missions de bombardement alliés au-dessus de la *15. Armee* que dans la zone de la *7. Armee*. Dans le dernier rapport avant le *D-Day*, celui relatif à la semaine du 28 mai au 3 juin, l'état-major de Rommel indique : « La concentration des attaques aériennes sur les

1. *91. Luftlande-Division*, en fait une division d'infanterie, *6. Fallschirmjäger-Regiment* (des paras d'élite), le *7. Armee Sturm-Bataillon*, le *17. MG-Bn* (un bataillon de mitrailleurs), deux bataillons de chars obsolètes, une unité de lance-fusées.

2. À savoir l'intégralité du *III. Flak-Korps*, mais surtout les puissantes *Panzer Lehr* et *12. SS Panzer-Division « Hitlerjugend »*.

3. Lors d'une autre inspection, devant ce qui sera le futur secteur d'Utah Beach, Rommel réaffirme sa prémonition devant une carte. « Vous croyez donc que l'attaque se produira ici ? » demande-t-il. « Cela me paraît très vraisemblable », répond Ruge. « En effet, continue Rommel, c'est là qu'ils seront le mieux protégés contre le vent d'ouest et la grosse mer. »

défenses côtières entre Dunkerque et Dieppe et sur les ports sur la Seine et l'Oise confirment le présumé point focal d'un débarquement de grande envergure. » Si le haut commandement s'attend à un assaut sur le rivage tenu par la *15. Armee*, la faute en est d'abord imputable à la faillite du service de renseignements allemand, qui constitue la plus grave défaillance de la Wehrmacht à la veille du débarquement.

Le jeudi 1er juin, Rommel peut néanmoins se montrer satisfait. La période dangereuse du mois de mai s'achève. Les divisions de panzers sont pour partie remises en condition. Il observe la carte de situation puis avale prestement son petit déjeuner, avant d'écouter les derniers rapports que lui soumet Lang. Des stations radar ont encore été durement touchées. Il a bientôt rendez-vous avec Berndt, son ancien aide de camp en Afrique. Le thème de la rencontre : comment ébranler psychologiquement l'adversaire au moment de l'*Invasion*.

Il inspecte une fois de plus le secteur de Dieppe en ce jour ensoleillé. La batterie de 17 cm d'Ault a été de nouveau frappée par un raid : par précaution, il ordonne que les pièces soient déplacées jusqu'à ce que les bunkers soient achevés. De retour à La Roche-Guyon, il reçoit la visite du gouverneur militaire de la Belgique et du nord de la France, le *General der Infanterie* von Falkenhausen. À ce dernier, le Renard du désert aurait paru étrangement pessimiste. L'effet de la fatigue accumulée ? La soirée amène pourtant son lot de détente. Une fois n'est pas coutume, l'atmosphère est légère : une petite réception est donnée en l'honneur de Tempelhoff pour célébrer son accession au rang d'*Oberst*. C'est également l'occasion d'accueillir un nouveau venu : le *Major* Behr[1], affectueusement surnommé « Teddy Bear » par l'état-major. D'autres sont au contraire sur le départ, à l'instar de l'*Oberst* Heckel.

Le lendemain 2 juin, le temps est encore au beau fixe. Les nouvelles en provenance d'Italie sont préoccupantes : la chute de Rome, déclarée ville ouverte, n'est désormais plus qu'une question de jours. Des unités vont donc devoir être redéployées dans la péninsule pour rétablir la situation… Si les Alliés avaient débarqué ce 2 juin, cela aurait été le

---

1. Désormais adjoint de Tempelhoff, il commandait au sein de l'*Afrika Korps* une compagnie de reconnaissance.

15. LE MAÎTRE D'ŒUVRE DE L'*ATLANTIKWALL*

matin. Rommel peut donc s'accorder un moment de détente cet après-midi-là en participant à une battue, en compagnie notamment du marquis de Choisy.

Le petit matin du samedi 3 juin est de nouveau clair, mais les nuages s'accumulent au fil de la journée. Le vent gagne en intensité et les températures baissent. Les rapports dont Rommel prend connaissance à son lever sont en partie routiniers, similaires aux jours précédents : attaques de stations radar, raids sur des batteries… Il est aussi fait état d'une brutale interruption des communications radio en Angleterre. Le phénomène n'est pas nouveau, mais il est indéniable que cela surviendra le jour J. Par ce temps ? Rommel n'est aucunement un amateur : il ordonne immédiatement que la Luftwaffe procède à des vols de reconnaissance au-dessus des ports de la côte sud de l'Angleterre, d'autant plus qu'on lui a annoncé que les escadrilles alliées ont multiplié leurs vols de reconnaissance. Il faut en connaître la raison.

Un message en provenance du *LXXXIV. Korps* du général Marcks indique que le programme d'édification des défenses dans son secteur est loin d'être achevé, faute de moyens suffisants[1]. Le *Feldmarschall* réfléchit à la situation et rédige un mémo pour son état-major à destination de l'*OB West* : priorité absolue doit être accordée aux transferts de matériel de construction et de ravitaillement prévus à destination des défenses côtières.

Après le petit déjeuner arrivent le *General der Artillerie* Leeb et le *Generalleutnant* Schneider, les responsables du *Heereswaffenamt* (HWaA), l'office des armements de l'armée allemande. Il est convenu que soient mis en production les *Nebelwerfer* conçus par le *Major* Becker, que Rommel a découvert avec satisfaction au cours d'une inspection à la 21. Panzer.

C'est également ce 3 juin qu'est communiquée au *Heeresgruppe B* la première partie du fameux poème de Verlaine, passé à la postérité dans *Le Jour le plus long*[2]. Les services de renseignements de la SS (le *Geheimdienst* de Walter

---

1. Les moyens pour ériger des bunkers manquent : au cours de la semaine du 21 au 27 mai, la 7. Armee n'a ainsi perçu que 159 wagons de ciment au lieu des 1 600 escomptés.

2. « Les sanglots longs des violons de l'automne. »

ROMMEL

Rommel veut déployer deux autres divisions de panzers en Normandie.

Schellenberg, qui a absorbé l'*Abwehr*) stipulent que l'*Invasion* pourrait survenir dans les deux ou trois semaines. Toutefois, la période favorable de lune pour la période du 4 au 7 juin semble exclue en raison des conditions météorologiques exécrables ; mieux, la marée ne sera pas optimale les 5 et 6 juin.

Dans l'après-midi, le Renard du désert embarque dans sa Horch à destination de Saint-Germain-en-Laye, pour y rencontrer Rundstedt. La discussion s'engage autour d'un café. Rommel exprime sa surprise que les Alliés n'aient pas profité des excellentes conditions météo du mois de mai. Rundstedt confesse qu'il leur en est reconnaissant. Rommel renouvelle alors sans surprise à son supérieur une demande d'autorisation, purement formelle, de se rendre en Allemagne pour la période du 5 au 8 juin[1]. Jodl a en effet déjà accepté la suggestion : rendez-vous a été pris avec le Führer à Berchtesgaden pour le 7 juin. Le mauvais temps procure à Rommel un ultime répit salutaire : il doit rencontrer Hitler une dernière fois pour le

---

1. Les deux hommes avaient conversé sur la question par téléphone quelques jours au préalable.

15. LE MAÎTRE D'ŒUVRE DE L'ATLANTIKWALL

convaincre de la justesse de son point de vue. Son journal en fait foi : « Le problème le plus urgent est de s'adresser personnellement au Führer, lui faire savoir l'étendue de l'infériorité numérique et matérielle à laquelle nous serions confrontés en cas de débarquement et réclamer l'envoi en Normandie de deux divisions de panzers supplémentaires, un corps de *Flak* et une brigade de *Nebelwerfer*. »

Entre-temps, Rommel est autorisé à célébrer en famille l'anniversaire de Lucie, qui fête ses cinquante ans le 6 juin… Rundstedt n'y voit aucune objection, d'autant que son subordonné semble avoir besoin de se libérer l'esprit. Si la santé de Rommel est meilleure qu'elle ne l'a été en Afrique[1], la tension a été trop forte. Rundstedt va lui aussi profiter des intempéries pour effectuer une tournée sur la côte, une inspection qui devrait intégrer celle d'unités d'*Osttruppen*, mention qui aurait provoqué un échange de sourires entre les deux maréchaux.

Un officier se présente alors : le *General der Panzertruppe* Cramer, le dernier chef de l'*Afrika Korps*, l'unité qui, plus que toute autre, a participé à la gloire de Rommel. L'homme, rapatrié le 23 mai après un an de détention au Royaume-Uni, a bénéficié d'une mesure d'échange de prisonniers. Les Alliés lui ont à dessein permis de traverser une zone présentée comme celle du FUSAG[2], qui menace le Nord-Pas-de-Calais.

Rommel fait alors ses adieux à Rundstedt et Blumentritt. « Il n'y aura peut-être même pas d'*Invasion*, déclare-t-il. Et si elle a lieu, ils ne vont même pas déboucher des plages ! » Après un après-midi de shopping à Paris, à l'attention de son épouse, le maréchal, qui s'est décidé pour une paire de chaussures en daim, retourne à La Roche-Guyon.

Conversant avec Speidel, il observe que les Alliés ont procédé à des exercices amphibies menés à marée basse : il faut donc compléter la ceinture d'obstacles des plages. Tout doit être achevé pour le 20 juin, date de la prochaine pleine lune. Faute d'avoir le temps de tout achever, cela aura au moins le mérite d'attirer l'attention de ses hommes sur ce problème

---

1. Avec toutefois un lumbago en janvier 1944.

2. Ce groupe d'armées allié fictif, le *First United States Army Group* (FUSAG), placé sous le commandement du bouillant général Patton, est un leurre destiné à faire croire à l'existence de forces imposantes déployées au sud-est de l'Angleterre (opération *Quicksilver*).

épineux. Ce 3 juin, la BBC retransmet le vers du poème de Verlaine. Même si le message n'est destiné qu'à un seul réseau de résistants opérant au sud d'Orléans, ce qu'ignorent les services de renseignements allemands, ces derniers comprennent que l'*Invasion* est imminente.

Le départ fatal pour l'Allemagne...

C'est en cette journée grise et brumeuse du dimanche 4 juin, après une nuit de tempête, que se scelle le destin de l'Allemagne. Le *Feldmarschall* se lève aux aurores. Jetant son regard au-delà des fenêtres, il observe le temps exécrable. Les roses ont souffert des intempéries, mais ces pluies diluviennes et ce plafond bas sont les meilleures garanties contre l'*Invasion*. Une pensée rassurante… Vers 5 heures, comme à l'accoutumée, une activité fébrile commence à se répandre dans tout le château. Comme d'habitude, Lang est venu frapper à la porte du bureau du maréchal pour lui apporter les derniers rapports. Rien de spécialement inquiétant, si ce n'est ce silence radio des centres de communication des armées alliées qui persiste en Angleterre… Pourtant le temps est épouvantable et Rommel a sous les yeux les rapports de la Luftwaffe[1] et de la Kriegsmarine lui assurant que la tempête va encore faire rage pendant plusieurs jours… Alors, pourquoi les Alliés se donnent-ils cette peine ? Le dernier rapport de situation de son état-major à destination de l'*OB West* abonde en ce sens : l'adversaire semble prêt et les messages destinés à la Résistance se sont multipliés. Après le petit déjeuner, Meise insiste une dernière fois auprès de Rommel pour qu'il lui ramène des mines.

Le départ a lieu vers 7 heures. Accompagné par ses principaux officiers d'état-major, il se dirige vers sa voiture, tandis que les autres membres de son équipe le saluent le long des couloirs. Ce n'est pas un convoi qui s'ébranle : le prestigieux maréchal, l'idole de la propagande, quitte son quartier général sans escorte. Un risque inconsidéré si l'on prend en compte le prestige du Renard du

---

1. À Paris, le responsable des prévisions météo, l'*Oberst* Stoebe, et son adjoint, le *Major* Lettau, sont formels : le plafond nuageux va s'épaissir, un vent de force 7 soufflera sur Cherbourg et de force 6 dans le Pas-de-Calais. Quartier libre est donc accordé à l'état-major des météorologues pour la journée.

15. LE MAÎTRE D'ŒUVRE DE L'*ATLANTIKWALL*

désert, ainsi que les espoirs qui reposent sur lui[1]... Deux voitures seulement[2], n'arborant aucun fanion pouvant trahir le rang de leur principal occupant. Outre les deux chauffeurs, Rommel emmène Lang et Tempelhoff. Ceux-ci prennent place à l'arrière de la Horch du maréchal. Une dernière adresse à propos de la faible probabilité que survienne l'*Invasion*. Speidel serre la main de son supérieur en lui souhaitant bonne chance. Rommel, tenant le cadeau pour sa femme dans sa main, prend alors place à côté de son chauffeur, comme à son habitude. Les voitures démarrent et quittent la cour. Les vitres sont remontées, les capotes tirées.

Les seules armes sont les pistolets qu'ils portent tous à la ceinture, y compris Rommel. L'itinéraire est gardé secret[3]. Le voyage s'effectuera au plus vite et Lang a préparé un en-cas constitué de simples sandwichs au fromage ou à la saucisse, de quelques fruits, d'une boîte de « ration de fer » pour chacun et d'une Thermos. Le voyage se déroule sans incident. Les deux occupants de la plage arrière déjeunent en route, tandis que Rommel boit une tasse de thé, tout en conversant avec Tempelhoff au sujet de l'entrevue prévue avec Hitler. Le maréchal aurait confessé ses doutes quant au succès de sa démarche. Après guerre, Lang et Tempelhoff prétendront que la discussion aurait pris une tournure politique, la question de renverser un dictateur étant abordée. Qu'on nous permette d'en douter... Rommel croit encore en la victoire à l'Ouest.

Soudain, alors qu'ils sont arrivés à Lunéville, un tir ! Les officiers portent la main à leur arme. Fausse alerte ! C'est un pneu qui a éclaté. Il faut le changer. Les deux chauffeurs s'attellent promptement à la tâche, tandis qu'une passante aurait reconnu le maréchal et se serait empressée d'en aviser sa petite fille. Échange de sourires entre l'enfant et le célèbre soldat, qui l'aurait soulevée dans ses bras. « Vous voyez, Lang, aurait

---

1. Mais c'est habituel : Rommel procède de même à chacune de ses inspections sur la côte.

2. Sur ordre exprès du Führer, aucun officier supérieur ne peut se déplacer par voie aérienne sans bénéficier d'une escorte, et uniquement à bord d'un appareil qui soit au moins un trimoteur. Le 3 mars, Rommel avait encore pu revenir de permission par les airs, en compagnie de Meise et de Tempelhoff. L'avion avait eu une avarie de pneu.

3. Une mesure pour se prémunir certes de tout risque d'attentat, mais qui évite aussi de voir nombre de généraux allemands demander une entrevue avec le prestigieux visiteur qui traversera leur secteur.

déclaré Rommel, ils m'aiment vraiment. » Le petit convoi reprend sa route. Lang et Tempelhoff quittent ensuite Rommel, respectivement à Stuttgart et Ulm, et c'est vers 19 heures que Rommel arrive chez lui à Herrlingen.

C'est le moment des retrouvailles avec Lucie et son fils Manfred, lui aussi en permission. Lorsque Rommel s'endort, il est loin de se douter qu'Eisenhower a pris sa décision fatidique : si les prévisions météorologiques se confirment, le débarquement doit avoir lieu le 6 juin…

La veille du jour J

Rommel peut enfin profiter d'une journée en famille. Il aime se lever très tôt et partir en promenade, mais revenir à temps pour écouter les nouvelles de 7 heures. Le temps reste maussade et aucun rapport indiquant la moindre activité anormale chez l'ennemi ne filtre au *Heeresgruppe B*. Il ignore que ce matin-là, à l'aube, Eisenhower a confirmé le lancement d'*Overlord*… L'*Invasion* est en route ! Pour le Renard du désert, qui a pour l'occasion revêtu des effets civils, c'est une détente bienvenue après des semaines de travail et de tension permanents. Sa sœur Helene vient lui rendre visite, de même qu'une invitée, Hildegarde Kirchheim, l'épouse d'un divisionnaire qui a combattu en Libye au début de l'épopée de l'*Afrika Korps*[1].

Le travail reprend vite ses droits. Il s'installe dans son bureau pour rédiger un rapport destiné au Führer, afin de clarifier ses idées concernant le déploiement des divisions de panzers. Tempelhoff, qui doit l'accompagner à Berchtesgaden, le contacte par téléphone, mais Rommel lui annonce qu'il n'a toujours pas reçu confirmation pour son entrevue avec Hitler. Rommel s'empresse de régler la question en appelant Schmundt. Ce dernier pense que le Führer aura probablement le temps de le recevoir, plus particulièrement le 8.

Si Rommel parvient à se détendre parmi les siens, les discussions tournent cependant autour de la situation militaire. Lorsqu'il évoque les difficultés posées par l'activité aérienne ennemie

---

1. Rommel n'a pourtant pas hésité à le démettre de son commandement. Kirchheim sera un des membres de la cour d'honneur de l'armée qui enquêtera après l'attentat du 20 juillet contre Hitler.

15. LE MAÎTRE D'ŒUVRE DE L'*ATLANTIKWALL*

sur le réseau ferré et la nécessité d'utiliser les voies d'eau, son fils lui demande comment. « Eh bien, nous pourrions utiliser des bateaux en béton spécialement construits à cet effet et ils se déplaceraient de nuit. Cela nous donnerait un bras supplémentaire dans notre problème de ravitaillement. » Après le dîner, il est encore question de guerre : les mines en verre… Il est alors l'heure de se coucher. À Saint-Germain-en-Laye, Runsdtedt s'endort en pensant que, demain, il montrera l'*Atlantikwall* à son fils.

À la veille de la bataille décisive, Rommel, chargé de la défense des frontières occidentales de la *Festung Europa*, est donc absent de son quartier général.

16
LE JOUR LE PLUS LONG

16. LE JOUR LE PLUS LONG

Le 6 juin fatidique

À La Roche-Guyon, les messages d'alerte se multiplient au cours de la nuit. En dépit du mauvais temps, une opération aéroportée semble en cours, mais les rapports restent imprécis. Pemsel, à la *7. Armee*, et Salmuth, à la *15.*, appellent Speidel peu après 2 heures du matin. Le journal de la *7. Armee* relate : « Contrairement à l'opinion du *Heeresgruppe B* et de l'*OB West*, la *7. Armee* pense que les débarquements aériens préludent à une plus grande action de l'ennemi. »

À 4 heures du matin, devant l'incertitude des données alors à sa disposition, Speidel ne songe pas à en informer Rommel. À ses yeux, il faut en savoir davantage pour faire intervenir les réserves : commettre un impair pourrait avoir des conséquences gravissimes, si le vrai débarquement survient ailleurs… L'optimisme, pour ne pas dire une certaine nonchalance, reste de mise à l'état-major d'une armée réputée pour son professionnalisme, et beaucoup retournent se coucher.

La *21. Panzer*, réserve du *Heeresgruppe B* et seule division blindée déployée près de Caen, est placée sous le commandement de la *7. Armee*

Les panzers vont-ils repousser l'*Invasion* ?

à 5 heures du matin. Elle doit se préparer à intervenir contre la tête de pont aéroportée britannique, mais ce n'est qu'à 6 h 45 (alors que les débarquements ont commencé) qu'un ordre est donné en ce sens, et il ne concerne que le seul *Panzergrenadier-Regiment 125*[1]. En revanche, ni la *2. Panzer-Division* ni la *116. Panzer-Division* ne reçoivent l'ordre de se mettre en route vers le front.

Si les *Panzer-Divisionen* du *Heeresgruppe B* ne sont pas mises en route vers la Normandie par Speidel, qu'en est-il des réserves de l'OKW ? Rundstedt semble bien plus réactif à cet égard : entre 2 h 30 et 3 h 30 du matin, il ordonne à deux divisions de panzers, la « Hitlerjugend » et la *Panzer Lehr*, de monter en ligne[2]. Sollicitant la permission de ses supérieurs, Rundstedt reçoit une fin de non-recevoir de l'OKW. Alors que les débarquements amphibies ont commencé, il fulmine de rage. Mais le baron Horst von Buttlar-Brandenfels, du service opérations de l'OKW, est formel, et il confirme les instructions de Jodl, qui n'a pas compris non plus l'urgence de libérer les panzers de réserve : « Vous n'avez pas le droit de les mettre en alerte sans notre accord préalable. Vous devez arrêter les panzers immédiatement. Rien ne doit être fait avant que le Führer ne prenne sa décision. » Warlimont est plus circonspect et se range à l'avis de Rundstedt : même s'il s'agit d'une diversion, ne faut-il pas la résorber avant que ne débute l'assaut principal des Alliés[3] ?

Un réveil douloureux

Lorsque Erwin Rommel se réveille, à l'aube, il se prépare à célébrer l'anniversaire de son épouse, qui a cinquante ans ce 6 juin 1944. Les cadeaux sont prêts, y compris le paquet contenant les fameuses chaussures. Il s'est arrangé avec les domestiques pour que toutes les pièces de la maison soient décorées avec des bouquets de fleurs du jardin, dont les senteurs parfument les pièces. La journée promet d'être agréable et

---

1. Donc l'infanterie motorisée (*Panzergrenadiere*) et non les panzers ! Ce n'est qu'à 5 h 20 que le *Kommandeur* de la division, le général Feuchtinger (qui était en galante compagnie à Paris), est enfin de retour à son QG de Saint-Pierre-sur-Dives.

2. Ce qui montre combien les idées de Rommel ont finalement fait du chemin dans l'esprit du vieux maréchal…

3. Entre-temps, conformément aux souhaits of Rundstedt, le *Panzergruppe West* donne l'ordre à la « Hitlerjugend » de diriger son unité de reconnaissance vers la côte, « en direction de la *711. ID*, sans tenir compte du fait qu'elle est une réserve de l'OKW ».

16. LE JOUR LE PLUS LONG

mémorable… Mémorable, elle le sera, mais pas dans le sens où l'entendait l'ancien chef de l'*Afrika Korps*.

Soudain, le téléphone sonne[1], surprenant un maréchal encore vêtu de sa robe de chambre. Il ne s'attend probablement pas à entendre la voix de chef d'état-major. « Eh bien, Speidel, que se passe-t-il ? » Et Speidel de lui apprendre que l'ennemi est passé à l'attaque au cours de la nuit. Il ne serait alors fait mention que des assauts aéroportés, l'annonce faite à Rommel des attaques amphibies survenant au cours d'un deuxième échange téléphonique. Les données restent confuses, confesse Speidel, voire contradictoires. Des parachutages ont eu lieu, essentiellement en Normandie, voire jusque sur la Somme. S'agit-il d'un simple raid ou de l'*Invasion* ? Rommel approuve les décisions prises par son subordonné et le presse de s'enquérir rapidement de la véracité des rapports. Il lui annonce aussi son retour au QG, mais Speidel a conscience de l'importance de la rencontre programmée avec Hitler : il le conjure donc de rester chez lui, jusqu'à ce que la situation se clarifie. Rommel accepte de mauvaise grâce, puis il monte dans sa chambre pour préparer ses affaires au cas où…

Tandis que Speidel prévient Tempelhoff, Rommel, qui a visiblement compris que quelque chose de sérieux est en cours, retourne à son téléphone et appelle Lang à Gemünd : « Lang, je pense que l'*Invasion* vient de débuter. J'ignore s'il s'agit d'un raid du type de celui de Dieppe ou de la véritable attaque. Tenez-vous prêt pour de nouveaux ordres. Nous pourrions partir bientôt. » Il tient des propos similaires à son épouse, qui remarque que son mari est visiblement ébranlé par la nouvelle. Lorsqu'il redescend vers le salon, il explique la situation à son fils, probablement réveillé par l'activité fébrile qui s'empare de la demeure.

Speidel est informé des débarquements par la 7. *Armee* vers 9 heures, après un premier coup de fil de Pemsel lui annonçant des bombardements navals dès 6 h 15. Vers 7 heures, Rommel s'impatiente. Il se ronge les sangs. Que se

---

1. Vers 5 heures selon Manfred Rommel et Lang, entre 6 heures et 6 h 30 d'après Speidel. Le KTB du *Heeresgruppe B* indique 10 h 15 comme heure d'appel, ce qui correspond vraisemblablement à un second échange téléphonique. Speidel admettra que des corrections ont été apportées à ce KTB lorsque Hitler a diligenté une enquête.

Le Débarquement surprend Rommel.

passe-t-il réellement ? Est-ce une diversion ? Des débarquements ont-ils suivi les opérations aéroportées ? Et sans doute de pester contre son abandon de poste en une heure si grave… Devançant le nouvel appel convenu avec Speidel, il ordonne à Karl Daniel, son chauffeur, de se préparer au départ, et rappelle également Lang, auquel il fixe un rendez-vous à 11 heures à Freudenstadt.

« Que c'est bête de ma part »

Le temps s'écoule trop lentement. Pourquoi Speidel ne rappelle-t-il donc pas ? Il ne tient plus en place, s'assoit brièvement puis se relève, fait les cent pas. Il n'a pas le cœur à déjeuner. Il essaie un thé, qui passe difficilement. Rommel est si stressé en ce jour fatidique qu'il n'a même pas

16. LE JOUR LE PLUS LONG

entendu la sonnerie du téléphone. Il est 10 h 15, et c'est Karolina, la domestique, qui lui annonce qu'il est attendu au bout du fil. Va-t-il enfin connaître le fin mot de l'histoire ?

C'est Speidel. « Quoi ?! Quoi ?! Où ? » Rommel garde le combiné et écoute en silence son interlocuteur. Ce dernier lui annonce le débarquement en Normandie. La tension est montée d'un cran. Elle est palpable par tous. Rommel est consterné de sa bévue, et tous comprennent que l'heure est grave. Il annonce son retour immédiat, prévenant son chef d'état-major qu'il fera halte à Reims pour s'informer des derniers rapports. Réitérant ses mots d'ordre qu'il n'a eu de cesse de répéter depuis des mois, il insiste pour que l'ennemi soit anéanti sur les plages, ignorant que la question est déjà entendue… « L'*Invasion* vient de débuter, déclare-t-il à son entourage. Je dois rentrer immédiatement. » Il aurait alors lâché ce commentaire dépité : « Que c'est bête de ma part… Que c'est bête de ma part… »

Reprenant quelque peu ses esprits, tout en restant ébranlé par la terrible nouvelle, il reprend le combiné et demande un *Führungsblitz*[1] pour entrer en contact avec le QG du Führer de toute urgence. La standardiste semble hésiter, car on ne peut l'accorder à n'importe qui… Rommel décline alors son identité et ordonne d'être mis en ligne.

Il annonce alors la situation à l'OKW, probablement déjà informé, et prévient de son retour au front. Il est tourmenté. Quelle sera la réaction du Führer quand il comprendra que son poulain n'était pas à son poste au moment décisif ? Pis, et si l'ennemi n'était pas rejeté à la mer : qu'adviendrait-il de lui ?

Il revêt ensuite son uniforme de maréchal, puis fait rappeler Lang : le rendez-vous est décalé d'une heure et est fixé à midi. Rommel fait alors ses adieux à sa famille, à l'abri des regards de ses aides, comme à son habitude. L'anniversaire de Lucie est gâché… Mais il y a plus grave et plus urgent. « Eh bien Manfred, lâche-t-il à son fils en lui posant la main sur sa tête, toi et moi allons essayer de gagner cette guerre. » Il est environ 10 h 40 quand il prend place à côté de Daniel à bord de la Horch et se met en route pour la France.

1. Un appel prioritaire.

Le retour

Lang les rejoint comme convenu à Freudenstadt et, abandonnant son véhicule, monte à bord de la voiture du maréchal, qu'il devine très affecté par les événements. Rommel brise finalement un silence pesant en rappelant à Lang qu'il était dans le vrai : « Vous voyez, Lang ? J'ai toujours eu raison. J'aurais dû avoir la *Panzer Lehr* et la *12. SS* sous mes ordres à proximité des plages… » Lorsque son ordonnance essaie de pousser la conversation sur les débarquements, Rommel reste muet : il ne veut pas en parler. Il peste en revanche contre la Luftwaffe dont il observe tant de soldats dans les rues… « Lang, vous imaginez ! L'*Invasion* avait débuté et nous n'en savions rien. Aucun avion de reconnaissance. Et c'est ainsi qu'ils veulent que je gagne la guerre ! »

Les débarquements ont-ils réussi ? Se pose alors la question de la contre-attaque, qu'il ne pourra de toute façon pas organiser avant que l'après-midi ne soit bien avancé ! Il ne sait absolument rien sur la profondeur et l'étendue de la tête de pont. Vers 17 heures, la Horch arrive à la *Kommandantur* de Reims. Se précipitant à l'intérieur du bâtiment, Lang annonce leur présence et réclame un appel en faveur de Rommel pour son quartier général. La connexion faite, Lang parle : « Général Speidel ? Le *Feldmarshall* Rommel désire vous parler. » L'échange entre ce dernier et son chef d'état-major dure une quinzaine de minutes. Le tableau de la situation n'est guère encourageant. L'ennemi, qui dispose de la suprématie absolue dans les airs, ainsi que Rommel l'avait prévu, est parvenu à s'extirper des plages et à s'établir sur 32 kilomètres, entre le Cotentin et l'embouchure de l'Orne. Trois ou quatre divisions aéroportées ont participé à l'opération, dans le Cotentin et près de Caen. Pis, les divisions de panzers de réserve viennent à peine de se mettre en route, trop tard pour intervenir ce 6 juin… Lorsqu'il apprend que la *21. Panzer* n'a pas encore contre-attaqué, il fulmine et ordonne qu'elle procède à l'assaut immédiatement : « N'attendez pas d'autres renforts, attaquez maintenant ! »

Reste la question essentielle : s'agit-il oui ou non de l'*Invasion* ? Rien de tangible à ce propos. Speidel semble encore croire à une possibilité de

16. LE JOUR LE PLUS LONG

diversion. La tension est de nouveau montée d'un cran. Rommel a repris sa place dans la voiture, sans dire un mot. Un silence lourd d'arrière-pensées emplit l'atmosphère. Le voyage s'effectue aussi vite que possible, Daniel ne ralentissant essentiellement qu'aux postes de contrôle, lorsque la Horch croise un convoi ou pour éviter des avions ennemis en maraude.

Lorsque le maréchal brise enfin le silence, après s'être tapoté les poings l'un contre l'autre, il le fait pour une déclaration étrange : « Si j'étais maintenant le commandant en chef des forces alliées, je pourrais terminer cette guerre en quatorze jours ! » Il ajoute que si son ennemi Montgomery savait dans quel état de confusion se trouve la Wehrmacht, il n'aurait aucune raison de se tracasser cette nuit. Il formule ensuite sa crainte d'un débarquement concomitant sur la côte méditerranéenne[1]. Tout espoir n'est cependant pas perdu.

Une situation critique

C'est aux environs de 21 heures, soit après plus d'une dizaine d'heures de route, que la Horch franchit le portail du château de La Roche-Guyon. Lang descend promptement du véhicule et gravit les marches quatre à quatre pour informer Speidel de l'arrivée de Rommel. Quelle n'est pas sa surprise, qui se mue rapidement en colère intériorisée, de découvrir le chef d'état-major, calmement installé dans son bureau, occupé à écouter un air d'opéra de Wagner. Le simple *Hauptmann* ne peut se contenir d'exprimer sa stupeur à son supérieur, dont la réponse a le don de laisser davantage abasourdi : « Mon cher Lang, croyez-vous honnêtement que le fait que j'écoute ou non du Wagner fera une différence dans le déroulement de l'*Invasion* ? »

Survient alors Rommel, qui salut brièvement Speidel, avant de se diriger vers son bureau. Là, main derrière le dos, il étudie la carte de la situation. Le rapport de Speidel démontre la gravité de la situation.

Six divisions alliées au moins seraient à terre, et des renforts suivraient. Trois autres divisions, aéroportées, ont également été identifiées. Toutes les réserves du secteur ont déjà été

1. Ce débarquement était prévu : baptisé opération *Dragoon*, et initialement programmé pour être lancé le même jour que *Neptune*, en Normandie, il aura lieu le 15 août 1944.

engagées et les munitions manquent. Le moral n'est pas au beau fixe. Tout le monde se demande où sont passées les divisions de panzers. Rommel a toutefois la satisfaction de constater que la *21. Panzer* a interdit la chute de Caen. La *Panzer Lehr* et la *12. SS-Panzer* sont en route ; d'autres divisions blindées sont en alerte.

À 22 h 25, Rommel converse par téléphone avec Dollmann, dont la *7. Armee* est touchée de plein fouet par l'*Invasion*. Dollmann lui annonce que la « Hitlerjugend » se prépare à passer à l'action pour le lendemain matin. Au fur et à mesure de la conversation, Rommel prend des notes. Dollmann requiert le renfort de la *77. ID* et du *Kampfgruppe* de la *266. ID*, deux unités stationnant en Bretagne[1], mais Rommel, enfin de retour d'Allemagne, se contente d'ordonner de les maintenir en alerte et prêts à intervenir. On est surpris qu'il n'exige pas d'accélérer le mouvement : n'a-t-il pas prévenu que les vingt-quatre premières heures seront décisives ? Met-il trop de confiance dans l'action concertée de la *Panzer Lehr* et de la « Hitlerjugend », prévue pour le lendemain ? Sans doute craint-il également un nouveau débarquement, qu'il pressent imminent : il faut garder des cartes en mains. Les divisions d'infanterie manqueraient de mobilité en cas de nécessité de redéploiement rapide, sans compter que cela signifie dégarnir un secteur de la côte.

La *7. Armee* exige également davantage de moyens en artillerie et en antichars. La tête de pont alliée est-elle assurée ? On dénombre en fait quatre zones isolées les unes des autres, d'autant plus que le secteur à l'est de l'Orne semble encore fragile. Il paraît encore possible à l'état-major allemand de stopper la progression des Alliés, puis de les rejeter à la mer.

Ayant raccroché son combiné, il jette de nouveau un regard sur la carte avant de se tourner vers son chef d'état-major, qui a dû endosser les lourdes responsabilités qui auraient dû être les siennes en ce jour fatidique. « Speidel, si j'avais

---

1. Mais, en fin de journée, avant l'arrivée de Rommel, on se décide donc enfin à autoriser le départ de Bretagne du *Kampfgruppe* de la *275. ID*, qui doit embarquer sur les trains à 19 heures, et de celui de la *265. ID* (renforcé en moyens antichars), tandis que le *Heeresgruppe B* consent à ce que des éléments de la *711. ID* participent aux combats contre les paras anglais (ce qui est déjà le cas par la force des choses), décision qui ne se fait pas sans difficultés en raison des réticences de la *15. Armee* (dont dépend la *711. ID*).

La tête de pont est établie.

été ici, je n'aurais pas pu faire davantage que ce que vous avez fait[1]. » On reste pourtant coi devant le manque d'initiative de Speidel, qui temporise pendant des heures, attendant constamment d'en savoir davantage. L'inactivité et le manque de réactivité semblent avoir caractérisé bien des hauts responsables de la Wehrmacht en cette journée décisive. Rommel juge particulièrement décevante l'action de la *21. Panzer* : trop peu de planeurs ont été détruits et aucune contre-attaque efficace n'a encore été lancée... Il semble pourtant encore espérer l'emporter.

Les officiers rejoignent la salle à manger : il est temps pour le maréchal et pour Lang de se restaurer de quelques mets froids. Aucun des membres de l'état-major qui accueille le maréchal n'aborde alors la question de l'*Invasion*. De manière bien prosaïque, on ne discute que du trajet effectué depuis l'Allemagne. Le dîner est rapidement expédié. De retour devant la carte de situation, Rommel apprend que de nouveaux atterrissages de planeurs ont été signalés[2].

---

1. Soulignons qu'il est dans l'intérêt de Speidel de prêter ces propos à Rommel...

2. Parfois de façon absolument erronée, comme dans le secteur du Havre.

Ultimes décisions du 6 juin

Rommel prend évidemment contact avec l'*OB West*. Il exprime immédiatement son souhait que la Luftwaffe intervienne massivement, comme prévu. Blumentritt répond que la question a déjà été soulevée, et que l'effort sera lancé le lendemain, principalement au nord-ouest de Caen. L'autre point essentiel concerne les panzers. Rommel s'enquiert si le QG du *Panzergruppe West* ne pourrait pas prendre à sa charge une partie du front de l'*Invasion*. Blumentritt acquiesce, mais rappelle qu'un autre débarquement reste tout à fait probable et que l'armée aura alors besoin de Schweppenburg et de son état-major. Preuve que Rommel y souscrit déjà, il appuiera la requête de von Salmuth, appelé à son tour, qui demande que la *1. SS Panzer-Division* lui soit directement subordonnée pour assurer la défense d'Anvers. Sitôt dit, sitôt fait, mais Blumentritt lui annonce que la demande a déjà été formulée auprès de l'OKW[1]…

Tempelhoff est de retour à son tour. Maintenant que l'*Invasion* a eu lieu, remarque Rommel, il va leur falloir y faire face. Les nouvelles qui arrivent ne sont pourtant guère réjouissantes. La *7. Armée* fait savoir peu avant 1 heure du matin que la contre-attaque de la *21. Panzer* a échoué. Rommel ne peut que regretter la décision de faire volte-face, après que quelques unités ont atteint la mer.

De l'avis de son état-major, un second débarquement est à craindre dans le Pas-de-Calais, ce qui est conforme à ses propres opinions. Il téléphone au Berghof le soir même, se plaignant du manque de soutien – pourtant prévisible – de la Luftwaffe et de la Kriegsmarine. La seule unité de la *15. Armée* autorisée à rejoindre le front est la *346. ID*, stationnée au Havre. L'OKW lui refuse la prise de contrôle des divisions de panzers non encore concernées, pas plus que de la *319. ID*, déployée dans les îles Anglo-Normandes.

Peu après l'aube, une intense activité reprend au sein du quartier général de La Roche-Guyon. La journée qui s'annonce promet d'être de nouveau riche en événements. Comme tous les membres de

---

1. Si on se soucie de déployer une division de panzers SS près de la côte belge, l'assaut en Normandie n'est donc considéré que comme une diversion…

16. LE JOUR LE PLUS LONG

l'état-major, le *Hauptmann* Lang s'inquiète de la situation. La Wehrmacht peut-elle encore l'emporter ? « Lang, j'espère que nous le pouvons. J'ai toujours réussi jusqu'ici[1]. »

Un échec inéluctable ?

Rommel se proposait d'anéantir l'ennemi sur les plages, l'autre instant décisif étant le moment où l'envahisseur, encore désorganisé, commence à progresser vers l'intérieur. Les panzers étaient certes loin de la zone de débarquement, mais si la *Panzer Lehr*, la « Hitlerjugend » et, pourquoi pas, la *116. Panzer* avaient été alertées suffisamment tôt dans la nuit, et lancées sur les routes au plus tard à l'aube, au moment des premiers débarquements, la tournure des événements aurait pu se révéler dramatique pour les Alliés.

Une attaque en règle de la *21. Panzer-Division* dès l'aube aurait signifié la fin de la *6th British Airborne*. Forte de ce succès, la division aurait pu se déployer en force devant Caen. Le contrordre du *General der Artillerie* Marcks qui l'envoie contrer le débarquement sur Sword Beach est donc lourd de conséquences. Déclenchée trop tard, la contre-attaque lancée vers les plages échoue…

Rommel songe, sans doute amer, au refus du Führer d'accéder à sa demande de déplacer une *Panzer-Division* dans le secteur de Saint-Lô dès le mois de mai… Une intervention décidée des divisions blindées dès les premières heures aurait été décisive. Certes, l'artillerie navale aurait causé de sérieux dommages, comme à Salerne, mais elle n'aurait pu stopper à elle seule des forces terrestres. À Anzio, les Alliés – débarqués en janvier 1944 – ne se sont extirpés de la tête de pont qu'à la faveur de la victoire remportée à Monte Cassino en mai 1944. À Salerne, en septembre 1943, l'échec final s'explique grandement par la position précaire des unités allemandes, alors que la *8th Army* remonte de Calabre et que l'Italie a fait défection. Si la *Panzer Lehr* ou la *12. SS-Panzer* avaient pu intervenir dès le 6 juin à Omaha Beach, la situation aurait été intenable pour le *Vth US Corps* : le pilonnage de 48 pièces d'artillerie et le colmatage des brèches par les *Panzergrenadiere* auraient sonné l'échec de

---

1. Ce qui est loin d'être vrai…

la tentative de débarquement. De surcroît, les panzers auraient fait peser une menace bien plus grande sur Gold Beach que le malheureux *Kampfgruppe* Meyer, qui s'est fait étriller lors de sa contre-attaque. Les Alliés n'auraient disposé au soir du 6 juin que de deux fragiles têtes de pont, une à Utah Beach, la seconde s'étendant de Gold à Sword. Une telle éventualité aurait abouti, au mieux, avec le soutien de la flotte et de l'aviation, à une situation à la Anzio, soit un échec stratégique pour Eisenhower et les Alliés.

La réalité est tout autre en ce 6 juin 1944. Si la tête de pont alliée est étroite, elle ne doit pas faire oublier que le front allemand n'est alors en maints endroits qu'une simple ligne sans profondeur stratégique[1]. Au centre, la situation à Omaha, d'abord compromise pour les Américains, paraît renversée du tout au tout : les défenses se sont effondrées, emportées sous le poids des assaillants, désormais bien soutenus par des tanks, mais aussi par des destroyers, qui ont osé se rapprocher des côtes. Sur l'ensemble du front, de Sainte-Mère-Église à Pegasus Bridge, les Allemands se sont cantonnés à des attaques limitées et de bien trop faible envergure, alors qu'il était urgent de frapper en force un adversaire encore à portée, faute de disposer d'armement lourd et du soutien des forces amphibies.

Comme ses panzers, Rommel n'est pas ou peu intervenu en ce fatidique 6 juin 1944, et cela a fait toute la différence. Le Renard du désert est le grand absent du « jour le plus long », qu'il jugeait – à juste titre – décisif. Nul doute que sa présence en ces heures cruciales eût pu changer la donne. Son énergie et son charisme auraient sans doute pu influencer Hitler. Il n'aurait probablement pas tergiversé sur l'emploi immédiat et en force de la *21. Panzer-Division*. « Si on m'avait écouté, écrit-il à sa femme deux semaines plus tard, nous aurions contre-attaqué la première nuit avec trois divisions de panzers et probablement repoussé l'ennemi. » Seule certitude aux yeux de l'historien : capable ou non de rejeter les Alliés à la mer, il est le seul haut res-

1. Le 6 juin au soir, environ 150 000 soldats et 1 400 chars alliés sont établis en Normandie. Plus de 80 000 soldats allemands et environ 200 panzers modernes, *Sturmgeschütze* et *Panzerjäger* leur font face.

16. LE JOUR LE PLUS LONG

Rommel absent, le mur de l'Atlantique n'a pas résisté.

ponsable de la Wehrmacht à avoir apprécié les capacités des forces alliées, et sa stratégie était donc la plus viable.

La grande contre-attaque que Rommel considérait comme décisive pour vaincre les Alliés sur les plages s'est soldée par une attaque des plus modestes, lancée dix heures trop tard par tout au plus 150 panzers et canons automoteurs. Les chances de succès étaient nulles : les attendaient près de 78 000 Anglo-Canadiens, appuyés par 900 chars et blindés, plus de 500 pièces d'artillerie, les canons de la flotte et une aviation omniprésente. Les Alliés ont attaqué avec un rapport de cinq contre un en faveur de leur infanterie dans le secteur de débarquement anglo-canadien. La seule *716. ID* – soit à peine 7 800 hommes –, épaulée par quelques milliers de combattants, notamment de la *21. Panzer*, a dû affronter un adversaire dix fois supérieur en nombre et bénéficiant d'une large supériorité matérielle. Compte tenu de ces circonstances, la tenue au feu des éléments des divisions d'infanterie allemandes défendant la côte normande a été honorable[1].

1. La *716. ID* a disparu en tant qu'unité combattante : 80 % de ses effectifs en fantassins ont disparu... Mais on ne soulignera jamais assez ce qu'une division allemande de second ordre a été capable de faire au cours de cette journée fatidique : il s'en est fallu des renforts espérés et promis mais jamais arrivés.

17
LA NORMANDIE : ULTIME COMBAT

17. LA NORMANDIE : ULTIME COMBAT

Des plans réalistes pour le jour J + 1 ?

En Allemagne, à l'annonce de la nouvelle du Débarquement, la population garde confiance : Rommel devrait repousser l'*Invasion*, et les actualités filmées se veulent rassurantes. Pourtant, au petit matin, de nouvelles difficultés de communication (la *7. Armee* est coupée du *LXXXIV. Korps*) empêchent de tenir Rommel informé sur les développements de la nuit. La stratégie qu'il préconisait n'a pas pu être mise en œuvre : il faut donc imaginer une autre solution pour espérer l'emporter. De façon plus prosaïque, le maréchal accepte la requête du duc de La Rochefoucauld de transférer les œuvres d'art et les pièces les plus précieuses du château à l'abri de la roche.

Que prévoit-on pour la journée du 7 juin ? Il importe avant tout d'empêcher l'agrandissement de la tête de pont. Les Alliés ont débarqué beaucoup moins de véhicules et de matériel que prévu sur les plages américaines, et près de la moitié des 300 péniches perdues par les Américains l'ont été à cause des obstacles sur les plages, preuve que les conceptions de

La puissante *Panzer Lehr* est mobilisée dès le 6 juin.

409

ROMMEL

La bataille de Normandie (juin 1944).

Rommel étaient gage d'efficacité. Un constat similaire est établi sur d'autres plages, notamment en secteur canadien.

Tous les espoirs reposent sur le *I. SS-Panzerkorps*. Il est prévu une attaque coordonnée de la *Panzer Lehr* et de la *12. SS-Panzer* à l'est de Bayeux, tandis que la *21. Panzer-Division* renouvellera son effort de la veille en direction de Lion-sur-Mer. Encore faut-il que ces divisions de panzers soient à pied d'œuvre[1], les réservoirs remplis et la maintenance assurée. C'est oublier également que la *21. Panzer* a déjà subi des pertes sensibles la veille, et qu'une partie de ses blindés et la moitié de son infanterie sont accaparés par les combats menés contre les *Red Devils*[2]. Rommel s'en va trouver Geyr von Schweppenburg : le chef de

---

1. En date du 7 juin, l'OKW affirme pourtant que les renforts promis sont arrivés : il faudrait plutôt dire qu'ils sont en route.

2. Surnom donné en Tunisie par les Allemands aux parachutistes anglais, en raison de la couleur amarante de leur béret.

17. LA NORMANDIE : ULTIME COMBAT

l'arme blindée à l'Ouest lui est enfin – bien tardivement – subordonné. Ce dernier fulmine à l'idée que son plan soit abandonné dès le premier jour de l'*Invasion*. Malgré leurs différends, Rommel reconnaît le professionnalisme de son interlocuteur : pour mener la contre-offensive, il le préfère à Dietrich, le chef du *I. SS-Panzerkorps*.

On prévoit également de poursuivre les opérations vers Sainte-Mère-Église. Arrivera-t-on à être plus coordonné que la veille ? Enfin, il est prévu d'engager les *266.* et *275. ID*. Mais ces unités sont-elles assez rapides pour parvenir au front dans la journée ? Si la *266. ID* commence son mouvement la nuit du 6 au 7, ce n'est qu'à midi, le 7 juin, que la *275. ID* quitte la Bretagne. Au cours de cette même journée, d'autres unités reçoivent l'ordre de renforcer le front de Normandie : *3. FJD*, *17. SS-Panzergrenadier-Division* « Götz von Berlichingen », *77. ID* et *Stürmgeschütze-Brigade 902*. Quarante-cinq puissants chars Tiger sont bientôt également mis en route pour le front.

De façon parlante, Rommel ordonne à toutes ces unités de se diriger sur le Cotentin : il connaît l'importance cruciale de Cherbourg et comprend aussi que le carrefour de Carentan doit absolument être sécurisé. Il prend ces mesures en veillant à ne pas perturber les préparatifs de Schweppenburg, qui doit lancer une contre-attaque massive de panzers dans le secteur de Caen. De son côté, Rundstedt ne reste pas dans l'expectative : à ses yeux, il est évident que l'objectif des Alliés est Cherbourg. Lui aussi mobilise les réserves : de l'artillerie, mais surtout deux divisions de panzers, la *1. SS-Panzer-Division* « *Leibstandarte Adolf Hitler* » et la *2. SS-Panzer-Division* « *Das Reich* »[1].

Des rapports erronés parviennent aux QG. Ainsi, de fausses rumeurs ont fait état de parachutages à Falaise et à Argentan. Trente planeurs auraient été vus dans le secteur Lessay-Coutances. Au grand dam de Rommel qui exprime son désaccord, l'*OB West* décide donc

---

1. Si l'OKW refuse de céder la « Leibstandarte Adolf Hitler », qui doit demeurer en Belgique, la « Das Reich » est accordée le 12 juin, et elle se met en route depuis le sud-ouest de la France (c'est au cours de sa montée en Normandie que la « Das Reich » se rend coupable d'atrocités commises sur des civils, plus particulièrement à Oradour-sur-Glane et à Tulle). Ce même jour, le *II. SS-Panzerkorps*, avec les *9. SS* et *10. SS-Panzer-Divisionen*, reçoit l'ordre de quitter le front de l'Est pour rejoindre celui de l'*Invasion*.

que la *17. SS-Panzergrenadier-Division* stationnera dans le secteur de Saint-Lô, prête à être engagée dans toutes les directions.

Dans le secteur d'Utah Beach-Sainte-Mère-Église, trois divisions d'infanterie et un régiment d'élite ne sont donc pas capables d'obtenir des résultats satisfaisants : l'ennemi n'est réellement menacé nulle part à l'ouest de la Vire. Au centre du front, dans le secteur très étendu de la *352. ID*, à court d'effectifs, la situation est très préoccupante. Les Américains ont repoussé les Allemands sur une ligne Bayeux-Vaux-Maisons. À midi, les premiers tanks anglais entrent dans Bayeux, annonce la *7. Armee*. Celle-ci fait pourtant preuve d'un étonnant optimisme : « En raison de nos contre-mesures sur terre et dans les airs, l'ennemi ne peut renouveler ses attaques depuis la zone d'invasion avec le moindre degré de succès jusqu'en soirée du 7 juin, en dépit de nouveaux débarquements aéroportés et amphibies[1]. »

Par ailleurs, le QG du *Panzergruppe West* étant toujours en cours de redéploiement, il n'est pas encore opérationnel. La contre-attaque est donc préparée par Dietrich au *I. SS-Panzerkorps* et devra débuter à 16 heures. Mais le *Generalmajor* Bülowius, le chef du *II. Fliegerkorps*, est formel : le transfert de ses formations vers l'ouest est constamment gêné par l'aviation alliée. On ne peut donc escompter le soutien de la chasse avant plusieurs jours. En fait, les divisions ne sont pas en mesure de se déployer sur leurs lignes de départ à l'heure voulue… Les difficultés de communication sont telles que Dollmann est contraint d'envoyer des officiers de liaison auprès du PC de Dietrich et de celui de Marcks, les deux chefs de corps alors au contact de l'adversaire.

L'urgence de la situation ?

La contre-attaque est donc repoussée au matin du 8 juin : encore un nouveau délai, alors que chaque heure compte ! Où est donc l'urgence maintes fois soulignée par Rommel avant le jour J ? Pour le 8 juin, Rundstedt ordonne au *Heeresgruppe B* de nettoyer la tête de pont de la

---

1. L'OKW précise : « En soirée du second jour, dix à douze divisions ennemies, parmi lesquelles trois divisions aéroportées, ont été identifiées. Ces importants renforts annulent les succès qui avaient été obtenus face aux troupes déjà débarquées. » On se demande bien de quels succès parlent Jodl et Warlimont.

17. LA NORMANDIE : ULTIME COMBAT

Rommel, ici avec Eugen Meindl, prépare la contre-attaque.

ROMMEL

6th Airborne, à l'est de l'Orne, avant de mettre en œuvre la contre-attaque principale, plus à l'ouest. Les unités de panzers se préparent à l'affrontement. Rommel rencontre Bayerlein à son PC établi à Cheux, en vue de la contre-attaque qui doit permettre la reprise de Bayeux, tombée la veille. Il ordonne de déployer sa *Panzer Lehr* en deux *Kampfgruppen*, mais il se serait aussi laissé aller à un commentaire pessimiste : la Wehrmacht va être refoulée au-delà du Rhin, avec quasiment plus rien pour s'opposer à la ruée ennemie…

Le 8 juin, les services de renseignements allemands marquent un point, dont Rommel pourrait tirer profit, car des documents d'importance sont saisis sur les Alliés : les plans d'opérations des *Vth* et *VIIth US Corps*, ainsi que ceux du *XXXth British Corps*. Immédiatement confiées au *LXXXIV. Korps*, ces informations sont transmises à Rommel, ce qui le conforte à l'idée que Cherbourg représente l'objectif principal.

Ces précieux renseignements se montrent insuffisants. L'aveuglement stratégique de Rommel, ainsi que de nombreux autres responsables à l'Ouest, constitue l'une des causes majeures de la défaite en Normandie. « Puis-je vous faire remarquer, déclare Rommel à Jodl le 8 juin 1944, que l'ennemi n'a engagé ici qu'un seul de ses deux groupes d'armées, et c'est justement pourquoi nous ne pouvons pas nous permettre de prélever des forces du secteur de la *15. Armee*, et certainement pas de Calais[1]. » C'est ainsi que Rommel part en inspection le 12 juin auprès de la *116. Panzer-Division* déployée de part et d'autre de la Somme. Sur le littoral défendu par la *15. Armee*, les travaux de retranchements du mur de l'Atlantique se poursuivent…

Au soir du 8 juin, Rommel fait un constat amer : la tête de pont alliée est fermement établie. Diversion ou pas, l'armée allemande s'est montrée incapable de rejeter les Alliés à la mer. Rapports erronés, suprématie aérienne absolue des Alliés, importance des effectifs débarqués, difficultés de communication : tout concourt pour mener la Wehrmacht à l'échec. Il faut par ailleurs faire face à la pression alliée dans tous les secteurs à la fois, sur un front

---

1. L'*Oberst* Meyer-Detring, le chef du renseignement de Rundstedt, observe que les Alliés ont déjà fait entrer en lice leurs unités les plus expérimentées. Il en déduit que la Normandie représente donc bien l'effort principal d'Eisenhower.

17. LA NORMANDIE : ULTIME COMBAT

large de 100 kilomètres, dont le centre est très faiblement tenu. Il apparaît alors difficile de renforcer les lignes, tout en mettant sur pied une contre-attaque massive qui se veut décisive. Si les quelques réserves disponibles à proximité n'ont pas été employées de façon optimale, l'échec des premières journées, si décisives, est avant tout lié à l'incapacité de faire intervenir – rapidement et en masse – les *Panzer-Divisionen* sur lesquelles reposent les plus grands espoirs[1].

La difficile mobilisation des moyens et des contre-attaques projetées qui ne débouchent pas

Des combats ont bien eu lieu, mettant aux prises les panzers et les forces débarquées, mais rien qui ressemble à la vaste contre-offensive préconisée avant l'*Invasion*. Le 9 juin, les panzers échouent partout : la *21. Panzer* n'écrase pas les paras anglais à l'est de l'Orne, la « Hitlerjugend » échoue face aux Canadiens et la *Panzer Lehr* ne reprend pas Bayeux[2]… Dollmann propose que la contre-attaque massive qui se prépare soit repoussée jusqu'à ce que le *II. Fallschirm-Korps* soit en ligne et en mesure de soutenir le flanc du *I. SS-Panzerkorps*. Rommel, qui a pourtant longuement insisté sur l'importance cruciale de la journée suivant le débarquement, acquiesce. Durant ces journées décisives, les difficultés dues aux liaisons téléphoniques et radio entre les différents QG d'armée, de corps, voire de division constituent un embarras supplémentaire pour la mise au point de la contre-attaque.

Bien qu'il ait toujours estimé qu'une fois les vingt-quatre premières heures et la phase de combat sur les plages passées, il serait trop tard, Rommel croit encore possible qu'une attaque massive puisse rejeter l'ennemi à la mer. En ce 9 juin, les Alliés n'ont pas encore établi de

---

1. L'inefficacité apparente de l'*Atlantikwall* n'est sans doute pas pour surprendre – sans aller jusqu'à les ravir – ceux qui n'ont jamais cru en la stratégie du Renard du désert. Le *Generalmajor* Heinz von Gyldenfeldt, chef d'état-major de l'*Armeegruppe G*, confie ainsi à son journal : « L'*Atlantikwall*, en tant que tel, a été écrasé en quelques heures, comme on pouvait s'y attendre. »

2. Geyr von Schweppenburg, qui n'admettra jamais avoir commis d'erreur, estime que diriger la *Panzer Lehr* vers Bayeux au lieu de concentrer les trois divisions disponibles dans une attaque dirigée plein nord a dispersé l'effort contre la tête de pont ; pis : il l'a retardé.

La Wehrmacht se prépare à la contre-offensive.

Au 12 juin, 200 000 hommes et 1 200 panzers sont en renforts.

17. LA NORMANDIE : ULTIME COMBAT

jonction entre la tête de pont d'Utah Beach et celle qui s'étend d'Omaha à Sword. Par ailleurs, puisqu'il leur faut un port pour assurer leur logistique et que Cherbourg n'a pas été attaqué directement et reste sous le contrôle des Allemands, tous les espoirs semblent encore permis.

Ainsi, à J + 3 (le 9 juin), les renforts en route totalisent 125 000 hommes et 750 panzers. À J + 6 (le 12 juin), leur nombre atteint 200 000 hommes et 1 200 panzers[1]. Pour impressionnants qu'ils soient, ces chiffres ne doivent pas faire illusion : l'armée allemande compte 1,4 million d'hommes à l'Ouest (dont la moitié endivisionnés) ainsi que 2 000 panzers. Le haut commandement allemand est donc loin de jeter toutes ses forces dans la bataille[2].

Le journal de guerre de la *7. Armee* souligne que Rommel est persuadé que la victoire sera remportée avec les renforts si les panzers sont en mesure de lancer une contre-attaque massive. Mais cette dernière ne peut être mise en œuvre que si elles sont retirées du front, et que celui-ci est assuré par un solide maillon défensif d'infanterie.

La mobilisation des forces peut en outre être très lente. Monter en ligne en Normandie suppose que les positions tenues jusqu'alors par une division qui se met en route pour le front de l'*Invasion* soient prises en charge par une autre unité. C'est ainsi que la *5. FJD* doit relever la *77. ID* autour de Saint-Malo avant que celle-ci puisse combattre en Normandie. Le 9 juin, l'avant-garde de la *77. ID* n'est parvenue qu'à Avranches, deux jours après avoir été mise en alerte, alors que l'unité se trouve aux portes de la Normandie !

Les relations tendues entre la Heer et la Kriegsmarine n'arrangent en rien les difficultés de la *7. Armee* pour assurer la défense des côtes bretonnes après le départ de nombreuses unités pour la Normandie. En effet, 580 hommes de la marine sont transférés de Saint-Malo vers

---

1. Au final, les renforts se répartiront comme suit. En juin : dix-neuf divisions mobilisées (elles n'arrivent pour partie qu'en juillet), 158 800 hommes parvenus au front, 1 024 panzers. En juillet : dix divisions, 174 100 hommes, 903 panzers. En août : cinq divisions, 96 900 hommes, 258 panzers. Total : 429 800 hommes (endivisionnés seulement) et 2 195 panzers (dont *Sturmgeschütze* et *Panzerjäger*).

2. Certaines unités puissantes, pourtant présentes en France le 6 juin, sont renvoyées auprès de leur unité mère, sur le front de l'Est. C'est le cas du *I. Panzer-Regiment « Grossdeutschland »* (alors « prêté » à la *116. Panzer-Division*) et du *I. Panzer-Regiment 27*.

ROMMEL

l'Allemagne, où l'on entend les réassigner à des navires, au grand dam de l'état-major de Rommel. Par ailleurs, à Saint-Malo même, 900 marins continuent d'être cantonnés à l'extérieur de la forteresse, puisque l'amiral Kranke ne cesse de repousser leur transfert, en dépit des demandes réitérées du commandant de la garnison. Ce dernier craint en effet que ces marins n'aient pas le temps de prendre position dans les défenses du périmètre de la forteresse en cas d'attaque. D'autres soucis du même ordre surviennent à Lorient et Saint-Nazaire. Il faudra près d'une semaine pour régler les différends.

Un constat de lenteur qui n'épargne nullement les précieuses divisions de panzers : ce n'est que le 10 juin que l'OKW met à disposition de l'*OB West* la *2. Panzer-Division* et le *I. Panzer-Regiment 24* (alors rattachée à la *116. Panzer-Division*), mais ce dernier régiment restera dans le secteur de la Somme jusqu'à la fin du mois de juillet.

La congestion des lignes de communication s'explique notamment par la destruction systématique des ponts sur la Seine et la Loire. Ceci oblige à des détours par Paris pour les unités venant du nord et de l'est. Il faut ensuite franchir le fleuve à l'aide de ferries. Le temps perdu n'est pas négligeable... Même sans la moindre intervention de l'aviation alliée (destruction de ponts, de gares et de dépôts d'essence, obligation de ralentir les mouvements), une arrivée massive des renforts vers la Normandie semble d'emblée assez difficile[1].

Un 10 juin fatidique : l'impossible contre-attaque préconisée par Rommel

Ces difficultés de trafic influent sur la cohésion des unités à leur arrivée en Normandie. Le 13 juin, les éléments de la *2. Panzer-Division* arrivés en véhicules à roues sont au sud de Caumont-l'Éventé ; mais les engins chenillés ont été déchargés des trains à Paris et en sont encore dans leur marche d'approche. Des

---

1. Transporter cinq divisions de panzers et autant de divisions d'infanterie (en admettant que la « Hitlerjugend » et la *Panzer Lehr* ainsi que les *ID* les plus proches du front empruntent la route), ne nécessite pas moins de 600 trains (il a fallu 52 trains pour transporter la *277. ID* et 67 trains pour la « Frundsberg »).

La *2. Panzer-Division* n'est mise à disposition que le 10 juin.

Les lignes de communications sont congestionnées.

éléments sont allés par voie ferrée jusqu'au Mans. Ce n'est que le 19 juin que les mouvements sont enfin achevés et que la division est au complet en Normandie[1].

C'est dans ces conditions que Rommel doit organiser la contre-attaque. Geyr von Schweppenburg préconise une attaque nocturne concentrée des divisions *Panzer Lehr*, « Hitlerjugend » et du régiment de chars de la *21. Panzer*, depuis Caen vers Luc-sur-Mer ; une région qu'il connaît bien pour y avoir entraîné un corps d'armée à l'invasion de l'Angleterre en 1940. En cas de poussée britannique vers Bény-Bocage, Geyr von Schweppenburg lancera ses forces dans la direction de Balleroy[2], hors de portée de l'artillerie navale alliée, bien que cela ne soit en aucune manière un gage de succès, le chef du *Panzergruppe West* sous-estimant la pugnacité des forces terrestres alliées et la puissance de l'appui aérien dont elles bénéficient.

Ce n'est que le 10 juin que le *Panzergruppe West* se trouve en position autour de Caen pour lancer la contre-attaque tant attendue. Ce jour-là, le QG du *Panzergruppe West*, établi à La Caine, est l'objet d'une attaque aérienne ciblée de 61 bombardiers B-25 Mitchell ainsi que de 40 chasseurs-bombardiers Typhoon de la RAF. Les effets du bombardement sont dévastateurs. Si Geyr von Schweppenburg est miraculeusement épargné, son état-major est décimé : une trentaine de tués, dont le chef d'état-major. Rommel, qui s'est rendu auprès de Geyr von Schweppenburg plus tôt dans la journée, a bien failli être lui-même victime de cette attaque. Dans ces conditions, toute contre-offensive cohérente est inenvisageable dans l'immédiat, faute de disposer d'un état-major pour coordonner l'ensemble. Ce délai a des conséquences stratégiques dramatiques pour l'armée allemande : en renonçant à contre-attaquer rapidement, elle court le risque de ne plus être en mesure de résorber la tête de pont alliée. Par une ironie dont l'histoire est friande, Geyr von Schweppenburg est frappé de plein fouet

---

1. Certaines unités de panzers laissent une partie des effectifs en arrière. Le 7 juillet, un mois après le *D-Day*, il manque encore à la « Das Reich » une partie de ses *Panzergrenadiere*, encore au sud de Tours. Le 14 juillet, le *Panzergruppe West* rapporte que les dernières unités de la *Panzer Lehr* ont débuté leur marche pour atteindre le front !

2. David Isby, *Fighting in Normandy, The German Army from D-Day to Villers-Bocage*, Londres, Greenhill Books, 2001, p. 70 et 71.

17. LA NORMANDIE : ULTIME COMBAT

La vaste contre-attaque de panzers n'aura pas lieu.

par la toute-puissance aérienne alliée dont il n'a cessé de négliger l'impact sur les opérations[1].

Rommel fait lui aussi les frais de la suprématie aérienne alliée : en tentant de se rendre auprès de Dietrich, il doit se jeter au fossé à une trentaine de reprises. Dans l'incapacité d'arriver à destination, il n'est pas plus en mesure de prendre contact avec son subordonné : vingt des postes radio de Dietrich ont été détruits dès le 8 juin, sous les coups de l'aviation alliée pour la plupart... Rommel, n'ayant jamais été un général qui mène de l'arrière, ne va cesser de se rendre sur le front pendant la bataille de Normandie, en dépit des risques encourus. L'*Oberfeldwebel* Daniel est toujours au volant, le *Feldmarschall* assis à ses côtés, à l'avant ou à l'occasion sur la banquette arrière, en compagnie d'un autre officier. Scrutant avec attention le ciel, le *Feldwebel*

1. En convalescence à Paris, Schweppenburg écrit une lettre à Rommel dans laquelle il reconnaît combien les conditions de guerre en Normandie sont nouvelles pour lui et que cela, combiné avec sa nouvelle proximité avec le maréchal, n'a pas été sans conséquences sur lui. Il lui reconnaît ses qualités de soldat et son expérience, admettant à mots couverts qu'il s'était fourvoyé.

Holke fait souvent office d'observateur aérien, assis à l'arrière ou prenant place dans un second véhicule.

La situation est accablante : aucune des options envisagées avant la campagne n'est mise en œuvre, que ce soit celle de Rommel, celle de Rundstedt ou encore celle de Geyr von Schweppenburg. Dans son rapport daté du 10 juin, Rommel dresse un tableau réaliste de la situation. Il discerne clairement les intentions de l'adversaire : « Le déroulement de la bataille de Normandie, actuellement en cours, indique clairement la nature des intentions de l'ennemi. Il veut s'assurer entre l'Orne et la Vire une tête de pont profonde, qui lui servira ensuite de tremplin pour lancer une puissante attaque en direction du centre de la France, vers Paris vraisemblablement. Il cherche à isoler la presqu'île du Cotentin et à s'emparer le plus rapidement possible de Cherbourg, de manière à disposer d'un port en eau profonde offrant de vastes possibilités de déchargement. » Le secteur de Caen est donc crucial pour les deux camps : la ville est la porte ouvrant sur la vaste plaine de l'arrière-pays qui s'étend jusqu'à Paris, terrain propice à la guerre de mouvement.

Rommel souligne la considérable gêne occasionnée par la suprématie aérienne absolue des Alliés, qui montre ses effets « jusqu'à une centaine de kilomètres à l'arrière des lignes ». Les mouvements de troupes sont presque totalement impossibles de jour. Tout se déroule donc comme en Afrique, exactement comme il l'avait prédit. L'incidence n'est pas uniquement stratégique et ne concerne pas seulement renforts et approvisionnements : « Même les déplacements d'unités peu importantes sur le champ de bataille – mise en place de batteries, regroupement de chars, etc. – sont immédiatement pris à partie par les formations aériennes et nous subissons des pertes terribles. » Le chef du *Heeresgruppe B* souligne également dans son rapport les effets de l'artillerie de marine : « Toute action entreprise par l'infanterie ou par les chars dans la région battue est nécessairement vouée à l'échec. » La puissance des moyens dont disposent les Américains impressionne Rommel : leur équipement est abondant et de qualité, et ils disposent et usent de munitions à profusion.

17. LA NORMANDIE : ULTIME COMBAT

La suprématie aérienne paralyse les unités allemandes.

Rommel sait que les Alliés ont besoin d'un port, mais il sous-estime les capacités de ravitaillement par les plages. Il n'a pas encore réalisé que les Alliés construisent deux ports artificiels en Normandie. Néanmoins, Eisenhower et Montgomery restent persuadés que la conquête de Cherbourg représente un impératif logistique majeur, les autres voies de ravitaillement n'étant que des solutions temporaires. Les lignes que Rommel écrit expriment clairement son espoir de contrecarrer les Américains dans ce projet. La suite de son rapport précise que « le *Heeresgruppe* envisage de reporter, au cours des prochains jours, le centre de gravité de ses opérations dans le secteur Carentan-Montebourg, afin d'anéantir l'adversaire dans cette région et le détourner de Cherbourg ». Priorité doit donc être accordée à la lutte dans le Cotentin, condition *sine qua non* selon Rommel pour envisager une vaste contre-attaque de panzers dans le secteur de Caen-Bayeux.

Pour l'heure, l'objectif du *Heeresgruppe B* se borne à empêcher une percée, mais les forces dont il dispose suffisent tout au plus à former un front défensif cohérent. L'état-major de Rommel a compris que le débarquement avait réussi. La tête de pont devient assez profonde pour qu'y soient aménagés les premiers aérodromes, renforçant encore la supériorité aérienne anglo-américaine en Normandie. La victoire est-elle encore possible ? Le général Marcks n'y croit plus. Pour sa part, Rommel traverse l'épreuve la plus difficile de sa vie : à tort ou à raison, il se sent responsable du sort du Reich et de la guerre.

Avant de transmettre le rapport de Rommel à l'OKW, Rundstedt ajoute son propre mémorandum, soulignant la bravoure des troupes mais aussi le risque, sur le long terme, que fait peser sur leur moral la supériorité matérielle ennemie, tout en affirmant que « nous tirerons avantage de toute opportunité pour remporter un succès en attaquant sur un point favorable ». Un vœu pieux qui sera difficile à mettre en œuvre pendant des semaines : comment réussir à constituer des réserves, alors qu'il faut colmater les brèches et enrayer les offensives adverses ?

Une semaine après le Débarquement

Dès le 11 juin, alors qu'ils défendent à environ un contre trois, Rommel et Rundstedt[1] conviennent ensemble qu'il n'est plus possible de tenir le front de Normandie dans ces conditions. Ils font part chacun de leur côté à l'OKW de leurs conclusions. « Je demande à ce que le Führer en soit tenu informé », écrit Rommel. Les deux maréchaux insistent pour que les divisions de panzers soient retirées de la ligne de front pour préparer la contre-offensive. Mais l'OKW refuse le transfert de *Kampfgruppen* d'infanterie en provenance du Pas-de-Calais. Keitel refuse aussi que la *319. ID* déployée dans les îles Anglo-Normandes soit envoyée sur le continent[2]. La Bretagne semble indéfendable et le sud de la France devrait être évacué : il faut se replier avant que les Alliés, bien mieux motorisés, soient prêts à la poursuite. Si les deux maréchaux pensent à un repli au-delà de la Seine, il n'en est pas question pour Hitler. Il réagit en transférant le *II. SS-Panzerkorps* depuis la Pologne et en promettant l'arrivée de divisions d'infanterie en renfort.

---

1. Rommel s'est rendu à Saint-Germain-en-Laye pour converser des difficultés de ravitaillement.

2. Soit 35 000 hommes… La *319. ID*, la « Canada » Division pour le *Heeresgruppe B*, en raison du caractère isolé de sa zone de déploiement.

17. LA NORMANDIE : ULTIME COMBAT

Cherbourg ne doit pas tomber, ou tout est perdu. Dans son rapport du 11 juin, Rommel expose cependant clairement ses priorités : « Dans les prochains jours, le *Heeresgruppe* a l'intention de déplacer le cœur des opérations dans le secteur Carentan-Montebourg afin d'y annihiler l'ennemi qui s'y trouve et de repousser le danger menaçant Cherbourg. C'est seulement lorsque cela sera accompli que l'ennemi entre l'Orne et la Vire pourra être attaqué. » Rommel souligne cependant que « malheureusement, cette opération ne pourra plus être soutenue par nos formations de chasseurs, puisqu'il n'y a plus d'aérodromes à notre disposition à proximité du front ».

C'est ici que l'importance stratégique de Caen prend toute sa mesure. La ville constitue le pivot de la défense allemande en Normandie. Si les panzers y sont repoussés, il faut craindre une percée en direction de Paris. Celle-ci conquise et la Seine franchie, les Alliés s'ouvrent le chemin de l'Allemagne. Pis, ils sont alors en mesure de coordonner leurs efforts avec les troupes qui vont débarquer – comme le pense l'OKW, l'*OB West* et le *Heeresgruppe B* – dans le Pas-de-Calais ou dans l'estuaire de la Somme. Par ailleurs, si les panzers sont engagés plus à l'ouest, vers Carentan et Cherbourg, comment espérer désengager une partie des unités en cas de débarquement dans le nord de la France ? Elles seraient beaucoup trop éloignées, à la fois du nouveau front et des lignes de communication. C'est l'intégralité des forces déployées à l'ouest de Bayeux qui serait isolée et, donc, condamnée. Enfin, le secteur de Caen constitue la seule zone à demeurer dans un rayon d'action acceptable pour les escadrilles de la Luftwaffe de la région parisienne, si elles ne sont pas interceptées avant. Tout, mis à part l'importance cruciale du carrefour de Carentan, semble militer pour une concentration des panzers autour de Caen.

Ce 11 juin, Rommel ressent le besoin de se confier à Ruge, au cours d'une longue promenade. La meilleure solution, estime Rommel, consiste à terminer la guerre, tant que le Reich conserve des gages en main, ce qui ne serait plus le cas en cas de défaite à l'Ouest. Le maréchal aurait aussi abordé la question de l'après-guerre et de la reconstruction... Le lendemain, Geyr est invité à dîner. Il apprend que le *Heeresgruppe B* va être

ROMMEL

Les Américains prennent Carentan.

renforcé par le *II. SS-Panzerkorps* qui quitte la Galicie. Rommel envisage alors d'utiliser l'état-major de Schweppenburg comme QG tactique après sa remise en condition, idée qui ne sera pas suivie d'effet.

Le 13 juin, Rommel se rend au PC du *LXXXIV. Korps* (établi dans un bunker sous l'Institut Saint-Lô d'Agneaux, avant d'être déplacé à Périers), dont le commandant, le général Marcks, a succombé la veille à une attaque aérienne.

Rommel apprend à sa grande fureur que Carentan a été abandonné par les *Fallschirmjäger* et que la contre-attaque visant à reprendre la localité a échoué. La tête de pont alliée est donc désormais d'un seul tenant. La première semaine s'est écoulée et les Alliés sont désormais solidement implantés sur le continent[1]. Les plans de Rommel, de Rundstedt et de Schweppenburg ont échoué. Certes, à Villers-Bocage, les Britanniques manquent ce jour-là leur tentative pour prendre Caen[1]. Mais Rommel, toujours obnubilé par la menace que fait planer le

1. Au 13 juin, 331 600 soldats et 55 600 véhicules alliés ont été débarqués en Normandie. Les Allemands ont engagé 270 000 hommes face à l'*Invasion*.

17. LA NORMANDIE : ULTIME COMBAT

faux groupe d'armées de Patton, écrit à sa femme ce même 13 juin : « Il est temps pour la politique d'entrer en jeu. Nous nous attendons à ce que la prochaine invasion, probablement d'une envergure encore plus grande, se produise ailleurs dans les jours qui viennent. » Persuadé qu'il ne peut plus l'emporter, il est donc d'avis qu'il faut terminer la guerre tant que l'Allemagne tient encore certains atouts comme gages pour des négociations.

Montgomery écrit à Alan Brooke, le chef d'état-major impérial : « La réponse à une invasion venant de la mer est une puissante contre-attaque dans l'après-midi du jour J, lorsque la force d'invasion ne dispose pas encore de communications solides et qu'elle a perdu une certaine cohésion. C'était la chance de Rommel. Elle n'a pas été saisie et on nous a accordé le temps de nous rétablir – Dieu merci ! »

Comme en Afrique ou pendant les longs mois consacrés à l'édification de l'*Atlantikwall*, Rommel multiplie les inspections et les conférences à un rythme soutenu. Le 14 juin, il se rend à Baron-sur-Odon, au PC du *I. SS-Panzerkorps*, puis près de Pontécoulant au PC du *XLVII. Panzerkorps* du *General Freiherr* von Funck, avant de rencontrer le *General der Panzertruppen Freiherr* von Lüttwitz à Brémoy, où est disposé le PC de sa *2. Panzer-Division*, une des unités les plus puissantes mises à sa disposition. Le soir, il s'accorde un moment de détente en se promenant en compagnie de Ruge et de ses chiens.

Le 15, l'amiral Kranke est à La Roche-Guyon, puis c'est au tour d'un émissaire de la Luftwaffe, l'*Oberstleutnant* Greif, d'être reçu le maréchal. Hélas, la Heer n'a aucun espoir d'un renforcement important de la couverture aérienne… Il s'en plaint à Lucie, et ajoute : « Tu peux imaginer quelles décisions graves nous allons être amenés à prendre dans un futur proche, et tu te souviens sûrement de notre conversation de novembre 1942. » Le soir, Rommel se promène souvent auprès du château, conversant de la gravité de la situation avec ses collaborateurs, principalement Ruge. Le 16 juin, Rommel se rend au PC du *III. Flak-Korps* à Sainte-Honorine-du-Fay, avant de visiter le PC du *LXXXIV. Korps*

2. Ce combat fait les choux gras de la propagande nazie, qui s'empare du mythe du *Waffen SS* Michael Wittmann et de son Tiger.

à Périers, de s'incliner devant la tombe de Marcks à Marigny, puis de rencontrer Dollmann au PC de la *7. Armee* au Mans. Ce n'est donc qu'à 2 h 30 du matin, épuisé, qu'il est de retour à La Roche-Guyon, où une annonce d'importance l'attend... « Le combat est toujours acharné, écrit-il à son épouse ce jour-là, et il fait de nombreuses victimes à nos forces. Les conditions sont semblables à celles d'El-Alamein. » Une comparaison qui en dit long sur ses sentiments...

Margival, 17 juin : Hitler s'impose au haut commandement à l'Ouest

Puisque le haut commandement ne semble pas comprendre la situation en Normandie, Rommel avait demandé qu'il y envoie des émissaires, afin de juger pleinement des faits. À sa grande surprise, c'est Hitler en personne qui se propose de venir à sa rencontre et à celle de Rundstedt. C'est donc un Rommel en manque de sommeil qui arrive sur le lieu de la conférence. Il est de retour d'une tournée d'inspection de vingt et une heures sur le front, sans avoir eu le temps de préparer cette importante rencontre.

C'est au nord de Soissons, au *Wolfsschlucht II*, le QG édifié pour Hitler en 1940 dans l'optique d'une invasion de l'Angleterre, que les *Feldmarshall* von Rundstedt et Rommel attendent le Führer, le 17 juin au matin. Embarqués dans quatre quadrimoteurs Condor, ce dernier et sa suite ont atterri à Metz la veille. Hitler commence par leur reprocher leur échec face à l'*Invasion*. C'est au tour des deux maréchaux de s'exprimer. Rommel dépeint la difficile situation de la Wehrmacht en Normandie. Il estime que la situation est sans espoir.

Appuyé en ce sens par Rundstedt, Rommel suggère de tenir les fronts de Caen, sur l'Orne, avec les seules divisions d'infanterie, de masser des divisions de panzers sur les ailes et, en opérant un repli graduel et calculé de l'infanterie, d'attirer les Britanniques dans une nasse et de les anéantir au-delà de la portée de la flotte alliée[1]. Refus d'Hitler : pas un pas en arrière ! On leur refuse l'appui des V1 contre la tête de

17. LA NORMANDIE : ULTIME COMBAT

Rommel et ses officiers.

pont, faute de précision suffisante, précise le *General der Artillerie* Heinemann, le responsable de cette « arme miracle ». Hitler s'oppose par ailleurs à leur utilisation sur les ports d'embarquement anglais. En revanche, il accepte la proposition de Rundstedt d'effectuer un repli méthodique des troupes en direction de Cherbourg.

« Vous nous demandez notre confiance, mais vous-même vous ne nous accordez pas la vôtre. » On rapporte qu'Hitler aurait rougi à cette remarque, mais en tout état de cause, il reste coi. Il aurait écarté sans ambages l'avis de Rommel, qui aurait suggéré d'envisager une solution politique au conflit – pour autant qu'il ait osé à formuler une telle option, ce qui n'a rien de sûr[2].

Pourtant, l'ancien commandant de l'*Afrika Korps* rentre à La Roche-Guyon rasséréné par l'entrevue avec son idole, qui lui a regonflé le moral en évoquant notamment l'intervention

---

1. Faute d'avoir repoussé les Alliés le 6 juin, Rommel semble s'être rangé aux conceptions de Geyr von Schweppenburg quant à l'usage des *Panzer-Divisionen*.

2. Rommel aurait aussi évoqué les crimes commis par la « Das Reich » au cours de sa montée vers le front.

massive des V1 et l'arrivée prochaine de chasseurs à réaction sur le front. Hitler a indéniablement impressionné son interlocuteur. « Il doit jouir d'un véritable magnétisme », conclut Ruge. De fait, Rommel écrit ces lignes évocatrices à son épouse : « J'envisage l'avenir avec beaucoup moins d'inquiétude qu'il y a une semaine. L'attaque des V1 nous a apporté beaucoup de soulagement. Une rapide percée de l'ennemi en direction de Paris est désormais très peu probable. Nous allons maintenant recevoir des renforts en nombre. » Et d'ajouter qu'Hitler comprend désormais la gravité de la situation[1]…

L'idée de demeurer sur la défensive est inconcevable. Deux jours après la conférence, le *Heeresgruppe B* propose de frapper en force entre Balleroy et Tilly-sur-Seulles, à la jonction entre les secteurs américain et britannique, avec huit *Panzer-Divisionen*. Toutefois, la puissance de certaines unités est déjà amoindrie (*Panzer Lehr*, « Hitlerjugend » et, surtout, *21. Panzer*). Il s'agit de stopper l'*Invasion* pour au moins six semaines : le délai voulu par Hitler pour permettre l'entrée en lice de sa nouvelle arme miracle en Normandie. En grande partie dépourvue de bocage, la zone est en outre jugée la plus favorable pour monter une contre-offensive avec les panzers. Sur la carte, avec une telle débauche de moyens, le plan semble tout à fait faisable : la mer n'est qu'à 20 ou 30 kilomètres. Les *2. SS*, *9. SS* et *10. SS* frapperont en direction de

Les Waffen SS se préparent à la grande contre-offensive.

1. Le Führer avait promis de se rendre en personne sur le front, puis se ravise, prétextant la chute d'un V1 désemparé à proximité du bunker.

17. LA NORMANDIE : ULTIME COMBAT

Balleroy avant de suivre une ligne Bayeux-Carentan. À leur droite, la *2. Panzer* et la *Panzer Lehr* prendront Bayeux puis balayeront le secteur d'Omaha Beach avant de remonter le long de la côte en direction d'Isigny. À l'est de Caen, l'attaque serait menée par les *21. Panzer, 1. SS* et *12. SS-Panzer-Divisionen* en direction de Gold et Juno, puis la *21. Panzer* attaquerait vers Sword et l'Orne. Mais les Alliés, qui auront l'avantage d'être sur la défensive, seront de surcroît appuyés par une aviation et une artillerie très puissantes. Le risque de subir un échec faute de pouvoir coordonner l'assaut est donc réel. Rommel exige cependant comme condition préalable que soit neutralisée l'artillerie navale alliée, requête semblant impossible à satisfaire, mais sur laquelle s'accorde le Führer. Le Renard du désert ne fixe aucune date précise pour ce grand projet, suggérant seulement le début du mois de juillet.

L'impossible bataille d'attrition

Hitler espère que Cherbourg tiendra. Il souhaite que le maximum de forces soient concentrées dans la *Festung* plutôt que d'autoriser un repli vers le sud, sur La Haye-du-Puits. Ni Rundstedt, ni Rommel, ni Dollmann ne partagent cet avis, mais l'OKW n'en a cure. Or, le 18 juin, alors que les Américains sont parvenus à couper la péninsule du Cotentin, et donc à isoler Cherbourg, Rommel reçoit quatre hôtes de marque à sa table : le *SS-Obergruppenführer* Hausser, le *Kommandeur* du *II. SS-Panzerkorps*, le général Obstfelder, le chef du *LXXXVI. Korps*, le général Geyr von Schweppenburg et son nouveau chef d'un d'état-major reconstitué, le général Gause, que Rommel retrouve sans doute avec plaisir. Le lendemain, 19 juin, Rommel inspecte le secteur de la *15. Armee* entre la Seine et la Somme et converse avec le *General der Panzertruppen* Kuntzen, chef du *LXXXI. Korps* dont le PC est à Canteleu, près de Rouen. Craignant toujours un second débarquement, il est satisfait de sa tournée d'inspection.

Le lendemain, il se rend de nouveau sur le front, où la situation lui semble stabilisée, sauf dans le secteur de Cherbourg, qui est source d'inquiétude. Avant son départ, il évoque les difficultés de

ROMMEL

L'enfer de la guerre des haies.

ravitaillement avec l'*Oberstsleutnant* Ziervogel, envoyé par l'OKW à cet effet. Le 21 juin, il repart pour la Normandie et se rend successivement au PC du *LXXXVI. Korps*, au bois de Braffy (près de Cambremer), à celui de la *21. Panzer* à Saint-Pierre-sur-Dives, puis au PC du *I. SS-Panzerkorps* à Baron-sur-Odon. Il a au moins la satisfaction de constater que le moral est très satisfaisant. Le 23 juin, Rommel, qui ne renonce donc pas à mener une contre-attaque, ordonne le retrait de la ligne de front des *2. Panzer*, *21. Panzer* et *Panzer Lehr*. La relève doit être assurée par la *16. Luftwaffen-Feld-Division*, ainsi que par les *276.* et *277. ID*[1]. Après deux jours passés à son QG, Rommel reprend la route pour Périers le 24 juin. Il y rencontre le *General der Infanterie* von Choltitz[2], le nouveau responsable du *LXXXIV. Korps*, après un interim assuré par le *General der Artillerie* Wilhelm Fahrmbacher. Rommel goûte à cette occasion de nouveau aux méfaits de l'absence de couverture aérienne, puisqu'il lui faut six

---

1. En préparation de la contre-attaque, Geyr rencontre les chefs d'état-major des *I.* et *II. SS-Panzerkorps*, ainsi que celui du *XLVII. Panzerkorps*. Il essaie aussi de remédier à la faiblesse de l'artillerie allemande face à celle des Alliés.

2. L'homme est passé à la postérité pour avoir signé la reddition du *Gross Paris* le 25 août 1944...

17. LA NORMANDIE : ULTIME COMBAT

heures pour se déplacer de 230 kilomètres. Il rentre par Saint-Jean-le-Blanc, où il visite le *XLVII. Panzerkorps*. « Le maréchal revient vers 23 heures, écrit Ruge, très grave, car les pertes de l'infanterie sont exceptionnellement lourdes. La supériorité matérielle de l'adversaire est trop considérable. » Rommel est tout aussi déprimé le lendemain. Le 25 juin, la visite du *Feldmarschall* Hugo Sperrle ne débouche sur aucune avancée concrète quant au soutien à attendre de la Luftwaffe. La gravité de la situation qui prévaut à Cherbourg, autour duquel l'étau américain se resserre, plombe l'ambiance de la soirée. Rommel, assis sur un banc en compagnie de Ruge, profite du magnifique panorama qu'offre la baie de Seine. Il se confie, déplorant les ordres reçus. Il évoque avec regret les occasions perdues en Méditerranée, qui auraient représenté des économies de forces. Et Ruge d'évoquer également l'espoir de se rétablir, même après une défaite totale, en prenant exemple sur *Autant en emporte le vent*[1].

Le 26 juin, Rundstedt et Blumentritt se rendent auprès de Rommel. Une commission vient d'être constituée par l'OKW pour enquêter sur la chute annoncée de Cherbourg. Évoquant Tobrouk et El-Alamein, Rommel observe que les forteresses et les fortifications ne sont viables qu'à la faveur d'un soutien aérien important. Dans la soirée, le *Generaloberst* Dollmann expose la situation dans toute sa gravité à Rommel, en particulier la menace qui pèse sur Caen, alors même que Cherbourg tombe. En effet, après la chute du grand port, une seconde déconvenue survient pour Rommel à la fin du mois de juin, alors même que le QG du *Panzergruppe West* reconstitué s'apprête à lancer une contre-attaque massive, grâce à l'arrivée de quatre divisions de panzers SS.

Montgomery déclenche le 26 juin l'opération *Epsom*, qui sonne le glas de la grande contre-offensive programmée[2]. À la fin du mois

---

1. S'il faut le croire, Ruge aurait aussi suggéré que le Führer devrait se suicider, puisque les Alliés refusent de négocier avec lui. « Vous n'y allez pas de main morte ! » aurait observé Rommel.

2. Comme en Afrique, Montgomery bénéficie des rapports détaillés fournis par ULTRA et peut donc devancer systématiquement un adversaire dont il connaît les intentions, le Britannique étant d'autant plus conforté dans ses décisions que les services de décryptages confirment que les Allemands s'attendent toujours à un second débarquement plus au nord.

de juin, soit à peine plus de trois semaines après l'*Invasion*, ce sont ainsi huit *Panzer-Divisionen*, ou certains de leurs éléments, qui affrontent les Britanniques dans le secteur de l'Odon, autour de la cote 112[1]. Cela signifie que toutes les divisions blindées allemandes participent aux combats dans ce secteur, de Rauray à la cote 112, tandis que la *21. Panzer-Division* combat toujours devant Caen, à quelques kilomètres. Si on y ajoute les Tiger, on est impressionné par la densité de panzers et d'unités engagées sur à peine quelques dizaines de kilomètres de front. Une telle puissance serait à même d'anéantir des divisions entières dans n'importe quel *Kriegspiel*. Pourtant, aucun succès tangible ne survient. Les Allemands, qui ne peuvent jamais constituer de réserves, faute de divisions d'infanterie pour tenir le front, se montrent absolument incapables de monter une contre-offensive coordonnée. Les deux divisions du *II. SS-Panzerkorps* se cassent les dents sur les défenses inexpugnables des Britanniques, qui doivent concéder l'importante cote 112, tandis que Caen reste aux mains des Allemands et qu'aucune percée n'est acquise.

Le 27 juin, Rommel rencontre le chef d'état-major de Guderian, le *Generalleutnant* Thomale, qui rentre d'une inspection du front de Normandie. Rommel compte sur lui pour qu'il fasse un rapport circonstancié à l'OKW, et notamment des difficultés posées par l'absence de commandement unique. Ce jour-là, Hitler revient sur sa décision prise au cours de la première semaine de la campagne : alors que les études préparatoires à une vaste contre-offensive vers la mer *via* Balleroy ont commencé, il envisage au contraire d'envoyer les panzers dans le Cotentin… pour reprendre Cherbourg ! C'est deux semaines trop tard ! Rommel rétorque que les délais nécessaires au transfert des unités de panzers (toutes les unités de la *Waffen SS* sauf la « *Hitlerjugend* ») et d'artillerie du front de Caen au sud de la Manche supposent qu'aucune offensive ne pourra être lancée avant le 10 juillet, au plus tôt. En tout état de cause, Rommel n'entend pas dégarnir le front de Caen alors que les combats y font rage, d'autant plus qu'il craint toujours, en dirigeant

---

1. L'entrée en lice du *II. SS-Panzerkorps* est considérée comme prioritaire par Rommel, qui stoppe les convois de la logistique pour faciliter son arrivée en Normandie.

17. LA NORMANDIE : ULTIME COMBAT

ses formations de panzers vers le Cotentin, de les éloigner de la future zone du débarquement allié attendu plus à l'est[1]. Rommel part ensuite pour le PC du *Panzergruppe West*, dissimulé dans un bois près de Mittois, puis de nouveau pour celui du *LXXXIV. Korps*, à Périers.

Berchtesgaden : Hitler refuse tout compromis à l'Ouest

Le 27 juin, Rundstedt fait savoir à Rommel qu'ils sont tous deux convoqués auprès du Führer, à Berchtesgaden. Rommel se met en route à 13 heures, le 28 juin, et prend au passage Rundstedt, en compagnie duquel il effectue les 1 100 kilomètres du trajet. Les deux hommes, décidés à présenter au Führer un tableau exact de la situation dramatique qui prévaut à l'Ouest, parviennent à Berchtesgaden le lendemain à 13 heures. Hitler rencontre donc pour la seconde fois les deux maréchaux en charge du front de Normandie, où, selon lui, devra se décider le sort de la guerre.

Dès qu'il est invité à s'exprimer, Rommel évoque de nouveau la question politique. Hitler lui rétorque de ne s'en tenir qu'à la

Montgomery devance Rommel.

[1]. À cette date, Staubwasser estime qu'Eisenhower dispose encore de soixante-sept divisions au Royaume-Uni, contre quinze en réalité.

situation militaire. Le dictateur, qui juge la situation logistique des Alliés particulièrement vulnérable, puisque tributaire de liaisons maritimes, déplore l'absence de contre-attaque d'envergure. Invité une nouvelle fois à prendre la parole, Rommel aurait demandé aux autres participants de la conférence, dont Himmler et Goering, d'exprimer clairement leurs vues sur la situation de l'Allemagne[1]. Une telle franchise est-elle possible, même pour Rommel ? C'en est trop pour Hitler, qui le congédie. « Une victoire totale, dont Hitler a parlé aujourd'hui même, est absurde », aurait déclaré Rommel à un Keitel apparemment compréhensif. Le Souabe, profondément déprimé, n'est pas invité à dîner et quitte Berchtesgaden dans la soirée. Il est de retour à La Roche-Guyon vers 20 h 30 le 30 juin.

Hitler s'est fermement opposé à toute idée d'un repli sur la Seine, préconisé par Rommel et Rundstedt. La marge de manœuvre de ceux-ci est dès lors très réduite. Discipliné, Rommel met tout en œuvre pour se plier aux instructions du Führer. C'est alors la longue période d'attrition de la guerre des haies et de la bataille de Caen. Hitler a indéniablement un argument de taille en sa faveur : le front de Normandie constitue la ligne de défense idéale[2]. Il sait aussi que son infanterie, hippomobile, n'est pas de taille à mener une guerre de mouvement… Rommel préconise-t-il ce type de guerre ? Non. La guerre lui semble perdue… La solution préconisée par les maréchaux ne peut en aucun cas correspondre à la vision hitlérienne du refus de céder le moindre pouce de terrain, sans oublier que, ce faisant, la défense de l'Allemagne perdrait toute profondeur stratégique. Pour autant, la Wehrmacht ne peut gagner la bataille d'attrition que lui imposent les Alliés. Ces derniers disposent sur le continent de 850 000 hommes, soit trois fois les effectifs de Rommel, ce qu'ignore ce dernier. Ils sont en passe de gagner la bataille de la consolidation.

---

1. Goebbels ne cache pas sa déception : « Je suis de plus en plus persuadé que la nomination de Rommel au commandement dans un secteur aussi critique n'a pas été une bonne chose. »

2. Le terrain en Normandie, largement bocageux et collinaire, se prête à merveille à la défensive et le front ne dépasse pas les 200 kilomètres. Un repli sur la Seine l'aurait considérablement rallongé, sans que les forces allemandes soient en mesure de se soustraire à l'aviation alliée.

17. LA NORMANDIE : ULTIME COMBAT

Valse de limogeage

Le 1er juillet, l'attente d'un débarquement entre la Somme et le Pas-de-Calais reste plus que jamais d'actualité : le QG du *Heeresgruppe B* dresse ce jour-là une carte de l'*Atlantikwall* pour l'OKW. Au petit déjeuner, Rommel est fort peu disert au sujet de la conférence. Il se rend de nouveau au PC du *Panzergruppe West*, dans une propriété du bois de Quevrue, sur la commune de Mittois. Il y discute de l'évacuation de Caen, ce qui sera fatal à Schweppenburg. Thomale est joint par téléphone. Ce dernier assure qu'il va transmettre au Führer l'appréciation de la situation par les responsables du front. La réponse d'Hitler, alors très préoccupé par le désastre qui pointe au même moment en Biélorussie, tombe dans la soirée et ne saurait surprendre : les positions doivent être tenues… et toutes les percées de l'ennemi doivent être anéanties par des contre-attaques ou une défense acharnée ! La situation n'est pas moins préoccupante à l'autre extrémité du front du *Panzergruppe West* : le chef du *LXXXVI. Korps* annonce ainsi que l'ennemi va vraisemblablement attaquer, et il préconise l'envoi des divisions de panzers de réserve à Troarn. Le maréchal est consterné par l'amateurisme de l'OKW : « Pourquoi nos batailles doivent-elles être conduites par des idiots éloignés du front et qui n'ont aucune idée de ce qui se passe en Normandie ? »

En soirée, Rommel apprend que Geyr von Schweppenburg est démis de son commandement. Partisan d'une défense élastique, il ose, dans un rapport avalisé par Rundstedt et Rommel, suggérer un repli hors de portée de la flotte alliée et une évacuation du saillant de Caen pour constituer une réserve de panzers. Cette franchise lui coûte son poste : il est également congédié. Son successeur, Eberbach, est, comme lui, un spécialiste des blindés.

« Faites la paix, pauvres imbéciles ! Que pouvez-vous faire d'autre ? » lâche le doyen des maréchaux par téléphone à un Keitel décontenancé. Le lendemain, 2 juillet, un aide de camp se présente au QG de l'*OB West*. L'officier est porteur d'une lettre personnelle du

Führer à l'attention de Rundstedt. Il y exprime des soucis pour la santé du maréchal… Ce dernier est en fait relevé de son commandement. Son successeur est le *Feldmarschall* von Kluge. Rommel et Rundstedt sont de nouveau ensemble à Ivry pour assister aux obsèques de Dollmann[1].

Ainsi, en quelques jours, tous les hauts responsables de la Wehrmacht à l'Ouest ont changé, à l'exception notable de Rommel, seul à conserver son poste. « Je serai le prochain », déclare-t-il. L'idole de la nation, le héros de la propagande, celui qui fut le général favori du Führer, peut-il être limogé sans que le moral de la population et de la troupe s'en ressente ? Certes non. Ce serait reconnaître implicitement l'échec en Normandie.

Relations tendues avec Kluge

Le 3 juillet, Rommel se rend à Périers auprès de Choltitz, puis à Mittois, chez Geyr von Schweppenburg. Il annonce à ce dernier qu'il est remplacé à la tête du *Panzergruppe West* par le général Eberbach.

Ce même jour, peu après son retour du front, Rommel retrouve celui qui fut son supérieur en 1940 à la *4. Armee* : le *Feldmarschall* von Kluge. Les retrouvailles sont particulièrement tendues. Comme avec Rundstedt et Speidel avant lui, on dresse à Kluge un portrait peu flatteur de Rommel, que l'OKW dépeint comme un éternel pessimiste, par ailleurs toujours présenté comme un subordonné particulièrement difficile. Sûr de lui-même, l'ancien commandant du *Heeresgruppe Mitte* en Russie (le groupe d'armées Centre) entend suivre les directives du Führer et en imposer à Rommel, auquel il rappelle son devoir d'obéissance.

La séance est donc orageuse. Rommel s'emporte aussitôt, puis Kluge fait sortir les autres officiers. Le tête-à-tête est assez long. « J'ai dit à Kluge qu'il ne s'est jamais encore battu contre les Anglais », déclare Rommel au dîner. Piqué au vif, Kluge envisage un premier temps de se rendre au front à bord d'un Storch, puis, sagement, se ravise. Il déclare à Rommel qu'il a perdu la confiance absolue du

---

1. Dollmann décède d'une crise cardiaque le 29 juin. Rommel souhaite que Kurt von der Chevallerie, qui commande la *1. Armee* dans le Sud, le remplace, mais, sur décision d'Hitler, le poste de *Kommandeur* de la *7. Armee* échoit au SS Hausser, une première au niveau d'une armée de la Wehrmacht.

17. LA NORMANDIE : ULTIME COMBAT

Avec Kluge, les relations sont plus tendues qu'avec Rundstedt.

ROMMEL

Führer, et qu'il se laisse trop impressionner par la supériorité en armements de l'adversaire, comme en Afrique. Si Rundstedt avait su composer avec la personnalité de Rommel, au point que les deux hommes avaient fini par s'apprécier, Kluge entend tenir le rôle du chef et se faire obéir[1]. Le ressentiment mutuel sera durable ; il ne se dissipera jamais véritablement.

Le 4 juillet, alors que les combats commencent pour Carpiquet, inaugurant une semaine de bataille qui va finalement aboutir à la perte de la rive gauche de Caen, Rommel est à Canteleu, au PC du *LXXXI. Korps*. Kuntzen présente les défenses dont il a la charge, en particulier la *Festung* du Havre, et le *Vizeadmiral* Rieve évoque de son côté l'artillerie côtière, les barrages de mines et les stations de radiogoniométrie. Visiblement, l'éventualité d'un second débarquement est toujours prise au sérieux : les conditions de marée seront en effet bientôt identiques à celles du 6 juin… Dans le Cotentin, les Américains inaugurent une série d'offensives menées au niveau du corps d'armée. L'OKW venait d'ordonner la mise en réserve de la division « Götz von Berlichingen » : « Ils ne peuvent pas exiger que j'arrête l'attaque de trois divisions américaines avec le quart d'une ! » déclare un Rommel agacé par les interférences de ses supérieurs. La question de l'unité de commandement le taraude toujours, aussi a-t-il formulé une demande pour réunir sous son autorité toutes les troupes présentes dans sa zone de commandement. Le soir, Rommel effectue une promenade en compagnie de Ruge, auquel il ressent le besoin de se confier. « Il me parle encore de son entretien avec Kluge, raconte Ruge. Celui-ci a déclaré que, en fait, Rommel n'avait jamais commandé plus qu'une division, ce qui a blessé le maréchal. »

Rommel n'arrive pas à admettre les propos tenus par Kluge au cours de leur première entrevue. Le 5 juillet, il décide d'adresser une lettre à son nouveau supérieur : « Monsieur le *Feldmarschall* von Kluge. Je vous envoie en pièce jointe mes commentaires sur les événements militaires en Normandie à ce jour. La réprimande que vous m'avez adressée

---

1. Le 12 juillet, Rommel déclare à Ruge : « On m'a défendu de téléphoner à quiconque. Il est réservé à Kluge de le faire. »

17. LA NORMANDIE : ULTIME COMBAT

au début de votre visite, et ce en présence de mon chef d'état-major et de mon Ia, selon laquelle moi aussi "je vais devoir m'habituer à obéir aux ordres", m'a profondément blessé. Je vous demande de me faire savoir sur quels faits vous vous êtes basé pour formuler de telles accusations. »

Le mémorandum joint par Rommel à cette missive est un modèle du genre. Il dresse un tableau sincère des événements. Il rappelle les faiblesses des défenses sur la côte normande le 6 juin 1944, soulignant que « les demandes de renforts formulées à diverses reprises par le *Heeresgruppe B*, soit bien avant l'*Invasion*, soit surtout à la fin du mois de mai, c'est-à-dire au moment où la Normandie paraissait directement visée, ont toutes été repoussées ». Et de citer en exemple ses demandes de redéploiement de la « Hitlerjugend » et de la *Panzer Lehr*. Rommel poursuit en évoquant le manque de coopération de la Kriegsmarine et de la Luftwaffe, qui n'ont consenti à mouiller les mines de la dernière génération qu'après le Débarquement. Il insiste évidemment sur les difficultés de transport, de ravitaillement, ainsi que sur les conséquences de l'omnipotence de l'aviation ennemie qui domine le champ de bataille : les réserves ne sont parvenues sur le front que trop tardivement. Il se dédouane, à juste titre, des interférences dramatiques de l'état-major du Führer : « L'ennemi ayant réussi à s'assurer un tremplin sur le continent ; l'intention première du *Heeresgruppe B* était, une fois les renforts arrivés à pied d'œuvre, de liquider la tête de pont formée au nord de Carentan, éliminant ainsi le danger qui menaçait le Cotentin et la place forte de Cherbourg, et ensuite, de déclencher une attaque contre l'ennemi qui avait pris pied entre l'Orne et la Vire. L'OKW désapprouva notre plan et nous intima l'ordre de reporter l'effort principal sur le secteur flanquant l'embouchure de l'Orne. » Le rapport se termine par une note de bon sens : la victoire, assure Rommel, ne sera possible qu'à condition de reproduire une équipe soudée à l'image du tandem Eisenhower-Montgomery, avec « un commandement étroitement unifié de tous les services ».

ROMMEL

Rommel avec Dietrich, qui assure la défense de Caen.

Ce 5 juillet est aussi une nouvelle journée sur le front. Rommel part à 6 heures pour le PC du *Panzergruppe West*, puis pour celui du *II. SS-Panzerkorps*, près d'Ouffières. Rommel reste obnubilé par une nouvelle opération amphibie. Eberbach, qui a succédé à Schweppenburg, doit se tenir prêt à céder deux divisions de panzers, soit à la *7.*, soit à la *15. Armee*, en cas de nouveau débarquement[1]. La journée se termine par la visite d'un hôte de marque. Se déplaçant à La Roche-Guyon pour prendre congé de Rommel, Rundstedt ne cache pas sa satisfaction : il ne sera plus en responsabilité quand la catastrophe surviendra.

Bien que Rommel soit visiblement préoccupé par la situation à Caen, l'offensive américaine vers Sainteny l'oblige à transférer la *Panzer Lehr* du *Panzergruppe* à la *7. Armee* (décision prise le 7 juillet). L'intégralité de la « Das Reich » sera également envoyée face

---

1. La mention de la *7. Armee* suppose qu'un débarquement en Bretagne n'est pas écarté. De fait, les Alliés ont un temps étudié l'éventualité d'un largage d'aéroportés contre Saint-Malo.

17. LA NORMANDIE : ULTIME COMBAT

à la *1st US Army*. Le 7 juillet dans l'après-midi, il se rend à Saint-Germain-en-Laye, auprès de Kluge, pour discuter de la question du ravitaillement.

Le 8 juillet, les Britanniques lancent un bombardement massif devant Caen, prélude à une opération majeure. Rommel, qui est au PC du *Panzergruppe West* le matin, repasse le soir vers 21 heures et constate que les problèmes des munitions n'ont pas été résolus : le responsable de la logistique n'a plus de munitions d'artillerie dans ses dépôts, mais 450 tonnes sont en route. Le *Feldmarschall* consent à un repli à l'est de l'Orne, ordonnant de faire franchir le fleuve d'abord aux armes lourdes. Il faut encore tenir la ligne Calix-Saint-Germain-aérodrome de Carpiquet. Entre-temps, il a consacré le reste de la journée au front américain, puisqu'il s'est rendu au PC avancé de la *7. Armee* au Laurier, près de Villedieu-les-Poêles, avant de rencontrer Meindl au PC du *II. Fallschirmkorps*, à Pont-Brocard.

Pourtant, le lendemain, il ordonne de conserver la ville de Caen à tout prix : le *Kampfgruppe* von Rauch doit essayer de tenir encore, mais c'est peine perdue et son repli implique celui de la « Hitlerjugend », encore déployée à Carpiquet et à Caen. À 15 h 45, c'est le repli des restes de l'unité SS. Rommel incite toutefois à veiller à ce que le front ne soit pas percé. Ce 9 juillet, il est resté à La Roche-Guyon, où il dîne avec ses hôtes, la famille de La Rochefoucauld.

Caen tombé, Rommel, à nouveau au PC du *Panzergruppe West* le 10 juillet vers midi, est vite confronté à de nouvelles attaques sur la cote 112, à l'est de Caen, mais aussi à Colombelles, à l'ouest de l'Orne. La menace sera conjurée dans les deux cas, respectivement, entre autres, par les Tiger du *102. SS-sPz-Abt* et ceux du *503. sPz-Abt*. Gause déplore le manque d'obus et fait remarquer également que si le moral de la troupe reste élevé, « le courage seul ne sera pas suffisant ». Pour pallier le manque d'effectifs, on suggère à Rommel de faire monter en ligne tout le personnel des écoles et des unités d'instruction non indispensable à l'arrière. Il rend visite également au *General der Infanterie* von Obstfelder (*LXXXVI. Korps*), à son PC dans le bois de Braffy, près de Cambremer, ainsi qu'à Dietrich, le *Kommandeur* du *I. SS-Panzerkorps*, à son PC d'Urville. Le soir, l'état-major évoque la nécessité pour les chefs de bataillon de posséder une automobile, ce qui n'est pourtant pas dans leur dotation réglementaire, les obligeant à emprunter le véhicule du médecin ou un side-car. Pourtant, observe Rommel, « on s'imagine mal un chef de bataillon à cheval dans la bataille de Caen ».

Après être resté de nouveau une journée à son QG pendant que les contre-attaques de la « Das Reich » et de la *Panzer Lehr* échouent face aux Américains, Rommel retourne sur le front le 12 juillet. Il rencontre le *General der Panzertruppen Freiherr* von Funck (*XLVII. Panzerkorps*) à Saint-Jean-le-Blanc et de nouveau Eberbach au Mittois. Le soir, il est en conférence avec Kluge, qui a fait le déplacement jusqu'à La Roche-Guyon. Ce dernier finit par admettre que Rommel lui avait dépeint un tableau exact de la situation, au contraire des assurances données par l'OKW... Le 13 est une autre journée sans déplacement.

Ultimes décisions militaires d'un général d'envergure

À la mi-juillet 1944, Rommel va prendre les dernières dispositions de sa longue et brillante carrière. S'il n'a pas les coudées franches, il sait que la responsabilité du front de Normandie est la sienne. « Rommel, rapporte Ruge, de nouveau, déclare qu'il n'est qu'un simple administrateur. Il n'agit plus sans se couvrir, pour que l'OKW ne fasse pas, après coup, retomber la responsabilité sur lui, comme déjà à maintes reprises. » Le 14 juillet, il est de retour dans le secteur faisant face aux Américains, à Fervaches, au nouveau PC du *II. Fallschirmkorps*. Meindl n'est pas seul. C'est l'occasion pour Rommel de s'entretenir avec le *SS-Obergruppenführer* Paul Hausser, le *Kommandeur* de la *7. Armee*. La journée est consacrée au front faisant face aux Américains. La bataille des haies fait rage depuis dix jours et le mont Castre est tombé, ainsi que La Haye-du-Puits, tandis que les GI se rapprochent de Saint-Lô, mais le front ne

17. LA NORMANDIE : ULTIME COMBAT

cède pas[1]. Depuis le début du mois, Rommel a su stopper les Alliés sur l'intégralité du front de Normandie, parfois *in extremis*, mais pour ce faire, il a dû engager toutes les réserves de ses armées et de son groupe d'armées.

Le 15 juillet, Rommel quitte La Roche-Guyon assez tardivement, vers 15 h 30. Direction le secteur de Caen, où il s'attend, avec justesse, à une attaque majeure de Montgomery. Après avoir descendu la Seine en canot d'assaut, il monte à bord d'une voiture découverte, qui l'emmène d'abord au PC de la *346. ID* du *Generalleutnant* Diestel, à Saint-Léger-Dubosq, près de Dozulé. « La conférence a lieu dans un jardin, raconte Ruge. La troupe est partout bien camouflée. Notre visite surprend, mais le rapport est plein de confiance. Il manque seulement 800 hommes à la division, ce qui est très supportable. Cependant, l'état-major nous signale que de gros déchargements ont lieu à l'ouest de Riva-Bella, environ un millier de camions par jour. » Rommel rend ensuite visite au *Generalmajor* Sievers, le chef de la *16. Luftwaffen-Feld-Division*, dans un bois au nord d'Argences. L'unité a été ébranlée par le bombardement aérien lors de la prise de Caen, bataille au cours de laquelle elle s'est peu distinguée, avant de faire montre de davantage de pugnacité dans le secteur de Colombelles, notamment avec le bénéfice d'un soutien de Tiger. Rommel écoute ensuite dans un verger à Billy le rapport du *Generalleutnant* Feuchtinger, commandant de la *21. Panzer-Division*. « Rommel lui parle ensuite de son engagement au jour du débarquement, rapporte Ruge. À son avis, la division se trouvait trop en arrière, contrairement aux ordres donnés par lui. Le général déclare que cela lui avait été prescrit par le chef du *Panzergruppe West*. La division, continue Rommel, avait été stationnée autour de Caen pour anéantir immédiatement tout ennemi débarquant par air. Feuchtinger invoque un ordre d'avril lui assignant un emplacement plus reculé. Il ne pouvait s'agir que de la première instruction générale, mais, depuis, le maréchal n'avait cessé d'exposer ses idées lors de ses inspections, et, en conséquence, il aurait dû se trouver plus en avant. Feuchtinger admet que cela eût été, en effet, plus raisonnable et plus

---

1. L'offensive de Bradley, le commandant de la *1st US Army*, est très coûteuse : 40 000 hommes sont mis hors de combat.

ROMMEL

efficace. Toute cette discussion se déroule sur le ton le plus courtois, avec une sorte de détachement technique, pour ainsi dire. » Après un verre de cidre, Rommel examine un nouveau modèle de Sherman capturé : un Firefly[1]. L'heure tournant, Rommel doit renoncer à se rendre auprès du *LXXXIV. Korps*, dans la Manche. Le retour s'effectue, comme à l'accoutumée, sous la menace des avions alliés en maraude : « Nous rentrons à vive allure par Saint-Pierre-sur-Dives et apercevons plusieurs avions ennemis, pour la plupart assez éloignés ; un seul nous survole. Nous ne stoppons pas mais diminuons seulement de vitesse. »

C'est au cours de ces dernières journées que Rommel, excellent soldat et tacticien de génie, s'efforce d'établir, avec ses subordonnés, une défense à même de contrer toute velléité de percée de l'ennemi. Si le front face aux Américains n'est nullement négligé, c'est dans le secteur de Caen que l'accent est particulièrement mis sur une défense en profondeur, comme sur le front de l'Est[2]. Feuchtinger aurait voulu garder plus d'unités de panzers en réserve, prêtes à contre-attaquer, mais, contrairement à la doctrine allemande qui préconise de laisser une grande latitude aux subordonnés sur le terrain, Rommel impose ses vues et ordonne de renforcer les lignes avancées. Le dispositif est consolidé[3]. Trois lignes de défenses sont établies. La première, s'appuyant sur une série de villages fortifiés, est tenue par 4 500 combattants de la *16. Luftwaffen-Feld-Division* et par le tiers de la *272. ID*. Derrière cette ligne, une position de défense antichar formidable est formée par les restes de la *21. Panzer-Division* et ses 5 000 combattants, les Tiger qui lui sont rattachés et par les redoutables défenses de la crête de Bourguébus, qui disposent de 128 pièces antichars et de 112 canons de *Flak* (dont de nombreux 88 mm). L'ensemble est soutenu par 272 tubes de lance-fusées *Nebelwerfer* et par 194 pièces d'artillerie. La réserve mobile est constituée par la *1. SS-Panzer-Division* (entre

---

1. Réarmé avec une pièce de 17 *pounder*, le Sherman Firefly représente un adversaire redoutable pour un Panther ou un Tiger. Un Sherman britannique sur quatre est équipé de la sorte.

2. Rommel admet que la situation est encore plus dramatique à l'Est qu'en Normandie.

3. Rommel dispose dans ce secteur de 40 000 hommes et de 266 panzers (mais seulement 160 à proximité), ainsi que 65 blindés pour s'opposer aux 61 000 hommes et 1 000 chars que Monty va engager au sein du seul *VIIIth British Corps* d'O'Connor.

17. LA NORMANDIE : ULTIME COMBAT

Ifs et Tilly-la-Campagne) et par les restes de la « *Hitlerjugend* », retirés du front dans l'optique d'un débarquement allié au nord de la Seine. Le Renard du désert sait que l'attaque de son « vieil ennemi » d'El-Alamein est imminente. Grâce aux observateurs placés sur les cheminées de la SMN, l'aciérie de Colombelles, les préparatifs des Britanniques ne passent pas inaperçus (l'une de ces cheminées est tronquée de son tiers supérieur depuis l'attaque réussie d'un Typhoon le 22 juin). Des photographies, prises lors d'une reconnaissance nocturne de la Luftwaffe dans la nuit du 16 au 17 juillet, à la faveur de fusées éclairantes, confirment bien qu'un flot de véhicules s'écoule en direction de la tête de pont située à l'est de l'Orne.

Rommel n'y croit plus. Ce 16 juillet, il rédige un mémorandum sous forme d'avertissement à destination du Führer, qu'il transmet par voie hiérarchique, donc par l'*OB West*. Kluge fait siennes les conclusions alarmistes exposées sans l'ombre d'une ambiguïté dans le dernier rapport écrit par Rommel à l'attention de l'OKW et du Führer : « Sur le front de Normandie, la situation ne cesse d'empirer et le dénouement approche [...]. Étant donné les circonstances, nous devons nous attendre à ce que l'adversaire réussisse à percer notre ligne, particulièrement le front tenu par la 7. *Armee*, dans un prochain avenir, et à effectuer une profonde percée vers l'intérieur du territoire français. En dehors des réserves du groupe blindé, actuellement immobilisées et engagées dans leur propre secteur, qui ne peuvent se déplacer que sous le couvert de l'obscurité, nous ne disposons d'aucune réserve mobile pour lutter contre une percée. [...] Partout nos soldats combattent en héros, mais cette lutte inégale approche de sa fin. Il est donc indispensable de tirer les conséquences de cette situation. En ma qualité de commandant du *Heeresgruppe B*, j'estime de mon devoir de vous le dire nettement. » Rommel sait que son armée est presque arrivée à la limite de son endurance[1]. La défaite est inéluctable. Il attend d'Hitler qu'il en tire les conséquences politiques[2], à savoir entamer des négociations de

---

1. Les pertes allemandes totalisent 97 000 hommes le 17 juillet, celles des Alliés se montent à 96 728 hommes (62 028 Américains et 34 700 Britanniques et Canadiens) deux jours plus tard.

2. Sur les conseils de Speidel, Rommel aurait accepté de rayer l'adjectif « politiques » accolé au mot « conséquences », ce qui n'a rien d'une certitude.

Le 18 juillet, les tanks vont se heurter au système défensif de Rommel.

paix avec les Alliés, hypothèse selon lui envisageable tant que le front de Normandie ne cède pas. Kluge transmet le rapport de Rommel à Hitler, en ajoutant son propre commentaire : « Après quatorze jours passés à ce poste, après de longues discussions avec les chefs responsables des divers fronts, y compris ceux des unités SS, je suis obligé d'en venir à la constatation que le *Feldmarschall* Rommel a malheureusement raison. »

Le 17 juillet, Rommel est de retour dans le secteur de Caen. Il se rend au PC de la *277. ID* du général Praum à Maisoncelles-sur-Ajon et à celui de la *276. ID* du général Badinski près de Banneville-sur-Ajon. Il constate qu'elles ne sont pas suffisamment soutenues par le *II. SS-Panzerkorps*, déployé trop en arrière. À Urville, au PC du *I. SS-Panzerkorps*, en présence du *SS-Standartenführer* Kurt Meyer, le *Kommandeur* de la « Hitlerjugend », il converse une dernière fois des mesures défensives qui ont été prises.

Victime

Le 17 juillet, en fin d'après-midi, Rommel, comme tant de ses soldats, est victime d'une attaque aérienne alliée. Il est grièvement blessé

17. LA NORMANDIE : ULTIME COMBAT

sur la route de Livarot, en direction de Vimoutiers[1], à proximité de Sainte-Foy-de-Montgommery[2]. Le *Feldwebel* Holke aperçoit un chasseur piquant sur la voiture[3]. Daniel reçoit alors l'ordre d'accélérer pour atteindre une petite route 300 mètres plus loin. L'aviateur est plus rapide : ses tirs traversent l'épaule du conducteur, qui perd le contrôle du véhicule. La voiture fait une embardée, heurte la souche d'un arbre et tombe dans le fossé. Rommel, qui avait la tête tournée en arrière quand la Horch s'est retournée, est sévèrement blessé au crâne et au visage. Inconscient, il gît à 20 mètres du véhicule. Lang et Holke sont indemnes, mais le *Major* Neuhaus souffre d'une fracture du pelvis. Quant à Daniel, il est mourant. Le corps de Rommel, que l'on croit mort, est prestement mis à l'abri dans la propriété de Rémy Miche. Lang enfourche la bicyclette de Miche et pédale jusqu'à Vimoutiers, d'où il revient avec une voiture. Rommel et Daniel sont emmenés à l'asile Saint-Joseph, à Livarot. Le pharmacien (et maire) Marcel Lescène est alors le premier à ausculter Rommel[4]. La sœur Marie de la Croix, infirmière, lui administre deux piqûres d'huile camphrée. Deux officiers exigeront plus tard qu'elle leur remette les boîtes des ampoules qui lui ont été administrées…

Il est transporté à l'hôpital de la Luftwaffe de Bernay où il sera pris en charge par le professeur Esch, un neurochirurgien. Rommel, souffrant de fractures et de maux de tête, reprend conscience le lendemain, 18 juillet, sourd de l'oreille gauche et dans l'incapacité d'ouvrir l'œil du même côté, qui reste enflé. À l'annonce de l'attentat perpétré contre Hitler le 20 juillet[5], sa surprise et sa désapprobation ne font aucun doute. Lorsque Kluge évoque l'événement, il manifeste également sa surprise. Rommel exprime aussi sa consternation à son épouse : « En plus de mon accident, l'attentat contre Hitler m'a fait un choc terrible.

---

1. Plus précisément à la hauteur de la blanchisserie Laniel, à La Gosselinaie, commune de Lisores, sur la nationale 179 (de nos jours départementale 579).

2. On notera ici l'ironie de l'histoire… Montgomery est un descendant de Gabriel de Montgommery, un fidèle compagnon de Guillaume le Conquérant.

3. Plusieurs pilotes revendiquent le privilège de cette attaque, sans qu'il soit possible d'établir l'identité de son auteur.

4. Dans la nuit, un Allemand vient lui réclamer « l'horloge du maréchal », en fait la montre de Rommel, que Lescène aurait bien gardé comme souvenir…

5. La fameuse bombe placée par l'*Oberst* von Stauffenberg au QG de la *Wolfsschanze*, en Prusse-Orientale.

ROMMEL

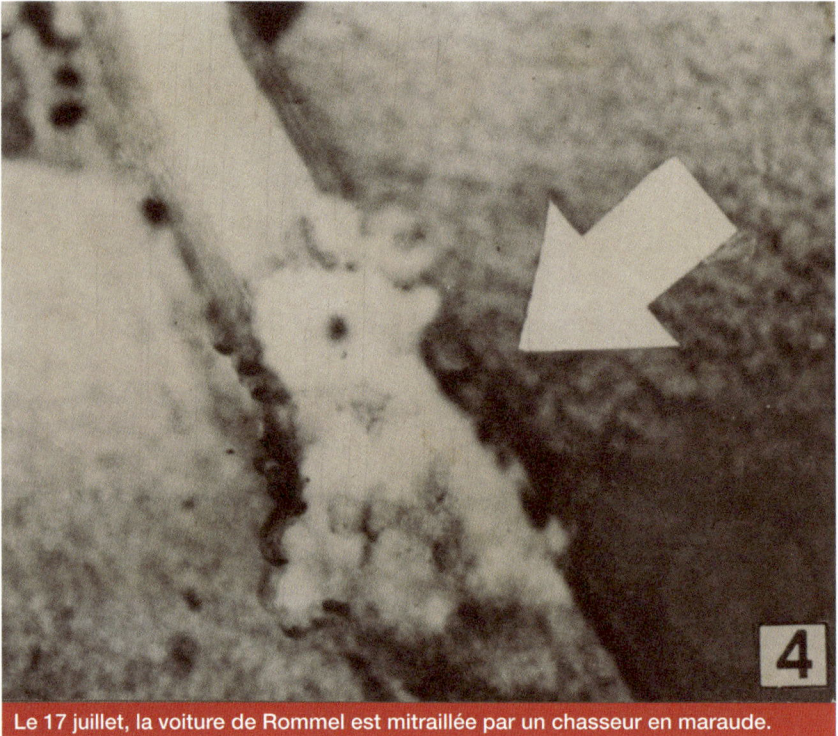

Le 17 juillet, la voiture de Rommel est mitraillée par un chasseur en maraude.

Nous devons remercier Dieu que tout se soit bien passé[1]. » Selon lui, c'est la Providence qui a de nouveau épargné le Führer. L'ancien courtisan conserve sa loyauté envers le dictateur, dont il croit naïvement pouvoir être écouté : il espère rencontrer Hitler dès que possible, pour lui permettre d'entrer en contact avec les Alliés – en particulier Montgomery – en vue de négocier une cessation des hostilités.

Le 23 juillet, une ambulance le transfère à l'hôpital du Vésinet, où il parvient après un périple de trois heures et demie[2]. Ruge se rend à son chevet, apportant *Wochenend auf schloss Denbeck* (« Week-end au château de Denbeck »), de Julian Street, pour le distraire, mais force est de constater que le convalescent n'est pas passionné par l'histoire…

---

1. La censure interceptant toutes les lettres, on imagine de toute façon mal une autre teneur de ses propos…

3. Le Führer ne l'oublie pas : « Veuillez accepter, *Herr Feldmarschall*, tous mes vœux de prompt rétablissement. »

17. LA NORMANDIE : ULTIME COMBAT

Ruge continuera avec *Le Tunnel*, puis des histoires comiques. Rommel s'inquiète de ne pouvoir recouvrer la vue de l'œil gauche, le pronostic restant partagé. Le maréchal reprend ses forces peu à peu, s'assoit pour manger « et tue une mouche avec sa pantoufle d'un coup très sûr », raconte Ruge. Rommel évoque des souvenirs des campagnes passées. Quant à la situation en Normandie, il a au moins la satisfaction d'être déchargé de sa responsabilité, alors même qu'il ne jouissait d'aucune liberté d'action[1].

Le 1er août, pour couper court aux rumeurs qui filtrent dans la presse anglo-saxonne, selon lesquelles Rommel serait blessé, voire mort, Goebbels organise une conférence de presse pour Rommel à Paris, le 1er août. « Les Britanniques me tiennent pour mort. Mais ce n'est pas la première fois qu'ils m'ont déclaré mort. Je ne suis pas encore mort – pas avant un long moment. » La rencontre est cependant abrégée et la presse nazie affirme qu'il a été victime d'un accident de la route. Rommel s'insurge : il est apparemment impensable qu'un maréchal en charge d'un *Heeresgruppe* soit mis hors de combat au cours d'une attaque aérienne. Il ne goûte que modérément cette mascarade qui instrumentalise son image. Désormais inutile pour la propagande, celle-ci va l'oublier… La percée initiée par la *3rd US Army* du général Patton au-delà d'Avranches se faisant de plus en plus menaçante, il est décidé de procéder à l'évacuation du prestigieux patient, puisque son état de santé le permet. Le 8 août, ignorant qu'une enquête est en cours à son sujet à la suite de l'attentat contre Hitler, il est transporté à sa maison d'Herrlingen, où ses proches découvrent avec effroi sa tête meurtrie[2].

---

1. Ruge rapporte combien sa présence fera désormais défaut à La Roche-Guyon : « Lorsque Rommel nous quitta, gravement blessé, en juillet 1944, nous comprîmes jusqu'à quel point la force de sa personnalité avait agi sur nous. Cette union des cœurs et des esprits était son œuvre et portait la marque d'un véritable conducteur d'hommes. »

2. Ce qui l'amène à un trait d'humour : « Tant que je n'ai pas à transporter ma tête sous l'un de mes bras, les choses ne peuvent pas aller si mal que cela. »

18
LA FIN TRAGIQUE D'UN FAVORI

18. LA FIN TRAGIQUE D'UN FAVORI

Un défaitiste loyal qui n'était pas un conspirateur

Les mentions du nom de Rommel se multiplient dans les dossiers et les rapports qui parviennent auprès du Führer au sujet de la conspiration qui a été très près de lui coûter la vie. Des conjurés, à l'instar du général Karl-Heinrich von Stülpnagel, ou encore de l'*Oberstleutnant* Caesar von Hofacker, ont mentionné son nom sous la torture. Il apparaît aussi sur une liste retrouvée chez le docteur Goerdeler, ancien bourgmestre de Leipzig, pressenti pour accéder à la chancellerie. On imagine sans peine la déception d'Hitler, à peine remis de l'attentat manqué contre sa personne, lorsqu'il lui faut envisager l'éventualité de la trahison de celui qu'il a couvert de faveurs. Il n'arrive pourtant pas à imaginer qu'il puisse être l'un des conspirateurs.

Le fait que tant de hauts gradés à l'Ouest soient impliqués dans la conspiration et que Kluge lui-même, suspecté bien qu'innocent, ait décidé de se suicider après avoir été démis de ses fonctions, renforce les doutes vis-à-vis de Rommel. Son pessimisme, ouvertement exprimé à maintes reprises depuis le 6 juin et sa franchise, parfois ferme, envers Hitler[1] ne jouent pas non plus en sa faveur. Pis, l'OKW est pour lui un nid d'opposants hostiles, et ce depuis fort longtemps : Keitel, Jodl, Warlimont… Bormann, enfin, le secrétaire particulier d'Hitler, lui voue un ressentiment tenace depuis sa déconvenue en Pologne[2]. L'heure de la revanche a sonné, d'autant que Schmundt, l'adjudant d'Hitler et le soutien de toujours de Rommel auprès du Führer, ne peut plus être d'aucune aide au Souabe : il est l'une des victimes de l'attentat du 20 juillet.

Paradoxalement, cette popularité, qui lui vaut tant de ressentiments et de jalousies, constitue une des raisons essentielles qui ont conduit à sa

---

1. C'est un des mérites à reconnaître à Rommel. Hitler est habitué à un entourage servile qui n'oserait jamais émettre des conclusions aussi franches que celles que formulent Rommel.

2. « J'ai toujours tenu Rommel pour un homme vaniteux qui adorait se faire photographier du matin au soir », confie-t-il dans une note, après que des charges accablantes contre Rommel eurent été présentées par ses soins au Führer. « Rommel ne porte même pas de lunettes, poursuit-il, à cause de sa vanité ; et pourtant, il ne peut lire l'écriture en lettres d'imprimerie que s'il tient réellement la feuille de papier au bout de son nez. »

453

perte. Dès 1943, les conjurés espèrent ainsi gagner ce prestigieux maréchal à leur cause. Beck, l'ancien chef d'état-major de la Heer et également l'un des leaders de la conspiration, projette de faire arrêter Hitler et d'abandonner l'Ouest aux Alliés. Une pure vue de l'esprit quand on connaît l'imposante escorte de SS et de la Wehrmacht qui veille sur la sécurité du Führer… Le docteur Goerdeler est d'avis que Rommel est l'homme idéal pour mener les négociations avec les Alliés. Lorsqu'il est décidé, avec Stauffenberg, d'assassiner le dictateur, les conjurés se fourvoient complètement dans leurs espoirs chimériques de paix séparée : un tel projet utopique montre bien à quel point les conspirateurs se bercent d'illusions, aussi bien sur la volonté des Anglo-Saxons d'en finir avec le nazisme et le militarisme allemand, que sur la solidité de l'alliance avec Staline[1].

En février 1944, le docteur Strölin, alors bourgmestre de Stuttgart et autre membre éminent de la résistance, se rend auprès de Rommel au cours d'une permission que ce dernier passe à Herrlingen. L'homme, surveillé, prend le risque d'être dénoncé par celui-ci s'il échoue dans sa démarche. Rommel n'en fera rien, mais il le congédie prestement, n'acceptant pas de poursuivre une discussion qu'il considère comme de la trahison. En mars 1944, c'est le général Falkenhausen, commandant en chef aux Pays-Bas, qui évoque avec lui la nécessité de trouver une issue politique à la guerre. Confucius aurait été cité à l'occasion du repas : « Le pouvoir corrompt ; le pouvoir total corrompt totalement. » Voyant que Rommel ne réagit pas, Falkenhausen en déduit que l'homme n'est pas mûr pour passer à la conspiration.

Speidel[2] est lui aussi poussé à mettre Rommel du côté du complot, mais il sait qu'il lui faut être prudent : il comprend que l'ancien courtisan est certes désillusionné par la tournure des événements, mais il devine qu'il lui sera difficile de se retourner contre son mentor. De fait, c'est en l'absence du maréchal que les discussions menées à La Roche-Guyon abordent la question du

---

1. Rommel partage avec ses pairs, y compris conspirateurs, son aversion du bolchevisme et il n'entend probablement nullement envisager la paix avec l'Union soviétique.

2. Speidel, qui a surévalué son rôle après la guerre, est en relation avec Goerdeler mais pas avec Stauffenberg, qui est l'âme de la conjuration.

18. LA FIN TRAGIQUE D'UN FAVORI

« trou-du-cul du Berghof », dans une atmosphère de profond défaitisme. Le *Major* Wolfram rapporte qu'il en va tout autrement en présence de Rommel.

L'*Oberstleutnant* Caesar von Hofacker, le propre cousin de Stauffenberg, est envoyé auprès de Rommel le 9 juillet pour sonder une dernière fois l'illustre maréchal. Il évoque avec celui-ci la gravité de la situation et la nécessité d'arriver à une solution politique. Hofacker ne se risque évidemment pas à évoquer l'attentat qui se prépare, mais il a la satisfaction d'entendre le *Feldmarschall* exprimer son désir de faire la paix avec les Occidentaux. Affirmation qu'Hofacker traduit un peu rapidement comme un tacite ralliement de Rommel à la conjuration[1]. Beck est surpris de la nouvelle, et considère cette volte-face comme la preuve d'un manque absolu de principes. Hans Gisevius, qui trempe également dans la conspiration, est mitigé : cette adhésion d'un officier considéré comme un général du parti apparaît bien tardive, alors que la situation militaire a pris une tournure catastrophique[2], et jette en fait un discrédit en donnant une fausse image de la résistance contre Hitler.

En fait, Rommel n'a que peu en commun avec les conjurés, si ce n'est qu'il est persuadé qu'Hitler mène l'Allemagne à la catastrophe[3]. Nombre de ces conspirateurs sont des aristocrates conservateurs, que Rommel méprise depuis toujours. Par ailleurs, il n'embrasse aucune des considérations qui sous-tendent leur hostilité à Hitler, que ce soit sur les plans social, politique ou même théologique. D'objectif, Rommel n'en a qu'un seul : gagner la guerre, à tout le moins faire tout son possible pour que l'Allemagne ne la perde pas.

Tout porte à penser que si Rommel avait été à son poste le 20 juillet 1944, il n'aurait rien entrepris contre le Führer, pas plus qu'il n'aurait fait d'ouvertures de paix aux Alliés, et ce d'autant plus qu'il n'était aucunement préparé à une telle éventualité, puisque maintenu dans

---

1. Au procès de Nuremberg, Keitel prête ces mots à Rommel au moment du départ d'Hofacker : « Dites aux messieurs à Berlin qu'ils peuvent compter sur moi quand le moment viendra. »

2. Ce qui est aussi le cas de nombre des conjurés.

3. « On ne peut pas compter sur Rommel », écrit Beck en juin. Une appréciation qui est également celle que des conspirateurs transmettent en mai 1944 à Allen Dulles, alors agent de l'OSS à Berne.

l'ignorance de l'attentat. Même s'il avait trempé dans le complot, il n'était en aucune manière le commandant en chef de la Wehrmacht à l'Ouest, et il n'avait aucun moyen d'imposer un cessez-le-feu à ses troupes, ni même d'organiser une rencontre avec Eisenhower ou Montgomery sans l'accord de Kluge. En outre, il n'avait aucunement l'assurance, même tacite, que sa démarche bénéficierait du soutien de ses grands subordonnés. Au-delà de son aversion pour toute idée de tyrannicide[1], Rommel aurait confié à son épouse qu'il craignait que cela ne provoque une guerre civile en Allemagne, éventualité également à redouter en cas d'ouvertures de paix avec les Occidentaux. Rommel est un officier loyal, fidèle au serment qu'il a prêté au Führer. Le fait qu'il écrive dans sa missive du 16 juillet transmise par Kluge qu'il faille tirer les conclusions de la situation dramatique du front de Normandie accrédite qu'il n'était aucunement au fait des intentions de Stauffenberg : à quoi bon une telle remarque si l'on envisage de le tuer dans les jours qui suivent ? À l'automne 1944, il confie encore à un proche que le chef suprême de l'armée reste Hitler, et qu'en sa qualité d'officier, il est de son devoir de lui obéir.

Pourtant, à Berlin, les soupçons s'accumulent. « On vient de me remettre les documents relativement à la conspiration à l'Ouest du 20 juillet, rapporte Goebbels. Ils révèlent que le général Stülpnagel était totalement impliqué dans cette trahison et qu'il avait également tenté de rallier Kluge et Rommel. Ni Kluge ni Rommel n'opposèrent la résistance nécessaire à ces insinuations. » Pis, Speidel, arrêté et soupçonné, parvient miraculeusement à sauver sa tête en faisant admettre qu'il avait certes eu vent de la trahison, mais qu'il en avait informé Rommel, estimant que c'était ensuite à ce dernier de faire remonter l'information au Führer[2]... Ce dernier a d'ailleurs reçu une lettre de Rommel qui ne tarit pas d'éloges pour son ancien chef d'état-major. Il ne rate pas l'occasion

---

1. Mis sur écoute au cours de sa captivité, Eberbach affirme pourtant que Rommel lui a dit qu'Hitler devait être tué. Peter Lieb, dans Ian Beckett (éd.), *Rommel. A Reappraisal, op. cit.*, p. 128.

2. La cour d'honneur, qui déclare sa non-culpabilité, est présidée par Keitel. Ses deux autres membres, les généraux Guderian et Kirchheim, ce dernier ayant un contentieux avec Rommel depuis l'Afrique, savent pertinemment qu'en absolvant Speidel, ils condamnent Rommel.

18. LA FIN TRAGIQUE D'UN FAVORI

pour réaffirmer son allégeance, puisqu'il conclut son ultime missive adressée à Hitler par ces mots : « Vous, *mein Führer*, savez que j'ai fait tout ce qui était en mon pouvoir, que ce soit dans la campagne de l'Ouest en 1940, ou en Afrique en 1941-1943, ou en Italie en 1943, ou encore à l'Ouest en 1944. Je n'ai constamment qu'une seule pensée en tête : combattre et gagner pour votre nouvelle Allemagne. *Heil, mein Führer !* » Peine perdue. Mis devant de nouveaux indices de culpabilité, l'opinion d'Hitler sur le cas de Rommel évolue sensiblement. Il lui faut en avoir le cœur net : il envisage donc de le faire venir à Berlin, pour l'écouter en personne.

La mort commandée de l'idole d'un peuple

Le 4 septembre, Rommel apprend qu'il est officiellement déchargé de son poste de *Kommandeur* du *Heeresgruppe B*. Il passe les dernières

Rommel avec les siens à Herrlingen.

semaines de sa vie en convalescence auprès des siens[1]. Comme tous les soldats, il n'avait pu jouir d'une telle opportunité depuis le déclenchement de l'*Invasion*. Il profite donc de la présence de son garçon. « Mes triomphes n'ont pas donné grand-chose, lui déclare-t-il, sans doute plus désabusé que sincère. Mais je peux revendiquer au moins un succès : j'ai empêché ta mère d'apporter un piano dans notre maison. » Il classe ses papiers et ses documents, prépare un futur ouvrage avec ses notes. Il ressasse les campagnes passées. Fin connaisseur de la *Blitzkrieg*, dont il a été un des meilleurs exécutants, il est impressionné par les performances des Américains après la percée d'Avranches : « Même à leurs débuts, écrit-il, les généraux américains se montrèrent plus avancés dans le maniement tactique de leurs forces, bien qu'il nous fallût attendre l'armée Patton en France pour voir leur stupéfiante réussite en guerre de mouvement. »

Il craint cependant de plus en plus pour sa vie. L'annonce du décès de Kluge, puis celle de l'arrestation de Speidel, n'ont fait que renforcer ses inquiétudes. Il est épié, suivi. Un soldat en convalescence est hébergé comme sentinelle, mais il devra s'en séparer, ainsi que de sa voiture de *Feldmarschall*, tandis que lui-même et son fils ne sortent plus sans s'être armés de pistolets.

Entre visites et promenades, il se laisse aller à des propos toujours empreints de pessimisme. Certes, s'il déclare à Manfred que « Hitler serait beaucoup plus dangereux mort que vivant », une critique de l'état mental du Führer formulée à Wilhelm Maier[2] fait son chemin jusqu'à Bormann, alimentant le dossier à charge que ce dernier constitue à son endroit. Il déclare en effet, sans mesurer le caractère outrageant de ses propos : « Depuis que j'ai vu le Führer en novembre 1942, j'ai fini par me rendre compte que ses facultés mentales avaient progressivement décliné. »

Le 7 octobre 1944, selon le vœu d'Hitler, Keitel convoque Rommel à Berlin. « Je ne vais pas rendre cela facile à ces messieurs », déclare celui-ci à son entourage. Prenant son combiné, il appelle l'OKW et il est

---

1. Son fils Manfred est alors en permission exceptionnelle.

2. Le responsable nazi du district d'Ulm.

18. LA FIN TRAGIQUE D'UN FAVORI

mis en relation avec le général Burgdorf, le successeur de Schmundt. « Je crains de ne pas pouvoir venir. J'ai un rendez-vous avec mes spécialistes le 10, et ils m'ont recommandé de ne pas parcourir de longs trajets dans mon état actuel. » Cette nouvelle marque de défiance envers le Führer ne peut être acceptée. En fait, Rommel craint une machination et ne pense pas qu'il arriverait vivant à Berlin. Il demande ainsi un certificat de complaisance auprès du docteur Albrecht, son médecin. Il commet toutefois l'impair d'emmener Ruge jusqu'à Augsbourg en motocyclette, se tenant lui-même au guidon… Une escapade de 90 kilomètres des plus étranges pour quelqu'un qui prétend ne pas être apte à voyager… Nul doute que la Gestapo en ait eu vent.

Le 13 octobre, nouvel appel de l'OKW : puisqu'il n'est pas en mesure de venir à la convocation, ce sont donc deux représentants du Führer, les généraux Burgdorf et Maisel, qui feront le déplacement. C'est un Rommel peu rassuré qui apprend la nouvelle par Loistl, le soldat qui est à son service, au retour d'une visite chez son vieil ami Oskar Farny : est-ce la fin ? Va-t-on lui demander des comptes pour l'échec subi en Normandie ?

Le 14 octobre, Erwin Rommel revêt sa tenue favorite : celle de commandant de l'*Afrika Korps*, commandement qui, entre tous, a contribué à le faire passer à la postérité. Lucide, il déclare à son fils, au cours de l'ultime promenade qu'ils partagent ensemble : « Il y a deux possibilités aujourd'hui. Ou bien il n'arrive rien du tout, ou bien je ne serai plus là ce soir. » À midi, lorsque Burgdorf et Maisel se présentent à la villa, Lucie Rommel, en hôte courtoise, invite les deux hommes à déjeuner. Refus poli.

Burgdorf demande à s'entretenir en privé avec Rommel dont le visage, étrangement, semble esquisser une expression soulagée. « Aldinger, veuillez préparer le dossier sur la Normandie. » Rommel invite alors les deux généraux à le suivre.

« Vous avez été accusé de complicité dans le complot contre Hitler », assène Burgdorf à un Rommel qui comprend d'emblée que tout est perdu. Aucun argument, aussi sincère soit-il, ne saurait les convaincre :

la cause est déjà entendue. C'est un maréchal au regard à la fois étonné et angoissé qui réplique : « *Jawohl*. Je vais accepter les conséquences. » À sa question, bien naïve, de savoir si le Führer est au courant, la réponse affirmative lui aurait arraché des larmes. Demeuré seul avec lui, Burgdorf lui transmet les décisions d'Hitler : c'est la mort qui l'attend[1].

Rommel monte rejoindre sa femme à l'étage et lui apprend la terrible nouvelle[2]. « Dans quinze minutes je serai mort, dit-il à sa fidèle épouse. » Stülpnagel, Speidel et Hofacker l'ont impliqué dans la conspiration du 20 juillet, explique-t-il. Et il paraît qu'il est désigné en tant que nouveau président du Reich sur une liste du maire Goerdeler. Rommel dit aussi à sa femme qu'il a répondu à Burgdorf et à Maisel qu'il n'en croyait rien, que c'était une pure invention.

Hitler lui offre une alternative : le suicide, assorti de funérailles nationales, et donc l'assurance que sa famille ne sera pas inquiétée, ou le Tribunal du peuple[3], avec la pendaison à la clé, et aucune assurance quant à l'avenir de ses proches… Rommel accepte donc d'épargner sa famille et d'échapper à la perspective d'une humiliation publique, suivie d'une mort atroce[4]. Une offre moins généreuse qu'il y paraît, ainsi que le révèle Keitel à Nuremberg : « Cela aurait fait un scandale épouvantable en Allemagne si ce *Feldmarschall* aussi connu et aussi apprécié avait été arrêté et traduit devant le Tribunal du peuple[5]. »

Il fait alors ses adieux à Lucie, restée digne. Il retrouve ensuite Manfred. « Hitler les a chargés de me dire que, dans le cas où je me suiciderais, rien ne vous arriverait ; au contraire, on s'occupera bien de vous. » Lorsque Aldinger se présente à son tour, il lui déclare : « Je n'ai joué aucun rôle dans la tentative d'assassinat. J'ai servi ma patrie toute ma vie et fait de mon mieux. Transmettez mon bon souvenir à mon

---

1. Tout est prévu. Le corps sera incinéré, pour que ne subsiste aucune trace du forfait, et la nouvelle sera annoncée à travers le Reich : le héros de l'*Afrika Korps* est décédé des suites de ses blessures… La couronne mortuaire est déjà arrivée à Ulm.

2. Des appels du voisinage ont déjà prévenu celle-ci que le quartier est bouclé par la *Gestapo*…

3. L'instance mise en place par les nazis à l'occasion des « purges » générées par les suites de l'attentat du 20 juillet.

4. À un Rommel inquiet de ne pas être en mesure de manier correctement son arme, Burgdorf lui annonce qu'il a apporté avec lui un poison rapide.

5. Comment Hitler pourrait-il publiquement désavouer celui qu'il a couvert de faveurs ?

18. LA FIN TRAGIQUE D'UN FAVORI

peuple souabe et en particulier à mes chers vieux chasseurs alpins. » Il repousse la suggestion de Manfred de tenter de s'enfuir. Il entend au moins préserver son honneur et surtout sa famille…

Digne et calme, Rommel enfile son manteau et sort à grands pas, accompagné de son fils et d'Aldinger. Arrivé au niveau de l'Opel noire à bord de laquelle ses visiteurs sont arrivés, bâton de *Feldmarschall* sous le bras, il serre une ultime fois la main de son fils et celle de son aide de camp, avant de s'engouffrer dans la voiture.

Le véhicule fait halte peu après la sortie du village. Le SS Doose, le chauffeur, raconte qu'il en est alors sorti en compagnie de Maisel. Au bout de quelques minutes, Burgdorf les rappelle : ils découvrent Rommel affalé sur la banquette arrière, secoué de sanglots. « Je le redressai et remis sa casquette. » Puis plus un souffle : le Renard du désert est mort. À l'hôpital, l'acte de décès indique « arrêt du cœur ». Quand le médecin-chef de l'hôpital militaire d'Ulm émet des doutes sur les causes du décès et suggère en conséquence de procéder à une autopsie, cela lui est refusé.

« Encore un des anciens qui s'en va », commente Hitler sans émotion et sans marquer sa surprise, lorsqu'il apprend la nouvelle en pleine conférence. Il expédie un télégramme de condoléances, dépourvu de la moindre des formules de politesse convenues en pareilles circonstances. Le cynisme du dictateur et de ses séides est complet. L'ordre du jour qu'il formule le lendemain est éloquent à cet égard : « Sa mort nous prive de l'un de nos meilleurs commandants de l'armée […]. L'armée abaisse le drapeau de guerre du Reich en l'honneur de ce grand soldat. » Hitler tient parole sur un point : Rommel bénéficie de funérailles nationales, qui ont lieu à Ulm, le 16 octobre[1].

C'est à Gerd von Rundstedt, qui ignore vraisemblablement les causes réelles du décès, qu'échoit la tâche de lire l'éloge funèbre, qui se termine par une vibrante déclaration : « Son cœur appartenait au Führer », avant que la fanfare n'entame le fameux *Ich hatt' einen Kameraden*… La famille Rommel supporte jusqu'au bout la mascarade, sans défaillir.

---

[1]. De façon très parlante, aucun dignitaire du régime n'y assiste… ce qui altère singulièrement le caractère national et officiel donné à ces funérailles.

Des funérailles nationales pour l'ancien favori.

La vérité n'éclate qu'au lendemain de la défaite, dans une Allemagne « année zéro ». Manfred Rommel explique que son père est mort non des suites de ses blessures, mais sur ordre d'Hitler, en raison des suspicions qui pesaient sur lui. Sa gloire posthume doit beaucoup à cette fin tragique, bien que, dès 1945, Lucie Rommel ait insisté pour affirmer que son défunt mari n'a jamais été, de près ou de loin, en collusion avec les conjurés de la conspiration du 20 juillet : « Pendant toute sa carrière, il a toujours été un soldat, jamais un politicien[1]. » Les télégrammes de condoléances affluent, parmi lesquels celles de son ancienne « division fantôme », la 7. *Panzer-Division*.

1. Aux yeux des Allemands en 1944, puis dans l'Allemagne de l'Ouest d'après guerre, ces conspirateurs sont des traîtres…

18. LA FIN TRAGIQUE D'UN FAVORI

Un chef militaire de génie ?

Rommel mort, la légende commence. On le pare de l'aura d'un chef de guerre particulièrement doué. De fait, ses succès et son bon sens tactique au cours des deux guerres ne sauraient être niés. Rommel a du « flair ». Sans bénéficier d'un service de renseignements digne de ce nom, il a deviné à plusieurs reprises les intentions de Montgomery[1]. Son courage physique est également une constante pendant toute sa carrière.

Celle-ci a bénéficié du soutien d'un mentor, qui ne lui a rien appris sur l'art de la guerre, et qui n'appartient pas à la caste des officiers : il s'agit d'Adolf Hitler, le dictateur nazi, dont il fut le général favori. Pour autant, le courtisan s'est montré à la hauteur des attentes. Rommel le fantassin s'est mué en maître de la guerre des blindés et de mouvement. Au gré des circonstances, il a été contraint de revêtir l'uniforme du défenseur, où il a excellé, aussi bien à El-Alamein qu'en Normandie, son échec final dans ces deux circonstances trouvant ses sources dans des contingences sur lesquelles il n'avait aucune prise, face à un adversaire aux ressources autrement supérieures aux siennes.

Car l'homme est attentif aux nouveautés dans l'art de combattre. Contrairement à beaucoup d'officiers de la Wehrmacht, Rommel n'a rien d'un conformiste. Ses chevauchées en France et en Afrique en témoignent, de même que ses conceptions pour rejeter l'ennemi à la mer en 1944. En parfait technicien de la guerre, il entend en maîtriser tous les aspects. Il fait également preuve d'un pragmatisme et surtout d'une imagination fertile, inventant les stratagèmes les plus divers pour tromper l'ennemi en Afrique, ou mettre en place un système défensif redoutable dans le désert égyptien, ou encore en concevant de nouveaux obstacles pour s'opposer à l'*Invasion* attendue en 1944[2]. Meise dira de lui que c'était « le plus grand soldat du génie de la Seconde Guerre mondiale. Il n'y a rien que je ne puisse lui apprendre ».

---

1. Ce dernier, qui n'y entend rien à la guerre de mouvement et aux tanks, a grandement bénéficié des services de renseignements pour l'emporter à Alam Halfa et à Médenine.

2. Cette incroyable inventivité le distingue notamment d'un Montgomery.

ROMMEL

Sur le plan opérationnel, il s'est montré également brillant en Afrique, mais il n'a jamais pu montrer toute l'étendue de ses capacités en manœuvrant des dizaines de divisions, comme d'autres ont été amenés à le faire en 1940 ou en Union soviétique. À chaque niveau, en dépit de sa propension à commander de l'avant, Rommel s'est montré apte à assumer les exigences ainsi que les capacités requises au niveau hiérarchique qui était le sien.

Rommel a souvent été dépeint par ses pairs – souvent jaloux de sa gloire –, ainsi que par certains historiens, comme un officier au sens stratégique des plus limités. Ses conceptions stratégiques en Afrique et plus encore sur le front de l'Ouest en 1943-1944 constituent au contraire la preuve d'indéniables qualités d'adaptation en ce domaine. Ce n'est pas le moindre des mérites de ce tacticien hors pair de la *Blitzkrieg* que d'avoir envisagé la victoire sur la base d'une stratégie avant tout défensive. Il faut se garder de considérer son échec final en Normandie comme la preuve qu'il n'est qu'un général surestimé. En 1944, il n'exerce nullement un contrôle ferme des divisions de la Heer, ni des escadrilles de la Luftwaffe, ni des quelques unités de la Kriegsmarine. C'est à l'aune de cette réalité qu'il faut juger son art du commandement au cours de la bataille de Normandie. Rommel a su concevoir la seule solution viable pour faire échouer le Débarquement, dont le succès n'était nullement assuré en dépit de la débauche de moyens mis en œuvre par les Alliés[1]. Établir le bilan de l'action de Rommel et de ses qualités de général à la lumière des événements de la bataille de Normandie suppose de prendre en compte d'autres données essentielles. Il n'a jamais eu les coudées franches. Il manquait de tout, ne disposait d'aucune couverture aérienne, et Hitler n'a eu de cesse de l'empêcher de disposer des unités de panzers et des renforts possibles d'infanterie comme il l'entendait, et ce dès les premiers jours cruciaux de la campagne, au cours de laquelle il n'a jamais eu l'occasion de démontrer ses talents. Il n'a quasiment jamais pu faire usage de sa virtuosité sur le champ de bataille. De fait, de même que la défaite finale

---

1. Il n'y avait pas de solution de rechange pour Eisenhower, ne serait-ce que dans la nécessité de diagnostiquer les causes d'un échec et de reconstituer les pertes en engins de débarquement et au sein des forces aéroportées.

18. LA FIN TRAGIQUE D'UN FAVORI

Rommel : un grand tacticien et un stratège sous-estimé.

de l'Axe en Tunisie n'a en rien entamé sa réputation de grand général, il ne porte pas le fardeau du désastre subi par la Wehrmacht en Normandie[1].

Ébloui par l'aura d'Hitler, orgueilleux, jamais rassasié d'honneur, facilement prompt à la dépression, de relations difficiles tant avec ses alliés italiens qu'avec nombre de ses pairs, l'homme n'est pas exempt de défauts. Il a pu se montrer cassant et il n'a pas hésité à procéder à des destitutions, donnant parfois l'impression de rechercher des boucs émissaires. Il n'a pourtant usé des limogeages qu'avec parcimonie ; mais un officier doit avoir confiance en ses subordonnés et celle-ci doit être réciproque. Sa tendance à camper sur ses positions, au besoin en s'emportant, n'est pas l'aveu d'un manque de souplesse, mais la réaction d'un officier de talent qui voit son armée courir à sa perte à cause de l'impéritie de ses interlocuteurs – qui pendant la bataille de Kasserine, qui au cours de la *Panzerkontroverse* à la veille de l'*Invasion*.

1. On objectera seulement qu'à l'instar de nombreux autres hauts responsables de la Wehrmacht, il est resté persuadé jusqu'au bout qu'un second débarquement aurait lieu plus au nord.

ROMMEL

Le mythe de Rommel est né avec l'épopée de l'*Afrika Korps*.

18. LA FIN TRAGIQUE D'UN FAVORI

On lui reproche d'avoir trop souvent outrepassé son rôle de général en quittant son QG. Pourtant, ses hommes l'admiraient[1]. Sa présence a souvent galvanisé la troupe, que ce soit à Arras, durant *Crusader*, ou encore à Tobrouk. En Normandie, il assure pleinement sa position de *Kommandeur* de *Heeresgruppe*, en multipliant les inspections au front et en passant en revue les différents états-majors. Souvent, sa présence a été cruciale pour prendre rapidement les décisions qui s'imposaient. Il s'est parfois heurté à de brillants subordonnés, comme Crüwell, s'opposant à leurs choix tactiques, mais sachant aussi compter sur leurs aptitudes pour l'emporter. En Normandie, il entend se borner à de courtes instructions, laissant la plus grande latitude à ses subordonnés. « Cette manière de commander est plus difficile, écrit Ruge, mais procure de plus grands succès. » Officier de terrain dans l'âme, il ne peut pourtant s'empêcher de donner des ordres tactiques précis, comme à la veille de l'opération *Goodwood*.

Le mythe Rommel perdure

Le nom de Rommel est devenu plus fameux que celui de n'importe quel autre chef de guerre allemand de la Seconde Guerre mondiale. Rommel, auquel on ne peut imputer aucun crime de guerre, est devenu le symbole de la guerre chevaleresque et de l'officier allemand professionnel et de valeur. Churchill lui-même reconnaît devant la Chambre des communes que cet officier est indubitablement un grand général, hommage insigne au cours de cette guerre[2].

De fait, Rommel acquiert une notoriété internationale en raison de sa carrière en Afrique du Nord. Dès 1941, l'homme, ambitieux et bénéficiant des attentions du ministère de la Propagande, entend profiter de cette opportunité pour atteindre la gloire militaire. Il goûte avec un plaisir non dissimulé le rôle de vedette des actualités filmées et prend la pose devant les photographes et les cameramen.

1. Loin d'être égoïste avec ses hommes, il est en revanche très exigeant avec eux.

2. Hitler y décèle une faiblesse : « Il est dangereux de mettre tant l'accent sur un adversaire capable, comme l'a fait Churchill dans le cas de Rommel. Un nom commence de cette manière à acquérir soudainement une signification qui est égale en valeur à plusieurs divisions. »

ROMMEL

L'idole d'une génération d'Allemands dont l'image s'érode avec le temps.

Après guerre, dans une Allemagne de l'Ouest vouée à faire partie intégrante du bloc occidental à l'aube de la guerre froide, Hans Speidel contribue largement à faire de lui un héros national, pour un peuple ayant besoin de recouvrer un sentiment de fierté. On baptise des casernes ou des navires de guerre en son nom. La Bundeswehr[1] elle-même envoie des délégations aux réunions annuelles des anciens du DAK et lors des commémorations de la mort du *Feldmarschall*, sur sa tombe à Herrlingen, chaque 14 octobre.

Une célèbre biographie du maréchal est écrite par le Britannique Desmond Young en 1950, cinq ans à peine après la fin de la guerre. C'est un phénoménal succès de librairie. Entreprendre un ouvrage aussi révérencieux envers un ennemi si peu de temps après le conflit est remarquable. Le livre donne lieu à un film (*The Desert Fox* de Henry Hathaway en 1951), dans lequel James Mason prête ses traits à un Erwin Rommel

1. La nouvelle armée allemande, qui fait partie intégrante de l'Otan.

18. LA FIN TRAGIQUE D'UN FAVORI

chevaleresque, conspirateur et victime[1]. À l'Ouest, seules des organisations juives semblent s'offusquer qu'on puisse tant célébrer la mémoire d'un général d'Hitler.

Depuis lors, des études plus sérieuses ont porté un regard plus nuancé sur l'homme. L'image s'érode peu à peu, au fur et à mesure que les Allemands prennent pleinement conscience de l'ampleur des crimes nazis, que la Wehrmacht elle-même est mise sur le banc des accusés et que la complicité de Rommel avec Hitler, dont il était un admirateur fervent, se fait plus explicite. On retire la plaque à son nom au mess des officiers de Goslar ; *Le Mythe Rommel*, le documentaire de Guido Knopp, et le livre éponyme de Maurice Remy achèvent d'écorner la légende, restée ancrée dans l'esprit du grand public, qui persiste à décontextualiser politiquement la geste de ses armées.

Erwin Rommel, officier loyal et patriote, soldat exceptionnel, militaire de premier ordre, n'était ni un nazi convaincu ni un opposant au Führer. Général préféré d'un des plus grands criminels de l'histoire, ses victoires spectaculaires mais sans lendemain ont favorisé l'entreprise des nazis. Il demeure néanmoins à jamais un des grands capitaines de l'histoire et, à tort ou à raison, le plus célèbre des officiers allemands de la Seconde Guerre mondiale.

---

1. Erich von Stroheim incarne déjà Rommel pour Hollywood dans *Les Cinq Secrets du désert*, réalisé en 1943 par Billy Wilder.

BIBLIOGRAPHIE SÉLECTIVE

Les livres consacrés aux campagnes auxquelles Rommel a participé sont pléthoriques. Je renvoie le lecteur aux bibliographies de mes ouvrages *Afrikakorps* et *Invasion !* pour les références incontournables sur la guerre du désert et la bataille de Normandie. En ce qui concerne l'étude de la campagne de 1940, je recommande la lecture des livres de Jean-Yves Mary, publiés aux éditions Heimdal. *Les Soldats de 40 dans la première bataille de Normandie*, de René-Gustave Nobécourt, publié en 1986 aux éditions Bertout, offre un éclairage sur les conquêtes de Saint-Valéry-en-Caux et de Cherbourg. Le lecteur intéressé par la carrière de Rommel doit lire en priorité deux ouvrages : Ian Beckett (éd.), *Rommel. A Reappraisal* (sept chapitres chronologiques traités par cinq spécialistes), qui étudie avec beaucoup de pertinence l'image ainsi que les compétences militaires du Renard du désert ; Ralf Georg Reuth, avec *Rommel : The End of a Legend* (cinq chapitres : « Hitler's General », « The Army Commander », « The Creation of Propaganda », « The Victim », « The Legend »), nous offre un autre travail remarquable, qui remet en cause l'image traditionnellement rattachée à cet officier. Je ne peux que conseiller d'éviter la biographie de Rommel écrite par David Irving, révisionniste notoire. Le lecteur dispose aussi de trois biographies récentes en langue française. On négligera celle de Dominique Lormier, trop à charge, ainsi que celle de Cédric Mas, trop courte et consacrée essentiellement aux aspects militaires (un texte presque sans témoignages, loin d'être aussi novateur que le laisse présager son introduction), pour leur préférer celle de Benoît Lemay, qui, si elle pèche par un manque de maîtrise des opérations militaires, est la plus complète et aborde en profondeur la réalité intime du personnage, les aspects politiques et surtout la création d'une icône de la propagande – bien que Benoît Lemay reprenne parfois de trop près les auteurs de ses sources…

BECKETT, Ian (éd.), *Rommel. A Reappraisal,* Barnsley, Pen & Sword, 2013.
BEHRENDT, Hans-Otto, *Rommel's Intelligence in the Desert Campaign,* Londres, William Kimber & Co, 1985.
BUFFETAUT, Yves, *Rommel. France 1940***,** Saint-Martin-des-Entrées, Heimdal, 1994.
CADDICK-ADAMS, Peter, *Monty and Rommel : Parallel Lives,* New York, Overlook Books, 2013.
CARELL, Paul, *Afrika Korps,* Paris, Robert Laffont, 1960.

DELAHAYE, Thierry, et QUENNEVILLE, Alain, *Rommel à La Roche-Guyon*, Colombelles, Éditions du Valhermeil, 1995.
FITÈRE, Jean-Marie, *Panzers en Afrique*, Paris, Presses de la Cité, 1980.
FORTY, George, *The Armies of Rommel,* Londres, Arms & Armour Press, 1997.
GALIBOIS, Yann, *La 7. Panzer-Division*, Aix-en-Provence, Caraktère, 2013.
HOFFMANN, Peter, *Stauffenberg. Une histoire de famille*, Laval, PUL, 2010.
HÖLLER, Hans, et REISNER, Markus, *Sous les ordres de Rommel*, Saint-Martin-des-Entrées, Heimdal, 2017.
KEEGAN, John, *Rundstedt*, New York, Ballantine, 1974.
KESSELRING, Albert, *The Memoirs of Field-Marschall Kesselring*, New York, Skyhorse Publishing, 2016.
KNOPP, Guido, *Hitlers Krieger*, Munich, Orbis, 2001.
KRIEBEL, Rainer, *Inside the Afrika Korps. The Crusader Battles*, 1941-1942, Londres, Greenhill Books, 1999.
LEMAY, Benoît, *Erwin Rommel*, Paris, Perrin, 2009.
LEWIN, Ronald, *Rommel As Military Commander*, Londres, Batsford, 1968.
LUCK, Hans von, *Panzer Commander*, New York, Dell, 1991.
MARGARITIS, Peter, *Rommel's Fateful Trip Home. June 4th to June 6th, 1944*, Peter Margaritis, 2000.
MITCHAM, Samuel, *Rommel's Desert Commanders*, Mechanicsburg (Pennsylvanie), Stackpole Books, 2007.
MITCHAM, Samuel, *The Desert Fox in Normandy*, Westport (Connecticut), Praeger, 1997.
PIEKALKIEWICZ, Janusz, *Rommel and the Secret War in North Africa. 1941-1943*, West Chester, Schiffer, 1992.
REMY, Maurice, *Mythos Rommel*, Munich, List Verlag, 2002.
REUTH, Ralf, *Rommel. Des Führers General*, Munich, Piper, 1987.
REUTH, Ralf, *Rommel : The End of a Legend*, Londres, Haus Books, 2005.
ROMMEL, Erwin, *L'Infanterie attaque*, Nancy, Le Polémarque, 2012.
ROMMEL, Erwin, *La Guerre sans haine*, Paris, Le Livre Contemporain, 1960 ; pour une meilleure version, lire l'édition parue chez Nouveau Monde éditions (Paris) en 2014 et annotée avec réussite par Berna Günen.
RONDEAU, Benoît, *Afrikakorps, l'armée de Rommel*, Paris, Tallandier, 2013.
RONDEAU, Benoît, *Invasion ! Le Débarquement vécu par les Allemands*, Paris, Tallandier, 2014.
RUGE, Friedrich, *Rommel face au Débarquement,* Paris, Presses de la Cité, 1960.

SCHMIDT, H. W., *Avec Rommel dans le désert*, Paris, Presses de la Cité, 1968.
SHOWALTER, Dennis, *Patton and Rommel*, New York, Berkley Caliber, 2005.
SCHRAEPLER, Hans-Albrecht, *Mon père, l'aide de camp du général Rommel*, Toulouse, Privat, 2007.
SPEIDEL, Hans, *Invasion 1944*, Paris, Berger-Levrault, 1950.
VILLATOUX, Paul, et HENRY, Raymond, *Hitler parle à ses généraux : comptes rendus sténographiques des rapports journaliers au QG du Führer (1942-1945)*, Paris, Nouveau Monde éditions, 2015.
WARLIMONT, Walter, *5 ans au GQG de Hitler*, Paris-Bruxelles, Elsevier-Séquoia, 1975.
WENKIN, Hugues, *Rommel, en pointe du Blitzkrieg de l'Ardenne à la Manche*, Neufchateau, Weyrich, 2016.
YOUNG, Desmond, *Rommel*, Paris, Fayard, 1962.

Crédits photographiques

© AKG-Images : 27, 31, 34, 44, 47, 52, 56, 59, 62, 128 h., 160 g. et d., 191, 196, 242, 255, 257, 258 h. et b., 263, 264, 365, 368, 369, 376, 413, 429, 439, 442.

© AWM, Australian War Memorial : 146.

© BPK, Berlin, Dist. RMN-Grand Palais/image BPK : 352.

© Bridgeman Images : 25.

© Bundesarchiv : 48, 67, 75, 76, 220, 341, 349, 362, 366, 382, 416 h. et b., 419 h. et b., 421, 423, 430, 462.

© Collection particulière/DR : 16, 36, 39, 54, 68, 87, 131, 150, 178, 209, 229 b., 239, 266 b., 289, 291, 296, 300, 309 h., 347, 380, 395, 409, 468.

© Getty Images/Popperfoto : 457.

© IWM, Imperial War Museum, Londres : 177, 269, 448.

© Library of Congress, Washington : 21.

© NARA, National Archives and Records Administration, College Park, Maryland : 60, 71, 79, 80, 83, 84, 88, 91, 93, 94, 96, 98, 101, 102, 105 h. et b., 106, 108 h. et b., 110, 113, 114, 117, 118, 121, 122 h. et b., 127, 128 b., 130, 132, 133, 134, 135, 137, 138, 141 h. et b., 142, 145, 148, 149, 151, 153, 154, 155 h. et b., 156, 157 h. et b., 159, 161, 164 h. et b., 166 h. et b., 168, 170, 171, 174, 176, 181, 182, 185, 187 h. et b., 188, 190, 192, 194, 201 h. et b., 202, 204, 206, 211, 212, 215, 216 h. et b., 225, 229 h., 232 h. et b., 235, 236, 248, 251, 253, 261, 266 h., 272, 278, 285, 306, 309 b., 310, 311, 313, 315, 316, 318, 321, 327, 329, 354, 359, 371, 372, 374 h. et b., 385, 388, 398, 403, 407, 426, 432, 435, 450, 465, 466.

© Photo12/Alamy : 11.

L'ensemble des cartes de cet ouvrage ont été réalisées par Patrick Mérienne.

Remerciements

Je tiens d'abord à exprimer ma plus profonde gratitude à François Kersaudy, sans lequel ce beau projet qui m'a enthousiasmé n'aurait pas existé, qui m'a proposé d'écrire un livre sur Rommel dans le cadre de sa collection des « Maîtres de Guerre ». Historien au sens de l'humour bien aiguisé, il a admirablement tenu son rôle de directeur de collection. Sa relecture attentive et ses remarques pertinentes ont constitué un apport précieux à mon manuscrit.

Merci à Benoît Yvert et à Nicolas Gras-Payen, qui a été très attentif à mes remarques, de m'avoir accordé leur confiance et permis d'écrire pour les éditions Perrin.

Je suis également reconnaissant à Christophe Parry, très amical et coopératif, qui a pris le travail en route, pour son remarquable travail d'édition.

Merci aussi à Yannis Kadari, pour lequel j'écris des articles chez Caraktère, pour le temps qu'il a accordé à la recherche iconographique, ainsi que pour la qualité et l'originalité de nombreux clichés proposés.

Un grand merci à l'ensemble de l'équipe des éditions Perrin, en particulier à Marguerite de Marcillac pour son travail sur l'iconographie et la mise en page, et dont le professionnalisme est évident. Merci à Marie de Lattre pour son travail sur la couverture et à Delphine Wojciek pour le travail de correction.

Enfin, je tiens à remercier ma famille, mon épouse Sadim et mes deux enfants, Dawem et Cybèle, sans la présence desquels les heures d'écriture perdraient tout charme et tout intérêt. Merci à eux d'avoir accepté de partager tous ces moments où il a été question du Renard du désert.